Furth im Wald, 06.11.95

Stefan Helml

Oberpfälzer
Geschichten
Schmankerln

Herzlichen Glückwunsch zur Beförderung.
Dein ehemaliger Kollege der
-3-Schicht in Haar

Franz Studi

Stefan Helml

Oberpfälzer
Geschichten
Schmankerln

HSV-Verlag

Titelbild:
So zeichnete G. Dorrer im Jahre 1901 zwei Teufel,
die gerade einem Bierbräuer sein eigenes Bier auf
der Burguine Stockenfels einflößen.

Das Werk erschien im September 1994

ISBN 3-9803552-1-7
© HSV-Verlag
Stefan Helml, 92237 Sulzbach-Rosenberg
Telefon (09661) 2211

Fotos und Gestaltung: Stefan Helml
Druck : Druckhaus Oberpfalz, 92224 Amberg
Alle Rechte vorbehalten

Dieses Buch wurde gedruckt auf chlorfreiem,
umweltfreundlichem Papier.

INHALTSVERZEICHNIS

OBERPFÄLZER SAGEN

GEISTERGESCHICHTEN

HEXENGESCHICHTEN

TEUFELSGESCHICHTEN

KRIMINALGESCHICHTEN

OBERPFÄLZER GESCHICHTEN

Der „Bilmes" (Zeichnung v. A. Reich)

Oberpfälzer Sagen

Vorwort

In jeder Sage und wäre sie noch so unbedeutend, steckt ein Körnlein Wahrheit. Schon oft haben Sagen, die kaum beachtet wurden, zu Funden und Entdeckungen geführt. So brachten Mitte der 1950er Jahre Grabungen bei Lienz in Tirol und bei Stockerau in Niederösterreich die Bestätigung alter Sagen. Aus diesem Grund rührt das Geheimnisvolle der Sagen und fast aus jeder Sage strömt uns eine Erinnerung entgegen, gleich einem Besinnen auf ein altes, vergessenes Wissen.

Immer wieder erscheint uns die Sage als das Wissen und das Gewissen des Volkes. Alles, was das Volk an merkwürdigen und sonderbaren Ereignissen, Erscheinungen und Vorgängen erlebt und erfahren hat, hat es in der Sage als sein ureigenes Wissen aufbewahrt. Allerdings ist dieses Wissen infolge der Weitergabe durch die mündliche Überlieferung vielfach verzerrt, verschleiert oder durch die Patina der Zeit ins Große und Edle erhöht. Dabei umfaßt die Sage nicht nur das erdkundliche und geschichtliche, sondern auch das naturwissenschaftliche und metaphysische Wissen des Volkes.

Die Sage ist aber auch das Gewissen des Volkes. Sie mahnt, rät und straft und ist Angst, Warnung und Zorn wie das wirkliche Gewissen des Menschen. Die besondere Aufgabe der Sage aber ist es, das Denken und Sinnen, das Leben und Streben des Volkes überhöht, strahlend, verklärt als das ins Große gesteigerte Bild seines Charakters herauszustellen.

So versucht das Wissen des Volkes immer wieder, einen Blick in das Jenseits zu tun.

„Die jungen Leute glauben halt nix mehr!" Dieses Wort kann man häufig hören, wenn so ein altes Mutterl oder ein zittriger Ahnherr gruselige Geschichten aus seinem Leben erzählt. Papst Pius IX: (1846-1878) soll seinerzeit die Geister auf 100 Jahre gebannt haben. Auch der bekannte Seher Mühlhiasl, der um das Jahr 1800 im Bayerischen Wald lebte und vieles auf 100 bis 150 Jahre voraussagte, gibt für unsere Zeit an, daß „die Waizen (Geister), die zuvor verschafft waren, wiederkommen".

Als eine sozusagen oberste Bestätigung, daß es Geister gibt, wurde das von Leo XIII. (1878-1903) angeordnete Meßschlußgebet zum hl. Erzengel Michael aufgefaßt: „...schleudere den Satan und die anderen bösen Geister, die zum Verderben der Seelen in der Welt umherschleichen, mit göttlicher Kraft in den Abgrund!"

Der bedeutendste Forscher und Sammler des Sagenschatzes der Oberpfalz, Franz Xaver Schönwerth, gab um das Jahr 1860 drei Bände heraus, die Hunderte von Geschichten über allerlei Geister und seltsame Gespenster enthält. Wer weiß heute noch etwas vom Hoimann, Holzfräulein, von Riesen und Zwergen, der Wilden Jagd, von Druden und Hexen, Wassermännern und Wasserfrauen, feurigen Männern, vom Bilmes und manchen anderen Gestalten?

Man liest oder hört einmal davon in Märchen und lächelt überlegen und aufgeklärt darüber.

Waren unsere Vorfahren so furchtsam, dumm und abergläubisch oder lügenhaft, oder gab es früher wirklich solche Dinge? Es ist einfach, all diese Sachen vom „Umgehen" mitleidig zu belächeln und mit einem Wink der Hand als Humbug abzutun. Aber gar oft macht man die Erfahrung, wenn in einer Gesellschaft Geistergeschichten erzählt werden, daß es etwas Unerklärliches bleibt, das zwar „unmöglich", doch „wahr" ist!

Eines ist sicher: Viele Erscheinungen, die noch vor etwa 100 Jahren als übernatürlich angesehen wurden, lassen sich heute als ganz natürliche Vorgänge erklären. Im 18. Jahrhundert wurden in einer bayerischen Stadt eine fremde Frau und ihre Tochter als Hexen verbrannt, weil sich auf dem Wege in ihrer Nähe einer der seltsamen Kugelblitze gebildet hatte! Die gefürchteten Irrlichter entstehen, wie man jederzeit durch Versuche nachweisen kann, wenn in einem sumpfigen, moorigen Gelände eine tierische oder menschliche Gehirnmasse verfault. War also ein Mensch im Sumpf versunken, so „ging eben die arme Seele um". Auch das seltene St. Elmsfeuer gab zu manchen Geistergeschichten Anlaß. „Es sind dies sternchen- oder lichtförmige elektrische Ausstrahlungen an Baumspitzen, Hausfirsten und Ähnliches," die kurz vor Schneestürmen oder Gewittern auftreten.

Das „Wildgoich" läßt sich dadurch erklären, daß eine hohlspiegelartig gelagerte Luftschicht den Lärm (Hundegebell, Kindergeschrei, Arbeitsgeräusche) einer ganzen Gegend wie ein Brennglas auf einen Punkt zurückstrahlt.

Erst in den letzten Jahren wurde einwandfrei bewiesen, daß Menschen, erschreckt durch solche Naturerscheinungen, plötzlich das Gedächtnis verlieren und in einem Traumzustand tageweit wandern, bis sie ebenso plötzlich wieder zu sich kommen.

Früher war so etwas undenkbar, viel „einfacher;" Die Geister des Wildgoichs (der letzten Erinnerung!) hatten den Menschen mitgenommen! Für die verhältnismäßig häufig vorkommende „Drud" ein Beispiel: Ein Mann lag eines Nachts wach im Bett. Der Vollmond schien zum Fenster herein. Da trabte etwas langsam und dumpf durchs Vorzimmer, öffnete die Türe, kam als kleine, schwarze Gestalt ans Bett und sprang auf die Brust. Der Mann sah das Ding ganz deutlich, schwitzte, konnte sich aber nicht bewegen und auch nicht schreien. Nach kurzer Zeit hüpfte es wieder hinunter und ging mit verklingendem Tappen aus dem hellen Zimmer. Also eine einwandfreie Beobachtung? Nein, jetzt erst wurde der Mann wach: das Zimmer war stockfinster: Es war Neumond! Jedes Druddrucken ist nur eine Herzstörung, verursacht durch eine ungünstige Schlaflage und von Angstträumen begleitet. Viele unheimliche Geschichten haben ihre Entstehung dem seltsam klagenden Ruf des Uhus und des Waldkäuzchens zu verdanken (Klagmuader, Totenvogel!), ein weiterer großer Teil ganz einfach der Angst und Furcht, die den Sinnen aus den natürlichsten Dingen allen möglichen Spuk vorgaukelt. Hierher gehört auch die nicht gerade seltene Eigenschaft der sog. Eidetiker (zu denen besonders viele Kinder zählen), Erinnerungen und Vorstellungen als wirkliche Bilder vor sich zu sehen. Das bekannteste Beispiel hierfür sind die Heroldsbacher Kinder. Wie nachgewiesen wurde, sah jedes von ihnen die Muttergottes wirklich (sie logen nicht!), aber jedes in anderer Gestalt und Kleidung! Es waren aber rein natürliche, eidetische Bilder und mußten als „Wunder" abgelehnt werden.

So fällt also nach dem heutigen Stand unseres Wissens eine große Zahl der alten Sagen als „Geistergeschichten" weg. Aber es gibt trotzdem noch viele seltsame Erlebnisse, auch in der heutigen Zeit, für die es beim besten Willen keine „Erklärung" gibt. Seit Jahren habe ich solche Erzählungen und Geschichten gesammelt und bringe davon eine Auswahl.

Die Bettlmannküche vor Achtel

Es war einmal ein schöner Bauernhof auf dem Mariahilfberg bei Amberg, der sog. „Mundhof". Der Mundmann oder Besitzer hatte bedeutende Rechte über einen Kreis gewöhnlicher Untertanen, wofür er dem Kurfürsten eine gewisse Menge von Lebensmitteln in die Küche zu liefern hatte.

Ein solcher Mundmann war Rupert Hart, der um 1610 den kurfürstlichen Mundhof, der auch Harthof hieß, innehatte. Während nun der ältere von den zwei Söhnen des alten Hart dem Kurfürsten Friedrich V. diente, und mit diesem zum König nach Prag zog, brachte es der neidische jüngere Bruder fertig, sich an der Stelle des Vaters zum Herrn zu machen. Mit gebrochenem Herzen starb der unglückliche Mann, die verlassene Frau folgte ihm bald nach.

Kaum war sie verstorben, brach in Abwesenheit des Sohnes Feuer aus, legte die Gebäude in Asche und begrub die Mutter unter den Trümmern.

Der von Gewissensbissen gepeinigte Sohn Kunz, der glaubte, daß seine Mutter lebendig verbrannt sei, verlor daraufhin seine Sprache und den Verstand, verließ den Hof, flüchtete in eine Höhle bei Achtel und führte hier ein Leben voll Entbehrungen. Er hieß der „arme Konrad", galt für blöd und niemand hat von ihm einen freundlichen Blick oder eine Mitteilung über seine Herkunft und sein Schicksal erhalten. Für die in der Kriegszeit zahlreich bei ihm einkehrenden Bettler hielt er stets eine offene Tafel. Waren die Vorräte aufgezehrt, so zog er wieder auf Bettel aus und kam dann als schwerbepackter Hamsterer in seiner Höhle an, die wegen dieses Bettlers nur „des armen Konrads Bettelmannsküche" genannt wurde. Als er 1630 auf Schloß Rupprechtstein als Bettler Einkehr hielt, dort unverhofft seinen Bruder traf, den er an der Stimme erkannte, flüchtete er und verschied auf dem Heimweg unweit seiner Höhle.

Der dürre, mordende Wirt bei Köfering

In Amberg schlug eine Kirchenuhr die zwölfte Stunde. Ein leicht bewegter Wind trug das dumpfe Dröhnen des letzten Schlages über den ruhenden Forst her in der vollmondhellen Nacht, von dessen steilen Wänden es leise zitternd widerhallte. Drunten an der alten Straße huschte plötzlich eine gebückte Gestalt von Schatten zu Schatten. Ihre feurig wild lodernden Augen spähten unter wirr ins Gesicht hängenden Haarsträhnen hervor, bei jedem Sprung wie sichernde Raubtierlichter nach allen Seiten. In großen Sprüngen jagte sie den Hang hinauf und ließ sich im Schatten einer alten Fichte nieder. Eine Weile war nur das Weiß der unheimlich lodernden, vorsichtig umherspähenden Augen zu sehen. Allmählich schob sich schließlich die auffallend dürre Männergestalt, die nun im Mondlicht deutlich als solche zu erkennen war, langsam auf einen Felsen zu. Behutsam rollte sie einen Stein beiseite, der am Fuß der Wand einen handbreiten Spalt freigab. Unter seiner schmierigen Jacke zog der rätselhafte Geselle einen abgegriffenen Lederbeutel hervor, schob ihn in den Riß und kehrte, nachdem er das Versteck wieder verschlossen und alle Spuren verwischt hatte, ebenso vorsichtig, wie er gekommen war, zur Straße zurück.

Dort blieb er eine Weile lauschend stehen. Aus nicht allzu großer Entfernung war das Scharren und Wiehern von Pferden zu hören, dem sich wüstes Männergegröhle und ängstlich kreischende Frauenstimmen beimengten. Der Unheimliche richtete sich auf und erbarmungslose Strenge und Habgier sprach aus seinen Augen. Im Schatten des Hochwaldes ging er auf das Stimmengewirr zu. Nach etwa 100 Metern bog der Weg links ab und zwischen steil anstrebenden, mit Fichten bewachsenen Höhenrücken zog er sich am Rande eines Wiesentals nach Süden. In geringer Entfernung stand ein einzelnes Gehöft am Wege, über dessen Haustür ein schmiedeeisernes Schild eine Herberge verriet. Davor rasteten einige Ochsen- und Pferdegespanne.

Der nächtliche Wanderer warf einen flüchtigen Blick auf die Zugtiere und Wagen und trat dann ins Haus. In der Gaststube war die Hölle los. Zwischen umgeworfenen Tischen und Stühlen bemühten sich Betrunkene, auf die Beine zu kommen.

Erhitzte, wütende Bauerngesichter stierten zum Schanktisch, verlangten brüllend nach dem Wirt und schienen mit Stuhlbeinen und Maßkrügen ihrem Gejohle Nachdruck verleihen zu wollen. Die Wirtin und die Magd standen zitternd an der Theke und mit drohender Haltung zu den Gästen hatte der Knecht schützend davor Aufstellung genommen. Als der Lange auf der Türschwelle erschien, trat für einen Augenblick Ruhe ein. Das Benehmen der Gäste und Dienstboten zeigte sofort, daß er der Besitzer der Wirtschaft war. Allmählich ging der Tumult von neuem los, man bezeichnete den Wirt als einen Betrüger, beschuldigte ihn der Bierpantscherei und forderte Geld zurück. Schließlich drangen die Bauern auf ihn ein und im Nu war eine wüste Rauferei im Gange. Bald war der Besitzer der Herberge dermaßen in die Enge getrieben, daß er die Flucht ergreifen mußte. Fluchend und brüllend wälzte sich das Menschenknäuel in den Hausflur und von dort auf den Hof. In seiner Not griff der Wirt zum Messer und der markerschütternde Todesschrei eines Getroffenen brachte die überhitzten Gemüter jäh zur Besinnung. Schweigend standen Zecher und Gastgeber um den Toten. Eine Kirchenuhr schlug die erste Stunde. Leicht strich der Wind durch die Wipfel des Hochwaldes, und wo noch vor kurzem an der Straße eine Herberge gestanden war, warf der Mond seinen trüben Schein auf einen mit Moos und Flechten überzogenen Felsen. Eine Eule strich durch das Tal, in den Fichten am Hang krächzte ein aufgeschreckter Eichelhäher und Meister Reineke lief durch die Wiese einer wohlriechenden Fährte nach. Langsam wanderte der Mond über den wolkenlosen Himmel und allmählich wurde es im Osten grau.

Da pirschte ein Jäger am frühen Morgen das Tal herauf. Eine Zeit lang blieb er nachdenklich vor dem bemoosten Felsen stehen. Ja, er konnte sich noch gut erinnern, wie ihm sein Vater des öfteren von einem Wirtshaus erzählte, das hier einmal gestanden haben soll.

Der letzte Wirt sei auffallend lang und mager und sehr habgierig gewesen. Einst habe ein Bettelmönch bei ihm übernachtet, dem er im Schlaf dann seine mühselig fürs Kloster gesammelten Groschen stahl. Der über diese Tat sehr erzürnte Mönch habe ihn daraufhin samt seiner Habe in einen Felsblock verwünscht und daß er so lange von 12 Uhr bis 1 Uhr in diesem Tal umherirren müsse, bis wieder Mitternacht ein Ordensbruder zu ihm komme und er diesem die Schuld mit Zinsen zurückzahlen könne. Mit Donnerkrachen sei daraufhin die Wirtschaft vom Erdboden verschwunden und an ihrer Stelle sei der Felsbrocken plötzlich hier am Wege gelegen.

Sagen von Sackdilling bei Auerbach

Ein beliebtes Wanderziel ist die heutige Ausflugs-Gaststätte Sackdilling an der B 85 in Richtung Auerbach. Diese Gegend war früher in Bezug auf Sicherheit sehr gefürchtet, denn sie bildete den Schlupfwinkel für Menschen, die aus durchsichtigen Gründen das Tageslicht scheuen mußten. Räuber und Mörder hielten sich darin auf und machten die Gegend derart unsicher, daß sich niemand mehr eine Wanderung durch diesen Wald, der heute zum sog. Veldensteiner Forst gehört, zu unternehmen traute.

In der Nähe der heutigen Maximiliansgrotte bei Krottensee befand sich eine dem hl. Ägidius geweihte Wallfahrtskapelle, die im Volksmund St. Ilgen genannt wurde und die durch das Ausbleiben der Wallfahrer immer mehr verfiel. Da kam eines Tages ein armer, fremder Kohlenbrenner, der in seiner Heimat Hab und Gut verloren hatte, in die Gegend und beschloß, in der Nähe dieser Waldkapelle eine Hütte zu bauen.

Da er ein frommer Mann war, verrichtete er in dem halbverfallenen Kirchlein jeden Tag seine Gebete. Als er eines Tages ein altes Bild der hl. Odilia entdeckte, nahm er es zu sich, hing es in seinem Wohnraum auf und hielt nun vor ihm seine Andachten. An Sonntagen schmückte er das Bildnis mit Tannenreis und Waldblumen.

Zu seiner freudigen Überraschung machte der Mann bald die Erfahrung, daß sein Kohlenmeiler von dieser Zeit an stets tadellosen Brand lieferte und auch seine Ersparnisse immer größer wurden. Und als er einmal schwer erkrankte und die hl. Odilia um Hilfe und Fürbitte anrief, wurde er über Nacht plötzlich gesund. So berichtet die Sage.

Voll Freude eilte er am nächsten Morgen in das nahe Auerbach und erzählte dort von dem ihm geschehenen Wunder. Bald fanden sich auch andere Leute in des Kohlenbrenners Hütte ein, um ebenfalls die Hilfe der hl. Odilia zu erflehen. Nun wurde diese Stätte wieder das Ziel vieler Wallfahrer und ihr Ruf verbreitete sich und um die Hütte des Kohlenbrenners entstand eine kleine Siedlung, die man nach der hl. Odilia „Sankt Dilling" nannte. Später wurde daraus der Name „Sackdilling", der heute noch besteht. Jenes Bild der hl. Odilia ist nicht mehr vorhanden; es ging im 30jährigen Krieg zugrunde und mit ihm auch die alte Waldkapelle, von der heute keine Spur mehr zu finden ist. Die dortigen Leute zollen aber der hl. Odilia immer noch große Verehrung und oft erzählt man sich die Geschichte von dem armen Kohlenbrenner und den vielen Wundern, die sich einst an dieser Stelle ereigneten.

Die Ausflugs-Gaststätte Sackdilling an der B85 in Richtung Auerbach. Das Forsthaus Sackdilling geht im Ursprung bis 1597 zurück.

Sagen vom Beckerweiher bei Losenried

In der Nähe von Walderbach, an der Straße nach der Ortschaft Losenried (Neubäu) liegt (neben dem Parkplatz) im Wald ein zauberisch geheimnisvoller Weiher. Die Bewohner der Umgebung nennen ihn Beckerweiher. Die Stelle dort ist überaus reizvoll, so recht ein Plätzchen, um stundenlang still zu sitzen und dem geheimnisvollen Flüstern und Rauschen des Waldes zu lauschen. Doch ist ängstlichen Gemütern davon abzuraten; es geht dort um, allerdings, wie gewöhnlich, erst nach Einbruch der Dämmerung.

Über diesen Ort erzählt der Volksmund, es sei hier vor langer Zeit eine alte Zigeunerin von ihrer eigenen Sippschaft lebendig begraben worden, vermutlich, weil sie den Ihren zu lange lebte.

Eine andere Sage berichtet, daß bei dem Weiher eine schlimme Pfarrersköchin eingescharrt wurde und dort ihr Unwesen getrieben haben soll.

Mehr wissen die Bauern zu erzählen von den unheimlichen Vorkommnissen an dem Weiher und zwar alles namentlich aufgeführt, teils sogar aus jüngster Zeit. Nachfolgend sei einiges davon herausgegriffen.

Um 1920 lebte noch in jener Gegend ein alter Bauer mit steifem, schiefen Hals, so daß der Kopf immer seitswärts verdreht war. Er wurde „Schnackl Wolferl" genannt; häufig erzählte er folgende Geschichte: „Wie ich noch ein übermütiger junger Bursch war, ging ich einst

Der sagenumwobene Beckerweiher bei Losenried.

bei Nacht zum Beckerweiher, von dem es heißt, es gehe dort nicht mit rechten Dingen zu. Ich war noch nicht ganz am Weiher, da sah ich zwischen den Tannenstämmen ein Paar tanzen, Mann und Weib. Wer ihnen aufgespielt hat, weiß ich nicht. Sie tanzten aber schon so herzlich schlecht, daß ich mich in meinem Übermut nicht enthalten konnte ihnen zuzurufen, sie sollten einmal in unser Wirtshaus kommen, da könnten sie sehen, was tanzen heißt. Kaum aber hatte ich gesprochen, so waren die Zwei bei mir und das Weib sprach zornig: „Was kümmert Dich unser Treiben? Dein ist der Tag, unser die Nacht!" Und dabei schlug sie mir ins Gesicht, ich glaube, ich spür's heute noch. Ich hatte gerade erschreckt seitwärts gesehen. Wer aber beschreibt mein Entsetzen, als ich meinen Hals nicht mehr bewegen konnte?

Sofort nach dem mir erteilten Schlag waren die Zwei verschwunden. Ich aber lief vor Angst heim, mit schiefem Kopf. Hat mir auch kein Arzt mehr helfen können."

Ein andermal fuhr ein alter Bauer in der Dämmerung von Walderbach nach Hause.

Als er an den Weiher gelangt war, vernahm er ein unheimliches Surren und Sausen und war doch weit und breit keine menschliche Siedlung. Da geschah es, daß ihm die Zügel entrissen wurden, sein Hut flog weit hinein ins Gebüsch, die Pferde gingen durch, wie von unsichtbarer Hand gepeitscht und kamen erst vor ihrem Stall in Losenried zum Stehen. Der Bauer lag wie betäubt im Wagen und wußte kaum, wie ihm geschehen war. Lange Zeit hat es niemand mehr gewagt, dem unheimlichen Ort bei Nacht sich zu nähern.

Jetzt soll es dort wieder ganz natürlich zugehen und niemand scheut sich mehr vor dem Beckerweiher (Vor einigen Jahren wurde der Beckerweiher durch den angrenzenden Straßenbau verkleinert).

Der Schatz von der Burg Haldenrode am Buchberg

In den Jahren 1780 bis 1790 erbaute Pfarrer Wilhelm Vischer aus Kemnath am Buchberg die dortige Pfarrkirche und die Filialkirche im benachbarten Neunaigen an Stelle der früheren äußerst primitiven und kleinen Kapellen. Noch heute wundert man sich, wie die beiden Gotteshäuser auf einmal finanziert werden konnten. Sicher, damals war das Bauen noch nicht so teuer wie heute. Nordwestlich von Kemnath erhebt sich steil aus dem ziemlich ebenen Gelände der Buchberg, dessen ausgedehnte Waldreviere mit den dunklen Tannen und Fichten und den undurchdringlichen Dickichten viel Anlaß gaben zu teilweise recht düsteren Sagen.

Im Schatten jener Wälder standen einst zwei stolze Burgen, die südliche davon bewohnte das reiche und vornehme Geschlecht der Herren von „Haldenrode" (vermutlicher Name des Geschlechts, aber wahrscheinlich eine Ortsbezeichnung für verrodete oder vom Wald gereinigte Berghalde).

Nach der Sage sollen die beiden Burgen so gründlich zerstört worden sein, daß heutzutage keine Spur mehr von ihnen zu sehen ist, als ein Schutthügel, mit Moos und Farnkraut bedeckt und mächtige Gräben, aus denen jetzt prachtvolle Tannen emporragen. Die Stätte aber, an der die Burg Haldenrode stand, ist verflucht und verwünscht auf ewige Zeiten einer greulichen Untat wegen, die ihr letzter Besitzer auf sich geladen hatte.

Gar viele versuchten, dort nach dem Schatz zu graben, keiner aber versuchte es ein zweites Mal, denn es ging dort nicht mit rechten Dingen zu und ein jeder konnte noch von Glück sagen, wenn er mit dem bloßen Schrecken davon kam und nicht sein Leben einbüßen mußte.

So kam es, daß der Schatz von der Burg Haldenrode allmählich in Vergessenheit geriet, bis in die 1770er Jahre. Damals stiegen die Mägde der Bauern von Sitzambuch, das hart am Fuß des Berges liegt, im Sommer oft in die stillen, einsamen Wälder hinauf, um von den vielen üppigen Wiesen droben das Gras in Körben und Tüchern auf ihrem Rücken herabzutragen. Eines von diesen Mädchen, das gewöhnlich in der Nähe jener Ruinen graste, begegnete fast jedesmal einem großen, schwarzen Pudel, der einen mächtigen Schlüssel im Rachen trug und immer der verwünschten Stätte zulief. Das Mädchen wagte nicht zu folgen und sagte auch zu keinem Menschen ein Sterbenswörtlein aus lauter Furcht. Aber eines Tages nach dem Gottesdienst ging es in den Pfarrhof und berichtete wahrheitsgetreu seine seltsamen Erlebnisse. Der Pfarrer ließ sich von der Besucherin den Schauplatz der wunderbaren

Begebenheit noch einmal recht deutlich beschreiben, legte ihr strengste Verschwiegenheit auf und entließ sie mit einem schönen Geschenk.

Noch am gleichen Tag machte Pfarrer Wilhelm Vischer mit seinem jüngeren Bruder Ambros, der ihm als Hilfspriester beigegeben war, einen Spaziergang auf den Buchberg und sie sahen tatsächlich an der bezeichneten Stelle den geheimnisvollen Pudel und folgten ihm bis zur Ruine Haldenrode, wo er sich, wie sie von fern zu erkennen glaubten, auf einer eisernen Truhe niederlegte, Glut und Flammen gegen die beiden Pfarrer speiend. Diese gingen jedoch nicht näher, sondern begaben sich eiligst nach Hause und kehrten am folgenden Tag wieder zurück mit dem Buch, das die kirchlichen Exorcismen (Beschwörungen) enthielt. Wirklich trafen sie den Pudel wieder an, wie er auf einer Truhe saß und Wache hielt über die darin verborgenen Schätze...

Die beiden Priester fingen zu beten an und es dauerte nicht lange, da begann es im Innern des Berges entsetzlich zu rumoren und zu donnern; aber sie fürchteten sich nicht und bald versank unter heftigem Schwefelgeruch das schwarze Untier in der Erde, den großen, eisernen Schlüssel zurücklassend.

Nun konnten sie sich ohne Gefahr nähern, um den ehernen Schrein zu öffnen und zu ihrem höchsten Erstaunen war er bis zum obersten Rand mit Gold und Silber angefüllt. Da sie ihn unmöglich von der Stelle tragen konnten, blieb der eine als Wache zurück und der andere begab sich nach Kemnath und forderte einen Bauern auf, ihm mit einem Fuhrwerk und seinen beiden Schimmeln zu folgen, während ihn noch mehrere Männer aus dem Dorf begleiteten. Bei der Ruine angelangt hoben sie mit großer Mühe den Schatz auf den Wagen; aber kaum vermochten die beiden Pferde denselben zu ziehen und gar heftig träufelte von ihnen der Schweiß zur Erde nieder... Erst spät, während des Aveläutens, kamen sie im Dorf an und die ganze Einwohnerschaft geleitete den seltsamen Zug im Jubel zum Pfarrhof.

Bald darauf begann der Bau der Pfarrkirche in Kemnath, die 1785 vollendet worden war, während die Kirche in Neunaigen, die in ihren Größenverhältnissen und ihrer ganzen baulichen Anlage auf die gleichen Erbauer hinweist, im Jahre 1788 erbaut und 1792 eingeweiht wurde.

Nach Fertigstellung der beiden Gotteshäuser war sogar noch viel Geld zum Verteilen an andere bedürftige Kirchen vorhanden. So zeugte eine Gedenktafel (1901 leider verschwunden) in der Stadtpfarrkirche in Pfreimd, daß auch dieses Gotteshaus den beiden Pfarrern Vischer zu verdanken ist. In der Kirche zu Neunaigen aber sind oben an den beiden Seitenaltären die Bilder der Heiligen Wilhelm und Ambrosius angebracht, um an die beiden Erbauer und Wohltäter der Kirche zu erinnern.

Nun stellt sich natürlich die Frage: „Woher hatte ein einfacher Pfarrer soviel Geld?"

In dieser Frage, die sich wohl auch die Menschen der damaligen Zeit gestellt haben mögen, liegt mit ziemlicher Sicherheit der Kern der vorliegenden Sage. Beim Versuch, diese Tatsache zu erklären, bieten sich einem verschiedene, durchaus denkbare Möglichkeiten an. Da über die eigentliche Abstammung der beiden Priester wenig bekannt ist, wäre es möglich, anzunehmen, daß sie aus einer reichen Familie stammten.

Denkbar wäre eventuell auch, daß eine größere Summe an Geld von jemandem gestiftet worden ist, der selbst ungenannt bleiben wollte.

Eine weitere Erklärung für den Zusammenhang zwischen Kirchenbauten und Burg, die ebenfalls nicht so ganz von der Hand zu weisen ist, könnte sich auch daraus ergeben, daß die Ruine (eher eine keltische Viereckschanze) ganz einfach ein wertvolles Baumaterial geboten haben könnte. Oder sie haben tatsächlich hier einen Schatz ausgegraben?

Da der erste Autor unserer Sage aller Wahrscheinlichkeit nach die wahren Umstände nicht mehr in Erfahrung bringen konnte, blieb die Sache also ein Rätsel. Was lag nun näher, als die Lösung zu erfinden. Unbegreiflicher Reichtum erklärte sich am einfachsten - heutzutage durch Lotterien, diese gab es ja früher nicht - indem man sagte, es müsse ein Schatz gefunden worden sein. Da dies aber normalerweise gar nicht so einfach ist, mußte das Ganze eben in einem entsprechenden, allgemeinverständlichen Rahmen präsentiert werden.

Der schwarze Pestvogel von Burglengenfeld

In Burglengenfeld hauste früher die Pest mehrmals sehr schlimm. An diesen bösen Gast erinnert das zu Ehren des Pestpatrons Sebastian erbaute Kirchlein sowie die von alten Leuten noch manchmal erzählte Sage vom Pestvogel. Dieser Vogel soll einem schwarzen Storch ähnlich gewesen sein, doch habe sein Gefieder auf dem Rücken ein weißes Kreuz gezeigt. Auch sollen seine Augen ganz feurig geglänzt haben. Der Sage nach saß das unheimliche Tier während des Tages versteckt in einem abgelegenen Winkel. Mit Anbruch der Dunkelheit kam es jedoch regelmäßig daraus hervor, setzte sich auf den First eines Hauses und rief da ununterbrochen während der ganzen Nacht: „Ui, ui, ui - ei, ei ,ei, von hundert bleiben drei." Seine Stimme soll sehr traurig geklungen und die Bewohner der ganzen Stadt jedesmal in die größte Aufregung und Furcht versetzt haben; denn bald nach seinem Erscheinen brach stets die Pest aus. Die von ihm angekündigte Krankheit raffte stets einen großen Teil der Bevölkerung dahin.

Ein armer Wäldler aus Cham traf den Herrgott

Das dürfte schon viele Jahre zurückliegen, daß sich der Herrgott wieder einmal unter die Menschen begab, um nachzuforschen, was sie trieben und ob auch in der Schöpfung alles so wohl geordnet sei, wie es seinem göttlichen Willen entsprach. Als schlichter Wanderer verkleidet zog er durch Städte und Dörfer, unterhielt sich mit vielen, die er begegnete und griff dort helfend ein, wo es ihm notwendig erschien. Weil nun die Menschen recht unterschiedlich in ihrem Wesen sind, traf er Fleißige und Faulenzer, arme Schlucker und reiche Geldprotze, Intelligente und Hohlköpfe, die er entweder loben oder leise kritisieren mußte. Nur die Kinder fand er allerorts gleich in ihrer Vertrauensseligkeit und Reinheit der Herzen. Also segnete er alle Kinder, wie er die Felder, Wiesen und Wälder, mit allen Tieren darin, segnete...

Am Ende seiner ausgedehnten Erdenwanderung kam der Herrgott der Schöpfung auch durch den Bayerischen Wald. Man hatte ihm diesen Landstrich als halb verwildert und seine Bewohner als ungehobelte Dickschädel beschrieben. Er war daher freudig überrascht, in allen das Gegenteil vorzufinden. Selten hatte er irgendwo schönere Berge und Wälder gesehen. Auch mit den Bewohnern war der Herrgott durchaus zufrieden. Hier gab es noch die aufrechten, urwüchsigen Altbayern. Menschen voller Saft und Kraft, ohne Falschheit und ohne Dünkel. Wie kamen die Neunmalklugen dazu, so abwertend über den Wald und ihre Bewohner zu sprechen?

Solchen Gedanken nachsinnend, stieg der Herrgott an einem glutheißen Julitag von den Waldhängen herab, die sich im Osten der schönen, alten Stadt Cham nahe an das Regental heranschieben. Bei der Ortschaft Chameregg hielt er im Schatten einer Linde kurze Rast. Nach einer Weile gesellte sich der Arbeitsinvalide Sebastian Birkmoser zu ihm, um gleichfalls ein Viertelstündchen zu verschnaufen. Er war Inhaber einer Wohnung im Armenhaus von Cham und hatte sich seit den frühen Morgenstunden im Lambergerhölzl einen Korb voll Schwarzbeeren und Milchbrätlinge zusammengesucht.

Die beiden Männer unter der Linde kamen recht bald ins Gespräch. Leutselig bot der Sebastian dem Herrgott, den er für einen nicht allzu begüterten Fremden hielt, eine Prise Schnupftabak an. Damit leitete der Chamer ein Gespräch um Politik, Handel oder Wetter, am leichtesten ein. Nachdem er einmal um das Woher und Wohin des Rastgefährten wußte, redete der alte Birkmoser eine ganze Menge voll von allen möglichen Dinge. Er hatte ja viel Zeit und nur selten einen so geduldigen Zuhörer wie an diesem Tag.

Zuguterletzt kam der Sebastian Birkmoser auch auf die eigene Not zu sprechen. Bitter beklagte er sich über die Unfreundlichkeit des Stadtschreibers, der ihm oft in bissigen Reden die Abhängigkeit vom Wohlwollen der Chamer Gemeinde fühlen ließ.

Auch seine Ehefrau, so meinte er, könnte bei gutem Willen mehr Verständnis für seinen ewigen Durst aufbringen, den er ohnehin nur mit billigem und manchmal recht säuerlichem Schnaps zu stillen vermochte. Stattdessen gebrauchte sie Schimpfworte wie ein Roßtäuscher und sie möchte ihm wohl gar das bisserl Schnupftabak nicht vergönnen, das er zur Fütterung seiner Nasenlöcher nun einmal brauche. So überzeugend wußte der Stadtarme seinen Kummer vorzutragen, daß ihm am Ende die Zähren in den grauen, schütteren Bart flossen.

Ein anderer hätte sich nun stillschweigend aus dem Staub gemacht oder er hätte dem Birkmoser ein paar lumpige Kreuzer geschenkt. Nicht so der Herrgott. Der kann ja dem Menschen bis auf den Grund der Seele schauen und ihm ist es nicht gleichgültig, was darin vorgeht. Also beschloß er, dem Sebastian ausreichend zu helfen, einmal, weil er ihm vorhin so selbstlos eine Prise Schnupftabak angeboten hatte und zum anderen Male, weil er zeitlebens ein kreuzbraver Mensch gewesen war, der keiner schreienden Katze ein Leid zufügte. Was der Herrgott so beschlossen hatte, wollte er auch gleich ausführen. „Paß auf, Nachbar,“ sagte er jetzt in der schönsten Wäldlermundart zum Sebastian, „i kenn Dei ganz Auf und Nieder, glaub i, recht guat. Für Di muß ma ebbas toa. Oan Wunsch, oba sched oan, vostehst mi, konn i Dir auf da Stell erfülln. Du braucht na grod laut aussprecha. Überleg Da's oba guat. Wos da wünscht, hernoch is z 'spät.“

Jetzt hätte einer den alten Birkmoser sehen sollen, wie der Augen und Mund aufriß: „Han,“ fragte er ungläubig, „wia moanst jetzt dös? An Wunsch konnst mir dafülln, ganz gleich, wos für oan? Bist nacha Du der Herrgott, daß Du so ebbs sogn konnst?“

Und er lachte dem Reisegefährten hellauf in das Gesicht. Der blieb jedoch tiefernst bei der Sache und tat nicht einmal beleidigt ob des Gelächters. Ruhig hob er daraufhin die Arme gegen die Lindenkrone. Siehe, da schwirrte eine Unzahl von bunten Singvögeln aus dem Blätterwerk des Baumes hervor und ließ sich ohne Scheu auf seinen Armen und Schultern nieder. „Glaubst jetzt Birkmoser, wos i Dir g'sagt hob?“ „Schier möcht ma's glaub'n,“ gab der Gefragte kleinlaut zur Antwort. „Na, wos dös heut für a Tag is? Mocht jetzt dös de Hitz?... Bist a Fremda, und redst waldlerisch, wie unseroans, bist a Mensch vo Fleisch und Bluat, und zauberst Vögl vom Baam oba? Glaubn möcht ma's net!“ Während der Herrgott nun einen Singvogel um den anderen wieder in die Baumkrone entließ und während der Birkmoser nun doch darüber nachdachte, was er sich wünschen sollte, betrat ein geldschwerer Viehhändler den Hof eines Kleinbauern, der nur einen Steinwurf weit von der Linde entfernt auf der anderen Straßenseite lag. Breitspurig, mit den harten Talern in der Hosentasche klimpernd, ging der Geldprotz auf den Bauern zu, der mitten im Hof an einer tiefen Mörtelgrube arbeitete.

„Wos is's jetzt, Noatnickl, hundshäuterna, gibst dei Öchsel her oder net?“ ... Von dem lauten Handel, der sich nun zwischen dem Viehhändler und dem Bauern anbahnte, verstanden die beiden Männer unter der Linde jedes Wort. Sie allein sahen den stattlichen Geißbock des Bauern, der aus dem Wurzgarten herausgetrottet kam und jetzt mit gesenkten Hörnern hinter dem feilschenden Viehhändler stehen blieb. Das war der Augenblick, wo dem Stadtarmen der Schalk im Nacken saß. „Herrschaftszeiten“, rief er plötzlich aus, „wenn no der Goaßbock so g'scheit war und stöißt den Handler in'd Mörtlgroubn ei!“ .. Kaum war der schadenfrohe Wunsch geäußert worden, da war es auch schon geschehn.

Über und über voll Kalk und Mörtel wälzte sich der Viehhändler fluchend in der Grube, bis man ihn endlich unter schallendem Gelächter herauszog. Ohne weiter nach dem Ochsen zu fragen, wusch sich der jämmerlich Hereingefallene notdürftig am Brunnentrog ab, um dann fluchtartig das Weite zu suchen.

So herzhaft wie diesmal hatte der Birkmoser wohl nie in seinem Leben gelacht. Auch dem Herrgott huschte ein heiteres Lächeln über das grundgütige Antlitz: „Guat host Dei Sach g'macht,“ lobte er den Alten, „an Deiner Stell hätt i mir dösselbe g'wunschn. Oba jetzt, Birkmoser, muaß i wieda geh. Pfüat Di Gott und bleib g'sund!“ Bei diesen Worten stand der Herrgott von der Wiese auf und reichte dem Alten die Hand zum Abschied. Der sah verdutzt auf die dargebotene Rechte. „Und mei Wunsch? Wos is nacha mit meim Wunsch?“, fragte er den Herrn gedehnt. „Ah, Du bist guat,“ wurde ihm entgegnet. „Dei Wunsch is do grod in Erfüllung ganga. Bist holt a wengerl voreilig gwen, Birkmoser. Mocht oba nix,“ setzte der Herrgott wie zum Trost hinzu. „A guata G'spoaß is aa wos wert. No amol, pfüat Di Gott und kimm guat hoam!“ Damit ließ er den arg enttäuschten allein und wanderte weiter, ohne sich noch einmal umzusehen.

So blieb dem armen Birkmoser nichts anderes übrig, als sich ebenfalls auf den Heimweg zu machen. „Tuifl, Tuifl,“ brummte er dabei mehrmals vor sich hin. „Mei Wunsch, mei schöna Wunsch. I kunnt jetzt a stoareicha Mo sei. Muaß der Malefixgoaßbock daherkomma, der hoarlouse.. Tuifl, Tuifl!"

Ein Glück, ein unbeschreibliches Glück, stand aber dem alten Sebastian Birkmoser doch bevor. Als er nämlich am Abend seine Frau um ein Seidel Bier fortschicken wollte, um sich seinen Ärger hinterzuschwemmen, da fanden sich in seinem ledernen Zugbeutel 10 niegelnagelneue Guldenstücklein vor die Dose, woraus der Herrgott eine Prise gekostet hatte, war bis an den Rand mit dem allerbesten Schnupftabak gefüllt. Der Alte mochte nun in der Folgezeit zehnmal am Tag einen Gulden beim Bäcker oder Fleischer ausgeben, und hundertmal eine Prise Schnupftabak zu sich nehmen, dann waren immer noch 10 Gulden im Beutel und die Dose voll Schnupftabak.

Versteht sich.

Also ist es doch wahr, was der Volksmund sagt: „Der Herrgott läßt einen ehrlichen Deutschen nicht untergehen, einen Wäldler schon gar nicht!"

Die Wassernixe vom Rötelsee

Ein Bauernbursche aus der Ortschaft Ried am Pfahl (bei Cham) saß einmal, vor langer Zeit, auf dem schmalen Damm, der den Großen und Kleinen Rötelsee voneinander trennt. Sein Vieh, das er an jenem Tag zu hüten hatte, rupfte an den Wasserrändern das spärliche, wenig bekömmliche Sauergras. Die Herbstsonne meinte es zwar gut, konnte aber das ziehende Gewölk nur selten mit ihren wärmenden Strahlen durchbrechen. Wenn es ihr für kurze Zeitspannen dennoch möglich war, dann schimmerten die beiden Wasserflächen inmitten der herbstlich vergilbten Regentalwiesen wie zwei große, geheimnisvolle Augen, in einem seltsam matten Blau.

Seltsam war auch dem Burschen - Hansjörg hat er mit Vornamen geheißen - in diesen besinnlichen Stunden zumute. Der Herbstwind sang im Röhricht ein gar wehes Lied, das alle Sehnsucht nach Glanz und Glut des Sommers erwachen ließ. Noch tummelten sich kleine Duckenten im klaren Wasser, noch rauschten in Schwingen einzelner Sumpfvögel darüber hin, noch plumpsten die Wasserfrösche bei der leisesten Bewegung von Mensch oder Tier erschrocken vom Ufer ins nasse Element zurück. Bald würde jedoch alles im Umkreis erstarrt und ohne Leben sein, bis der Föhn nach langen Wintermonaten brausend von den nahen Waldbergen stürzt und auch diese trostlos gewordene Landschaft wieder zum Grünen und Blühen erweckt.

Hansjörg, noch jung, lebensfroh und er war ein ungewöhnlich gutaussehender Mann, schüttelte die traurigen Gedanken von sich ab, stand auf und wollte eben sein buntscheckiges Öchslein näher zu den ruhig grasenden Kühen herantreiben, da hörte er leise, aber deutlich genug, seinen Namen von der kleinen Insel, die noch heute im Großen Rötelsee zu sehen ist, herüberklingen. Träumte er am hellen Tag oder befand sich dort wirklich ein menschliches Wesen, das ihn rief? Von einer seltsamen Unruhe erfaßt, löste er am nächsten Fischkalter den immer bereitliegenden Kahn und lenkte ihn mit kräftigen Ruderstößen der

Der große Rötelseeweiher mit Insel bei Cham. Dieses Weihergebiet wurde 1986 zum Naturschutzgebiet erklärt. Es beherbergt über 256 Fisch- und viele Vogelarten.

Insel zu. O Schreck! Da lag eine bildschöne Wassernixe mit rotgoldenem, bekränzten Haar, mit rätselvollen moosgrünen Augen und einem gar holden Antlitz halb am Inselufer, halb im reglosen Wasser. Um den blütenweißen Hals und um die feinen Handgelenke trug sie mehrfach verschlungene Perlenbänder von selten hübscher Zierart. Alles in allem gesehen war die Wassernixe so sinnverwirrend schön, daß der Bursche zunächst der Meinung war, es narre ihn ein Trugbild aus anderen Welten.

Die siebengescheiten, kühl denkenden Menschen unserer Zeit werden jetzt die Nase rümpfen und sagen: „Ach, der Hansjörg war eben ein sonderlicher Kauz, ein heilloser Träumer, wie es deren viele unter den einsamen Hirten und Bauern des Bayerischen Waldes gibt. Ihr abgrundtiefes Sinnieren läßt sie des öfteren Bilder schauen, die mit der nüchternen Wirklichkeit des Lebens nichts Gemeinsames mehr haben." Und dennoch kann ich glaubhaft versichern, daß der Bursche in jener Stunde ein Wesen von Fleisch und Blut, eine bezaubernd schöne Wassernixe vor sich sah, wie es solche in alten Zeiten wirklich und wahrhaftig gegeben hat.

25

Es bleibt dahingestellt, ob es weibliche Neugier, bloße Laune oder heimliche Liebe zu dem jungen Hirten war, daß sie ihn rief. Die Gefühle eines Wesens, das immerhin zur Hälfte wie ein Fisch gebaut und gegliedert war, darf man nicht mit gewöhnlichen Maßstab bewerten. Dem Hansjörg aber, das ist verbürgt, wurde diese erste Begegnung auf der stillen Insel zum folgenschweren Verhängnis. Das reizvolle Geschöpf konnte ihm mühelos Herz und Sinne betören. Er schwor es der Wassernixe ohne Bedenken, daß er ihr zeitlebens die Treue halten und nie mehr ein anderes Mädchen liebend in seine Arme nehmen wolle. Da lächelte die Schöne glücklich und sie schenkte dem Hirten eine Handvoll blitzender Perlen, die sie rasch niedertauchend für ihn aus der Tiefe holte.

Von nun an trafen sich die beiden so oft, als es nur möglich war. Über dem Liebesgetändel verging aber die Zeit und es kam, wie es kommen mußte. Hansjörg machte sich allmählich Gedanken darüber, daß er nie wie Burschen seines Alters, seine Freundin zum Tanz führen konnte. Noch weniger durfte er hoffen, sie einmal als seine Ehefrau auf das väterliche Anwesen zu nehmen. All' das stimmte ihn sehr traurig und er lenkte seinen Kahn immer seltener zur Insel hinüber. Hätte er doch mit der betrübten Wassernixe darüber gesprochen. Er liebte sie immer noch, verschwieg es aber, daß er sie längst mit einem ranken, heiratslustigen Bauernmädchen heimlich betrog. Verschwieg es immer noch, als die Hochzeit, Mahl und Spielleute schon bestellt und aufgeboten waren...

Die Wassernixe aber hatte den Treulosen seit langem durchschaut. Sie wußte genau, wie es anfing, wußte, daß Hansjörg ihren Perlenschatz, der ihn reich und glücklich machen sollte, seinem Mädchen als Brautgeschenk ins Haus der künftigen Schwiegereltern trug und ahnte, daß er noch einmal kommen würde, ehe ihn der geweihte Ring an die andere band. Wehe, wenn er auch dann zu feige war, aufrichtig zu ihr zu sein!

Am Tag vor der Hochzeit kam nun Hansjörg wirklich ein letztes Mal zur Insel. Eine innere Stimme hatte ihn zwar davor gewarnt, aber eine unerklärliche Sehnsucht trieb ihn dennoch dorthin. Und wieder blieb er beim alten, trügerischen Spiel. In der flirrenden Sommersonne schwamm er mit der Geliebten in der Weite des Großen Rötelsees hinaus. Er sah nicht die tückisch schillernden Augen der Wassernixe, hörte nicht auf den Warnschrei der Vögel im Schilf und fragte nur einmal lachend, was das seltsame Geläute aus der grünen Tiefe bedeuten möge. Die Antwort der Nixe ließ den Burschen jählings erbleichen: „Sie läuten dort unten Dir und mir zum Hochzeitstag!" Schaudernd fühlte er, wie ihn zwei schneeweiße, kühle Mädchenarme umschlangen und dann war alles nur noch ein lautloses, wohliges Sinken und Träumen...

In der Ortschaft Untertraubenbach mußte am folgenden Tag eine bestellte Hochzeit, Mahl und Musikanten abgesagt werden, weil der Bräutigam nicht erschienen war und bis zum heutigen Tag als spurlos verschollen gilt.

Der Zwergl, ein Zauberer aus Ebnath

Es ist schon einige Jahrhunderte her, daß das Zwergl im Grab modert, aber alte Leute aus seinem Heimatort Ebnath im Fichtelgebirge erzählen immer noch gerne von ihm. Er war

ein gar vornehmer Herr aus dem Geschlecht der Hirschberg oder doch mit ihnen verwandt. Denn er bewohnte das alte Schloß bei der Kirche oben in Ebnath, das in seinen unteren Stockwerken noch heute steht. (Eine Schießscharte kann man noch erkennen.) Seit seiner Geburt war er körperlich stark behindert, er hatte einen Höcker und war dazu auch noch sehr häßlich. Bedingt durch diesen Buckel blieb er sehr klein, deshalb nannte man ihn nur das „Zwergl". Geistig war er aber sehr gebildet. Auch mit den damaligen Ritterkämpfen war er vertraut. Aber er merkte, daß er es nie mit anderen normal gebauten Rittern aufnehmen konnte. Das ärgerte ihn sehr, denn er war sehr ehrgeizig. Nun kam das Zwergl auf die Idee, da er mit seinem Körper keine Großtaten ausführen konnte, um so mehr seinen Verstand auszubilden. Und so warf er sich denn mit heißem Eifer und wilden Fleiß auf das Studium, auf jene Wissenschaft, welche zu der damaligen Zeit als die gewinnbringendste galt, auf die Alchimie. Die Alchimisten waren aber überall verschrien als schlechte Christen. Sie waren lieber in ihrer sog. Teufelsküche, Laboratorium heißt man es jetzt, als in der Kirche und lieber taten sie sieden, kochen und schmelzen, mit Tiegel und Retorten arbeiten, als fasten, beten und Almosen geben. Auch unserem Zwergl erging es so. Es dauerte nicht lange, da waren alle Leute überzeugt, daß er mit dem Bösen, dem „Fankerl", wie die Leute ihn vorsichtig nannten, einen Bund abgeschlossen habe. Denn das Zwergl, dieser Schwächling wurde auf einmal zum Raufbold, fing bald mit einem Ritter, bald mit einem Offizier Streitereien an und diese endeten immer mit einem Duell. Dem Zwergl war dabei jede Waffe gleich. Immer blieb er Sieger, ob sie mit Degen, Rapier oder Pistole kämpften. Er blieb immer Sieger und wurde nie verletzt, kaum daß sein seidenes Wams oder Hose einen Riß oder ein Loch bekam. Einmal hatte er so ein Duell bei Tirschenreuth auszufechten und ritt mit seinem Diener dorthin. Er war etwas spät dran und mußte sich sehr beeilen um zur festgesetzten Zeit am Platz zu sein. Da kam ihnen noch ein großer Weiher in die Quere. Wenn sie diesen umritten, würden sie zu spät kommen. Da rief er seinem Reitknecht zu:
„Egid, jetzt drückst Du die Augen zu und haust die Sporen hinein und reitest gerade hinter drein!" Das Zwergl selbst aber sprengte auf den Weiher zu und sieh da, das ging darüber hin wie auf der schönsten Landstraße, daß die Funken stoben und der Staub aufwirbelte.
Ein anderes Mal hatte er die kurfürstlichen Offiziere beleidigt. Diese schickten nun drei Vertreter nach Ebnath und alle drei sollten ihn fordern. Als sie in Ebnath ankamen, kehrten sie beim Neuwirt ein und gingen in die Gaststube, um erst eine Stärkung zu nehmen. Als nun jeder eine Maß vor sich hatte, da krachte plötzlich ein Schuß, das Fenster klirrte und vom Maßkrug, den einer zum Trinken erhoben hatte, flog der Deckelkopf weg. Schnell nahm jeder seine Waffe und eilte hinaus. Da lachte das Zwergl zum Schloßfenster herunter und schwang die noch rauchende Pistole. Die Drei aber zogen die Köpfe ein, gingen zum Wirt, bezahlten und ritten schleunigst wieder fort. „Mit dem fang ma' nix an," sagten sie, „der konn mehr wöi uns".
Der Reiteröidl, sein Knecht, war sein Faktotum. Sein Name lebt in seinem Anwesen immer noch fort, heute noch heißt es das Reiteröidl-Haus. Dieser mußte seinen Herrn auf allen Wegen begleiten, er war, sagen die Leute, auch mit dem Bösen im Bunde und kümmerte sich nicht um die Religion und Kirche. Oftmals will man die beiden gesehen haben, wie sie mit ihren Pferden hoch in der Luft oben davon ritten, um irgend ein Schelmenstücklein zu ver-

üben. Seine kräftigsten Zaubersprüchlein hatte das Zwergl in ein dickes Buch fein säuberlich aufgeschrieben.

Als er krank im Bett lag und merkte, daß seine Tage gezählt seien, befahl er seinem treuen Diener, das Buch zu nehmen und ins Wasser zu werfen. Der folgte wie immer. Doch während des Gehens dachte er, warum solle er dies wertvolle Buch ins Wasser werfen? Und er nahm den nächsten Weg nach seinem Haus und verwahrte es im Eßwaren- und Wäschekasten. Dann ging er wieder zurück. Mißtrauisch sah ihn das Zwergl an, aber der Öidl tat ganz unschuldig. Endlich fragte doch der Herr, wie das Wasser reagiert habe, als er das Buch hineinwarf. Der Öidl meinte: „Das Wasser? Nun, nichts, gar nichts." „Dann hast Du das Buch auch nicht hineingeworfen, wart nur, das mußt Du büßen." Da kam dem Reitknecht die Angst und schnell lief er nach Hause, nahm das Buch und warf es von seinem Garten aus in die Fichtelnaab. Da kochte und brodelte das Wasser und warf haushohe Wellen, als hätte er ein Stück von der heißen Hölle hineingeschleudert. Eiligst lief er heim zum Herrn. Doch der lag bereits tot im Bett. Die Verwandten ordneten ein recht nobles Begräbnis an. Von überall kamen die Vornehmen und Adeligen, auch viel gemeines Volk. Die Leiche wurde in den Sarg gelegt und von einigen Männern hinuntergetragen zum Aussegnen. Der Geistliche kam und stimmte mit fester Stimme das De profundis an. Im selben Augenblick sahen alle den Zwergl mit seinen höhnisch lachenden Gesicht oben zum Schloßfenster herausschauen.

Das gab ein Geschrei und einen Auflauf! Alsbald waren die Frauen und Kinder und auch ein großer Teil der Männer verschwunden. Der Pfarrer aber hatte viel Courage, ließ den Sarg öffnen und als er den Leichnam des Zwergl darinnen sah, fuhr er mit der größten Ruhe im Psalmodieren fort und begrub den verstorbenen Zauberkünstler.

Wo er begraben liegt, kann man heute nicht mehr sagen.

Im Sterbematrikel zu Ebnath steht folgender Eintrag: „Am 6. Juni 1694 starb der hochedle und gestrenge Herr Wolf Adam von Hirschberg in Schwarzenreuth, mit allen Sakramenten versehen, in einem Alter von 80 Jahren. In vielen Zweikämpfen Sieger. Wegen Streitigkeiten seiner Verwandten mit der Schwiegermutter seiner Gemahlin Maria Anna Barbara geb. von Lutzelburg wurde er auf ganz gewöhnliche Art beerdigt. Die verbotenen Künste für Unverwundbarkeit (wohl Hieb- und Schußfertigkeit) hat er vor der sakramentalen Beichte verbrannt und abgeschworen." Das war doch offenbar das Zwergl gewesen.

Die Sage vom Schloßfräulein in Hohenfels

In der Hohenfelser Gegend ist die Sage vom Schloßfräulein von Hohenfels sehr bekannt. Sie hat sich aus Angst oder Schande, von den Schweden vergewaltigt zu werden, vom Turm des Schlosses hinabgestürzt. Daß aber solche Sagen nicht immer erfunden sind, sondern einen geschichtlichen Hintergrund haben, beweist das Sterbebuch der Pfarrei Hohenfels. Unter anderem wird hier erwähnt: „Item ein junges mensch mitt namen Anna Maria Langer seliger allhier eheliche dochter, die ist vom Schloß herundter gesprungen."

Das Fräulein von Hohenfels war zwar kein „Schloßfräulein" zu dem es die Sage gemacht hat, sondern ein wahrscheinlich im Schloß bedienstetes Mädchen, das seine Eltern frühzeitig verloren hatte, darum ohne Schutz in der Welt stand, aber doch auf ihre jungfräuliche Ehre so viel hielt, daß sie lieber den Tod von dem Turm herab wählte, als die Entehrung durch die Soldaten. So ist begreiflich, daß ihre Tat bei der Bevölkerung große Bewunderung erregte und unsterblich geworden ist durch die Sage vom Schloßfräulein von Hohenfels. Es ist auch schon in einer Art Ballade ihre Tat besungen worden.

Nun ist im Lebensbild des Universitätsprofessors Dr. J. N. von Ringseis, das seine Tochter Bettina im Jahre 1909 bei Josef Habbel in Regensburg herausgab, das Burgfräulein von Hohenfels ebenfalls erwähnt und zwar in folgendem Zusammenhang: Ringseis, der bekanntlich in Schwarzhofen geboren wurde, erzählte seinen Töchtern, daß seine Mutter bei ihren Großeltern erzogen worden war. Der Großvater war der Bürgermeister Schwarz in Neunburg v. Wald, dessen fünf Brüder dem Jesuitenorden angehörten. Wir lesen nun wörtlich:

„Eine nahe Verwandte der Großmutter hatte zu Hohenfels in der Oberpfalz, von fremden Soldaten verfolgt, sich ihrer Gewalt dadurch entzogen, daß sie sich aus einem Fenster des Schlosses in die Tiefe gestürzt und so den Tod gefunden."

Diese Verwandtschaft muß schon einige Generationen zurück gelegen haben, da zwischen dem Geschehen 1632 und Ringseis Geburt 1785 im Ganzen 153 Jahre liegen, aber immerhin hat dieses Ereignis einen tiefen Eindruck hinterlassen und wurde von Generation zu Generation in der Familie weitererzählt.

Das Riesenmädchen vom rauhen Kulm

Vom rauhen Kulm, der einst von einem Riesengeschlecht bewohnt war, ging eines Abends ein Mädchen den Berg hinunter, um sich die Gegend anzuschauen und fand einen Bauern mit seinen Ochsen pflügen. Es hatte noch nie Menschen getroffen und sah deshalb freudig erstaunt lange den kleinen Dingern zu, welche sich immer bewegten und nur so langsam von der Stelle kamen. Während das Riesenmädchen so seine Neugier befriedigte, brach die Nacht herein. Ohne viel zu überlegen, raffte es nun ein Stück Ackerland in ihre Schürze, legte ganz sanft das vom leisen Fingerdruck schon ohnmächtige Bäuerlein mit Gespann und Pflug darauf und eilte, das neue Spielzeug auf die Burg zu bringen und dem Vater zu zeigen. In der Eile aber riß das Band ihrer Schürze - die Last war dafür doch etwas zu schwer - und Erde, Bauer, Pflug und Ochsen fielen zu Boden. Die Erde ließ nun das Riesenmädchen liegen und sie liegt heute da, wo sie der Schürze entfiel - es ist der „Kühkübel", eine kleine Erhöhung östlich des großen Kulms - Bauer, Ochsen und Pflug nahm es jedoch wieder auf, trug sie in das Schloß und stellte sie vor dem Vater auf den Tisch. Doch dieser belehrte seine Tochter mit ernsten Worten, daß der Bauer auch ein Mensch sei, gleich ihnen, nur kleiner und wie diese Menschenkinder das Feld bebauten und Nahrung schafften, ohne welche sie auf der Riesenburg bei all ihrer Größe und Stärke verhungern müßten. Zugleich erteilte er seiner Tochter den Auftrag, den Bauern und seine Tiere für diese Nacht zu beherbergen und gastlich zu verpflegen und am nächsten Tag wieder dorthin zu bringen, wo sie diese gefunden hätte.

Die Burg auf dem rauhen Kulm
und die ungeheuren Schätze

Die Burg ist seit 1554 zerstört. Aber in seinen Gewölben werden ungeheure Schätze von einem Mann mit einem Geißfuß bewacht. Der Zugang steht nur zu gewissen heiligen Zeiten offen, besonders am Palmsonntag. Ein Taubstummer hatte ihn einmal gefunden, war hineingegangen und sah die Schätze. Der mit dem Geißfuß bot ihm davon an, aber er mochte nichts nehmen. Auch ein anderer Mann fand einmal die offenen Gewölbe, wagte aber nicht, hineinzutreten. Als er ein zweites Mal mit mehr Mut danach suchte fand er sie aber nicht mehr.

Sagen um das Waldgebiet „Elm" bei Leuchtenberg

Wenn wir auf dem hohen Leuchtenberg stehen und unsere Blicke nordwärts richten, so liegt vor uns ausgebreitet ein großes, zusammenhängendes, sagenumwobenes Waldgebiet, das von tief ausgerissenen kleinen Rinnsalen und schmalen, kurzen Tälern nach allen Seiten durchzogen wird und den sonderbaren Namen „Elm" führt. Es erstreckt sich vom Fuß des Leuchtenberges, vom Lerautal nach Norden bis Waldau, gegen Osten bis zu der Ortschaft Lind und im Westen bildet die Luhe zwischen den Orten Roggenstein und Keimling den Abschluß. Treten wir aber in den Elm ein, so finden wir überall in größeren und kleineren Gruppen, versteckt zwischen den düsteren Föhren, dann wieder frei und wuchtig vor uns stehend, durcheinander geworfene, gestrüppumwucherte Felspartien aus grau verwittertem, großkörnigen Granit.
Alte Steinkreuze, Grenzsteine, Sühnekreuze, Bildstöcke und Bildbäume geben weiter dem düsteren Waldesinnern jene Stimmung, von der das Volk behauptet, daß es da drinnen nicht recht geheuer ist. Nicht gern und ohne zwingenden Grund geht daher auch die heimische Bevölkerung in den Elm und der ortsunkundige Wanderer tut gut, wenn er bei Einbruch der Dämmerung nicht von dem Weg abweicht, denn leicht ist es möglich, daß er sich durch das laute hoi - hoi des Hoimanns verführen läßt und er nach stundenlangem Wandern wieder auf der Stelle steht, an der er vom Weg abgekommen ist. Nach alten Erzählungen nimmt in stürmischen Nächten die wilde Jagd ihren Anfang und zieht südwärts hinüber zum „Kalten Baum", bei dem es dann besonders toll zugeht.

Die Mördergrube bei Lerau

Geht man nun von Roggenstein aus durch den Elm nach Lerau oder Lind, so trifft man bald einen Platz, der bis heute von der Bevölkerung gemieden wird. Dieser Ort heißt Mördergrube. Hier sollen in der Zeit des Mittelalters Räuber ihr Unwesen getrieben und ihre Opfer in die Grube geschleppt haben. Der Ort ist gekennzeichnet durch verschiedene Vertiefungen und Löcher, welche öfters auch als Wohngruben des hohen Mittelalters angesprochen werden.

In den 1890er Jahren war die Höhle (Mördergrube) der Schlupfwinkel von zwei Dieben: Wenzelus und Hinz, so hießen die beiden Spitzbuben. Sie lauerten im düsteren Elmwald den Reisenden und Kaufleuten auf und raubten und plünderten. Köhler gab es in den damaligen Wäldern häufig. Noch erinnert der Flurname „bei der Waldauer Meilerstätt" an dieses Gewerbe. Auch Hinz, der das vertrauenerweckendere Aussehen hatte, gab sich für einen Kohlenbrenner aus. In dieser unauffälligen Verkleidung besuchte er die Wirtshäuser in der Umgebung, belauschte die Gespräche der Bauern und kundschaftete so die ahnungslosen Reisenden und Ortsbewohner aus.

Die Drei Handkreuze bei Lind (bei Vohenstrauß)

Bleibt man von den erwähnten Gruben auf dem Weg nach Lind, so kommt man an verschiedenen Bildbäumen vorbei zu der bekanntesten Stelle, „zu den Drei Handkreuzen". Es sind dies zwei rechteckige Steine und ein Kreuz. In jedem dieser Male finden wir eine nach oben gerichtete Hand eingemeißelt. Etwa 50 m westlich davon stoßen wir auf einen vierten Stein, ebenfalls mit einer Hand. In der Nähe liegt der Kreuzsteinacker (Gemarkung Oberlind, Pl. Nr. 1059).

Man kann auch von Lerau zu den Handkreuzen wandern, links am Dorfweiher vorbei, dann geradeaus immer an der Teerstraße entlang, dann geradeaus in den Wald hinein, immer den blauen, dreieckigen Markierungen oder den roten Markierungen mit der Nr. 5 entlang.

Bei diesen Drei Handkreuzen spricht die Sage sehr deutlich und kommt der Wahrheit wohl sehr nahe: Vier Burgherren sollen verabredet haben, hier zusammenzukommen und die Grenzen ihrer Herrschaften festzulegen. Derjenige, der zu spät komme, dürfe nicht mit teilen. Es waren dies die Herren von Leuchtenberg, Roggenstein, Waldthurn und Tännesberg. Der von Tännesberg war zu spät gekommen, weil er den weitesten Weg hatte. Als er sah, daß die anderen bereits anwesend waren und die Teilung bereits zu Ende war, ritt er seitswärts in den Wald und schoß sich vom Pferd herab. Deshalb finden wir den vierten Stein etwa 50 m tiefer im Wald.

Eine andere Sage lautet: Da, wo die Kreuze mit den Schwurhänden stehen, sollen die Hohenstaufen als Besitzer von Vohenstrauß, dann die Waldauer und die Leuchtenberger ih-

Die vier Steinkreuze im Wald „Elm" bei Lerau.

re Waldungen begrenzt und vermarkt haben. Oder: Die Ritter der Herrschaften Waldau, Leuchtenberg und Kaimling lagen in einer ungerechten Fehde. Recht und Gesetz galten ihnen nichts mehr, nur die Stärke der Faust war entscheidend. So kam es in diesem Gebiet immer wieder zu Überfällen und Räubereien. Eines Tages jedoch hatte man genug von diesen Zuständen und sehnte sich nach einer Beendigung der Fehde. So trafen sich die Ritter in Elm, wo ihre Besitzungen nahe beieinander lagen. Hier einigten sie sich, hoben die schreckliche Fehde auf, reichten einander die Hände und gelobten, in Zukunft friedlich miteinander zu leben. Als Zeit nennt man das Jahr 1366.

Daß die in jedem Stein eingemeißelte Schwurhand auf einen abgeschlossenen Vertrag hinweist, kann richtig sein, denn die Hand bzw. der Handschuh spielten im Rechtsdenken des Mittelalters eine entscheidende Rolle. So wurde die Hand gerne auf Grenzmale gesetzt, vor allem für besonders gefriedete Bezirke. Der Elm scheint so einen gefriedeten Bezirk dargestellt zu haben. Ein Teil des Waldauer Elm heißt noch Grafenholz. Früher war der ganze Elm landgräflicher Besitz. Das Rechtszeichen der abgehauenen Hand ist auch leicht zu erkennen, denn regelmäßig wird als abgehauene Hand die Rechte dargestellt, niemals die Linke.

Nach einer Grenzbeschreibung von 1546 kam es zu einem Heidelberger Vertrag, der u. a. die Grenzen zwischen dem „Fürstentum der obern Pfalz" und der „Landgrafschaft Leuchtenberg" festlegte. In dieser Grenzbeschreibung sind neben dem „kalten Bäuml" auch die „Handkreuze" im Elm angegeben.

1583 schreibt der Pfleger von Tännesberg an den Pfleger von Leuchtenberg: „Nachdem bei Oberlind auf der Straße, wie man gen Weiden geht, 3 Marksteine gesetzt wurden, welche das Amt Tännesberg, die Landgrafschaft Leuchtenberg und die Herrschaft Waldau scheiden, von denen einer verloren ging, habe er von der Amberger Regierung Befehl erhalten, denselben wieder aufzurichten."

In einer Grenzbeschreibung von 1606 sind die gleichen Grenzen wieder erwähnt. Nach dem Blutzehentkataster trafen hier die Grenzen von Leuchtenberg, Waldau, Kaimling und Vohenstrauß aufeinander und noch heute stoßen bei den Drei Handkreuzen die fünf Gemarkungen der Ortschaften Lerau, Leuchtenberg, Kaimling, Waldau und Oberlind zusammen. Auch fünf Wege gehen hier auseinander und zwar in die erwähnten Ortschaften.

Der Kalte Baum bei Oberlind

An der alten Heer- und Handelsstraße Prag - Nürnberg steht bei Oberlind (Vohenstrauß) ein uralter Baum. Schon im Jahre 1361 wird in einer Grenzbeschreibung der ehemaligen Landgrafschaft Leuchtenberg ein „kaltes Bäuml" erstmals urkundlich erwähnt, der mächtige Baum ist ca. 20 m hoch, ebenso der Kronendurchmesser. Der Stamm hat am Boden einen Umfang von 10 Metern. In 3 m Höhe beginnen die mächtigen Äste, die nicht selten die absonderlichsten Formen zeigen, und ihre Verkrüppelungen und gewaltigen Stümpfe reden recht anschaulich von den schweren Kämpfen, die der alte Riese mit Sturm und Wetter zu bestehen hatte. Um 1860 hat ihm ein Blitzschlag recht schweren Schaden zugefügt. Dadurch entstand ein 1 m breiter und 3 1/2 hoher Eingang, in seinem Inneren können mehrere Personen drin stehen, (jetzt mit einem Drahtgeflecht verschlossen).

Verhängnisvoller als dieser Blitz wäre unserm knorrigen Alten aber bald die sonderbare Anschauung eines der letzten Vohenstraußer Landrichters geworden, der den Baum nicht mehr für schön fand, ihn beseitigen und durch einen jungen ersetzen wollte. Dem ihm gewordenen Auftrag nachzukommen, pflanzte der damalige Besitzer auch nebenan eine neue Linde, die er sich aus dem Staatsforst nehmen durfte, hieb sie aber sogleich wieder um, als den gestrengen Herrn das Zeitliche gesegnet hatte.

Inzwischen hatte sich der Baum wieder recht gut ausgeheilt und sogar seine Innenseite teilweise mit warzenförmigen Rindenmassen überzogen, was von seiner Widerstandsfähigkeit und Verjüngungskraft gutes Zeugnis gibt. An Abhärtung hat es ja dem alten Recken auf seinem heutigen Standort, dessen Umgebung ihm auch seinen Namen gab, die „Kaltenbaumöding", nicht gefehlt.

Über 600 m hoch gelegen, braust hier der letzte Ostwind mächtig herüber und man merkt es der unbedeutenden Neigung des Baumes nach Westen an, daß er ihm oft und schwer in die Krone fährt.

Darum heißt er auch nicht umsonst der kalte Baum; denn des Winters und der Stürme Macht kommt hier auf der freien Höhe zuerst und somit am empfindlichsten zur Geltung. In der Nähe des Baumes genießt man einen herrlichen Fernblick. Von Westen grüßt die alte Veste Leuchtenberg und von Osten die massige Friedrichsburg aus Vohenstrauß herüber. Der dunkle Böhmerwald, die Ausläufer des Fichtelgebirges und der Jura steigen am Horizont auf, die oberpfälzische Hochebene begrenzend, aus der besonders die Bergkegel des Parkstein und Rauhen Kulm mächtig hervorragen.

An den „Kaltenbaum" knüpfen sich mehrere Sagen. Eine davon erzählt: Eine Landgräfin von Leuchtenberg, Witwe mit zwei Kindern, aber noch jung und schön, hatte sich in den benachbarten Grafen von Sulzberg, der eben von einer Fahrt zurückgekehrt war, verliebt. Sie ließ dies durch Vertraute ihm mitteilen. Der Graf wies aber die Zumutung unwillig zurück: Er sagte: „Soll ich Kinder aufziehen, müssen sie meines Blutes sein". Da ließ die Mutter den beiden Kindern Nesteln in das Hemd knüpfen und sie starben. Danach wollte sie mit dem Grafen ein Treffen arrangieren. Auf der Höhe zwischen Sulzberg und Leuchtenberg kamen sie zusammen und der Graf beschwor die Frau, ihm die Wahrheit zu

Der Kalte Baum bei Vohenstrauß wird bereits in einer Grenzbeschreibung des 16. Jahrhunderts genannt, die die Grenzen zwischen dem „Fürstentum der Obern Pfalz" und der „Landgrafschaft Leuchtenberg" festlegte. 1596 wurde der Grenzbaum von kurpfälzischer Seite widerrechtlich umgeschlagen. 1606 neu gepflanzt, verdarb er zu Beginn des 30jährigen Krieges. 1642 erging der Befehl zur erneuten Pflanzung. Seither prägt dieser Sagenbaum wieder das Bild unserer Heimat.

sagen auf seine Frage, ob die Kinder eines natürlichen Todes so ganz plötzlich starben. Die verliebte Gräfin sagte daraufhin: „Deinethalber mußten sie sterben!" Da geriet der Graf in Zorn und stieß ihr mit milden Worten: „So stirb Du Deiner wegen!" sein Schwert in ihr Herz. An der gleichen Stelle ließ er die Frau begraben. Dabei fiel ihm aber ein Samenkorn, das er aus dem heiligen Land mitgebracht hatte, unversehens in das Grab und aus dem kalten Herz entwuchs der kalte Baum. Als Geist wandert die Gräfin um ihr Grab und um den Baum, daher der stete Wind, der hier geht. Und so lange hat sie nicht Ruhe auf des Grafen Fluch, bis nicht der Deutsche Kaiser, der aus der Oberpfalz auferstehen wird, die Schlacht schlägt gegen die Türken, in welcher das Blut bis an die unteren Zweige des Baumes steigen muß. Darum hat der Baum nicht seinesgleichen im Lande und keinen Namen, weil er aus fremder Ferne stammt.

Eine andere Sage, welche sich an den Kaltenbaum knüpft, ist jene von dem Edelmann, der wegen einer Liebesbeziehung zu einem Leuchtenberger Burgfräulein von dem Vater des Mädchens an dieser Stelle aufgehängt wurde.

In Nummer 3 der Monatszeitschrift „Volkskunst und Volkskunde" von 1907 veröffentlichte der Privatdozent Dr. F. von der Leyen einen Aufsatz über „Deutsche Sagen vom Weltuntergang". Darin ist auch unser „Kaltenbaum" erwähnt. Dort wird in einer Sage aus Neuenhammer erzählt, in welcher im Anschluß an die erwähnte Türkenschlacht noch hinzugefügt wird, daß als deren Folge eine Pest alles Volk und Vieh dahinraffen wird: „Zuletzt wird ein Hirt heranziehen aus weiter Ferne und in dem Baum wohnen, seine zahlreiche Nachkommenschaft aber das öde Land auf's neue bevölkern und fortan in seeligem Frieden und Wohlstand besitzen."

In dieser Sage erkannte nun Dr. F. von der Leyen's Angabe der bedeutende gelehrte Forscher Axel Olsik in Kopenhagen eine „alte nordische Sage, die uns ein Eddalied, das Lied vom Riesen Wasthradnir, rein unvermischt mit anderen ähnlichen Sagen aufbewahrte. Diese Sage erzählt von einem ungeheuren Winter, in dem alle Menschen zugrunde gehen, einem Menschenpaar, Sis und Sisthrasir, das sich versteckt, dem Tode entrinnt und ein neues Menschengeschlecht gründet." Wahrhaftig ein merkwürdiger Baum.

Das erste Lauterhofen

Lauterhofen stand früher nicht auf dem Platz über der Lauterach, wo es heute ist. Damals war nämlich das heutige Lauterhofen ein großer See, der über den Karlshof bis nach den Grabenbacher Forst hinausreichte und hinunter bis Kastl das ganze Tal ausfüllte. Die Lauterhofener wohnten damals auf dem Reiselsberg auf dem Felsen und in der Felsenhöhle. Als sich das Wasser verlief, siedelten sie sich auf den Äckern unterhalb des Reiselsbergs an. Das war um die Zeit, als die Franken bei uns durchzogen. Darum hieß man die Siedlung Frankenfelden. Manche Bauern ackern heute noch Mauern und Mörtel heraus, wo das Dorf einmal gestanden hat.

Die älteste Kirche in Lauterhofen

Kaiser Karl der Große zog von Regensburg nach Absetzung des Bayernherzogs Tassilo hinüber nach Weißenburg, wo er den Kanal bauen wollte, der den Main mit der Donau verbinden sollte. Auf seiner Reise kam der Frankenkaiser auch nach Lauterhofen; auf der Burg an der Lauterachquelle übernachtete er. Weil aber das Dorf noch keine Kirche hatte, befahl er, eine zu bauen; sie sollte dem hl. Martin geweiht werden. Die Kirche wurde erbaut im Zipfel und ihre Mauern sind heute noch zu sehen.

Die drei Schloßfräulein zu Oberlauterhofen

Auf dem Schloß zu Oberlauterhofen hatte der Besitzer nur drei Töchter, die den ganzen Besitz erbten, wozu alle Felder, Wiesen und Äcker rund um Lauterhofen gehörten, und das war nicht wenig. Zum Zeitvertreib ritten die Töchter auf die Jagd und verirrten sich, als sie einen Hirsch derart hetzten, daß sie nicht mehr wußten, wie sie heimfinden sollten. Sie hörten keinen Hund bellen, keine Turmuhr schlug weit und breit.
Als die Nacht hereinbrach schlossen sie mit dem Leben ab, denn damals waren in den Wäldern noch Wölfe und Bären. Auf einmal hörten sie einen Mann singen, der auf sie zukam. Es war der Lauterhofener Dorfhirte, der von einer Kindstaufe heimging. Er führte die Fräulein auf einen Weg und bald darauf waren sie daheim. Aus Dankbarkeit verschenkten sie an die Lauterhofener alle ihre Wälder, nur das Jagdrecht behielten sie.

Die weiße Frau auf dem Burgstall bei Traunfeld

Auf der Traunfelder Flurkarte ist vor dem Dorf draußen, wo es nach Frankenhof geht, der Burgstall eingetragen. Aber es ist nichts davon zu entdecken. Heute steht eine Kapelle dort, wo einmal die Traunfelder Burg gestanden hat. Im 19. Jahrhundert haben am Burgstall zwei Mädchen auf dem Krautacker gearbeitet. Als es vom Kirchturm zu Mittag läutete, sahen sie plötzlich eine strahlendweiße Frau auf sich zukommen. Vor Schreck liefen sie davon und erzählten ihr Erlebnis daheim ihrer Mutter. Die lachte sie wegen ihrer Einbildung aus. Die beiden Schwestern aber sahen die Erscheinung noch öfter. Im Leben später hatten beide wenig Glück, dafür Not und Leid zu ertragen. Auf das Drängen der Leute gab der Ortspfarrer die Erlaubnis zum Bau der Kapelle auf dem Burgstall, die heute noch dort steht. Die Erscheinung hat seitdem niemand mehr gesehen.

Das untergegangene Schloß bei Dippenricht

Im Wald „Appel" bei Dippenricht findet man große, viereckige Wälle, gut 1 1/2 m hoch aus Erde gebaut, davor rundherum einen Wassergraben. Die Anlage bezeichnet der Volksmund als Burg- oder Schloßgraben. Davon wird erzählt, daß in ganz früheren Zeiten hier einmal ein Schloß gestanden war. In schlechten Zeiten mußten die Bauern fast verhungern. Die Burgherren aber praßten, fraßen, soffen und kümmerten sich nicht um Not, Hunger und Elend ihrer Untertanen. Eine Bettlerin, die die Ritter mit Hunden aus dem Schloß gehetzt hatten, verfluchte die Edelleute, und in einer Nacht versank das Schloß lautlos im Erdboden. Nur die Wälle blieben stehen und sind heute noch zu sehen. (In Wirklichkeit handelt es sich bei der Wallanlage um eine spätkeltische Viereckschanze)

Die Burgfrau auf dem Habsberg

Wo heute die schöne Wallfahrtskirche auf dem Habsberg steht, da war früher die Burg der Grafen von Habsberg. Von deren Untergang erzählt eine Sage: Der Habsburger Graf hatte Streit mit einem Nachbarn, wurde besiegt und zuletzt in seiner Burg eingeschlossen und belagert. Das letzte Stücklein Brot war gegessen und die Not zwang zur Übergabe der Burg. Nur die Burgfrau erhielt die Erlaubnis, frei und ungehindert wegzugehen. Sie durfte an Habseligkeiten mitnehmen, was sie auf dem Buckel tragen konnte. Aber wie erstaunten die Feinde, als aus dem Burgtor die Gräfin herauskam und auf dem Rücken ihren Mann trug: Die beiden Edelleute zogen außer Landes. Ihre Burg aber wurde dem Erdboden gleichgemacht.

Der Bau der Wallfahrtskirche auf dem Habsberg

Schon seit Jahren litt der helfenbergische Gerichtspfleger Johann Panzer an der Gicht. Von seinem Bett aus konnte er durchs Fenster den Habsberg sehen. Um das Jahr 1680 herum machte er nun der hl. Maria das Versprechen, auf diesem Berg zu Ehren eine Kirche erbauen zu lassen, wenn er von seiner Krankheit geheilt würde. Wirklich wurde Panzer unerwarteterweise schnell gesund. Er hielt sein Wort und erbaute die versprochene Kirche. Schon 1682 konnte erstmals darin Messe gehalten werden. Zum Andenken ließ Panzer ein Bild schnitzen und in der Kirche aufhängen, wo es heute noch zu sehen ist.

Der Strick in der Wallfahrtskirche Habsberg

Unter den Wallfahrtsbildern in der Wallfahrtskirche auf dem Habsberg war früher ein Strick aufgehängt. Darüber wird erzählt: Ein armer Teufel von Landwirt, der gleich unterhalb des Habsberges wohnte, hatte Unglück mit allem, was er anstellte. In seiner Verzweiflung nahm er den Strick und wollte sich erhängen. Zuvor aber betete er ein letztes Vaterunser und machte Reu und Leid. Dann band er den Strick an einen Fichtenast und legte sich die Schlinge um den Hals. Da stand plötzlich die Gottesmutter vor ihm, zerriß den Strick und gab ihm eine tüchtige Watschen, daß es nur so schallte. Sie sagte: „Geh' heim, es wird Dir geholfen." Das geschah auch wunderbarerweise. Der Mann hob sich den Strick als Andenken auf und nach seinem Tod wurde er in die Habsberger Kirche gebracht.

Die Sage vom „Schwarzen Weiherl" bei der Heinrichsburg

In der Nähe der Ruine Heinrichsburg ist ein kleiner Weiher, das „Schwarze Weiherl", wie es in der Gegend heißt. Dort muß ein Ritter aus der Burg umgehen, weil er an dem Weiherl aus Eifersucht seine junge Frau erstochen hat. Eine andere Sage berichtet: Zwei Schwestern aus dem Dorf Pölling waren im Wald bei der Heinrichsburg und suchten Kleinholz. Als sie ihre Buckelkörbe voll hatten, gingen sie am Schwarzen Weiherl vorbei, da läutete es in Pölling zu Mittag. Mit einmmal brach ein mächtiger Sturm los. Die beiden Schwestern liefen voll Angst so schnell sie konnten, um von dem Weiherl wegzukommen, als ihnen ein großer schwarzer Hund entgegenrannte, herunter von der Burgruine und hinein ins Wasser, daß das Wasser weitherum spritzte. So plötzlich, wie der Sturmwind ausgebrochen war, so schnell war er jetzt vorbei, aber am ganzen Körper schwitzend und zitternd liefen die Schwestern aus dem Wald heraus und setzten am Feldrain ihre Körbe ab. Sie erzählten einem Bauern, was sie gehört und gesehen hatten und der sagte ihnen, daß der Spuk von dem verwunschenen Burgfräulein gekommen wäre.

Der Bittgang der Verstorbenen

In früherer Zeit gehörte die Gegend zwischen Schwarzachgrund und Lauterachtal zum Gericht nach Velburg. Dorthin waren etliche vorgeladen, von Stöckelsberg ein paar und von Häuselstein ein paar. Auch dem alten Endres sein Großvater war dabei. Damit sie rechtzeitig hinkamen, gingen sie schon kurz vor Mitternacht weg von daheim. Draußen in Reicheltshofen stand damals das Steinkreuz hinter dem Wirtshaus und dort, wo ein Weg nach Reicheltshofen hinein, der andere nach Frankenhof hinübergeht, zog ein Bittgang daher mit Kreuz und Fahnen. Das waren aber lauter Verstorbene, darunter auch die Frau des alten Endres.

Schatzgräber bei der Burgruine Heimburg bei Neumarkt

Die Burgruine Heimburg, welche an der Staatsstraße liegt, die von Neumarkt nach Altdorf bei Nürnberg führt, war früher eine große, bedeutende Burg und ihre Herren herrschten über die ganze Gegend bis Lauterhofen, Neumarkt und Altdorf. Im 30jährigen Krieg wurde sie zerstört. Heute künden mächtige Mauern und tiefe Keller von der vergangenen Herrlichkeit. Aber in den Kellern liegt der Schatz der Heimburger begraben. Unter vielen Schatzgräbern, welche die Gewölbe durchsuchten, unternahm auch eine Gruppe besonders goldhungriger, ausgerüstet mit einer Wünschelrute, eine nächtliche Schatzsuche. Es durfte während des Unternehmens kein Wort gesprochen werden. Plötzlich entstand ein Geräusch bei ihnen, weshalb sie die Flucht ergriffen. Da ertönte der geisterhafte Ruf: „Die Blaujacke gehört mir!" Erschrocken rief ihr Träger: „Warum denn grod ich!" Als er an das Tageslicht kam sank er um und war tot.

Heimburg. Ansicht der Ruine nach einem Aquatinblatt am Anfang des 19. Jahrhunderts.

Ein polnischer Jude löschte einen Brand in Heimburg

In der Ortschaft Heimburg bei Neumarkt, welches am Fuße der genannten Burgruine liegt, steckte einmal ein Blitz ein Haus in Flammen. Da kam während des Brandes ein fremder Mann, einem polnischen Juden ähnlich, ließ sich eine Pfanne geben, tat Asche und Staub hinein, goß eine Flüssigkeit dazu, welche er seiner Jackentasche entnahm und warf die Pfanne mitsamt dem Inhalt in das brennende Haus und das Feuer war im selben Augenblick gelöscht.

Der Grünhütl

Auf der Schlierfer Heide kann man in den späten Abendstunden einen einsamen Wanderer antreffen, der durch den Wald dahinstiefelt und von Zeit zu Zeit schreit: „He, he, hoi, hoi!" Er kommt daher wie ein Jäger und hat ein auffallend grünes Hütchen auf, weshalb der Hoimann in der dortigen Gegend Grünhütl heißt. Es ist eine arme Seele, die keine Ruhe in der Ewigkeit hat und deshalb umgehen muß.

Das schwarze Männlein

Früher ging die Straße von Stöckelsberg nach Gnadenberg noch über den Lochberg, bevor sie in den Wald führte und den jetzigen Verlauf nahm. Wenn die Stöckelsberger Bauern ihre Erzeugnisse, besonders den Hopfen, fortfuhren, mußten sie schon nachts vor 12 Uhr wegfahren. Das tat ein Stöckelsberger Knecht und setzte sich recht bequem auf seinen Wagen. Als er an das Kühloch kam, sprang ein schwarzes Männlein von hinten auf den Wagen. Seine Augen leuchteten wie Feuer und aus dem Mund hing eine feurige Zunge. Kaum saß nun der Unhold auf dem Wagen, konnten die Pferde ihn nicht mehr ziehen und es ging doch bergab. Der Knecht schaute jetzt um, was denn wäre und sah den gruseligen Gast. Aber der Knecht ließ sich nicht erschrecken, fluchte so laut, daß es hallte und hieb dem Männlein kreuzweise die Geißel über's Gesicht. Mit einem Satz war es verschwunden und wurde nie mehr gesehen.

Das Licht am Schwedenkreuz bei Stöckelsberg

Auf dem Kreuzanger neben der Reichelshofer Straße bei Stöckelsberg steht mitten in den Kirschbäumen ein Wegkreuz. Zu seinen Füßen sieht man einen alten, grauen Stein, nicht sehr hoch und sieht aus wie ein Grabstein. Darunter soll ein Schwede begraben sein. Da geht es um.

In der Mitternachtsstunde in den Vollmondnächten kommt ein Lichtlein vom Hagenhausener Berg vor. Es schwebt langsam, flackert auf und ab, bleibt manchmal stehen und geht wie im Schritt über Wiesen und Felder, hinter dem Dorf herum. Über dem Stein bleibt es stehen, hüpft ein paarmal in die Höhe und verschwindet unter dem Kreuz, wenn die Kirchturmuhr ein Uhr schlägt.

Der verheißene Kreuzweg

Die früheren Bauern auf dem Wastlbauernhof hatten immer Unglück im Stall. Da verhieß der alte Bauer einen Kreuzweg für die Kirche. Aber das Versprechen wurde hinausgeschoben und darüber starb der alte Wastlbauer und sein Hof kam in andere Hände, weil er keinen Sohn hatte. Aber schon in der ersten Nacht nach der Beerdigung ging es um auf dem Hof. Um Mitternacht klapperten die Pferdegeschirre im Gang, die Teller und Schüsseln in der Küche und die Bilder an der Wand wackelten. Alle Türen im Haus gingen auf und zu und durch Kammern und Stuben gingen schwere Tritte. Am anderen Tag sperrte der junge Bauer alle Türen ab und verhängte die Türe mit Ketten. Es half alles nichts. Die andere Nacht schlüpfte er in den Backofen, um zu sehen, was denn da los wäre. Um Mitternacht sah er zuerst einen schwarzen Hund über den Hof laufen, der winselte und bellte, und dann kam aus dem Haus der verstorbene Wastlbauer, der immer rief: „Der Kreuzweg, nur der Kreuzweg!" Erst als der junge Bauer den Kreuzweg gestiftet hatte, war wieder Ruhe auf dem Hof.

Der seltsame Hund

In den alten Zeiten hatten die Bauern noch Schafe und hielten sich Schäfer. Auch der Bauer von Stöckelsberg hatte seine Herde. Der Schäfer hütete draußen, wo das Marterl steht. Dort wurden früher die Verbrecher an den Richter von Pfaffenhofen übergeben. In einer Nacht nun hörte der Schäfer, der im Karren schlief, seinen Hund bellen, ganz wild und er wollte gar nicht mehr aufhören. Der Schäfer stand auf und schaute nach. Da sah er, wie sein Hund mit einem großen schwarzen Hund raufte, der aber keinen Beller machte. Nur die Augen leuchteten wie glühende Kohlen. Der Schäfer packte seinen Stecken und ging auf den fremden Hund los. Der war auf einmal wie vom Erdboden verschwunden. Mit seinem Hund suchte der Schäfer bis zum frühen Morgen. Keine Spur war zu sehen, kein Blutströpfchen oder ausgerissene Haare waren auffindbar.

Das wandernde Muttergottesbild

Nach vielen Jahren überzog die Gegend ein schweres Unwetter. Nachts schlug der Blitz in die kleine Kapelle auf dem Berg ein. In der Morgenfrühe kam der Knecht des Bauern von Ballertshofen vorbei, der auf dem Acker Klee holen wollte. Der sah den Trümmerhaufen und mittendrin das unversehrte Marienbild. Er nahm's mit heim und gab es der Bäuerin, die es in den Herrgottswinkel stellte. Die Nacht über war im Haus eine schreckliche Unruhe; die Türen gingen, die Fenster klapperten und das Vieh brüllte im Stall.

Bauer und Knecht schauten nach und konnten nichts finden. Anderntags war das Muttergottesbild fort. Es stand wieder am alten Platz in den Trümmern. Der Bauer lief zum Pfarrer nach Deinschwang und erzählte den Vorfall. Der Pfarrer holte das Bild und stellte es in die Kirche über den Tabernakel. Am nächsten Tag war es wieder fort und am alten Platz auf dem Kapellenberg. Von den Vorgängen erfuhr auch der Forstmeister, der im Deinschwanger Schloß wohnte. Er ließ nun auf dem Berg eine neue und schöne Kapelle bauen. Dort wurde das Gnadenbild auf den Altar aufgestellt. Rund um die Kapelle wurden Linden angepflanzt, davon stehen noch zwei; sie sind also rund 350 Jahre alt.

Die Muttergottes half den Deinschwangern bei einer schweren Krankheit

Zu Ende des 19. Jahrhunderts brach in Deinschwang die Cholera aus. Bald lag in jedem Haus ein Kranker. Fast jeden Tag wurde ein Toter eingegraben. Der Pfarrer und Mesner gingen von Sterbebett zu Sterbebett; zuletzt packte die Krankheit noch den Mesner. Wieder riefen die Deinschwanger die Mutter Gottes auf dem Freiberg an und gelobten einen Bittgang alle Jahre zu ihrer Kapelle. Wie auf einen Schlag hörten die Erkrankungen auf; als letzter starb der Pfarrmesner. Die Deinschwanger hielten ihr Versprechen: bis zum heutigen Tag geht alljährlich am Dreifaltigkeitssonntag der Bittgang zur Gottesmutter auf den Berg.

5 Sterne beim Gnadenberger Klosterbrand

Ostern 1635 wurde das Kloster Gnadenberg von schwedischen Reitern unter ihrem Hauptmann Löffelholz und dem Nürnbergerischen Verwalter Böhmer von Altdorf angezündet, weil sie aus den Klostergebäuden beschossen worden waren. Die Kirche und das Männerkloster gingen in Flammen auf und sanken in Schutt und Asche. Aus dem Rauch am Himmel erglänzten fünf helleuchtende Sterne und erloschen mit der Feuersbrunst. Sie zeigten an, daß das Kloster nie mehr erstehen sollte.

Die Klosterruine Gnadenberg (Kreis Neumarkt).

Ehe oder Selbstmord

1793 war die verwitwete Gräfin Suska Nothaft von Wernberg Herrin auf Runding. Denn ihr verstorbener Mann hatte in seinem Testament verfügt, daß Runding, weil er selbst ohne leibliche Erben war und die gräfliche Linie der Nothaft damit ausstarb, nicht an die freiherrliche übergehen, sondern seiner Witwe zur lebenslänglichen Nutznießung zu eigen sein und dann an den deutschen Orden fallen solle.

Die Witwe Suska war eine stolze und herrische Natur, welche überall starrsinnig ihren Willen durchzusetzen wußte. Ihr Ehemann scheint das Gegenteil gewesen zu sein; hat sich vielleicht auch gedacht: „Wozu soll ich den Kampf mit dem Drachen bestehen; meine freiherrlichen Vettern werden es ihr nach meinem Tode schon besorgen." Und so geschah es auch. Wohl mußten diese 30 Jahre um ihr gutes Recht Prozeß führen, aber schließlich wurde man am Reichkammergericht zu Wetzlar und in Wien doch fertig. Das Urteil, das dabei herauskam, gefiel Suska nun ganz und gar nicht: Runding mußte an die Freiherrn von Nothaft übergehen; doch sollte die Gräfin lebenslang die Nutznießung haben. Wohl rechnete die Dame mit dem Aussterben der freiherrlichen Linie, denn diese ruhte damals nur auf

Das Schloß Runding im Jahre 1726 (nach Wening).

ein paar Augen, und hätte das Gut gar so gerne dem Deutschherrnorden gebracht und damit seine Nutznießung ihrem Bruder, dem Deutsch-Herrn-Ordens-Comthur Graf Wenzeslaus von Walmerode zugeschanzt. Aber die Nothaft taten ihr nicht den Gefallen, auszusterben. Denn man stirbt nicht an dem ohnmächtigen Gift anderer. Aber die Gräfin war durch diese Enttäuschung vielleicht noch hartherziger und eigensinniger geworden. Das sollten ihre beiden Nichten, die Töchter ihrer verstorbenen Schwester, an welchen sie die Mutterstelle vertrat, wohl zu fühlen bekommen. Eines Tages beschloß sie, die ältere ihrer Nichten, die schöne Anna Janowitz von Klenau, zu verheiraten. Sie hatte ihr auch schon einen Bräutigam ausgesucht, einen jungen Grafen Heinrich von Trauttmannsdorf, einen kaiserlichen Offizier. Bei der Auswahl hatte ihr der Vater des Bräutigams wacker geholfen. Die jungen Leute hatte man gar nicht gefragt. Nun, was den Grafen Heinrich betraf, so nahm dieser diese Rücksichtslosigkeit gar nicht übel; denn als er einmal den Besitz begutachtet und seinen künftigen Ehegegner inspiziert hatte, ging er sofort zum Angriff auf die junge Dame über.

Er war ein gutaussehender Kavalier, der auch das Herz am rechten Fleck hatte und auch bei anderen Frauen gute Chancen hatte. Aber seine Bemühungen waren ohne Erfolg. Das Fräulein erklärte ihm, daß sie nie und nimmermehr seine Gattin werden könne, lieber wolle sie in's Kloster gehen. Dies sagte sie auch der strengen Tante. Aber diese verstand überhaupt nicht, daß jemand nicht ihrer Meinung ist. Die Ehe hatte nun einmal stattzufinden. Vergebens bat der eigene Bruder der Gräfin, bat der Schloßpfarrer, bat Annas Schwester Susanne, bat schließlich trotz aller Verliebtheit der abgewiesene Freier, vergebens deutete Anna an, daß etwas Furchtbares geschehen würde, wenn man sie zur Heirat zwingen würde. Der Widerspruch hatte nur den Erfolg, daß die Gräfin den Heiratstermin schon für die nächsten Tag festgesetzt hat.

Da erklärte endlich Anna ihre Einwilligung. Aber ihr Herz dachte anders, als der Mund redete; und als der Hochzeitsmorgen kam, fand man sie mit ihrem Brautschmuck tot auf ihrem Bett liegend. Sie hatte sich vergiftet. Der junge Graf Trauttmannsdorf floh entsetzt von der Stätte des Grauens, Annas Schwester Susanne nahm bei den englischen Frauen in Eichstätt den Schleier.

Die Gräfin kehrte nach Straubing zurück. Ihrer robusten Gesundheit hat das Bewußtsein, ein Menschenleben vernichtet zu haben, nichts geschadet. Aber ein gewisser Wurm soll ihr doch am Herzen gefressen haben, so daß sie nicht mehr viel glückliche Stunden gehabt haben dürfte. Sie starb bald darauf und liegt bei den Karmeliten in Straubing begraben.

Warum die schöne Anna von Klenau den Grafen von Trauttmannsdorf nicht heiraten wollte, das hat man nie genau erfahren. Sie selbst hat wohl gesagt, daß sie am Sterbebett ihres Vaters einen furchtbaren Eid geleistet habe, und daß hier ein dunkles Geheimnis vorliege. Aber von solchen Gewissensbedenken pflegen sich junge Frauen rasch zu erholen, wenn so ein schmucker Reiteroffizier an den Grundsätzen rüttelt und wenn man es gar so gut hatte, wie Frl. Anna, daß man sagen kann: Es ist ja nicht mein Wille, sondern nur der Wille der Tante. Darum dürfte die Vermutung, welche schon zu Lebzeiten des Fräuleins ausgesprochen wurde, vielleicht der Wahrheit näher kommen, daß nämlich weit drunten in der Steiermark jemand wohnte, der ihr noch viel, viel besser gefiel als der junge Trauttmannsdorf.

Warum sie aber jenen nicht gekriegt hat, davon steht leider gar nichts in den alten Chroniken.

Die Sage von der Burgruine Schellenberg

In der Oberpfalz finden sich viele Überreste einstiger Burgen, die meist die Gipfel alleinstehender Anhöhen krönen und diesen Gegenden einen eigentümlichen romantischen Reiz verleihen. So stoßen wir im Nordosten der Oberpfalz hart an der Grenze zwischen Bayern und Böhmen auf die Überbleibsel der abgelegenen Burgruine Schellenberg (bei Waldkirch, am besten zu erwandern von einem ausgeschilderten Parkplatz in Richtung Georgenberg). Sie liegt auf einem mit dichtem Wald bewachsenen Bergrücken, einem Ausläufer des Böhmerwaldes, erbaut mit kühner Verwegenheit auf einem ringsum unzugänglichen Felskoloss, steil aufsteigend auf der einen und noch steiler abfallend auf der anderen Seite des Berggehänges.

Die romantische Burgruine Schellenberg bei Waldkirch mit Brücke und Aussichtsturm.

Wer einstmals in die Burg gelangen wollte, mußte eine Zugbrücke passieren, welche von einem gegenüberliegenden Felsen aus in dieselbe führte (heute ist eine Holzbrücke mit Aussichtsturm vorhanden). Deutlich ersichtliche Spuren zeigen uns auch, daß die Burg einst der Sicherheit wegen mit einer starken Mauer umgeben war. Heute ist davon nur mehr wenig zu sehen, der Zahn der Jahrhunderte hat auch hier seine verzehrende Wirkung ungehindert entfalten können.

Bis zum Jahre 1865 bildete die Umgebung der Ruine ein unscheinbares Häuschen, erbaut auf dem schon erwähnten, nördlich von der Burg gelegenen Felsen (Zugbrücke!).

Die Bewohner - jedenfalls Abkömmlinge von Dienstleuten der einstigen Burgbewohner - besaßen einige Felder, von deren Ertrag sie sich nährten, sowie von dem kleinen Verdienst, den sie als Waldarbeiter fanden. 1865 haben sie sich im nahen Weiler Gehenhammer angesiedelt. Seit dieser Zeit liegt die Burgruine Schellenberg einsam, verlassen von jedem menschlichen Wesen und es herrscht hier eine feierliche, ja unheimliche Stille, nur hier und da unterbrochen von dem klagenden Ruf des Hähers.

Genaue geschichtliche Nachweise über die Entstehung der Burg sind auch hier nicht vorhanden, doch dürfen wir mit Sicherheit annehmen, daß die Gründung derselben sehr weit zurückgeht. Auch gehen wir nicht fehl, wenn wir glauben, daß hier in grauer Vorzeit verwegene Raubritter hausten, was durch folgendes bewiesen sein dürfte.

Es ist überliefert, daß in nächster Nähe schon vor vielen Jahrhunderten eine Straße vorbeiführte, auf der die Kaufleute von Nürnberg und Regensburg über Eger nach Prag zogen. Fand man doch, wie der Forstmeister Herlein berichtete, bei der Anlage einer neuen Waldstraße in den Jahren 1885/86 viele Spuren dieser ehemaligen Handelsstraße.

Auch lesen wir in der Geschichte der Landgrafen von Leuchtenberg, daß denselben das sog. Geleitrecht als eine „Gerechtsame" vom Kaiser erteilt wurde. Sie geleiteten die Kaufleute mit ihren Leuten, sicherten dieselben und deren Besitz vor Raub und Plünderungen und erhielten dafür eine gewisse Abgabe. Dieses sichere Geleit dauerte nur bis zur Grenze der Landgrafschaft, einer Mühle bei Micheldorf, welche Geleitsmühle hieß. Von der Geleitsmühle bis Eger gab es kein sicheres Geleit, was zur Folge hatte, daß sich in dieser unsicheren Gegend verwegene Raubritter ansiedelten. Dazu war die in dichtem Wald versteckte Burg Schellenberg wie geschaffen; so schreibt Vierling: „Die Ruine Schellenberg liegt so versteckt in der Ecke der Berge auf schwer zugänglichem Felsen in dem herrlichen Tannenwalde, daß man unwillkürlich, so sündhaft der Gedanke sein mag, rufen muß: Das ist ein allerliebstes Raubritternestchen."

Hier hausten also einst diese wilden Gesellen und trieben ihr Unwesen, bis der letzte derselben - Hans von Pressath - bei einer unbarmherzigen Plünderung seinen Tod fand. Zum Schutz gegen solche Räuberhorden baute hierauf im Jahre 1105 Graf Gebhard II. von Sulzbach die kolossale Burg Flossenbürg (siehe S. 80).

Später finden wir die Burg Schellenberg im Besitz von Kaiser Karl IV., denn eine Urkunde besagt, daß er dieselbe seinem Schwiegersohn, dem Kurfürsten Otto zu Brandenburg, den er in einer Schlacht besiegte und zur Abtretung der Mark Brandenburg zwang. Der Kaufvertrag hierüber wurde abgeschlossen im Feldlager zu Fürstenwald am 15. August 1373. Zeitweise war die Burg ein böhmisches Lehen. Bis ins 16. Jahrhundert war sie Sitz der Waldauer zu Waldthurn. Nach dem 30jährigen Krieg verfiel die Burg.

Wie alle Denkmäler aus alter Zeit, so umspielt auch die Ruine Schellenberg die Sage. Besonders berichtet sie uns in sinniger Weise über die Entstehung der Burg, wenn sie also erzählt: Kaiser Heinrich I., der Vogelsteller, hatte eine wunderschöne Tochter mit Namen Helena. Ein adeliger Herr am Hofe des Kaisers, Albrecht von Altenburg, hielt um ihre Hand an. Aber er bekam vom Kaiser einen Korb. Albrecht liebte Helena und war sauer auf ihren Vater. Er machte sich mit einigen treuen Dienern auf und zog gegen Norden in den alten Nordgau, in die tiefen Schluchten des Böhmerwaldes. Je verborgener, desto besser, dachte er sich. Immer unwegsamer wurde der Boden, bald mußten sie absitzen und die Pferde führen. Endlich hemmten wilde Steinmassen den Schritt. Gottlob! rief Albrecht aus; ich habe gefunden, was ich gesucht. Hier will ich, gedeckt vom dichtem Forst, eine Burg bauen, als wäre sie selbst aus dem Felsen emporgewachsen.

Seine Männer streiften in mehr entlegenen Dörfern herum, lockten verschiedene Bauleute an sich, verbanden ihnen die Augen, um den Bau geheim zu halten und führten sie in diese

Wildnis. Hier streng bewacht, mußten sie Felsen sprengen, Steine hauen, kurz die Burg herstellen, nach deren Vollendung sie reichlich beschenkt, ebenso wie beim Empfang, mit verbundenen Augen wieder entlassen wurden. Unterdessen war der Kaiser auf den Reichstag nach Worms abgereist und hatte seine Tochter Helena auf einer festen Burg zurückgelassen. Albrecht aber brachte durch einen Harfner einen Brief an Helena, in welchem er ihr vorschlug, zu fliehen. Mittels Strickleitern, die der Harfner versteckt angebracht hatte, gelangte die Kaisertochter bei anbrechender Dunkelheit aus der Burg ins Freie und in der Kleidung eines Leibknappen brachte sie Albrecht nach seiner versteckten Burg.

Fünf Jahre waren bereits vergangen. Mit einem fürchterlichen Fluch hatte der erzürnte Vater geschworen, seinen Bart nicht eher abnehmen zu lassen, bis er die verlorene Tochter wiedergefunden hatte. Nun hielt Kaiser Heinrich in Regensburg sein Hoflager. Zerstreuung fand er bei der Jagd im böhmischen Waldgebirge. Nach einigen Tagen irrte er einmal von seinem Gefolge ab und befand sich plötzlich allein im tiefen Wald. Er stieß mehrmals ins Jagdhorn, doch vergebens. Die Nacht brach herein; der Wald wurde immer dichter. Hatte er sich mit Schwert durch das dichte Gestrüpp den Weg gebahnt, so hemmten seine Schritte ungeheure Steinklumpen. Müde und matt stand er auf einmal ganz unverhofft vor einer Felsenburg. Dreimal stieß er in sein Horn und bat um Einlaß. Auf die Frage, was er hier will, erwiderte er, ein Ritter habe sich verirrt und bitte um Gastfreundschaft. Himmel! welch ein Erstaunen für den Kaiser, als er hier Albrecht von Altenburg und seine verlorene Tochter Helena erblickte. Durch den dichten Bart und die Jägerkleidung erkannten sie den Kaiser nicht; er beschloß, hier zu bleiben. Nach dem gemeinsamen Essen lenkte der Unbekannte das Gespräch absichtlich auf den kaiserlichen Hof. Sogleich erkundigten sich die Bewohner um das Wohl des Kaisers. Schlau erwiderte Heinrich, dieser sei seit einigen Wochen vor Gram über die verlorene Tochter gestorben.

Ein Angstschrei seiner Tochter unterbrach die Erzählung, dann jammerte sie im Stillen fort. Auf die Frage, ob ihr der Tod desselben so nahe gehe, antwortete Albrecht ausweichend, sie beide hätten eine große Schuld abzutragen gehabt, die sie an dem Kaiser begangen und es wäre ihnen sehr viel daran gelegen, eine Versöhnung erlangt zu haben. Heinrich tröstete sie mit der Versicherung, der sterbende Kaiser habe allen seinen Feinden vor seinem Tod verziehen, selbst seiner Tochter und ihrem Entführer. Da atmete Helena wieder leichter.

Müde warf sich endlich der Kaiser auf das ihm angewiesene Lager, ohne ein Auge zu schließen. Er hatte die schmerzliche Reue seiner Tochter über ihre Flucht gesehen; auch ihr friedliches Familienleben hatte ihn milde gestimmt; die früheren treu geleisteten Dienste Albrechts kamen ihm wieder ins Gedächtnis und so verabschiedete er sich am anderen Morgen freundlich von ihnen. Albrecht geleitete ihn aus dem Wald auf wegsamere Strecken. Nach mehreren Stunden traf er eine Abteilung seines Gefolges. Alles war voll Freude, den verlorenen Kaiser wieder zu sehen.

In bester Laune eilte er nach Regensburg. Aber schon einige Tage später stand er wieder, diesmal ohne Bart und mit glänzendem Gefolge, vor der Burg Schellenberg und forderte Einlaß im Namen des Kaisers. Voll Angst und Schrecken flohen Albrecht und Helena vom Erker zurück. Doch der Kaiser rief hinauf: „Komm herab, meine Tochter, der Reuigen ist alles verziehen". Mit dem Ruf: „Der Himmel hat meine Bitte gewährt," eilte sie hinab und fiel mit ihrem Mann und Sohn dem Kaiser zu Füßen. Heinrich bewog sie aufzustehen und erklärte ihnen, wer der verirrte Jäger gewesen sei, den sie vor mehreren Tagen so gastfrei beherbergten.

Nun kehrten alle glücklich nach Regensburg zurück, wo die Vermählung Helenas mit Albrecht, Graf von Altenburg, auch öffentlich mit aller Pracht gefeiert wurde.

Wie Sulzbach entstand

Pfarrer Herbst berichtet dazu folgendes: „Die Sage von der Gründung Sulzbachs findet sich in lateinischer Sprache im 3. Fragment des aus dem 13. Jahrhundert stammenden Urbars des Klosters Kastl. Auf der Klosterburg wohnten die drei Kinder Ernst II., und zwar Gebhard I., Hermann und Reitza. Nach der Sage hatte jedes der Geschwister sein eigenes Schloß, seine Kapelle und seinen Brunnen.

Sie besaßen gemeinsam folgende Ortschaften: den sog. Heubischgau mit Habechsperg, Lauterachhof, Furchenried (Fürnried), Wurmerischa (Wurmrausch), Hegina (Högen) und Ilswarhin (Illschwang). Später teilten die Geschwister ihre Haus- und Familiengüter. Gebhard übernahm die nördliche, waldreiche Gegend des Sulzbacher Landes.

Die Schwester erhielt als Brautausstattung Fürnried, Wurmrausch und Högen und der jüngere Bruder Hermann erhielt Habsberg, wo er seine eigene Grafenlinie begründete. Der ältere Bruder Gebhard traf einst, auf einem Jagdausflug von Kastl her sich verirrend, unweit der Burg Rosenberg in einem Walddickicht auf eine steilansteigende Felsenhöhe, wo eine starke Quelle entsprang, die als Bach das sumpfige, versulzte Tal bewässerte. Dieser heißt in einem Steuerbrief von 1395 (Stadtarchiv Sulzbach) der Sulzbach und in seinem weiteren Verlauf der Rosenbach. Auf der Platte des Burgfelsens überraschte den Grafen Gebhard die schöne Fernsicht und er beschloß, hier eine Burg zu bauen, die den Anfang der Stadt Sulzbach bildete. Auf dem Felsen fand er Mauerreste vor, die vermutlich die Überbleibsel einer früheren Burg waren. Geschichtlich ist, daß Graf Gebhard I. von Kastl der Lehens- und Landesherr dieser Gegend war und die Burg, die seinen Namen trug, mit Genehmigung des Kaisers Heinrich II. erbaute und die neue Siedlung in den Jahren 1016-1056 mit Graben und Wald umgab. Als Stifter des Klosters Banz im Jahre 1071 nannte sich Gebhard fortan Graf von Sulzbach."

Die Sage:

Der edle Graf Gebhard zu Kastl ritt an einem schönen Morgen auf die Eberjagd. Bald brach durch das Dickicht unter dem Gekläff der Meute ein mächtiger Eber. Der Graf schleuderte seinen Speer und traf damit das Tier. Mit der ganzen Kraft der Verzweiflung floh das wunde Wild zurück in das Dickicht. Der Jäger aber ließ nicht ab von der schweißenden Spur. Im Taumel seiner Jagdbegier verirrte er sich aber in dem dunklen Wald. Nirgends führte daraus auch nur der kleinste Pfad. Ratlos liefen die Hunde bald hier-, bald dorthin und kehrten dann wieder mit aufgeregtem Winseln zu ihrem Herrn zurück. Der war gemartert von brennendem Durst. Schwindel und Mattigkeit warfen ihn zu Boden. Da plötzlich gaben die Hunde hohen und hellen Laut, wie in großer Freude. Sie kamen herbeigestürzt, wedelten mit dem Schweif, zupften und zogen an ihrem Herrn, als bäten sie ihn zu folgen. Endlich gab er nach und schleppte sich mühsam vorwärts. Nach etwa 100 Schritten vernahm er ein lieblich Rieseln und Klingen und siehe da, aus dem bemoosten Stein sprang der tönende Silberstrahl einer frohen Quelle.

Hier lag der verendete Eber, der am Wasser noch eine Kühlung suchte. Der Graf trank von dem frischen Wasser und fand wieder frische Kraft und machte sich auf den Heimweg. Zum Dank für seine Rettung erbaute er an jener Stätte ein Kirchlein. Das sammelte bald eine Anzahl friedlicher Behausungen um sich. Der neuerstandene Ort führte den Namen Sulzbach.

Wie kamen die sechs Lilien in das Sulzbacher Wappen

Da steht geschrieben: Als sich Graf Gebhard auf der Wilschweinjagd verirrt hatte und in einen Sumpf geraten war, bemerkten dies sechs Frauen, die an einer Quelle, welche in der Nähe des Sumpfes sprudelte, Wäsche fleiten.

Sie halfen dem Grafen aus dem Sumpf, wuschen ihn sauber und führten ihn auf einen hohen Felsen, der sich über der Quelle erhob. Erfreut über die freundliche Hilfe der Frauen und begeistert von dem schönen, weiten Blick, der sich ihm von dem Felsen über das Land bot, beschloß der Graf, hier die sog. Gebhardsburg und eine Stadt zu gründen. Den sechs Frauen zu Ehren aber wählte er als Wappen für die Stadt sechs weiße Lilien auf rotem Grund.

Die gebackenen Hollertrauben

Auch mit Herzog Theodor, der von 1708 - 1732 in Sulzbach regierte, hat sich die Sage beschäftigt. Im Jahre 1712 kaufte er das Schloß Großalbershof, das 1560 Sebastian Erlbeck neu aufgebaut und 1668 der Sulzbacher Hofrat Christian Knorr von Rosenroth bewohnt hatte. Der Herzog baute das Schlößchen zu seinem Jagd- und Lustschloß aus. (siehe: „Burgen und Schlösser im Kreis Amberg-Sulzbach"). Eine in der Nähe entspringende Mineralquelle ließ er 1720 fassen und machte sie 1759 der öffentlichen Benutzung als Kurquelle zugänglich. Das Schloß wurde am 17. August 1796 von den Franzosen eingeäschert und die Mineralquelle bei Anlegung der Eisenbahnlinie Neukirchen - Weiden verschüttet. Deshalb wurde sein Lustschloß „des Herzogs Trutzwinkel" genannt.

Die Sage:
Herzog Theodor hatte einst Gäste in sein Schlößchen eingeladen. Er führte sie in den Garten und bat sie, sich das Gastessen von den Bäumen selbst zu holen. Man ging auf den Scherz ein. Und siehe da, die natürlichen Hollertrauben hingen gebacken an den Zweigen. Der findige Koch hatte sie an dem Baum selbst aus dem Schmalz herausgebacken.

Die Erscheinung im Spiegel

Die Gemahlin des Herzogs Theodor von Sulzbach war Eleonora, eine fromme, wohltätige Frau. Der Sage nach hatte sie einmal einen Wach- und Wahrtraum.
Fast 100 Jahre später, 1806, ging er in Erfüllung in Maximilian Josef, dem ersten König von Bayern.

Die Sage:
Im Prunkgemach des alten Schlosses zu Sulzbach saß nachdenklich die Sulzbacher Herzogin Eleonora. Zu ihren Füßen spielte ihr Bub, er hatte ein rosiges Gesicht. Ihr Hoffen und ihr Glück waren in ihm vereinigt. Sie dachte an den Wandel der Zeiten und an das künftige Geschick ihres Kindes. Dabei fiel ihr Blick auf den Spiegel, der ihr gegenüber an der Wand im goldenen Rahmen hing. Und was sah sie da! Fürsten und Helden, zu Paaren aufgereiht, zogen vorüber. Der letzte der Fürsten, eine hohe stattliche Gestalt, trug auf seinem lockigen Kopf eine funkelnde Krone. Alle grüßten dem Kind zu und verneigten sich vor ihm.

Eine geizige Bäuerin von Sternstein

„Kaum einen Büchsenschuß von der Stadt Sulzbach, hinter dem Spital hinaus, gegenüber der Nürnberger Straßen, liegt heutigen Tages (so schreibt der Sulzbacher Chronist Johannes Braun in seiner 1648 fertiggestellten Chronik) ein Meierhof und ein Gehölz dabei, der Störstein genannt, so von einem Bauern bewohnt wird, mit vielen Feldern und Wiesen..."
(Auf der Vogelischen Karte von 1603 kann man noch einen Bauernhof erkennen. Wahrscheinlich ist der Hof im 30jährigen Krieg eingegangen.)
Während die bayerische Herrschaft in der Stadt Sulzbach wie in den umliegenden Ortschaften ihre Lehensleute besaß, welche den Zins in Form von Getreide, Tieren und Geldbeträgen an die fürstliche Rentkammer in Sulzbach zu bezahlen hatten, ist der Sternsteinbäuerin nach dem Zeugnis des obengenannten Chronisten „von allen Zehnten, Gülten und anderer Beschwerung" befreit gewesen; er war also ein freier Bauer. Ob die nun folgende Sage nicht doch einen geschichtlichen Kern besitzt, da noch heute ein Stein auf dem Sternstein im Volksmund „Hütbaum" heißt?

Die Sage:
Einmal lebte auf dem Sternstein eine Bäuerin, welche überaus geizig war. Sie vergönnte sich und den anderen nichts und besonders hielt sie ihre Dienstboten sehr karg, so daß ein ständiger Wechsel stattfand und die Leute sagten: „Bei der Sternsteinbäuerin fliegen die Dienstboten ein und aus wie die Tauben im Schlage." Dabei war sie überaus jähzornig und ihre üble Laune mußten besonders die jüngeren Dienstboten büßen, denen sie das Leben

zur Hölle machte. Wenn ein Hütbub das Vieh eintrieb und war dieses nach ihrer Meinung nicht voll angefressen, so entzog sie ihm das Abendessen ganz oder reichte ihm nur einige magere Brocken. Sie stellte ihm ein Schüsselchen halbvoll oder ganz leer hin mit den Worten: „Hast Du mein Vieh nichts vergönnt, brauchst Du auch nichts." In ihrem Jähzorn schlug sie einmal einem Hütbuben die leere eiserne Suppenschüssel mit solcher Gewalt auf den Kopf, daß der arme Bub starb. In einer stockfinsteren Nacht vergrub sie den Leichnam im Sternsteiner Wald. Den Leuten machte sie weis, der Hütbub sei entlaufen, unbekannt wohin, und da ihrem Vorbringen Glauben geschenkt wurde, sich auch sonst niemand um den elternlosen Buben kümmerte, entrann sie der irdischen Strafe. Aber die Vergeltung blieb nicht aus. Nach der Volksmeinung hat sie der Teufel bei lebendigem Leib geholt. Jetzt noch hört man in stürmischen Rauhnächten, vor allem zwischen Weihnachten und Dreikönig, ihr jammerndes und zitterndes Wehgeschrei. Manche Leute wollen auch schon gesehen haben, wie der Teufel, seine Beute in den Krallen haltend, durch die Lüfte schleppte.

Die Alraune im Windloch bei Poppberg

In vorchristlicher Zeit wohnten in den Höhlen hin und wieder Wahrsagerinnen. Die Leute nannten sie Alraune. Diese Alraunen konnten Gutes und Böses vorhersagen und die Zeichen des Himmels deuten. Auch verstanden sie sich auf allerlei Zauberei. Aus Kräutern wußten sie heilsamen Tee zu brauen und auch sonst übten sie allerhand Heilkünste. Daß eine solche Alraune im Windloch bei Poppberg hauste, wird heute noch erzählt. Aber niemand weiß mehr, was sie alles bewirkte und tat.

Wie Lichtenegg belagert wurde

Vor der Burg Lichtenegg lag der Feind. Die Belagerer hatten auf dem „Spitzig-Berg", der Burg gegenüber, eine Kanone aufgestellt und fest auf die Burg hineingeschossen. Die Lichtenegger hielten tapfer stand. Aber unter den Belagerten war auch eine Frau, ein Kind und ein Schaf.
Da der Hunger immer schlimmer wurde, wollte man das Schaf schlachten. Das Kind aber weinte bitterlich, denn das Schäflein war sein Spielfreund. Und in der Tat: Die Tränen des Kindes waren stärker als der Hunger.
Die Burgbesatzung brach eines Nachts von innen ein Loch in die Westwand der Burg und entließen daraus, ohne daß es die Belagerer merkten, die Frau, das Kind und das Schaf. Wenige Tage darauf wurde die Burg vom Feind zerstört.
Was aber aus den edlen Rittern und ihren Knappen geworden ist, die über den Tränen eines Kindes den eigenen Hunger vergaßen, davon weiß man nichts.

52

Der Hanklbrunnen auf dem Teichlberg bei Mitterteich

Einen herrlichen Waldbestand weist das Forstamt Mitterteich auf.

Zu einer der schönsten Waldabteilungen zählt wohl der in nächster Nähe vom Bahnhof Groschlattengrün gelegene Teichlberg mit dem Waldhaus und dem unter Buchen und Fichten versteckten, sagenumwobenen Hanklbrunnen. Dieser Brunnen verdankt seinen Namen den Hankerln. Es sind dies die Zwerge, die nach einer alten Sage das Fichtelgebirge bewohnen. Auf dem Teichlberg sollen sie noch jetzt hausen. Der Oberappellationsgerichtsrat Dr. Mayr, ein gebürtiger Oberpfälzer, schreibt in der Geschichte des Marktes Mitterteich über die Hankerln: „Ganz besonders gern sollen sie in grauer Vorzeit zu Mitterteich gewohnt haben. Sie besaßen da ein Schloß, eine Stellung, einen Getreidespeicher. Längst sind diese Gebäude verschwunden. An der Stelle der jetzigen Anwesen Hs. Nr. 221, 222, und 223 sollen sie gestanden sein. Ihren Reichtum, der sehr groß war, haben sie auf dem benachbarten Teichlberge in einer Grube unter einem Brunnen hinterlegt, nach ihnen Hanklbrunnen genannt. Über das Leben und Treiben der Hankerl zu Mitterteich und über die Hinterlegung des Schatzes auf dem Teichlberge berichtet die Sage: Die Hankerln waren ein gar munteres, gutmütiges Völkchen, das seinen Reichtum, seine geistige und körperliche Kraft und Gewandtheit bloß zum Wohle der mit ihm zusammenlebenden Menschen verwandte, ihnen auf dem Felde und im Hause half und mit Rat und Tat, in Not und Gefahr, beistand. Sie hatten Mitterteich so lieb gewonnen, daß sie es zu einer großen Stadt erheben wollten, die ihresgleichen nicht fände und von Fuchsmühl bis Waldsassen in einer Länge von 2 1/2 Stunden sich ausdehnen sollte. Aber der Mensch ist undankbar und hat kein Genügen. Als die guten Hankerln eines Abends zum Tanze versammelt waren, fingen die garstigen Menschen mit ihnen Händel (Streit) an und erschlugen einen aus ihrer Mitte. Da gingen sie, tief gekränkt, fort von ihrer bisherigen Wohnstätte und flüchteten sich weiter hinein in das Fichtelgebirge auf den dichtbewaldeten Teichlberg, der von einem Teich oben auf seinen Rücken, nun in die Seewiese umgewandelt, seinen Namen trug. Dort im gebirgigen Hochwalde ist eine nach ihnen benannte Grube, wo sie mit ihrem Reichtum sich verbargen und im schlafartigen Zustande noch jetzt wohnen, vier auf den längs der Wand hinlaufenden Bänken, der alte Hankerl aber in der Mitte an einem steinernen Tisch, den Kopf auf die rechte Hand gestützt. Sein Bart ist schon zweimal um den Tisch gewachsen. Wenn dies zum drittenmal geschehen sein wird, erwachen sie und wiederkehren wird die glückliche Zeit, wonach die armen Bewohner dortiger Gegend schon gar lange sich sehnen. Doch haben sie ihre Wohltaten nicht ganz den Menschen entzogen. Alljährlich öffnet sich am Palmsonntage, während in der Kirche die Passion gelesen wird, die Höhle und den Menschen steht es frei, hineinzugehen und von den aufgehäuften Schätzen zu nehmen, soviel einem jeden beliebt. Wer aber vor Ende der Passion die Höhle nicht verlassen hat, muß bei den Hankerln, die ihm aber nichts zu Leide tun, bis zum nächsten Palmsonntag verbleiben."

Wer die Schätze haben will, versuche sein Glück. Lohnende Spaziergänge führen von Mitterteich und Groschlattengrün auf den Teichlberg. Die Wege sind gekennzeichnet.

GEISTERGESCHICHTEN

Vorzeichen, Vorahnungen usw.

Weit verbreitet war (ist) in der Oberpfalz der Glaube an Vorzeichen, Vorahnungen und sog. Anmeldungen bei Sterbefällen und festgewurzelt die an Fatalismus grenzende Überzeugung von der unfehlbaren Wahrheit oder Wirkung solcher Zeichen. Besonders viel weiß man der letzteren Art zu berichten und gar mancher hat beim Anhören oder Lesen derartiger Geschichten dabei ein gruseliges Gefühl verspürt.

Es ist zwar nicht zu leugnen, daß in dieser Beziehung ganz unerklärliche Vorfälle, die sich vielleicht doch begreifen ließen, wenn wir Menschen mehr von unserem eigenen Wesen in den unzähligen, geheimnisvollen Naturkräften, die im Verborgenen wirken und sich der Ergründung des Physikers ganz oder doch teilweise entziehen. Man hat auch schon oft versucht, mit Hilfe verschiedener Hypothesen über die Seele und ihre Begleiterscheinungen Licht in das Dunkel dieses wundersamen Gebietes zu bringen, man hat sogar die Psychologie verlassen und zum Spiritismus Zuflucht genommen... Wie dem auch sei, wir können und wollen diese Streitfragen an dieser Stelle nicht entscheiden, es seien bloß einige darauf bezügliche Ereignisse berichtet, die teils durch ihre bezeichnende Eigenart fesseln, teils durch eine tatsächliche Verbürgung den Vorzug der Glaubwürdigkeit beanspruchen können:

Daß Verwandte oder Freunde oft auf große Entfernung ihr Sterben anzeigen, ist wohl kaum zu bestreiten. Fast in jeder Familie werden davon Beispiele erzählt.

Doch stehen wir damit noch auf der Grenze zwischen natürlichem und übernatürlichem Geschehen. Häufig hört man bei überraschenden Besuchen und Begegnungen: „Grad hab i an Di denkt!" Auch Briefe melden sich oft auf diese Weise an. Wo viele Menschen sind, kann man meist (wenn auch nicht immer) durch bloßes befehlendes Hinblicken jemand veranlassen, sich umzudrehen und uns anzusehen. (Verliebte machen manchmal dieses Spiel!) Wenn nun diese Gedankenbeeinflussung unter gewöhnlichen Umständen so leicht möglich ist, dann hat das Anmelden im Augenblick des Todes zwischen Mutter und Kind oder von Freund zu Freund nichts Übersinnliches oder Geisterhaftes an sich, wenn es sich auch bisher einer sicheren „Erklärung" entzieht.

Der Geister- und Hexenforscher Friedrich Spörer berichtet: „Etwa um 1910 hatten wir fünf junge Vettern und Baseln im Alter von acht bis 14 Jahren, balgten uns auf dem Sofa, von dem aus man durch die offene Türe auf den Kleiderschrank meiner Mutter sehen konnte. Der hing auf dem unebenen Boden etwas nach vorne und die Türe mußte deshalb immer zugesperrt sein. Plötzlich drehte sich der Schlüssel, die Türe ging voll auf, schloß sich wieder und versperrte sich. Wir hatten es alle deutlich gesehen und liefen davon." Friedrich Spörer war der Älteste und kontrollierte nocheinmal: Der Schrank war zugesperrt! Minuten später kam eines der 13 Kinder des Zimmermann S.: „D' Sterbeglockn sollns läuten, weil grod mei Mutter gstorbn is!" Die Verstorbene hatte jahrelang von Spörers Mutter alle abgelegten Kleider und Wäschestücke aus diesem Schrank erhalten.

In der alten Lehrer- und Mesnerwohnung in Altfalter führte das Schlafzimmerfenster, nur 50 cm vom Boden entfernt, unmittelbar in den Friedhof. Nachts wurde der Fensterladen geschlossen. In den Jahren 1896 bis ca. 1906 meldete sich nun jeder Todesfall in der Umgebung von Hohenburg immer drei Tage vorher durch mehrmaliges kräftiges Klopfen an diesen Laden bei der Mutter von Spörer, die nahe am Fenster schlief, an.

Eines Tages starb nach kurzer Krankheit der Bauer G. v. W., ein bisher kerngesunder, starker Mann. Nach dem ersten Leichenamt trank der Aushilfsgeistliche, der damalige Dekan vom benachbarten Unterauerbach, bei der Mutter von Spörer Kaffee. Im Laufe des Gesprächs äußerte er sich über den überraschenden Tod des Bauern. Die Mutter sagte ganz ruhig und selbstverständlich: „Das habe ich schon gewußt!" und erzählte die bereits erwähnte Tatsache. Der Dekan sagte ganz ernst: „Von jetzt an werden Sie nichts mehr hören!"

ging allein in den Friedhof an das Fenster und kam nach kurzer Zeit wieder zurück. Und seitdem blieb das Klopfen weg.

Ein Beispiel für viele ähnliche: Als der Bauer Grabinger von Weidenhüll im ersten Weltkrieg fiel, klopfte es im gleichen Augenblick daheim dreimal ans Fenster.

Verhältnismäßig häufig hört man auch Fälle dieser Art: Die Staffelbäuerin von Raversdorf stand 1935 eines Tages am Herd beim Kochen, als sie plötzlich ihre Schwester, die weit entfernt wohnte und schwer krank war, vor sich sah. Die Erscheinung verschwand rasch wieder. Tags darauf kam die Leichenbitterin und meldete den Tod ihrer Schwester.

In einer bekannten Mühle in der Umgebung von Parsberg wurde in den 1950er Jahren regelmäßig kurz vor einem Todesfall die Gestalt des Sensenmannes gesehen. Anfang der 1950er Jahre kündigte eine Magd dieses Spukes wegen den Dienst.

Zum Schluß eine seltsame Tatsache aus Theuern.

„The Brown Lady", der Geist von Raynham Hall in Norfork, ließ sich 1936 fotografieren.

55

Als am 19. März 1918 der Leutnant Fr. St. bei Douai durch einen Kopfschuß tödlich verwundet wurde, sah seine Mutter zur gleichen Abendstunde das Bild des Sohnes, mit blutiger Kopfbinde neben einer Staude liegend, in einer Türfüllung (Lehrerwohnung im alten Schulhaus). Fr. St. war tagelang ohne Bewußtsein und starb am 27. März 1918.

Zahlreiche Erzählungen erwähnen das Bewegen oder Herabfallen von Bildern und Fotographien, laute Schläge, Stehenbleiben der Uhr und Ähnliches. Natürlich oder übernatürlich? Die Tatsachen bleiben.

Zahlreiche Erzählungen erwähnen das Bewegen oder Herabfallen von Bildern und Fotographien, laute Schläge, Stehenbleiben der Uhr und Ähnliches. Natürlich oder übernatürlich? Die Tatsachen bleiben.

Die Mutter in den USA gesehen

Es war zu Beginn der 1860er Jahre, da fiel es einem jungen Bauernsohn in Engelsdorf bei Amberg ein, in den USA sein Glück zu probieren. Alle Versuche seiner Eltern, ihn von diesem Vorhaben abzubringen, mißlangen und eines Tages schwamm der Abenteurer mit einem Freund auf einem großen Passagierschiff über den Ozean. Er fand drüben auch eine Stelle auf einer Farm und es ging ihm anscheinend gut; nur schien er nach und nach seine Heimat zu vergessen, denn die Nachrichten von ihm wurden immer spärlicher und nun war es schon zwei Jahre, seitdem man nichts mehr von ihm gehört hatte.

In dieser Zeit wurde sein Heimatdorf von einer schrecklichen, pestartigen Epidemie heimgesucht, den sog. schwarzen Blattern, wie sie der Volksmund nannte. Es begann ein Sterben, so grausig und unerbittlich, daß sich die ältesten Leute einer ähnlichen Schreckenszeit nicht zu erinnern vermochten. Fast täglich gab es im Dorf einen Toten und manche Familie lief Gefahr, gänzlich auszusterben; es war schließlich fast kein Haus mehr, das die schlimme Krankheit nicht befallen hätte, wie die über den Türen amtlich angebrachten Warnungstafeln bewiesen. Angst, Entsetzen und Verwirrung hauste in den Wohnungen und keiner ließ sich mehr auf der Straße blicken.

In Nacht und Nebel wurden die Leichen zu Grabe getragen, nur vom Geistlichen und von den nächsten Verwandten begleitet... Noch nie war das Sterbeglöckchen so oft ertönt; es war in der Tat eine unheimliche Zeit...

Drüben in den USA saß unser Auswanderer, ein wetterbrauner, sturmfester Mann, gerade in seiner Stube im oberen Stockwerk eines umfangreichen Blockhauses. Es war am Abend eines Freitages zu der Stunde, da die Dämmerung in die Nacht übergeht; der Vollmond lugte durch das Fenster der Kammer und zeichnete, mit den Schatten der hereinbrechenden Nacht sich mischend, schleierhafte Nebelgestalten an die Wand. Der junge Mann, der seinen Kopf in die Hände gestützt auf einem niedrigen Stuhl saß, stierte wie geistesabwesend in das wunderliche Schattenspiel. Plötzlich zuckte er zusammen und zugleich fühlte er, wie es ihm warm und kalt nacheinander das Blut durchrieselte und sich jäh die Haut auf dem Kopf zusammenzog...

Sah diese Gestalt, die sich soeben von der Wand loszulösen und auf ihn zuzutreten schien, nicht seiner Mutter ähnlich, wie er sie vor 10 Jahren verlassen, nur unheimlich bleich und geisterhaft?...

Erschrocken sprang er auf und wich einige Schritte zurück; da hörte er eine unsäglich wehmütige und ergreifende Stimme zweimal seinen Namen sprechen, wie ihn etwa eine Sterbende hauchen würde voll Sehnsucht nach ihrem Sohn...

Ein ungestümes Heimweh erfaßte ihn sogleich und er vermochte es selber nicht zu begreifen, wie es ihn mit unwiderstehlichem Drang nach dem Vaterhaus hinzog. Er fand nirgends mehr Ruhe und Rast und schon am nächsten Tag nahm er von seinem Dienstherrn Abschied und trat die Heimreise an.

14 Tage später kam er nach Hause; es war bereits Nacht; als er in die Stube trat, erkannten ihn die Geschwister nicht, nur der alte Vater sprang empor und drückte ihm stürmisch die Hände, in Tränen ausbrechend. Dann begrüßten ihn auch die anderen der Reihe nach; nur die Mutter suchte er vergebens. Deutlich fühlte er aus der Art der Begrüßung, daß ein schwerer Druck auf Allen laste und im Bann einer schrecklichen Ahnung sagte er mit zitternder Stimme:

„Und die Mutter, wo ist sie?"

Die Antwort auf seine Frage war von jedem Gesicht zu lesen und das allgemeine Schluchzen, das entstand, ließ keinen Zweifel mehr im Raum.

„So ist sie gestorben," rief er voll Schmerz „und wann, lieber Vater, wann?"

„Vor 14 Tagen, an einem Freitag"...

Der Sohn erblaßte und suchte seine Rührung niederzuringen und unwillkürlich mußte er an jene Erscheinung denken.

„Und warum habt ihr mir nicht geschrieben?" sprach er nach einer Weile mit Tränen.

„Wir teilten Dir ihre Erkrankung und ihren Tod mit."

„Dann trafen die Briefe erst nach meiner Abreise ein..."

„Johann!" sprach nach einiger Zeit der Vater und ergriff mit seinen zitternden Händen die Rechte des Sohnes, „o wie hat sich die Mutter nach Dir gesehnt! Dein Name war ihr letztes Wort."

Da wurde ihm mit einem Male alles klar und er sank vor dem Kreuz in der Ecke der Stube nieder und weinte bitterlich...

In dieser oder ähnlicher Weise teilt sich gar oft der Tod eines getrennten Angehörigen irgend einem geliebten Menschen in der Ferne mit und es gäbe noch viele darauf bezügliche Vorfälle zu berichten.

Der Enkel in Ungarn

Um 1910 verließ ein junger Mann in G. sein Elternhaus, um auf die Wanderschaft zu ziehen und bei fremden Meistern seine in der Tischlerei erworbenen Kenntnisse zu erweitern. Niemand weinte mehr bei seinem Abschied, als der alte Großvater, der krank in seinem Bett saß. Er drückte dem Enkel immer wieder die Hand und sagte endlich unter Schluchzen: „Christoph, wir sehn uns auf dieser Welt nicht mehr, denn ich bin alt. Drum denke an mich in der Fremde und bete für mich!" Gerührt versprach Christoph, die Bitte zu erfüllen und der Großvater zweifelte auch nicht daran; ihre Liebe war tief und gegenseitig...

Fast zwei Jahre waren seitdem verflossen. Seinem letzten Brief nach war jetzt Christoph in Ungarn. Draußen war eine finstere Herbstnacht. Während die um das Licht versammelte Familie von dem und jenem sprachen, saß der alte Großvater wie teilnahmslos in seinem gepolsterten Lehnstuhl und seine Gedanken waren auch nicht hier, sondern weit, weit fort beim fernen Christoph.

Plötzlich wurden die Züge des Großvater leichenblaß: „Hört ihr's nicht?" rief er, die Hände ringend, mit heiserer Stimme, „unser Christoph muß ertrinken! Hört ihr's nicht? O Christoph, Christoph!"... Dann vergrub er sein Gesicht ächzend in den Polstern.

Entsetzen packte alle in der Stube, doch nicht deswegen, weil man etwa die Worte des Alten geglaubt hätte, nein, es drängte sich einem jeden die schreckliche Überzeugung auf, der Großvater sei auf einmal wahnsinnig geworden... Und als sich diese Meinung als unrichtig erwies und der Alte doch immer fest auf seiner Ansicht beharrte, wurde man unruhig und nachdenklich. Mit Sehnsucht erwartete man täglich eine Nachricht aus der Fremde und als nach ungefähr 14 Tagen ein sorgfältig gepacktes Bündel aus Ungarn ankam, war die Spannung auf das Höchste gestiegen...

Doch wie entsetzlich! Ein beiliegendes, von der Polizeibehörde in O. ausgestelltes Dokument besagte, daß man vor einigen Tagen den Inhaber der gesandten Habseligkeiten in der Save aufgefunden habe, tot im Röhricht des Uferschilfes und es sei nicht mit Sicherheit festzustellen, ob ein Unglücksfall vorliege oder gar ein Verbrechen... Man möge ferner Bericht erstatten, ob die übermittelten Objekte in die Hände der Angehörigen gekommen seien.

Ist vielleicht der letzte Gedanke des Ertrinkenden die Erinnerung an seinen Großvater gewesen und an den Abschied von ihm... War vielleicht der letzte Ruf, der von seinen Lippen kam, der Name des Großvaters?... Wer kann es wohl ergründen?...

Der nächtliche Leichenzug bei Hahnbach

Um 1911 ging der Müller von Kötzersricht gegen 23 Uhr von dem eine halbe Stunde zu Fuß entfernten Hahnbach nach Hause. Der Weg läuft zum Teil ganz nahe an der Vils, die hier in vielen Windungen träg durch das sumpfige Wiesental dahinfließt; dunkle Erlen säumen Pfad und Uferrand und ragen allenthalben in der Ebene empor, im Halbdunkel der Nacht, gleich stummen, absonderlichen Riesengestalten.

Da ertönte plötzlich - sonderbar und unbegreiflich - ein Glöcklein durch die einförmige Stille der kühlen Sommernacht. Der Müller empfand unwillkürlich ein Gruseln und mochte er auch den Zweck des Läutens nicht verstehen, er nahm halb willenlos den Hut ab und betete wie beim Klang der Aveglocke... Doch kaum hatten sich die letzten Schwingungen der milden Töne im Säuseln des Abendwindes aufgelöst, da vernahm er deutlich die hohe Stimme eines Betenden: „O Herr, gib ihm die ewige Ruhe!" „Und das ewige Licht leuchte ihm!" antwortete ein Chor dumpf und schauerlich; darauf begann das Vaterunser... Und es wurde gebetet wie bei einem wirklichen Leichenbegräbnis. Dem Müller standen die Haare zu Berge; um diese Zeit ein Trauerzug? Wer sollte es sein? Und doch, er träumte nicht und konnte sich nicht getäuscht haben; denn nicht lange dauerte es, da begann der ganze Weg von dunklen Gestalten zu wimmeln und immer näher kam die Prozession.

Scheu, schweißgebadet und an allen Gliedern bebend wich er zur Seite, und die Kinder, Männer und Frauen streiften ganz nahe an ihm vorbei und oft war es ihm, als berührten ihre Kleider die seinigen; starr und unverwandt waren aller Augen auf ihn gerichtet; er wurde förmlich vom Weg in die Wiese gedrängt, so groß war die Menge des Volkes.

Da kam auch der Priester mit den Ministranten und weiter zurück ein Wagen und darauf ein schwarz verhüllter, großer Sarg. Immer gespenstischer wurden die Gestalten, immer verworrener und undeutlicher ihre Gebete und schließlich hörte er nur noch, wie der kalte Wind den Erlenbüschen am Weg in das dunkle Laub fuhr und sich die Zweige und Gipfel rauschend niederbogen.

Entsetzen hatte sich des Wanderers bemächtigt und aus dem Bereich des unheimlichen Zuges gelangt, begann er zu laufen, als sei eine Schar blutgieriger Mörder hinter ihm her. Schweißtriefend und zitternd kam er nach Hause und er war froh, daß schon alle zu Bett gegangen waren und seine Erregung nicht sehen konnten. Allerlei Gedanken über das gruselige Erlebnis durchschwirrten seinen Kopf und er traute sich nicht, es zu deuten und auszulegen... Am Morgen war er bleich wie ein Schwerkranker und wenn ihn seine Angehörigen fragten, ob ihm etwas fehle, beteuerte er immer wieder, daß er sich ganz wohl fühle... und doch sagte ihm eine innere Unruhe nur zu deutlich, daß es nicht so sei...

Drei Wochen nach diesem Vorfall wurde der Müller von einem heftigen Fieber auf das Krankenbett geworfen. Mit einem Mal wurde es ihm entsetzlich klar, was jene Begegnung bedeutet habe; er ließ sogleich Priester und Arzt rufen und drückte den Wunsch aus, seinen letzten Willen zu verfügen.

Und nun erzählte er genau das gräßliche Erlebnis jener Nacht. Besorgnis und Angst bemächtigte seine Familie und als bald darauf der Arzt erschien und Hirnhautentzündung feststellte, die nur in ganz seltenen Fällen sich damals heilen ließ, da waren alle von der entsetzlichen Wahrheit des Vorzeichens überzeugt... Und in der Tat: Einige Tage darauf starb der Kranke und sein Leichenzug bewegte sich auf demselben Weg nach Hahnbach, auf dem er vier Wochen zuvor dem heimkehrenden Müller begegnet war.

Unerlöste Seelen

Der Volkstumforscher Schönwerth bemerkte schon um 1850 einmal, daß kein Volksstamm im deutschen Land so „gut Freund" mit den Armen Seelen ist, als gerade der Oberpfälzer. Nirgends sieht man soviele Marterln mit treuherzig bittenden Fegfeuerbildern wie bei uns.

Wer zu einer ungewohnten Morgenstunde geweckt werden will, betet einfach abends ein Vaterunser für die Armen Seelen. Und das ist ein alter Glaube: Wenn man von einem Verstorbenen träumt, so braucht dieser ein Gebet oder eine Messe. Unerlöste Seelen treffen wir in vielen Sagen und Geschichten des Volksmundes.

Der Wirt von Schmidheim mußte einst einen alten Birnbaum an der Straße Hohenburg - Parsberg umhauen. Als der morsche Stamm, an den ein auf Blech gemaltes Fegfeuerbild genagelt war, im Hof lag, träumte der Wirt des Nachts, daß Arme Seelen um sein Bett stehen und ihn dringend bitten, er möge doch das Marterl wieder an einen anderen Straßenbaum tun, da sonst kein Mensch mehr an sie denkt und für sie betet.

Eine alte Velburger Sage erzählt: Ein einfältiger Hütbub trieb täglich sein Vieh am Friedhof vorbei und während des Hütens betete er eine Menge Vaterunser in seinen Hut. Abends leerte er ihn dann immer beim offenen Friedhoftor aus mit einem gutmütigen: „Dao, hat's wos!" Eine Frau bemerkte es und beschwerte sich beim Pfarrer, der es dem Buben untersagte. Aber drei Nächte bettelten die Seelen im Traum, bis er das Verbot wieder aufhob.

Pfarrer Nikolaus Erb, ein gebürtiger Hohenburger, erzählt in seiner Chronik: Um das Jahr 1780 zeigte sich oft im Haus Nr. 44 des Marktes Hohenburg ein graues Männlein, ja es erschien sogar, wenn es gerufen wurde. Es kam aus der Küche in das Wohnzimmer und blieb dann immer beim Ofen stehen. Oft wurde das Kind der Krämerin von ihm gewiegt. Wenn der Krämer Hetterich abends vom Wirtshaus heimging, lud er nicht selten die Genossen ein, bei ihm einzukehren und sein graues Männlein anzusehen. Als einmal in der Küche eine Baureparatur vorgenommen wurde, mußte auch der Herd abgebrochen werden und es fand sich darin Geld eingemauert. Es wurde für die Kirche gestiftet und von da ab ließ sich das Männlein nicht mehr sehen.

Ähnliche Erzählungen von Dieben, Betrügern, Grenzsteinverrückern, unehrlichen Wirten und Müllern trifft man beinahe in jeder Gegend (siehe Burg Stockenfels am Regen! Siehe Seite 131).

Um das Jahr 1930 kam ein Bauer, ein vernünftiger, nüchterner Mann zum Dorflehrer Friedrich Spörer: „Wöi moinas etza dao, Herr Lehrer? Kumm i vor drei Togn af Enslwang und sah hinauß vor'n Dorf n' (N.N.) am Feld stöih. Hob'n gröißt und wöi i einikumm, sagns ma, daß grod der gstorbn is. Hob i gsagt: „I hoh do grod no mit eahm dischkriert!" Dao lachas: Der is scho Wocha nimmer as'n Bett kumma! Und öitz heint, wöi i eahm in d' Leich göih, schau i vor'n Hof herauß nomal unvorsehnger Weis um. Wos moina's: Schaut niat der Taote obn bo'n Fensta assa?! Gewiß und echt woahr! Soll maustoud umfalln, wenn i löig!"

Von einem früheren Pfarrer von Adertshausen bei Hohenburg wird erzählt. Er wollte wissen, wieviele Verstorbene im Friedhof (neben der Kirche) verdammt seien. Er las deshalb um Mitternacht eine „Komm-Messe", wozu alle Toten des Friedhofes erscheinen mußten. Das Gotteshaus war bis auf den letzten Platz mit der unheimlichen Beterschar gefüllt. Zweien von ihnen war der Kopf nach rückwärts gedreht! Gar oft soll der Pfarrer später gesagt haben: „Eine solche Meß les ich mein Lebtag nimmer!"

Das gleiche, dem Sinn nach, sagten auch alle, Eheleute oder Freunde, die unter Eid schon bei Lebzeiten einander versprachen: Wer zuerst stirbt, mußte innerhalb kurzer Zeit dem anderen im Traum erscheinen und drei Fragen beantworten. In den Fällen, die mir bekannt wurden, wurde der Eid eingelöst, aber immer blieb für den Zurückgebliebenen eine große seelische Last.

Tod und Jenseits sind kein Spielzeug. Okkultistische Sitzungen und Tischrücken mit Beschwören längst verstorbener Geister ist immer plumper Schwindel oder natürliche suggestive Massenbeeinflussung. Es wäre wahrlich ein seltsamer Herrgott, der jeder übermütigen, bierseligen Gesellschaft die Seelen der Verstorbenen zur Unterhaltung und Befriedigung dummer Neugier aus dem Jenseits herüberschicken würde.

Seltsame Vorkommnisse

Anlaß zu Gespenstergeschichten gibt oft das unheimliche Klopfen in altem Holz, das langsame Ticken der „Totenuhr", das besonders von schlaflosen Schwerkranken in der Stille der Nacht gehört wird. Diese Töne, meist einem nagenden Holzwurm zugeschrieben, stammen von Klopfkäfern, die im Innern des Holzes verborgen sind und in der Paarungszeit mit dem Kopf das Geräusch verursachen, damit sich Männchen und Weibchen finden.

Um das Jahr 1840 trieb ein Klopfgeist sein Unwesen mit dem Mädchen Maria Hiltl aus Mendorferbuch (Gem. Hohenburg) im elterlichen Anwesen „beim Lutzn". Wo immer sich das Mädchen aufhielt, folgte ihm der Kobold nach und machte sich durch Klopfen bemerkbar, besonders bei Nacht. Es war so laut, daß es auch andere Leute hörten und es war das Tagesgespräch der ganzen Gegend. Der damalige Pfarrer Schadutz von Adertshausen, wohin Mendorferbuch eingepfarrt ist, wollte der Sache nicht recht trauen. Er rief das Mädchen in den Pfarrhof und ließ es in einem Zimmer zwischen der Magd und der Schwester des Pfarrers schlafen. In der Nacht ließ sich lange nichts hören. Da klopfte die Schwester selber an das Bett. Sogleich sagte das Mädchen: „Das ist nicht der rechte Ton!" Erst gegen Morgen begann „es" in der Kommode zu klopfen. Die beiden Wächterinnen faßten sofort die Hände der Hiltl, um jeden Betrug zu verhindern. Trotzdem wurde das Geräusch so stark, daß sogar die Gläser, die auf den Möbeln standen, zu klirren anfingen. Auf vielfaches Zureden der Leute fragte endlich das Mädchen den Poltergeist nach seinem Begehr. Es wurde ihr zu verstehen gegeben, für den verstorbenen N. N. eine Messe lesen zu lassen. Tatsache ist, daß, nachdem Pfarrer Schadutz den Wunsch erfüllt hatte, das Klopfen dann ausblieb.

Das Mädchen wanderte einige Jahre später nach Amerika aus.

Vorläufig unerklärlich sind die manchmal vorkommenden „Hexenzöpfe" bei den Pferden. Um die Jahrhundertwende standen beim Bartl in Enslwang plötzlich die Pferde jeden Morgen schwitzend, zitternd und verschreckt im Stall, die Schwänze „ganz teufelmäßig" verflochten. Nachdem der Stall ausgeweiht war, war Ruhe.

Es kommen übrigens auch unentwirrbar verflochtene Ratten- und Eichhörnchenschwänze vor (Ausdruck: „Rattenkönig!").

Um 1910 trieb der Hütbub vom Fleischmann in Spießhof an einem Sonntag um 9 Uhr, wo überall die Messen beginnen, sein Vieh über den Berg an der Burgruine Roßstein vorbei. Da sah er auf einmal in der Burgruine Roßstein eine weiße Frau (ähnlich wie bei der Burg Wolfsegg). Sein Vieh wollte nicht mehr weiter gehen, „hot n' Schwanz gstürzt und ist hoim zu af mausdaod. Und da Hütbou nauch!" Also das Vieh und der Hütbub starben. Danach traute sich in Spießhof keiner mehr während der Messe das Vieh hüten.

Eine Bäuerin hatte mit ihrer Magd im Garten hinten Gras entfernt. Da sagte die Bäuerin der Gaude halber zur Magd: „Da schau amal dein Schei (Schatten), der hot ja koin Kopf! Du host ebbas Schwars aim Gwissn!" Die Magd wurde „kasi" (weiß), und gestand, daß sie ein Jahr zuvor ihr kleines Kind umgebracht hatte. Sie berichtete es dem Pfarrer und dieser gab ihr zur Buße auf, daß sie zwischen 12 Uhr bis 1 Uhr Nacht allein durch den Friedhof gehen muß. Na ja, als sie mitten im Friedhof war, kamen alle Geister aus den Gräbern und umzingelten die Magd. Und furchtbar schrien sie: „Zreißts es! Zreißts es!" Das hätten sie auch getan, wenn nicht ein kleines „Geisterl" daherkam und bettelte: „A, loat's göih, zreißtses niat! Dös is ja mei Dod (Taufpate!)." Die Magd kam noch einmal mit dem Leben davon.

Geisterbeschwörer zitieren eine Tote aus dem Friedhof. Stich aus dem frühen 19. Jahrhundert.

Der Geist von Regensburg

Der berühmte Benediktinerpater Johannes Plimel aus Oberaltaich bei Straubing schreibt in seiner Chronik: Um St. Jakobi im Jahre 1371 zeigte sich in der Stadt Regensburg ein Geist. Man sah ihn nicht, aber man hörte ihn reden und er sprach verständliche Antworten auf alles, worüber man ihn fragte. So sprach man ihn auf die Pest an, die damals wütete. Aber auf diese Frage wollte er nicht recht antworten, sondern er wich aus mit den Worten: „Was fragt Ihr mich? Hat nicht Gott der Herr vielmals seine Geheimnisse nicht einmal seiner Mutter offenbaren wollen?"

Als ihn ein andermal einige, die mit ihm vertraut waren, abermals ernstlich wegen der Pest befragten, sagte er: „Ho, seht Ihr der Welt Hoffahrt und Geiz nicht, die Gott nicht ungestraft lassen kann?"

Als er wegen der Uneinigkeit zwischen Kaiser Karl dem Vierten (1347-1375) und dem Herzog in Bayern gefragt wurde, antwortete er: „Dieser Zank und diese Uneinigkeit wird ohne Blutvergießen vorübergehen und gestillt werden." Das war auch geschehen. Desgleichen fragte man ihn zur selben Zeit wegen des Streites, der zwischen Kaiser Karl und Herzog Stephan von Bayern um die Markgrafschaft Brandenburg ausgebrochen war. Darauf antwortete der Geist: „Die Herzoge in Bayern werdns gewinn'n."

So war es auch.

Es erzählten aber auch die, die mit ihm zu tun hatten, daß er viele Dinge vorausgesagt habe, die nicht eingetroffen waren.

Der Geist trieb auch viel Blödsinn. Einmal nahm er einen Krug voll Milch unter einer Bank hervor, so daß es jedermann sehen konnte, und hielt ihn über sich, als ob er in der Luft hinge. Er goß dann die Milch aus und setzte den Krug wieder gemächlich nieder.

Die Frauen in einem Haus hatten an einem Fasttag Küchel gebacken und taten sie in einen versperrten Kasten in der Meinung, sie abends zu essen. Als sie dann die Küchel essen wollten, kam der Geist und nahm das Gefäß mit den Kücheln, ohne die Kastentüre zu öffnen und das Schloß zu verletzen und legte die Küchel nacheinander hinauf auf die Dachrinne des Hauses. Ein Mann wurde zu den Kücheln eingeladen und kam ins Haus des Geistes. Der Gast spottete über den Geist, beschimpfte ihn und sprach, man sollte ihm ebensowenig glauben, wie dem Teufel selbst und niemand sollte ihn fürchten. Sofort warf ihn der Geist vor den Augen aller, die anwesend waren, auf die Nase, daß ihm das Blut aus der Nase herausrann. Als man den Geist fragte, warum er das getan habe, sagte er: „Weil er mich gescholten hat und mir nicht glauben will."

Der Geist wollte von denen, die mit ihm redeten, nicht anders genannt werden als „Liebes Herrl". Ein Priester namens Ernestus, der einen sehr ehrbaren Lebenswandel führte, kam mit dem Geist ins Gespräch. Dieser sagte zu dem Geist: „Lieb's Herrl, reich mir Deine Hand her und laß mich Dich anrühren!" Darauf antwortete der Geist: „Ich tue es nicht." Der Priester sprach. „Warum tust Du es nicht?" Da antwortete der Geist: „Sie ist greulich und häßlich und Du könntest sie weder erleiden noch erdulden."

Ein anderesmal wurde er von einer jungen Frau, die ihm bekannt war, gefragt, „warum er doch vor allen anderen zu ihr ins Haus gekommen wäre." Der Geist sprach: „Das habe ich Deinethalben getan, denn wenn ich nicht zu Dir gekommen wäre und Dich nicht behütet hätte, so hätte der ... (nannte den Namen) Dich geschwängert und Du hättest vor Scham das Kind umgebracht; daraus wäre Dir großes Unheil erwachsen."

Ob aber solches, wie der Geist gesagt hat, geschah, ist nicht bekannt. Die Leute aber, die beide Personen und deren vertrauliches Verhältnis gekannt haben, die glaubten an des Geistes Prophezeihung und Weissagung.

Einmal wurde der Geist gefragt, wer er sei; darauf gab er keine Antwort. Auf die Fragen: „Bist Du ein Engel?" Oder: „Bist Du der Teufel?" antwortete der Geist mit „nein". „Was bist Du denn?" Der Geist: „Ich bin ein Bote vom Engel."

Der Oberalteicher Chronist äußert sich nicht über die Glaubwürdigkeit dieser alten Geistergeschichte, sondern er beendet seinen Bericht mit den Worten: „Soviel von diesem Geiste. Weil es in unserer alten Chronik beschrieben ist, habe ich dieses hieher setzen wollen. Was aber hernach mit dem Geiste geschehen und für eine Beschaffenheit genommen", meldet der Autor nicht.

Die Weiße Frau von der Burg Wolfsegg

15 km nördlich von Regensburg und 9 km östlich von Kallmünz liegt im Schweighauser Forst eine der ältesten und interessantesten Burgen der Oberpfalz: Burg Wolfsegg. Ihr Name geht auf Bruno Wolf von Schönleiten zurück, der 1358 als Gründer der Burg genannt wird. Prominentester Besitzer war im 16. Jahrhundert Leonhard von Eck, der Kanzler des Bayerischen Herzogs Wilhelm IV. Die Burg ist heute vorbildlich renoviert und absolut sehenswert.

Die meisten Besucher kommen aber wegen der Weißen Frau nach Wolfsegg; sie ist eine der bekanntesten Sagengestalten in Bayern.

An Weiße Frauen wird in ganz Europa geglaubt. Allein in Bayern gibt es mindestens 13. Die Überzeugung, daß Weiße Frauen existieren, die meist als Lichtgestalt in Erscheinung treten, entstammt dem Volksglauben an den „lebendigen Leichnam". In ihrem zuletzt getragenen Gewand, dem weißen Leinentuch, können diese Verstorbenen, die entweder durch Mord um-

Die sogenannte „Weiße Frau" von der Burg Wolfsegg

gekommen sind oder im Leben große Schuld auf sich geladen haben, keine Ruhe finden. Die Urmutter der Weißen Frauen lebte im 13. Jahrhundert auf der Plassenburg bei Kulmbach. Zu ihren Lebzeiten soll sie ihre beiden Kinder getötet haben. Bereits seit dem 16. Jahrhundert wird ihre Erscheinung bezeugt.

Das Alter oder die Urform einer mündlich überlieferten Sage genau festzuhalten, ist sehr schwierig, auch im Falle der Weißen Frau in Wolfsegg. Die erste schriftliche Nachricht stammt von 1952 von dem Burgbesitzer Georg Rauchenberger. Romantisch und sehr gefühlvoll bringt er sie mit dem damals ausgestellten Frauengemälde in Verbindung, das sein Vater einmal als Kostümstudie des 16. Jahrhunderts gemalt hatte.

„Ist sie die schöne Unbekannte, um die die Sage von der Weißen Frau auf Wolfsegg sich spinnt, die heute noch, nach Jahrhunderten, irdische Ziele sucht, wenn sie hin und wieder, alstralisches Leuchten, die dämmerigen Räume der Burg huscht und schließlich in der Weizkammer zerfließt?"

Zur Popularität der Weißen Frau trug auch das Raubritterspiel: „Die Weiße Frau" von Herbert Günther bei, das 1953 vor der Burg aufgeführt wurde.

Aber bevor wir näher auf den Einfluß der Medien eingehen, möchten wir vorher auf ein geschichtliches Ereignis der Burg Wolfsegg näher beleuchten. Wie schon erwähnt, war Bruno Wolf von Schönleiten der Gründer der Burg. Sein Wappen, der Wolfskopf, ist noch heute auf einigen Wappensteinen zu sehen. Bruno Wolf hatte zwei Töchter: Katharina ging ins Kloster und Margarete war mit Ulrich dem Lichtenecker zu Eggersberg verheiratet. Dieser wurde 1358 der neue Burgherr. Für 700 Pfund Regensburger Pfennige verkauften Ulrich und Margarete am 10. März 1367 die Burg, die damals ein Lehen der Wittelsbacher war, an Ulrich von Laaber und seinen Vetter Hadamar. Im Besitz der Herren von Laaber blieb die Burg bis 1463. Der letzte Laaberer war ebenfalls ein Ulrich, wahrscheinlich Ulrich V. Dieser war eine bedeutende Persönlichkeit; in der Reichs- und Landespolitik spielte er eine herausragende Rolle. Bei kaiserlichen Urkunden siegelte er an vorderer Stelle. Für Heinrich den Reichen machte er eine Wallfahrt nach Rom und führte auch mehrere Kriege für den Landshuter Herzog.

Nach allem, was wir über ihn wissen, war er kriegerisch und abenteuerlich veranlagt. Er starb am 2. Oktober 1463. Sein „plötzlicher" Tod und die folgenden Ereignisse geben uns einige Rätsel auf.

In verschiedenen Berichten ist von Kindern Ulrichs die Rede. Auch soll seine Frau, Klara von Helfenstein, bei seinem Tod noch ein Kind von ihm erwartet haben. Dennoch zog sich der Streit um Ulrichs Erbe 12 Jahre hin. Die Kinder werden in dieser Zeit eigenartigerweise nirgends mehr erwähnt. Sie sollen bereits im Todesjahr des Vaters gestorben sein. Als 1475 mit dem Salzburger Domdekan Hadamar VII. das edelfreie Geschlecht der Herren von Laaber ausstarb, wurde die Herrschaft Laaber als erledigtes Lehen von den Wittelsbachern eingezogen. 1490 wird Hans Regeldorfer als neuer Burgherr auf Wolfsegg genannt.

Was die Geschichtswissenschaft über das Ende der Laaberer auf Wolfsegg berichtet, ist lückenhaft. Sie gibt uns auch keinen Hinweis darauf, ob sich die Weiße Frau möglicherweise mit einer historischen Figur in Verbindung bringen läßt. Versuchen wir, uns von einer anderen Seite dieser bekannten Sagengestalt zu nähern.

Im Frühjahr 1952 kamen ganz zufällig der damalige Burgbesitzer und Bezirksheimatpfleger, Georg Rauchenberger, der Regierungsbeamte Reinhold Heigl und Klara Fischer, die dienstälteste Obersekretärin in einem Büro des Versendungsamtes der Regierung in Regensburg zu einem regen Gespräch zusammen. Rauchenberger, den damals die Kollegen von Heigl „als Burggeist von Wolfsegg" bezeichnet haben, erzählte an diesem verregneten Abend folgendes Erlebnis: „Vor einiger Zeit hatte ich ein höchst merkwürdiges Erlebnis auf der Burg. Ein gewaltiger Donnerschlag riß mich aus dem tiefen Schlaf. Blitz um Blitz erhellt die stockfinstere Nacht. Ein Donnergrollen hängt sich an das andere und ein wilder Sturm peitscht den Regen um die Burg. Bei so einem Unwetter kann ich nicht im Bett bleiben. Da muß man, ob man will oder nicht, einen Rundgang durch das alte Gebäude machen. Gott sei Dank ist alles dicht und das Gewitter zieht der Donau zu. Als ich auf dem Rückweg an der Frauenkemenate vorbeikomme, höre ich Schritte. Erschrocken bleibe ich stehen, lausche in die Stille, aber nichts rührt sich. Doch, da höre ich es wieder: das Knarzen der Fußbodenbretter und ein leises, wehmütiges Stöhnen. Ich weiß nicht mehr, öffnete ich aus Angst oder Neugierde die Zimmertüre.

Nur einen Fuß setze ich in den Raum, dann bleibe ich zu Tode erschrocken stehen.

Im Schein eines hell aufleuchtenden Blitzes erkenne ich klar und deutlich eine in weiß gekleidete Frauengestalt. Hundert Gedanken ziehen gleichzeitig durch mein Gehirn, aber ich kann weder sprechen noch mich bewegen. Weit weg rollt der Donner übers Land, dann fuchtelt wieder ein greller Blitz über den rabenschwarzen Himmel. Regungslos steht die weiße Gestalt an der gleichen Stelle in geisterhaft zuckendes Licht gehüllt. Mit vor Aufregung bebender Stimme flüstere ich: „Gnädige Frau." Doch lautlos verschlingt die dunkle Nacht das Licht und die weiße Frau."

Reinhold Heigl und Klara Fischer waren sehr angetan von dieser Erzählung und glaubten Rauchenberger.

Auch im Jahre 1960 erschien die Weiße Frau dem Ehepaar Pielmaier, das als Hausmeister die Burg bewohnte.

„Plötzlich tauchte im Geäst des Nußbaumes schemenhaft eine weiße Gestalt auf. In der Aufregung holte ich meinen Mann aus dem Bett. Auch er konnte das alles wahrnehmen. Immer wieder erschien das Licht im Burghof - und verschwand dann hinter der Mauer."
(Bericht von Hedwig Pielmaier)

Eingehend erzählte das Hausmeister-Ehepaar Pielmaier von dieser Erscheinung, so daß 1966 ein Regensburger Journalist die Story in der damaligen Wochenzeitung groß herausbrachte. Der Bericht wurde in Auszügen nachgedruckt und erschien auch im Ausland.

So kam 1969 der New Yorker Parapsychologe Hans Holzer mit seinen Medien: Edith Riedl aus Wien und Marianne Elco aus den USA nach Wolfsegg. Holzer war mit Tonbandgeräten, Infrarotkameras und anderen Geräten ausgerüstet. Frau Riedl unternahm zunächst allein einen Rundgang durch die Räume und als sie zurückkehrte, erklärte sie Holzer, daß in einem Raum „etwas ungeheuerliches vorgekommen sei, dort wurde ein Mord geplant und ausgeführt."

Nun wurde das Medium in Trance versetzt und die Frage lautete: „Was sehen Sie?" Wörtlich sagte das Medium: „Ich sehe, wie sich der Raum mit Männern in mittelalterlicher Kleidung füllt, unter ihnen fällt mir einer besonders auf, vor dem würde ich mich fürchten. Er hat stechende Augen und einen Spitzbart."

Hans Holzer stellte die Frage: „Sehen sie eine Frau?" Die Antwort lautete: „Ja, jetzt sehe ich eine. Sie will sich nicht zu erkennen geben, besonders nicht in diesem Raum, in dem ihr Leben durch Mord endete und das des Mannes dazu, den sie umgarnen sollte." Nach weiteren Fragen erfolgte die Erzählung der oben erwähnten Geschichte. Holzer meinte nach der Befragung, daß eine Art magnetisches Schwerefeld hier existiere. Er glaubt, wenn ein Mensch durch jähen Tod aus dem Leben gerissen wurde, durch Unfall oder Mord, so kann es sein, daß das Schwerefeld des Verstorbenen noch Jahrhunderte auf der Erde bleibt. Wörtlich sagte er: „Das Wesen ist sich gleichsam seines Todes nicht bewußt."

Nach Hans Holzer und Edith Riedl kamen ein weiteres Medium und auch eine Hellseherin auf die Burg und bestätigten die Erscheinung der Weißen Frau. Auch der frühere Burgbesitzer Georg Rauchenberger begegnete ihr nach seinen Aussagen noch einmal am 3. Juni 1971, ebenso bezeugte sie die Familie Bach, die gegenüber der Burg wohnt.

Im Jahre 1976 meldet sich bei Herrn Hummel in Wolfsegg eine Frau, die behauptete, daß sie spüre, daß in dieser Burg etwas Ungewöhnliches sei. Es wurde nun eine Sitzung anberaumt, bei der mehrere Personen und auch der Verfasser des Buches: Burg und Dorf Wolfsegg, Gustl Motyka, anwesend waren. Frau Wierl, aus der Umgebung von München stammend, sagte auf Befragen, daß sie immer magnetische Felder spüre. Als sie das „Weizzimmer" betrat, wies sie auf die vermeintliche Mordstelle hin und erklärte: „Ja, hier wurde sie umgebracht." Als sie dann den Rittersaal betrat, sprach sie noch von einem weiteren Mord, der auf der Burg Wolfsegg geschehen sein soll. Während bei Holzer beide Morde in ein Zimmer verlegt sind, trennt Frau Wierl die Orte des Geschehens. Sämtliche Gespräche wurden auf Tonband aufgenommen. Ferner beschrieb sie, wie diese unglückliche Frau aus der Burg geschafft wurde. Im Burghof, dort, wo der Turm stand, zeigte sie auf eine Stelle, wo diese Frau hingelegt, eingemauert oder vergraben sein soll.

Nach Aussagen der Medien ereigneten sich auf der Burg Wolfsegg zwei Morde, einer davon im Gobelinzimmer an einer Frau.

Die Weiße Frau könnte danach das Opfer eines Mordes sein, das keine Ruhe findet. In den Aussagen des Mediums Lidwina aus München war die Ermordete die Burgherrin und der Mörder ihr eigener Mann.

Es liegt nun nahe, diesen Mord mit den rätselhaften Ereignissen beim Aussterben der Laaberer in Verbindung zu bringen. Der Mörder wäre dann Ulrich von Laaber und die Ermordete seine Gattin Klara von Helfenstein. Diese Vermutung widerspricht allerdings jenen Berichten, nach denen Klara nach dem Tod ihres Mannes noch ein Kind von ihm (oder Geliebten?) erwartete. Wenn wir trotz dieses Widerspruchs bei den Aussagen des Mediums Lidwina bleiben, dann hat sich im 15. Jahrhundert auf der Burg Wolfsegg folgende Geschichte abgespielt:

Ulrich der Laaberer, Burgherr von Wolfsegg, lag im Streit mit einem wittelsbachischen Hammerherrn im nahen Heitzenhofen. Offensichtlich ging es um den Besitz des Hammers, um ein Haus „mit tief heruntergezogenem Dach, vorne mit abgeschnittenem Walmdach. Es war mit Gras, Moos, Stroh oder Schilf gedeckt. Es war nicht sehr hoch und in der oberen Hälfte mit grauen Brettern verschalt; die untere Hälfte bestand aus buckeligen Steinen. In der Mitte der Frontseite befand sich eine ungewöhnlich große Tür, links und rechts daneben je eine rechteckige, schmale Fensterluke." (nach Lidwina)

Ulrich hatte die Möglichkeit, dem Hammerherrn das Wasser zu sperren, doch auch damit erreichte er sein Ziel nicht. Er versuchte es nun auf andere Weise; seine Frau sollte ihm behilflich sein. Sie sollte den Hammerherrn umgarnen und ihn zum Verkauf bewegen. Ein gefährlicher Plan, wie sich bald zeigte; denn seine Frau verliebte sich in den Mann, den sie überreden sollte. Ihr Mann hatte vielen politischen Verpflichtungen nachzugehen und dürfte selten zu Hause gewesen sin. Als er merkte, daß ihn seine Frau betrog, sperrte er sie in den eckigen Turm neben der Küche (Turm und Küche stehen heute nicht mehr).

Dort lag Klara „wundet" eingeschlossen und fühlte sich ungerecht behandelt, „da doch mein Herr mir selbst befohlen hatte, dem Wittelsbacher schön zu tun. Ich könnt' doch nit dafür, daß mehr daraus geworden sei." (Lidwina)

Ulrich, der alles angezettelt hatte, drehte den Spieß um. Seine „Hausehr" sei verletzt worden, er könne beim Kaiser klagen und „Buß" verlangen, vielleicht „die Kallmünz" (also die 9 km entfernte Burg Kallmünz).

Klara durfte bald wieder in die Räume der Burg zurückkehren, doch gab sie ihre Beziehung zum Hammerherrn nicht auf. Am Tag des Mordes saß sie im Gobelinzimmer am Fenster und wartete auf ihren „Liebsten."

„Ein Geräusch ließ mich zur Türe blicken. Mein Mann trat ein und mit ihm 3 Mannen. Sein Gesichtsausdruck und sein Blick waren seltsam und unvertraut und flößten mir eisige Furcht ein. Die 3 Männer standen mit verlegenen Gesichtern und Haltungen an der Tür. Mein Herr kam näher und meine Furcht wurde mit jedem Schritt, den er auf mich zutat, größer. Als er mich fast erreicht hatte, sprang ich auf und wollte davonlaufen. Er hob die Faust, ich sah etwas blitzen und spürte einen dumpfen Schlag auf der linken Seite der Brust. Mir wurde übel und ich fiel seitlich zu Boden." (Lidwina)

Ulrich hat seine Frau wahrscheinlich nicht umbringen wollen. Rasend vor Eifersucht hatte er auf sie eingestochen. „Ich war voll Entsetzen, daß ich mein Weib niedergestochen hatte. Ich hob sie auf, um sie in die Kemenate zu bringen.

Ich ging aus dem Zimmer, bog nach rechts in den Gang ab und öffnete mit dem Arm die letzte Türe rechts. Ich trat ein, ging um das Bett herum und legte sie auf ihre Seite. Da merkte ich, daß sie tot war. Ich bekam einen furchtbaren Schrecken und dachte, sie ist tot! Wohin mit der Leiche? Ich dachte an den eckigen Turm." (Lidwina)

Es ist möglich, daß Ulrich seine tote Frau im eckigen Turm begraben hat. Die Medien spürten dort ein Ereignisfeld. Georg Rauchenberger hatte an der entsprechenden Stelle das eingangs erwähnte Erlebnis und bei den Ausgrabungen im Burghof fand man dort eine größere Menge Verwesungserde; sie könnte von einem Leichnam stammen.

Auch wenn wir annehmen, daß dieser Mord tatsächlich geschehen ist, das Rätsel der Weißen Frau ist damit noch lange nicht gelöst. Es bleibt weiterhin offen, ob die Ermordete mit der historischen Klara von Helfenstein identisch ist und ob der Mord mit dem in der Sage geschilderten Erscheinen der Weißen Frau etwas zu tun hat. Vielleicht gilt hier der Ausspruch Shakespaeres im Hamelt: „Es gibt mehr Dinge im Himmel und auf der Erden, als Eure Schulweisheit sich träumen läßt."

Der letzte Burgherr von Frickenhofen bei Neumarkt

Etwa 400 Meter südlich außerhalb Frickenhofen, auf dem heutigen Steinlohe, stand einst der Stammsitz des gleichnamigen Geschlechts der Frickenhofer. Nur ein Hügel, durch einen hufeisenförmigen Graben vom Hinterland abgetrennt, zeigt noch die Stelle, wo einst die Burg stand. Die Anlage war sehr klein, 60 Meter nördlich soll ein großer Wohnturm gestanden sein und ein mächtiger Geröllhaufen läßt darauf schließen, daß dieser Turm mit der Burg in Verbindung stand. Die Überlieferung erzählt, daß dieser letzte Frickenhofer ein gar launischer und ekelhafter Kauz war, der die armen Untertanen zwang, immer zuerst sein Heu und Getreide unter Dach und Fach zu bringen und nur bei schönstem Wetter und auf seinen Befehl durfte die Arbeit begonnen werden. Daß die Spatzen und das übrige Federvieh sich am überreifen Getreide der Untertanen sattfraßen, kümmerte ihn nicht. Er drangsalierte eben seine Untertanen, wo er nur konnte. Die Schloßfrau hatte längst aus Kummer das Zeitliche gesegnet, weil ihr ein Stammhalter versagt blieb und kam wirklich ein Bub zur Welt, so war nach kurzer Zeit die Wiege wieder leer, worüber der Schloßherr noch zorniger wurde und das gesteigerte Maß seines Zorns bekamen wiederum seine Untertanen zu spüren. In den wasserarmen Sommermonaten mußten die Untertanen Wasser auf den Schloßberg fahren. Als sie oben angelangt waren, öffnete er die Spünde der Wasserfässer und ließ das Wasser wieder über den Schloßberg hinunterlaufen und niemand wagte dagegen zu murren. Eines Nachts zog ein fürchterliches Gewitter herauf, als ob die Welt alles verschlingen wollte, ein Blitzstrahl zuckte über der Burg, dem ein krachender Donner folgte - das Schloß stand in Flammen und brannte völlig aus - außer ein paar Kleiderfetzen fand sich nichts mehr vom Schloßherrn. Die Leute sagten, der Teufel hätte ihn mitgenommen. Seine Wertsachen mochte er wohl schon bei Lebzeiten des Nachts unter dem Schloßberg in den Äckern, welche heute noch die Silberäcker heißen, vergraben haben.

Jahrhundertelang stand das öde und verlassene Gemäuer droben auf dem Burgberg und wurde als willkommener Steinbruch benützt, wovon noch um 1800 laut lokaler Tradition das damalige Wirtshaus in Frickenhofen erbaut wurde. Des Nachts um die Geisterstunde hört man in stürmischen Nächten noch klägliche Rufe auf dem Schloßberg - verzeihet mir, verzeihet mir - aber zu spät. Die, welche ihm ob seiner Untaten bei Lebzeiten hätten noch verzeihen können, sind längst gestorben, aber wer ihn erlösen könnte, dem wäre sein vergrabener Schatz in den Silberäckern heute noch sicher.

Das tanzende Paar

Vor langer Zeit kam nach Bärnau einmal ein Handwerksbursche und blieb über Nacht bei einem Wirt. In der Nacht sah er von weitem ein Licht und zwei Männer daherkommen. Sie kamen immer näher und gingen gerade auf das Wirtshaus zu. Der Handwerksbursche setzte sich geschwind hinter den Tisch. Da traten auf einmal die zwei Männer in die Stube. Einer trug eine Laterne, der andere eine Geige. Der mit der Geige fing zu spielen an. Aber der andere ging in ein Nebenzimmer. Er brachte eine schöne Frau heraus und fing mit ihr zu tanzen an. Es dauerte etwa eine Stunde. Dann führte er sie wieder hinaus in die Kammer und waren wieder fort. Den anderen Tag in der Früh, wie die Magd und der Knecht aufstanden, da fragte sie der Handwerksbursche, was es denn in dem Haus gibt, daß alles so traurig ist? Die Magd sagte: „Ach, unsere Frau ist gestorben." „Laß sie mir einmal sehen!" Sie führte ihn hinaus in die nächtliche Kammer und zeigte sie ihm. Er erkannte gleich, daß es die nämliche Frau war, die in der Nacht getanzt hat. Er sagte aber kein Wort und ging davon.

Ausschnitt aus den Totentanz-Bildern an der Decke der Friedhofskapelle in Wondreb (Kreis Tirschenreuth).

Totentanz heißen wir auch den Bilderreigen vorm Sterben in allen Altersstufen, dem wir im frühen Mittelalter erstmals begegnen.

In der Friedhofkapelle in Wondreb bei Tirschenreuth in der Oberpfalz finden wir solche Totentanzdarstellungen an die Decke der Friedhofskapelle gemalt.

Der Geist mit dem Totenbrett

Ein Weber von Waldkirch wollte die Krautwürmer von seinem Acker vertreiben, nahm ein Totenbrett vom Weg, umzog damit sein Feld und legte es dann mitten hinein.

Nachts aber stand plötzlich der Geist vor ihm, dem das Brett gehörte und durch dessen Wegnahme ihm das Gebet der Gläubigen für seine Seelenruhe entging. Ebenso war es die zweite und dritte Nacht. Da brachte der Weber das Totenbrett an seine alte Stelle und hatte von nun an Ruhe. Die Würmer aber hatten das ganze Kraut zerfressen und was noch stand, war faul.

Der „wilde Heinz" von der Schwarzenburg bei Rötz

Die Schwarzenburg mit dem Schwarzwihrberg bei Rötz war eine stark befestigte Burg. Burggraf Heinrich von Meißen verkaufte sie am 22. April 1504 an den böhmischen Ritter

Heinrich von Guttenberg. Dieser verübte von der Burg aus schwere Gewalttaten. Er war auch bei der Belagerung von Sulzbach im Jahre 1504 dabei. Ebenso auch in Schwaben. Der Schwäbische Bund schritt daher gegen ihn ein. Schon war der Angriff auf die Schwarzenburg vorbereitet, als auf der Versammlung des Schwäbischen Bundes in Regensburg am 22. September 1509 ein Vertrag zustande kam. Der „wilde Heinz" hat sich nach der Sage dem weltlichen Richter als schlauer Fuchs entzogen und wurde zur Strafe von dem wilden Heer mit seinen Leuten mitgeführt. Das „Nachtgoich" fährt in den Rauhnächten zwischen 24 und 1 Uhr im Sturmgebraus über den Schwarzwihrberg durch die Lüfte.

Ein Geist forderte seinen Kopf zurück

Ein anderer Weber aus Neukirchen St. Christoph nahm einen Totenkopf vom Friedhof und steckte ihn unter sein Kopfkissen, damit er ihm während des Schlafes Glücksnummern eingebe. Auch in diesem Fall erschien der Geist dreimal und forderte seinen Kopf zurück.

Der leidende Geist auf der Burg Runding bei Cham

Auf der Burg Runding bei Cham war einst eine Magd beschäftigt, welche aus dem „Wald" stammte. (siehe Ansicht auf Seite 44)

Auf einmal zeigte sie ein verträumtes und kummervolles Wesen. Auf eingehende Befragung erzählte sie endlich, daß sie schon seit mehreren Monaten durch ein Seufzen und Stöhnen, das sich in ihrer Kammer hören lasse, allnächtlich aus dem Schlaf aufgeweckt werde. Einige Tage zuvor habe sie einen Geist neben ihrem Bett stehen sehen, der seufzend die Hände gegen sie ausgestreckt hätte, als wollte er sie um etwas bitten. Obwohl sie von großem Mitleid für die unerlöste Seele erfüllt worden sei, habe es ihr doch an Mut gefehlt, sie nach dem Grund ihres Erscheinens zu fragen. Der Geist sei dann auch in den folgenden Nächten und zuletzt einmal sogar am hellichten Tag erschienen.

Der Burggeistliche richtete die Magd tröstend wieder auf: Nur Personen mit einem frommen und ehrbaren Lebenswandel würden der Gnade gewürdigt, einen leidenen Geist zu erlösen; sie solle beim nächsten Erscheinen denselben im Namen der hl. Dreifaltigkeit anreden und um sein Begehren fragen.

In der folgenden Nacht tat sie es so. Da wurde die Gestalt viel heller und lichter und antwortete: „Gott vergelte es Dir tausendmal hier und in der Ewigkeit, daß endlich Du Dich meiner erbarmt hast." Niemand, dem sie bisher erschienen war, habe sich getraut, sie anzureden. „Einst war ich wie Du Magd auf dem Schloß. Als ich mein Ende herannahen fühlte, vergrub ich mein erspartes Geld unter der Türschwelle der Kammer, damit es nicht meine Schwester, mit der ich in großer Feindschaft lebte, erben könnte. Dafür muß ich jetzt schon 14 Jahre büßen. Wenn es morgen Mittag zum Gebet läutet, dann mach die Türschwellen los und nimm das Geld heraus! Ein Drittel magst Du für Dich behalten, ein Drittel schenke den Armen, aber um das letzte Drittel mußt Du heilige Messen für mich lesen lassen."

Dann verschwand der Geist mit dem frommen Spruch: „Gelobt sei Jesus Christus!" Aber im Fußboden hatte er die Eindrücke seiner Füße sichtbar hinterlassen.

Am nächsten Tag fanden der Geistliche und die Magd tatsächlich unter der Schwelle ein Krüglein mit 70 Gulden Inhalt. Da fuhr eine Hand und ein weißer Lichtschein durch die Kammer und eine Stimme sagte: „Vergelt Dir's Gott! Jetzt bin ich erlöst."

Seit dieser Stunde ließ sich der Geist nicht mehr sehen. Die Magd aber wurde nicht mehr glücklich; sie welkte dahin und nicht lange darauf ging sie selbst in's Land der Geister ein, aber in das der seligen.

Der Geist der letzten Raindorferin

Zwischen Cham und Runding liegt die früher zur Herrschaft Runding gehörige Ortschaft Raindorf. In früherer Zeit war es der Sitz der Herren von Raindorf gewesen, die hier ein Schloß besaßen. Dasselbe war schon im 18. Jahrhundert längst in einen Schafstall umgewandelt worden. Aber noch lange spukte der Geist der letzten Raindorferin. Und das war so gekommen:

In der zweiten Hälfte des 16. Jahrhunderts lebte hier einsam mit einer lieben Tochter - denn seine Ehefrau hatte er schon vor Jahren durch den Tod verloren - ein sonderbarer Kauz, der es sich durch seinen Jähzorn und seine Rechthaberei mit allen Nachbarn verdorben hatte. Einem Konrad Thorsteiner gefiel aber seine Tochter so gut, daß er bei dem alten Raindorfer um ihre Hand anhielt. Während der Zeit der Brautschaft gerieten aber einmal der Schwiegervater und der Schwiegersohn heftig in Streit. Der Alte wies dem Jungen die Türe und ließ sich auch weiterhin weder durch die Bitten der Liebenden, noch durch wohlgemeinte Vorstellungen seiner Schwester, einer Frau von Rürtinger, umstimmen. Um ja für alle Zukunft eine Heirat zu verhindern, zwang er seine Tochter zu einer Verlobung mit einem böhmischen Adeligen. Es gelang der Tochter jedoch, mit dem abgewiesenen Geliebten sich in Verbindung zu setzen und mit ihm die Flucht zu verabreden.

Am Abend vor dem Tag, an welchem sie den bereits eingetroffenen Böhmen heiraten sollte, fand sie sich zur bestimmten Stunde an dem vereinbarten Platz ein. Aber der Thorsteiner erschien nicht. Er war ihr untreu geworden und hatte sich mit einem reichen Fräulein Poißt von Poißting verlobt. Weil ihm die Bitten und Beschwörungen seiner früheren Braut um Hilfe lästig waren, hatte er ihr die neue Verlobung verschwiegen, ja er war unehrlich genug gewesen ihr vorzulügen, er habe, um den Vater sicher zu machen, das Gerücht der erdichteten Verlobung mit Frl. von Poißt selbst ausgedacht.

Der Hochzeitstag der Unglücklichen kam; erst jetzt erfuhr sie von einer Magd den schändlichen Verrat des Thorsteiners, der am gleichen Tag die neue Braut vor den Altar führen wollte. Verzweifelt stürzte sich das Mädchen, bereits mit vollem Brautschmuck bekleidet, in einem unbewachten Augenblick zum Fenster hinab. An der Stelle, wo ihr Körper zerschmetterte, wuchs von da an kein Gras mehr. Die Fenster des zweiten Stockwerks wurden zugemauert. Das Geschlecht starb aus. Den Verräter erreichte die Rache der Feme, die ihn durch den Grafen Hugh von Parsberg zu Neuenrandsberg traf.

Aber 29 Tage nach dem Tod des Fräuleins fand man ihn an der Stelle, wo er der Geliebten am Vorabend des Hochzeitstages zu warten versprochen hatte, mit einem Weidenstrick erwürgt und den Bleidolch im Herzen. Hier wurde er nach 7 Tagen eingegraben, und ein Femekreuz hat lange noch an dieser Stelle gestanden.

Die Selbstmörderin wurde in der Kirche in Chammünster begraben. Aber Ruhe hat sie noch lange nicht gefunden. Oft, besonders in der Nacht von Samstag auf Sonntag, sah man ihren Schatten aus dem Schloß zu dem Femekreuz gleiten, erst mit der Morgendämmerung kehrte er zurück.

Als das Schloß schon längst zu einem Schafstall umgewandelt wurde, sah man immer noch ihre Erscheinung: sie stieg die Treppe herab, die Türen öffneten sich vor ihr von selbst und ängstlich drängten sich die Schafe an die Mauer des Stalles, daß der Schäfer öfters am Morgen erdrückte Tiere finden konnte. Die neue Zeit weiß nichts mehr von ihr zu berichten.

Vielleicht haben die Gebete, Messestiftungen und Almosen des hartgeprüften Vaters ihr endlich die Ruhe verschafft. Noch im 19. Jahrhundert soll an ihrem Todestag aus einer Seelenstiftung des Vaters alljährlich Brot und Geld an die Armen verteilt worden sein. Von dem Schloß ist heute nichts mehr zu sehen.

Spukgeschichten aus der Amberger Umgebung

Neben den weitverbreiteten Sagen von Irrlichtern und feurigen Männern berichten ältere Leute aus Hiltersdorf noch Erlebnisse mit den sog. wilden Hunden. Diesen geisterhaften Spukgestalten gab ihr zottiges Aussehen den Namen. Insbesondere zwischen Hiltersdorf und dem heute aufgelassenen Götzendorf gingen sie nachts um, sprangen den Leuten auf den Rücken und ließen sich tragen. Nach allgemeiner Ansicht waren diese Geisterwesen arme Seelen, für deren Erlösung sich die Lebenden durch das Tragen der Last mühen mußten. Eigenartig aber war das Gebot, daß keiner, der auf diese Art unfreiwillig für die Erlösung dieser Geister sich geplagt hatte, von seiner Arbeit berichten durfte.

Frau Nichtl aus Hiltersdorf erzählte einmal: Einst ging der Sammelbauer von Götzendorf nächtlicherweise vom Wirtshaus in Hiltersdorf heim. Kaum hatte er den Wald erreicht, so „huchelte" sich ihm so ein wilder Hund auf. Nur widerwillig trug er die Last bis auf seinen Hof. Dort verschwand der geisterhafte Reiter, der Bauer aber glaubte die Mahnung zu hören, von dieser Geschichte nichts zu erzählen. Doch er war zu erbost über diese nächtliche Arbeit. Erst erfuhren es die Angehörigen, dann die Nachbarn und am nächsten Abend war der Sammelbauer mit seinem Bericht Mittelpunkt der Abendunterhaltung im Wirtshaus zu Hiltersdorf. Die Befürchtungen einiger Alter beunruhigten ihn nicht. Auf seinem Heimweg belästigte ihn diesmal nichts. In er Nacht jedoch überfiel ihn seltsame Übelkeit. Niemand konnte ihm helfen und am nächsten Tag war er tot.

Weniger schlimm ging es einem Bauern, der auf der Paulsdorfer Straße mit einem Handwagen fuhr. Ständig umsprang ihn ein Hund, so daß er kaum richtig ziehen konnte. Schließlich brummte der Bauer erbost: „Stör mi halt niat bei der Arbeit." Sofort saß ihm der Geist auf dem Rücken. Mühsam zog der Bauer weiter. Bei seinem Hof erst verließ ihn der Hund. Erst nach Tagen berichtete der Bauer dieses Erlebnis. Ständig hatte er für die armen Seelen inzwischen gebetet und ihm geschah nichts. (nach Hansi Hammer, Engelsdorf)

Auch auf der Öd bei Paulsdorf war es einst nicht geheuer. Hier soll vor vielen Jahrhunderten das Dorf Paulsdorf gelegen sein. Erst als droben das Wasser rar wurde, zogen die Bauern ins Tal. Andere glaubten, daß hier das Schloß der Paulsdorfer gestanden wäre. Erst später seien die Herren auf den Frottenberg übergesiedelt. Einer vom Göblhof in Bütl, der als Maurer arbeitete, ging nachts auf der alten Straße von Engelsdorf nach Bühl. Als er über die Öd ging, erblickte er einen Schimmel ohne Kopf. Ein schwarzer Reiter saß

darauf. Mehrmals ritt die Erscheinung an ihm vorbei. Ganz verstört kam der Maurer heim und ging nie mehr bei Nacht diesen Weg. (Mitgeteilt von Hansi Hammer)
Tatsächlich aber stand auf der Öd einst ein Einzelhof, der als Öde Hennhof 1543 in den Zinsbüchern des Hofkostenamtes Amberg erscheint.
Beim Ackern stößt hier der Pflug öfter auf Mauerwerk.

Der erschossene Geist

Ein Amtmann aus Waldthurn war zugleich Pfleger auf dem Fahrenberg. Nach seinem Tod fand sich kein Kreuzer Kirchengeld vor. Zur Strafe für seine Unredlichkeit mußte er zu heiligen Zeiten auf dem Berg umgehen. Er ritt auf einem kohlschwarzen Rappen und hatte eine feuerrote Kappe auf dem Kopf. Alle Leute, besonders der Mesner, fürchteten sich vor dem bösen Geist. Der damalige Pfarrherr von Waldthurn gab deshalb seinem Fahrenberger eine geweihte Pistole! Als nun der unruhige Geist wieder einmal sein Unwesen trieb, steckte der Mesner Kopf und bewaffneten Arm zum Fenster heraus, wurde aber augenblicklich von dem heranbrausenden Umgetüm mit glühenden Fingernägeln über den Kahlkopf gekratzt. Darüber ging die Pistole los und mußte den Geist wohl getroffen haben, denn seitdem war Ruhe.

Der geisterhafte Landmann

Ein Bub aus Oberbernrieth fuhr aus der Mühle heim und sah einen Landmann. (Von Bärnau bis Waldthurn heißen nämlich die feurigen Männer Landsmänner oder Landsknechte)
In großer Furcht darüber setzte er sich auf das Mühlgitter und betete. Die Ochsen zogen ihren Trott fort. Je mehr aber der Bub betete, desto näher kam der Geist. Zuletzt hockte er sich sogar noch auf das Mühlgitter. Da schrie der Junge: „Ui, Teufel, wie heiß!" - „Hättest Du nur noch ein Vaterunser gebetet, so wäre ich erlöst gewesen", jammerte das geisterhafte Wesen und verschwand.

Irrlichter am Pestkreuz

In der Nähe der Mauth sollen von einer Pestzeit her viele Tote begraben sein. So sehen nächtliche Wanderer bisweilen vom Pestkreuz (in der Nähe der Einöde Elend) aus Irrlichter in Richtung St. Martin-Nittenau und Wolfersdorf-Pettenreuth (wohl den Friedhöfen zu!) schweben und hören ein schauerliches Seufzen und Klagen, bis daß die Geisterstunde ein Ende nimmt.

Der diebische Geist von Eschenfelden

Die Geschichte erzählt von der damals 23jährigen Anna Dirler aus Eschenfelden (Kreis Amberg-Sulzbach), sie wurde am 10. August 1656 geboren, damals war „das große Wetter gewesen" (Unwetter). 1679 hatte sie ihrem Beichtvater bekannt, daß sie vier Jahre zuvor „eine böse Brust" bekommen hatte und deswegen von Eschenfelden nach Königstein zum Bader Bayer ging (1680 gab es einen Bader mit Namen Balthasar Bayer in Königstein, früher Hausnummer 104, Hausname „beim Bader").

Schon zu Pfingsten 1675 war sie einmal zum Bader gegangen, da sei ihr ein weißer Geist begegnet, den sie für den Tod hielt und deshalb dem Bader Bayer erzählte, sie wüßte wohl, daß sie an diesem Leiden sterben muß, denn der Tod wäre mit ihr schon zweimal nach Königstein gegangen.

Nachdem es hell geworden war, flüchtete sie zu ihrem Bruder, sogar dort kam der Geist viermal in einem Jahr zu ihr, worüber sie vor Schrecken krank geworden war, doch sie wurde wieder gesund. Sie ging wieder nach Königstein, diesmal zu einem Bierbrauer mit Namen Lösch (jetzt Gasthaus „Zum wilden Mann"). Auch dort hatte sie vor dem Geist keine Ruhe mehr, sie klagte im Beisein ihres Bruders, ihrem Beichtvater Pfarrer Juglern zu Eschenfelden, der anfangs diese Geschichte nicht glauben wollte und sie wieder anwies, ihrer Arbeit nachzugehen. Doch je länger sie von diesem Geist erschreckt wurde, desto öfter fiel sie dabei in Ohnmacht. Auch ihren Mitbewohnern blieb dies nicht verborgen, dazu war sie sehr matt und konnte häufig nicht mehr arbeiten.

Hierauf klagte sie ihrem Pfarrer Juglern, dieser meldete es dem damaligen Herzog von Sulzbach, Christian August. Dieser ließ die Anna ins Schloß kommen, stellte ihr eine Menge Fragen und behielt sie 14 Tage im Schloß, wo sie auch keine Ruhe vor dem Geist hatte.

Als die Anna wieder nach Hause ging, wurde sie von dem Geist von hinten angefallen und zu Boden geworfen, davon bekam sie blaue Flecken am Rücken. Daraufhin ordnete Herzog Christian August an, sie solle wieder ins Schloß kommen und befahl ihr, den Geist anzureden. Beim nächsten Erscheinen des Geistes fragte sie ihn: „Wer bist Du?" Der Geist antwortete: „Ich bin Lorenz Birner." Sie: „Von wannen bist Du?" Er: „Zwo Stunden von dem Bayerlande (Amberg) bin ich gebürtig." Sie: „Was hast Du denn hier bei mir zu tun?" Er: „Du sollst mich erlösen." Sie: „Was hast Du denn getan?" Er: „Ich habe zu Namsriet (Namsreuth bei Königstein) vor 60 Jahren (1619) einen Kelch gestohlen samt einem Buch und Altartuch." Sie: „Was Religion bist Du?" Er: „Ich bin 50 Jahre lutherisch gewesen, aber hernach katholisch geworden und auch gestorben." Sie: „Was soll ich Dir denn tun?" Er: „Du sollst das Geld so bekommen: erbetteln und wieder dem Pfarrer zurückgeben. Für den Kelch habe ich 19 Gulden, für das Buch sechs und einen halben Gulden, für das Tuch 25 Batzen bekommen. Dieses Geld sollst Du von schlechten (geringen) Leuten erbetteln". Sie: „Was leidest Du denn für Qual? In einer Hitze oder Kälte?" Er: „Ich leide höllische Hitze." Sie: „Ich kann Dich nicht erlösen. Du magst Dich erlösen." Er: „Ich wollte mich wohl erlösen, wenn ich Gottes Macht hätte."

Daß dieser Diebstahl in Eschenfelden wirklich geschah, konnten 1680 noch alte Leute bezeugen.

Dieser Geist aber war nach Aussage der Anna Dirler ein langer, alter Mann, trug einen langen Kittel und an den Füßen Strümpfe, hatte keinen Bart, die Augen waren zu und eingefallene Backen. Sie lehnte es ab zu Betteln, deshalb wurde sie von dem Geist mehrmals gewürgt, dabei fühlte sie, daß er harte und kalte Hände hatte.

Weil sie abermals das Betteln ablehnte, sagte er zu ihr, er wolle ihr nichts antun, aber wenn sie ihm folgen will, müsse er sie umbringen. Hierauf begann sie mit dem Betteln. Wenn sie damit wieder aussetzte, war er ihr bald wieder erschienen, sagte zwar nichts zu ihr, sondern hatte nur seine Hände ineinander gewunden und seufzte. Nachdem sie das Geld beisammen hatte, ließ er sie eine zeitlang in Ruhe.

Von dem Geld ließ man in Eschenfelden in der Kirche eine Kanzel errichten.

Daß die mit „N. N." bezeichnete Ortschaft bei Königstein wirklich Eschenfelden war, ist in einer Handschrift aus dem Jahre 1767 in der Staatsbibliothek in München zu ersehen, sie wurde von Martin Huber aufgeschrieben (Seite 163-167) „eine höchst seltsame Geistergeschichte aus Eschenfelden," so wurde diese Geschichte betitelt. Als Quelle wird Erasmus Francisci's „Höllischer Proteus" angegeben.

Das Schloßgespenst von Oberwinzer bei Regensburg

E. J. Creta unternahm als 21jähriger junger Mann Reisen nach Wien, Kopenhagen, Maastricht usw., über die er in seiner Selbstbiographie (1715-1730) spannend zu erzählen wußte. Er lernte Deutschland und fremde Länder nicht als Lehrer, sondern als Schreiber, Sekretär oder Kammerdiener hoher Herrschaften kennen.

Anfangs Februar 1688 reiste er nach einem mehrwöchigen Urlaub, den er bei seinen Eltern in Thurnau (Oberfranken) verbracht hatte, nach Regensburg, um einen neuen Dienst bei dem Sachsen-Lauenburgischen Gesandten Dr. Krahmer anzutreten, der sich beim Regensburger Reichstag befand.

Die letzte Nacht vor Regensburg verbrachte Creta in Oberwinzer, wo er etwas Außergewöhnliches erlebte. Sein Bericht darüber (in die heutige Schreibweise übertragen und auch stilistisch etwas geändert) lautet:

„Als ich in Oberwinzer nachts logierte und zwar im dortigen Schlößlein und Gasthaus, welches den Mönchen des Jakobiter-Klosters zu Regensburg gehörte, wurde ich zwar von der dortselbst eingesetzten Haushälterin, wider meinen Willen mit Speise und Trank herrlich traktiert, brauchte auch kaum den halben Preis zu zahlen, hingegen sie mich aber, weil ich evangelisch, vermutlich mit Fleiß, ganz allein auf einer frischen Streu und einem schön aufgerichteten Bett in der unteren großen Stube des Gebäudes schlafen ließ. Da es sich dann um 11 Uhr, obgleich ich mich mit einem Gebet eingesegnet hatte, wider Vermuten ergab, daß ein sehr großes Gepolter unten in der Küche und im Vorhause entstand.

Ein Haushund, den sie bei mir gelassen, schmiegte sich mit Zittern und Winseln an mich und meinen Leib, was mich um so furchtsamer machte. Und als nun ein Gespenst, gleich einem Schatten, mit Aufmachung der Stubentüren, die doch wohl versperrt und verriegelt waren, gar zu mir hereinkam und gleichfalls hin und wieder polterte, auch mir das Bett wegziehen wollte, wurde ich so konsterniert, daß ich bald das Gespenst besprach, bald betete und bald auf solches fluchte, was aber alles nichts helfen wollte. Und als es eine halbe Stunde genug tourniert und ich genug am Bett zu halten gehabt hatte, marschierte das Ungeheuer mit Aufmachung und Zuschlagung der Türen wieder fort, verursachte aber oben in den oberen Stuben ein noch viel größeres Gepolter, indem es Tisch und Stühle herumwarf und hernach so tat, als wenn es ganze Säcke mit Obst, nämlich Äpfel, Birnen und Nüssen ausschüttete und solche hin und her kugelten, welches Lärmen bis nach 12 Uhr Mitternacht dauerte.

Der bei mir gelegene Haushund, ein schwarzes, ziemlich großes Tier, hatte nicht einen Beller getan und ich lag vor Angst ganz naß im Schweiß und konnte erst gegen den Tag einschlafen.

Des Morgens gegen 7 Uhr stand ich auf und präparierte mich zur Abreise. Die Haushälterin fragte mich unter Bietung eines guten Morgens, wie ich geschlafen hätte. Ich stellte sie zur Rede, warum sie mir als einem Fremden nichts davon gesagt habe, daß es in der Stube nicht richtig sei und warum sie mich nicht wo anders einlogiert oder jemand bei mir schlafen habe lassen. Darauf sie mir nichts anderes geantwortet, als daß das Gespenst, welches ein alter, übel gelebter und verfluchter Mönch sei, niemand etwas zu Leide täte. Doch wollte weder sie selbst noch das ihr unterstehende Gesinde des Schlößchens und des Brauhauses in diesem Raume schlafen, weil das Gespenst sie ja doch nicht schlafen ließe. Und sie lachte nur dazu. Wo ich es aber dann in Regensburg erzählte, war solche „Unrichtigkeit" schon bekannt."

Die Geisterburg Frauenstein

Eines Abends ging ein alter, armer Mann von Winklarn aus nach Hause. Im Frauensteiner Holz verirrte er sich, so daß er sich nicht mehr auskannte. Da stand er plötzlich vor einem herrlichen, hell erleuchteten Gebäude, gleich als gäbe des dort ein großes Fest. Er trat ein und sah lauter gut gekleidete Menschen. So traute er sich nicht in diesem Zimmer zu bleiben, sondern setzte sich vor dem Tor auf eine bemooste Steinbank nieder. Er hatte die Absicht, etwa herauskommende Personen um ein Nachtquartier zu bitten. Dabei verfiel der nächtliche Wanderer in einen tiefen Schlaf. Nicht lange, so weckte ihn ein heftiges Krachen und Zusammenstürzen und er befand sich in einem finsteren Gewölbe. Allmählich erblickte er ein Licht, ging darauf zu und gelangte so ins Freie. Nun befand er sich innerhalb der Trümmer der ehemaligen Burg Frauenstein. Schon war es heller Mittag. Da wollte der Mann zum Schutz vor der heißen Sonne nochmals in das Gewölbe zurück. Doch der Eingang war nicht mehr zu finden.

Die Drud

Eine junge Bäuerin aus der Kürner Gegend verließ jede Nacht heimlich Bett und Haus und schlich fort, um nach Stunden müde und abgespannt heimzukehren. In einer mondhellen Nacht folgte der Bauer seiner Frau bis in die Nähe von Dannersdorf.
Zu seinem Schrecken beobachtete er, wie sie einen mitten auf einer Waldwiese stand und einen Baum drückte und wußte nun, daß er eine Drud geheiratet hatte. Aus Mitleid fällte er am anderen Tag den Baum und stellte ihn daheim im Hof auf, um der Bäuerin den weiten Weg zu ersparen. Am Morgen darauf lag sie tot neben dem Baum.

Pferde ohne Köpfe

Auf dem sog. Reitplatz, einer Waldabteilung bei Klapfenberg in der Nähe von Grafenwinn, galoppierten Pferde ohne Köpfe auf sonntägliche Pilz- und Beerensucher zu und verschwanden plötzlich in leichtem Nebel, wenn die Leute erschrocken zur Seite springen wollten.

Ein schauriges Erlebnis

Der alte Dürrmaulbauer ritt des öfteren auf seinem Pferd spät nachts vom Bräuhaus in Hof am Regen, wo er sich ein paar Maß Bier gönnte, heimzu. Eines Nachts blieb bei der Kuffnerwiese plötzlich sein Pferd stehen. Der Bauer gab ihm die Sporen, so daß es über die am Weg liegenden Baumstämme setzte und mit zitternden Flanken bald darauf in den Hof einbog. Die Stämme aber rollten über die Wiese hinab ins Tal und drüben den Berg wieder hinauf. Eine Meute schwarzer Hunde bellte hinten nach. Entsetzt und in Schweiß gebadet erzählte der alte Hofstetter seiner Frau von seinem schaurigen Erlebnis.

Ein Pfleger von Pleystein mußte als Geist in einem Wald bei Neuenhammer umgehen

Ein Pfleger aus Pleystein vergriff sich zu Lebzeiten an den Waisengeldern und mußte nach seinem Tod am Silberbrunnen und in einem Wald bei Neuhammer umgehen. Dabei lehnte er sich an einen Baumstamm, die Hände auf dem Rücken, wie in Baumrinde gekleidet und schaute die Holzhauer und Beerensammlerinnen starr an, bis sie entsetzt flohen.

Die Burgruine Flossenbürg.

Die Geisterburg Flossenbürg

Ein Amtsdiener war am Weg von Vohenstrauß nach Tirschenreuth und hatte sich in die Nacht hinein verspätet. Er verirrte sich und kam an ein großes Gebäude. Die erleuchteten Fenster zeigten, daß die Leute noch auf waren. So zog er am Glockenstrang. Ein grünes Männlein öffnete ihm und führte ihn in einen Saal, wo ihrer Zwölfe bei Kartenspiel und Bier saßen. Auf ihre Frage, woher er komme, antwortete er kurz und geistesgegenwärtig: „Ich bin geschickt!" Nun boten sie ihm Essen und Trinken. Er aber nahm nichts an, sondern setzte sich hinter den Ofen auf die Bank, um sich zu wärmen. Das war sein Glück. Es schlug Mitternacht. Da löschte das grüne Männlein die schwarze Kerze aus, fing die Herren am Tisch in seine Arme zusammen und verschwand. Der Bote aber saß an einer Mauer und erkannte am Morgen die Burgruine Flossenbürg.

12 Geistermäher auf der Geißenwiese bei Waldthurn

Auf der Geißenwiese bei Waldthurn sahen früher nächtliche Wanderer in mondhellen Juninächten um Mitternacht 12 Geister mähen. Nach Ablauf der Geisterstunde lösten sie sich langsam in Nebel auf und verschwanden.

In der Flur „Bach" bei Riggau soll Gold vergraben sein?

In Riggau soll in der Flur, die „Bach" genannt wird, Gold vergraben sein. Als einmal mehrere Männer nach dem Gold gruben, fanden sie einen ganzen Kübel voll. Wie sie vor Freude um den Kübel herumstanden, schnüffelte einer über ihre Rücken herein und es war alles verschwunden.

In der Flur „Berg" soll auch Gold vergraben sein

Beim Dorfausgang in Riggau heißt eine Stelle „Panzerplatz". Hier wohnten vor vielen Jahren zwei Frauen, die nur eine Kuh besaßen. Diese Kuh aber molk soviel wie im ganzen Dorf alle anderen Kühe zusammen. Da wurden die Frauen sehr reich und sie vergruben ihr Geld. So sollen sie auch in der Flurabteilung „Berg" in einem tiefen Keller einen Kübel voll Gold vergraben haben. Der Keller war eingestürzt. Weil aber das Haus der Frauen in Kallmeiers Garten stand, soll das dritte Geschlecht dieser Familie das Gold wieder zutage bringen.

Es geht um am Rosenberger Schloßberg

Als auf dem Rosenberger Schloßberg die Burg noch stand, wohnten darin eine zeitlang drei Frauen. Nach ihrem Tod erschienen sie als Geister. Zwei davon erschienen in Weiß, die dritte halb schwarz, halb weiß. Wer die Frauen sah, erblickte bei ihnen oft auch einen Hahn und einen schwarzen Hund.

Das „Geigerpumperloch" am Rosenberger Schloß

Vor langer Zeit hausten im Rosenberger Schloß und in seinen unterirdischen Gängen noch die alten Ritter. Eines Nachts geriet ein Handwerksgeselle, der auf der Wanderschaft war und sich im Dunkel der Nacht verirrt hatte, auf den Schloßberg und in den Rittersaal. Um einen mächtigen Steintisch saßen schweigend 12 Ritter, gerüstet und gepanzert. Da tat der Handwerksgeselle den Mund auf und sagte: „Ich bitt' um eine Nachtherberge."
Doch keiner der Ritter antwortete ihm. Sie schwiegen wie Tote. Da erhob sich doch endlich einer, weil der Handwerksbursche wie gebannt stehen blieb und nicht vom Fleck ging. Der Jüngste war es. Er sprach: „Mach', daß Du fortkommst, so schnell Du kannst, falls Dir Dein Leben lieb ist! Und melde niemand von dem, was Du hier gesehen hast!"

Der Handwerksbursche machte sich schleunigst auf und davon.

Aus dem Fränkischen kam einmal um die Osterzeit ein Geiger nach Rosenberg, um an den Ostertagen dem jungen Volk zum Tanz aufzuspielen. Im Wirtshaus hörte er erzählen, daß im Schloßberg, auf dem die Ruine des Schlosses stand, große Schätze an Gold und Edelsteinen verborgen wären und daß dazu der Eingang in der Osternacht sich öffne. Man sagte ihm aber auch, daß ein schrecklicher Drache den Reichtum hüte und bewache. Da packte ihn die Gier nach Gold und Edelsteinen. Keuchend schlich er sich am Karsamstag gegen Mitternacht den Berg hinauf. Am Schloßeingang traf er eine Weiße Frau, das verwunschene Schloßfräulein. Sie winkte ihm. Er aber achtete nicht darauf. In den Berg wollte er hinein. Dort mußten ja die Schätze sein. Plötzlich stand er vor einer verfallenen Treppe, die in die Tiefe führte. Rasch hinunter! Er kam in einen unterirdischen Gang, links und rechts und unten und oben lauter Felsgestein. In seiner Geldgier hatte der Geiger den Drachen ganz vergessen. Dieser aber kam ihm nun entgegen, fürchterlich fauchend und speiend. Das Geigerlein floh und rannte um sein Leben, der Drache hinter ihm her.

Dem Geiger gelang es, zu entkommen. Aber er fand nicht mehr aus dem Berg heraus.

Klettert man, so erzählen die Leute, in die kleine Felsenhöhle am Südwesthang des Schloßberges und legt das Ohr an die Felsenwand, so hört man den Geiger pumpern. Das Pumpern hört man seit jener Osternacht, in welcher der Geiger verschwand. Deshalb heißt seit jener Zeit die kleine Felsenhöhle am Südwesthang des Rosenberger Schloßberges: „Das Geigerpumperloch".

Der Postenschreck

Es war im August 1796, als die Franzosen mit den Österreichern eine Schlacht lieferten, waren auch französische Soldaten in Rosenberg. Sie stellten auf dem Schloßberg einen Wachtposten auf. Jedem Soldaten aber, der dort stehen mußte, erschien eine Jungfrau mit einem greulichen Gesicht, das aussah, wie wenn es aus grauen Spinnweben gemacht wäre. Und so liefen die Soldaten immer vor Schreck davon und keiner wollte mehr auf dem Schloßberg Posten stehen.

Die Weiße Frau auf dem rauhen Kulm

In den 1830er Jahren lebte in Neustadt am Kulm der Schuhmacher Wolf Stock, der die Bewohner der Umgebung mit Schuhen versorgte. Eines Tages wurde der Bote der Herrschaft von Lindenfels zu Wolframshof zu dem Schuhmacher geschickt. Der Bote mußte jedesmal auf dem Waldweg des Kulm nach Neustadt gehen. Da er in die Nähe der Bergkuppe kam, stand vor ihm eine Weiße Frau, welche ihm winkte. Erschrocken sah er sich um und wußte auf einmal nicht mehr, wo er war. So folgte er denn der Frau durch einen langen Gang, wo sie endlich an eine Tür kamen. Diese öffnete sich vor ihnen und sie traten in ein großes, helles Zimmer. Goldzacken hingen von der Decke, wie im Winter die Eiszapfen von den Dächern und die Wände glänzten wie eitel Gold und Silber. Hinter dem Tisch saßen zwei Männer in alter Rittertracht, welche einander „hm, hm!" zuriefen. In einer Ecke des Zimmers stand ein großer eiserner Kasten voll Geld und darauf lag ein schwarzer Pudel mit feurigen, tellergroßen Augen. Die Weiße Frau winkte dem Mann an der Geldkiste und gab durch Zeichen zu verstehen, daß er von dem Geld nehmen dürfe, soviel er wolle.

Er aber fürchtete sich so sehr vor dem Pudel, daß alle Ermunterungen der Weißen Frau umsonst waren.

Sie begleitete ihn nun wieder aus dem Zimmer und durch den Gang ins Freie. Dann krachte und polterte es, als wenn alles zugrunde gehen wollte. Der Bote sah um, aber es war keine Spur mehr von dem Gang zu sehen. Um die Stelle wiederzufinden, machte er noch ein Zeichen und ging dann seines Weges. Als er aus dem Wald kam, läutete es in Neustadt 12 Uhr. Er ging zum Schuhmacher, entledigte sich seines Auftrages und erzählte sein Erlebtes. Meister Stock und der Bote gingen sogleich an den Ort, wo der Eingang war, fanden zwar das Merkzeichen, aber keine Spur mehr von der Öffnung.

Der Kohlenschatz im Geisterschloß bei Eichhofen

Um 1830 ging um Mitternacht ein Musikant von einer Kirchweih in Eichhofen nach Hause. Während er auf der Breitwiese gegen Undorf in finsterer Nacht dahinschritt, tauchte plötzlich ein nie gesehenes altes Schloß vor ihm auf. Der Wanderer erschrak nicht wenig, denn er glaubte, auf einen sehr weiten Irrweg geraten zu sein. Nach den strahlend beleuchteten Fenstern des hochragenden Schlosses spähend, vernahm er den gedämpften Lärm einer ziemlich großen, fröhlichen Gesellschaft. Zögernden Schrittes begab sich der Musikant in das verfallene Gebäude und gelangte durch finstere Gänge und Gemäuer tastend an die offene Tür eines großen, schönen Saales. Kurz entschlossen trat er ein. Eine ansehnliche Gesellschaft von vornehmen Damen und Herren war hier versammelt und unterhielt sich bestens. Man bemerkte den Musiker und sein Erscheinen wurde mit lebhaftem Beifall begrüßt, da die Herrschaften tanzen wollten. Sofort stimmte er seine Fiedel und begann zu spielen. Die lockenden und jauchzenden Töne der Geige erklangen und die Paare schwebten an ihm vorüber.

Vergnügt sah ihnen der wacker streichende Fiedelmann zu, wie sie sich wiegten und drehten, sich neigten und artige Worte sagten. Jedoch nur unbekannte, offenbar fremde Gestalten in seltsamer, altertümlicher Rittertracht sah er hier in dem wirbelnden und wogenden bunten Gemenge des geräumigen Saales. Und ohne Pause, als ob sie keinen Augenblick zu verlieren hätten, mußte er ihnen aufspielen, diesen Nimmersatten. Plötzlich aber, wie auf ein gegebenes Zeichen, ging eine Bewegung durch den Saal, welche erkennen ließ, daß jetzt das Vergnügen zu Ende sei. Hastig nahm ein Herr der Gesellschaft eine

Schaufel voll Kohlen, wie sie beim Kaminfeuer lagen und schüttete diese dem verblüfften Musiker in den Hut. Eilfertig geleitete man ihn vor die Tür und ehe er sich umsah, war das Schloß und seine Gesellschaft verschwunden.

In demselben Augenblick sah der Spielmann, daß er bereits wieder auf dem rechten Weg sei und traumverworren beeilte er sich, sein nahegelegenes Dorf zu erreichen. Indessen wurden die Kohlen im Hut immer schwerer und der Morgenwind flatterte um die Schläfen des frierenden Wanderers. Er streute daher den eigenartigen Lohn unter brummigen Bemerkungen vor sich her auf den Weg und setzt seinen ganz neuen, mit Silberschnalle und Rosmarin geschmückten Kirchweihhut auf den vom Tau erfrischten Kopf. Wohlbehalten gelangte der Musiker in seinem Haus an und legte sich gleich zum Schlafen nieder.

Als er spät am Tag aufgestanden war und sich von der unheimlichen Spukgeschichte erholt hatte, da fiel aus dem Futter seines Hutes ein blankes Goldstück.

Der so unscheinbare Künstlerlohn wäre also wahrscheinlich am Tageslicht samt und sonders zu einem großen Schatz mit Goldmünzen geworden. Die weggeworfenen Kohlenstückchen aber waren nicht mehr aufzufinden. Auch das Zauberschloß sei nie mehr erschienen.

Der erlöste Schloßherr

In Kulmain stand vor Zeiten am Ende des Dorfes ein kleines Schloß, das verfiel und schließlich abgetragen wurde. Der letzte Schloßherr namens Schienbein war ein gottloser Mann, der in der Gruft seiner Väter keine Ruhe fand und in einem Wald in der Nähe des Dorfes lange Jahre „umging" und manchen spät Heimkehrenden erschreckte, bis der Spuk eines Nachts sein Ende fand. Und das geschah so:

Ein Bauer wanderte in einer sternenklaren Herbstnacht von Kemnath in nördlicher Richtung heimzu. Auf dem Weg gesellte sich plötzlich ein Fremder zu ihm, der ihn fragte, ob er von Kulmain aus noch weitergehe. Der Bauer erwiderte: „Ja, ich habe von dort noch ein hübsches Stück zurückzulegen." Als die beiden nächtlichen Wanderer zum Schlößl kamen, das nicht mehr bewohnt und von jedermann gemieden wurde, sagte der Fremde:

„Ich muß jetzt ins Schloß. Da ist zu ebener Erde eine Stube notdürftig eingerichtet, wo ich etwas zu besorgen habe. Wenn es Dir beliebt, kannst Du mitkommen." Der Bauer, vierschrötig und unerschrocken, war neugierig und so begaben sich beide in das verrufene Gebäude. In der rechts vom Eingang liegenden Stube zündete der Fremde eine bereitstehende Kerze an, dann hieß er seinen Begleiter hinter dem Tisch auf der Bank Platz zu nehmen, während er einen gepolsterten Stuhl an den schweren Eichentisch rückte, sich setzte und schließlich aus seinem weiten Mantel, unter dem er eine große Ledertasche trug, ein kleines, dickes Buch, in Leder gebunden, herauszog und still zu lesen begann.

Den Bauern verdroß bald das Schweigen und es reute ihn schon, nicht weitergegangen zu sein. Nach einer Viertelstunde wurde die unheimliche Stille durch ein leises Klopfen unterbrochen, doch die beiden Männer rührten sich nicht. Nach einer kleinen Weile vernahmen sie wieder das Geräusch, aber etwas deutlicher. Erst beim dritten und heftigen Pochen - alle guten Dinge sind drei - rief der Lesende mit kräftiger Stimme: „Herein!" Sogleich öffnete sich lautlos die Tür eines Nebenraumes und eine große, hagere Gestalt erschien in der Stube. Da fragte der Fremde ruhig den Bauern, der zu Tode erschrak und auf die Erscheinung starrte: „Kennst Du den?" Nur mit Mühe konnte der Gefragte stotternd Antwort geben: „Ja, - es - es ist der Schien- der Schienbein!" Damit war der Fragende zufrieden, er las nun leise in seinem Buch weiter, währenddes der Schloßherr immer kleiner und kleiner wurde und schließlich als Rabe neben dem Beschwörer stand. Blitzschnell sprang dieser auf, kreuzte die Flügel des großen, schwarzen Vogels, daß er nicht fliegen konnte und steckte das Tier hastig in seine Ledertasche. Dann wandte sich der geheimnisvolle Fremde, indem er auch das Buch an sich nahm, zu dem vor Angst schlotternden Bauern und rief gellend: „So, jetzt sind wir fertig!" und verschwand augenblicklich. Dem Bauern grauste entsetzlich, er schwankte aus der Stube und dem nächsten Haus zu, wo er um ein Nachtlager bat. Von dieser Stunde an war Schienbein erlöst.

Drei Gänse am Friedhof in Oberndorf bei Kemnath

Einmal ging ein Bauer nachts um 11 Uhr am Friedhof von Oberndorf bei Kemnath vorbei. Da standen mitten auf dem Weg drei prachtvolle Gänse, so daß der Bauer der Lust nicht widerstehen konnte und die schönen Gänse mitnahm. Daheim sperrte er sie in seinen leeren Schweinestall, um am nächsten Tag mit seinem „Fund" seine Frau zu überraschen. Wie groß aber war sein Entsetzen, als er statt der drei schönen Gänse drei Totenköpfe in seinem Stall herumpurzeln sah. Der Pfarrer gab ihm den Rat, die Köpfe zur selben Stunde, da er sie gestohlen hatte, wieder an Ort und Stelle zu tragen. Um gegen den Bösen gefeit zu sein, gab er ihm auch noch etwas Geweihtes mit. Der Bauer brachte dann auch ohne weiteren Schaden seinen schauerlichen Fund wieder los.

Der spukende Müller von Schönau

Zu dem schwerkranken Müller von Schönau wurde der Pfarrer gerufen, damit er ihm die letzte Ölung geben kann. Auf dem Weg zur Mühle wollte der Priester mit dem Mesner und dem Boten über einen Holzsteg den Mühlbach überqueren, als sie alle drei darauf den alten Müller mit der Haue auf der Schulter stehen sahen, als wollte er zum Wasserrichten gehen. Voll Verwunderung, daß man sie zu einem Gesunden gerufen habe, wollten sie den Mann grüßen und fragen. Da verschwand er plötzlich vor ihren Augen. Gleichwohl setzten sie den Weg fort. In der Mühle erfuhren sie, daß der Vater vor einer Viertelstunde gestorben sei. Es war eben zu der Zeit, da er ihnen erschien. Seitdem wurde der Verstorbene öfter auf der Brücke gesehen.

Ein Schneider aus Oberviechtach sah seinen eigenen Sarg

Ein Schneider aus der Oberviechtacher Gegend war einmal auf der Stör und arbeitete bis tief in die heilige Christnacht hinein, während die Leute schon alle zur Mette gegangen waren. Endlich trat er den Heimweg an. Da rollte plötzlich ein geheimnisvolles gläsernes Faß vor seinen Füßen her. Darin sah er mehrere Totentruhen und Männer daneben, die er wohl kannte und die alle noch am Leben waren. Beim letzten Sarg aber sah er sich selbst stehen. Vor Schrecken fiel der nächtliche Wanderer besinnungslos zu Boden. Heimkehrende Mettenbesucher brachten ihn schwerkrank nach Hause. Alle, die der Schneider durch das Faß sah, starben im nächsten Jahr, zuletzt er selber.

Eine halbe Leiche flog durch das Fenster

In Hannesried saßen um die Geisterstunde mehrere Burschen beim Kartenspiel beisammen. Da kam unter fürchterlichem Gejohle die wilde Jagd herangezogen. Alle begannen zu zittern und zu beben. Nur ein Bursche wagte es, das Fenster aufzureißen und hinauszurufen: „Hoihitralala, meinen Teil auch noch!" Da kam im Wirbelwind eine unheimliche Gestalt heran und warf eine halbe Menschenleiche mitsamt dem Fenster auf den Tisch. Die zu Tode Erschrockenen wollten den Leichnam forttragen, vermochten es aber erst, als sie einen Geistlichen geholt hatten.

Die schwarze Feuerkatze von Leuchtenberg

Ein Bauer war einmal von Witschau nach Leuchtenberg gegangen, mitten in der Nacht. Der Mond schien sehr hell, daß man fast noch in einem Gebetbüchl hätte lesen können. Als er ins Tal kam, hörte er von der sog. „Zeisenwiese" her auf dem Damm des kleinen Weiherls was husten, quenkern und wimmern, daß er stutzig geworden war. Nachdem er ein wenig gelauscht hatte, wollte er weitergehen, aber dann schlich er sich doch in die Nähe des Weihers. Weiter hatte er sich nicht getraut, denn auf dem Damm waren eine ganze Menge von Katzen, große und kleine, die herumtanzten, als hätten sie Kirchweih, sich hin und her drehten, auf und niederhüpften und übereinanderpurzelten wie die Narren. Nun erst recht neugierig geworden pirschte er sich doch näher hin und sah da ein Häuferl beisammen wie Musikanten, die einen abscheulichen Lärm machten, fauchten und pfurrten, spien und greinten. Und mittendrin stand wie ein Mannl sein schwarzer Kater und hatte mit den vorderen Pfoten wie ein Besessener in der Luft herumgefuchtelt und getan, als ob er der Anführer sei. Der war ihm im Frühjahr zugelaufen. Da sprang er auf - und hin, um seinen Ausreißer zu fangen und das andere Gesindel davonzujagen. Da wurde das Katzenvolk so wild und fing so schauerlich zu winseln und zu pfeifen an, daß er das Gruseln bekam und auf und davon rannte ...

Am Morgen danach, als er in seine Küche trat, saß der Kater auf der Ofenbank und schnurrte und tat so, als wüßte er von nichts. Da redete der Bauer ihn an und sagte: „Su, a wieda daou, schwoaza Spitzbaou? Schöi haoust owa afgschbült heint Nach!" Aber der Kater zwickte nur die Augen zusammen und stellte sich, als ob ihn das nichts anginge. Da trat der Bauer vor ihn und meinte: „Na, wülstas äbba niat amal gwen sa, Bazi, schlechta?" Es war nur ein Spaß. Aber der Kater wurde auf einmal falsch, fing zu zwinkern an, bekam plötzlich mordsgroße, feurige Augen, war in die Höhe gefahren und zum Fenster hinausgeschossen, daß die Scherben nur so umeinandergeflogen waren - und hat sich nicht mehr sehen lassen.

Im selbigen Herbst, es war gegen Martini hin, war sein ganzes Anwesen bis auf den Grund niedergebrannt.

Die rote Feuerkatze von Pleystein

Um 1736 stand am Stadtgraben von Pleystein eine kleine, uralte Mühle, „s Grom-Mühlerl" haben die Leute gesagt. Da hatte der Müller oft auch in der Nacht gemahlen. Als er das wieder einmal getan hatte - es war eine milde Nacht gewesen und draußen war alles ruhig. Da setzte er sich nach dem Aufschütten so zwischendurch immer wieder ein wenig auf das Bänklein hinter dem Haus, ließ da seine Gedanken spazieren gehen oder natzte ein bißchen. Drinnen hatte der Mahlgang gerumpelt, als wäre ein alter Wassermann eingesperrt, der schnaufend und verdrießlich das Werk drehe. In dieser Ruhe wollten dem Müller, der nicht mehr der Jüngste war, schon wieder die Augen zufallen, als da ein schreckliches Geschrei sich erhob, das aus dem Garten kam, von hinten her, wo die Gitterfenster der Mehlkammer waren. Dort stand vor der Hauswand auch eine großmächtige Linde. Da er keiner von der Art gewesen war, denen gleich der Buckel wie ein Reibeisen aufläuft, wenn nur eine Maus hinter dem Spind kraspelt, hatte er einen Zaunriegel genommen, der ihm zufällig in die Hände kam und war hinzugesprungen, dem greulichen Spektakel nachzustellen. Aber kaum war er am Zaun, sah er schon, was da umging; waren doch unter dem Baum alle Katzen aus der „Hintern Stadt" beisammen gesessen und haben geplärrt, wie wenn ein großes Unglück über sie gekommen wäre und hatten getan, daß es nicht zum Anhören war. Er machte „Hussa!" und „Gsch!" und schwang den Stecken dazu, um das Gesindel zu vertreiben. Als das umsonst war, sprang er in den Garten und wollte schon zuschlagen, als der Lärm mit einem Schlag aufhörte - und vor ihm stand sein roter Kater.

„Wos, du routhoarats Laouda bist a daba?" sagte er und wollte nach ihm langen.

Der aber pudelte sich fauchend auf, fletschte das Maul, dabei wurden seine Augen wie glühende Kugeln und setzte ihm an die Brust ... Was weiter mit ihm geschehen war, konnte der Müller auch später nicht sagen.

Am nächsten Tag fand ihn der Schafhüter auf dem Fahrenberg liegen wie einen Toten. Der Kater war aber für immer verschwunden.

Nicht lange danach war die „Grohm Mühl" nachts um die selbige Zeit hell in Flammen gestanden.

Man hat sie größer wieder aufgebaut - 1901 war wiederum ein Feuer ausgebrochen, jener schauerliche Brand, der sich wild ausbreitete und nahezu die ganze Stadt in Schutt und Asche legte.

Eine Geister-Christmette in St. Ulrich bei Pleystein

In der Nähe von Pleystein liegt nahe am Kirchsteig von Pfrentsch nach Burkhardsrieth auf einem bewaldeten Berg das renovierte Kirchlein St. Ulrich. Die glatten, weißen Mauern, die kleinen Fenster, der schlichte Turm und um 1900 hatte das Kirchlein noch ein Schindeldach, dies zusammen verlieh damals dem einsamen Gotteshaus eine seltsame Stimmung.

In alten Zeiten soll ein frommer Einsiedler hier gehaust und das Aveglöckchen geläutet haben. Wenn ferner Glockenklang von Pleystein heraus vernommen wird, dann hören auch heute noch die Sonntagskinder, wie das Glöcklein von St. Ulrich miteinstimmt, und im Gehölz die Wallfahrer laut betend zum Kirchlein gezogen kommen. Wer aber eilen wollte, sich ihnen anzuschließen, der würde trotzdem keine Beter auf den Wegen im Wald antreffen und enttäuscht schließlich auch das Kirchlein leer finden.

Am heiligen Abend wollte einmal der uralte Lenzwastlbauer von Pfrentsch in die Christmette nach Burkhardsrieth gehen. Um sich als alter Mann recht warm anzuziehen, suchte er beizeiten sein behagliches Austragsstüblein auf. Gestiefelt und gespornt setzte er sich endlich in seinem Lehnsessel an den Tisch, um noch ein wenig in dem aufgeschlagenen Hausbuch zu lesen, bis es Zeit wurde zum Fortgehen. Nicht lange aber saß er so, als ihn ein Schläfchen überfiel.

Als er aufwachte und nach der langsam tickenden Uhr sah, erschrak er, denn er hatte verschlafen. Alles im Haus war mäuschenstill. Seine Leute waren entweder auf dem Kirchenweg oder im Bett. Einen Augenblick nur überlegte er, sah nochmal nach der Uhr und nahm seinen Stock, zögerte aber nicht mehr. Er hoffte, durch Beschleunigung seiner Schritte die verschlafene Viertelstunde wieder hereinzuholen. Auf dem Weg sah er sich öfter um, ob nicht ein Gefährte nachkomme. Vergebens; er fand niemand mehr, er war ganz allein und weitaus der letzte von denen, die da zur Kirche gingen. Keuchend gelangte er an den Eingang des Waldes. Und einen Augenblick stehen bleibend, beschloß er, seine ungesunde Eile etwas zu mäßigen.

Da war es ihm mit einem Male, als hätte soeben das Glöckchen der Ulrichskirche zu läuten aufgehört. Leise klang es noch in seinen Ohren. Aber dann glaubte er doch wieder, sich getäuscht zu haben.

Er ging seines Weges weiter, durch die Reihen junger Fichten und Tannen in den mauerfinsteren Schatten des hochstämmigen Kieferwaldes hinein und gelangte so in die Nähe des einsamen Gotteshauses. Schwere Dunkelheit ruhte zwischen den Baumstämmen. Auf verborgenen Saiten erklang eine zarte Musik in der weltfernen Halde und ein tonloses Raunen durchwog die schlafenden Büsche.

Der pilgernde Alte blieb wieder stehen und lauschte. Erst leise, dann aber immer deutlicher vernahm er den zauberhaften Klang jetzt aus der Ferne. Alsbald aber ertönte es süß und wundersam aus den Föhrenwipfeln, hinter welchen das höher gelegene Kirchlein sich verbarg: „Holder Knabe im lockigen Haar." Geigen und Flötentöne, wie auch sanfte Orgelmusik begleiteten frohlockend das Wiegenlied des Jesukindleins: „Schlafe in himmlischer Ruh!" „Wirklich," so sagte sich der noch verweilende Nachzügler, „heuer ist die Christmette auch wieder einmal im Ulrichskirchlein, statt immer in Burkhardsrieth. Das trifft sich gut; da komme ich trotz meiner Verspätung auch noch zurecht vor der Wandlung."

Er bog vom Weg ab, um das noch einige hundert Schritte entfernte Kirchlein zu erreichen. Siehe da, er hatte sich nicht getäuscht; helles Licht strahlte ihm durch die Bäume aus den Kirchenfenstern entgegen. Voll Freude darüber beschleunigte er seine Schritte wiederum und in wenigen Augenblicken hatte er die Kirchentür erreicht. Sachte drückte er sie auf und auf den Zehen schlich er sich in den letzten Stuhl, wo gerade noch ein Platz für ihn übrig war.

„Schau, einen neuen Herrn haben wir auch wieder", dachte der Ahnungslose, als er den Geistlichen am Altar beobachtete, wie er das Kniebuckerl und dann „Dominus vobiscum" machte. „Oder es ist der Schmiedwolfenfranzel, der wieder in der Vakanz da ist. Aber nein, der ist es auch nicht, der wäre noch nicht so korpulent", forschte er weiter und sah sich etwas unter den Leuten um.

Aber seine Nachbarn, die ganz altmodische blaue Mäntel trugen, waren ihm fremd. Er fand keinen Bekannten. Wo sind denn seine Jungen? Da vorn im ersten Stuhl waren ein paar noble Herren. Und die Frauen, was haben die für alte Kleider an? Diese großblumigen, gebauschten Kleider haben sie vor 30 Jahren noch gehabt.

Wie er sich so wunderte, da drehte eine den Kopf nach ihm um und schaute ihn schnurgerade an: „Wo bin ich? Heiliges Blut Christi, das ist meine Gevatterin, die vor vielen Jahren so jung hat sterben müssen", so dachte er, zu Tode entsetzt. Sie erhob sich und ging auf ihn zu. Dann flüsterte sie ihm ins Ohr, er soll sich augenblicklich entfernen, wie er hereingekommen, rücklings hinausgehen. Darauf kehrte sie wieder auf ihren Platz zurück.

Der also Gewarnte tat, wie ihm befohlen und gelangte glücklich an die Tür. Da ihm die Tränen kamen, zog er sein Taschentuch heraus. Dasselbe aber fiel ihm aus der Hand und er hob es nicht mehr auf, um keinen Augenblick zu verlieren.

Als er auf der Schwelle sich nach außen wendete, da flog die Kirchentüre mit einem furchtbaren Krachen hinter ihm zu.

Die unheimliche Christmette aber war wie ein Traumgesicht plötzlich verschwunden. Das Licht der Fenster war erloschen, die Musik verstummt und von den Andächtigen kam niemand aus der Kirche, um den Heimweg mit anzutreten. Starr vor Schrecken wankte der Alte Schritt für Schritt hinweg von dem unheimlichen Ort.

Da bemerkte er, wie in Burkhardsrieth die Leute mit Laternen aus der Kirche kamen und den Weg nach Pfrentsch einschlugen.

Inzwischen war er auch wieder auf dem Kirchensteig angekommen und wartete auf die näherkommenden Besucher der wirklichen Christmette, von denen er alsbald erreicht wurde. „Lenzwastlbauer, seid Ihr's? Laßt uns auch mit!" sagten sie lachend und wollten mit ihm ein Gespräch beginnen. Allein aus dem Alten war an diesem Tag nichts herauszubringen. Der Mesner aber fand in der Kirche verstreut unzählige kleine Fetzen eines Taschentuches. Der Lenzwastlbauer hörte das, aber er wollte es nicht erklären. Erst später hatte er sein Erlebnis erzählt. Dazu machte er, auf der Ofenbank sitzend, Haselnüsse auf und steckte die Kerne seinen lauschenden Enkeln in den offenen Mund.

Nun ist er auch längst gestorben, wie alle, die er damals gesehen hat. Aber niemand hat es noch gewagt, in der heiligen Nacht wiederum in St. Ulrich die Christmette zu besuchen, vielleicht ist unter den erloschenen Betern auch der Lenzwastlbauer dabei?

Die arme Seele und der Pfarrer von Utzenhofen

Zur Pfarrei Utzenhofen gehört die Nebenkirche Umelsdorf. Dort war es seit uralten Zeiten der Brauch, daß der Pfarrer von Utzenhofen in der Allerseelenzeit den Abendrosenkranz hielt. Eines Abends ging der Pfarrer nach dem Allerseelengebet wieder heimzu. Es war eine stockdunkle Nacht. Er hatte seinen Regenschirm dabei, den er als Spazierstock benutzte, weil es nicht regnete. So kam der Pfarrer in die Nähe der Ortschaft Utzenhofen, wo der Fußweg links zum Pfarrhof hinaufführte.

Da kam ihm ganz langsam ein Licht entgegen. Der Pfarrer dachte bei sich, es wäre seine Schwester, die ihm mit der Laterne entgegenkäme. Aber es war ein Licht, das auf einem Markstein am Weg saß und ihm entgegenleuchtete und ihm beim Näherkommen entgegenflog. Der Pfarrer wehrte das Licht mit dem Schirm ab, schlug damit zu und zerschlug ihn dabei in Stücke. Jetzt wehrte er mit den Händen ab und bekam dabei etwas zu fassen, was eiskalt war. Der Mut verging ihm, weil er trotzdem nichts in den Händen hielt. So schnell er konnte, lief er heim, legte sich ins Bett, ließ den Doktor holen, denn sein rechter Arm schwoll an und wurde schwarz von der Hand bis zur Schulter. Als der Pfarrer merkte, daß er sterben mußte, versprach er, ein Kreuz setzen zu lassen an der Stelle, wo er vergessen hatte eine arme Seele zu erlösen durch ein Vergeltsgott für das Leuchten.

Die Geisterschafkopfrunde

In einer stürmischen Winternacht ging ein Arbeiter von Mariental aus nach Hause. Es setzte ein wildes Schneetreiben ein, so daß sich der Mann verirrte. Plötzlich stand er mitten im Wald vor einem beleuchteten Wirtshaus. Im Hof kehrte eine alte Frau den Schnee weg und wies den Gast mit einer stummen Geste ins Haus. Im Gastzimmer spielten einige Männer Schafkopf und luden ihn dazu ein. Dabei wurde kein Wort gesprochen. So oft der verwunderte Gast reden wollte, bedeuteten ihm die anderen durch Zeichen, er möge schweigen. Mit einem Schlag war alles verschwunden. Der Arbeiter stand mitten im Wald. Aber jetzt fand er bald den Weg in sein Heimatdorf.

Eine Geistergeschichte aus dem Regental mit Nachspiel!

Eine Försterfamilie lebte um 1882 in ihrem Forsthaus am Regenfluß. Sie hatten ein Mädchen mit Namen Anna und den damals 16jährigen Eugen. Es war gerade August und Ferienzeit. In diesem Forsthaus war auch Marie, die Köchin angestellt, sie war bereits Ende 20 und schon lange im Dienst der Försterfamilie Taucher. Damals erzählte sie ihrer Schwester Nanndl eine gruselhafte Geschichte. „Mit der Nanndl tut's nimmer gut; sie - ihre jüngere Schwester, die beim Nachbarn Hütmädel ist - will nimmer hüten, wie's der Herr anschafft; auf die Stoppelfelder treibt's nimmer, Spektakel und Prügel helfen nichts, jetzt hat sie mir's gesagt, warum?"

Während sie so erzählte, lief es Eugen eiskalt vor Schauer über den Rücken. Marie fuhr fort: „Beim Steig am Tannenholz, ein paar hundert Schritte von der großen Straße, da säße seit Wochen beim hellen Tag ein „Etwas"; das hätte keine Arme und Füße und sähe sonst aus wie ein Fräulein; es habe ein weißes Gesicht und lange, gelbe Haare und große Augen: und mit denen schaue sie die Nanndl immer so traurig an und so bittend und überall hin auf dem ganzen Feld könne sie die Augen haben und die Nanndl kann's nicht mehr aushalten, dieses Anschauen. Und ein Gespenst sei es, denn ihrem Bauern habe sie es auch gezeigt, und er habe es nicht gesehen und einmal sei ein Bauer von Tann des Weges gekommen und hindurch gegangen durch sie".

Eugens Mutter sagte etwas nachdenklich: „Das ist der Platz, wo vor Jahren schon Hütbuben ein „Mändl" am Waldrand oft gesehen haben wollen und nachts die Straße fahrende Leute ein merkwürdig Feuer, das beim Näherkommen verschwand!"

Die Mutter ließ die Nanndl selber kommen, auf Wunsch von der Marie ließ die Mutter sie firmen, darum bemutterte die Förstersfrau die Nanndl etwas.

Als die Nanndl gekommen war, erzählte sie dann die Geistergeschichte noch einmal und heulte dabei, daß sie sterben müsse, weil sie ein Gespenst gesehen habe.

Eugen und seine Mutter vereinbarten, es dem Vater zu sagen. Als dieser mittags heimkam, er kannte solche Sachen aus den Erzählungen seiner Erbförster-Vorfahren her, hatte aber selber nie etwas erlebt und glaubte nicht daran.

„Einbildungen", sagte er zur weinenden Nanndl und zur Mutter, „kannst ja den Pfarrer fragen".

Der Pfarrer, ein alter, welterfahrener Mann, ließ die Nanndl kommen und fragte sie allein. „Lügen tut sie nicht, Frau Oberförster", sagte er dann zu ihr, „aber in den Entwicklungsjahren ist die Nanni und da gibt's oft so allerlei Sinnestäuschungen. Probieren Sie es morgen mit ihr; wenn Sie mitgehen und die Schwester und der Dienstherr und das „Etwas" kommt wieder am hellen Vormittag, dann will sie „es" ansprechen, sie hat es mir versprochen".

Die Förstersfrau war damit einverstanden. Der Bauer mit seinem Gespann und die Nanndl mit der Viehherde zogen am nächsten Tag frühzeitig zur Stelle, die zu Fuß eine halbe Stunde entfernt lag, die Försterin mit der Köchin Marie folgten ihr. Eugen und seine Schwester sollten später nachkommen.

Als sie die geheimnisvolle Stelle erreicht hatten, stand schon alles beisammen am Straßenrand und die Nanndl heulte nicht mehr, sondern lachte und jubelte, daß sie in den Himmel komme. Als sie erfuhren, daß auch die Försterin und Marie schon zu spät gekommen waren. Der Dienstherr von Nanndl erzählte dann, daß sie und er kaum an das Feld angelangt waren, zu ihm gesagt habe, „Sie sei schon da und heute lächle sie so freundlich, daß sie, die Nanndl, sich gar nicht mehr fürchte, und die Nanndl sei auch gleich auf die Waldspitze hin und habe um ihren Bauern gar nicht mehr umgeschaut, der habe sie dann etwas kurzes sagen hören und dann sei sie zurückgelaufen voll Freude, gerade als die Mutter mit der Schwester gekommen sei."

So erzählte der Dienstherr und die Nanndl fügte noch bei, daß sie das „Fräulein" mit dem Spruch:

„Alle guten Geister loben den Herrn", angesprochen habe, wie es der Herr Pfarrer gesagt hatte, daß das „Fräulein" sie aber habe gar nicht ausreden lassen, sondern mit einer leisen und doch vernehmlichen Stimme gesagt habe: „Als hier noch die Straße vorbeiführte, wurde ich hier ermordet und begraben. Ich bedarf noch der Hilfe. Laß Messen für mich lesen und sammle dafür bei guten Leuten. Ich werde dann auch Dir den Himmel erbitten." Danach verschwand das Fräulein.

Still standen sie im Kreis und Eugen traute sich seinen ersten Wunsch nicht äußern: „Gleich aufgraben und sehen, ob Totengebeine da sind", er ist bis heute nicht erfüllt.

Das Geld war rasch beisammen, die Messen wurden gelesen, nie hörte man mehr etwas von dieser Geschichte. Die Nanndl hütete ohne Widerrede auf die Stoppelfelder und kein nächtlicher Reisender berichtet seitdem mehr über ein loderndes Feuer am Waldesrand.

Das Nachspiel

Ein paar Tage später! Es war ein sog. Kellerabend und damals durften die Studentlein mit den Vätern ausgehen. Den ganzen Abend wurde über das „Fräulein" gesprochen und das Trinken nicht vergessen. In dieser lustigen Gesellschaft spürte Eugen nichts mehr, als es ihm einst kalt über den Rücken lief, wie er die Geistergeschichte hörte. „Alles Einbildungen", sagte er, als einige meinten, „es ist noch nicht alles aus, zum Danksagen kommt das Fräulein noch und zeigt sich im schlohweißen Kleid als erlöst".

„Wenn sie so fein sich herausmacht", witzelte einer, „darf sie zu mir kommen". „Zu mir auch", entfuhr es Eugen, schon bereute er es wieder.

An diesem Abend ging auch sein Vater später heim als sonst. Im Hausflur trennten sich ihre Wege, denn der Vater schlief mit der Familie im Erdgeschoß, Eugen alleine im 1. Stockwerk. Er stieg die Treppe hinauf, die oben mit einem scharfen Eck endete. Um das Eck herum fiel der Blick schon auf die große Standuhr des oberen Ganges. Volles Mondlicht erhellte noch mehr die ohnehin nur dämmerige Sommernacht. Da schlug die Uhr zwölf, Mitternacht!

Seine Einladung an das Geisterfräulein fiel ihm wieder ein und - horch! Ein dumpfer Schlag von der Bodenstiege her, wo diese ebenfalls im Eck herum zur Bodentür führte und noch einer und noch einer, dann war alles still.

Wie Blitze zuckte es durch sein Gehirn, wie Feuer strömte sein Blut zum wild schlagenden Herzen: „Sie kommt, sie ist's!"

Auf, fort - mit zwei Sätzen war er an der Tür seines Zimmers. Der brennende Leuchter fiel ihm aus der Hand, das Licht erlosch, er war im Zimmer und verriegelte die Tür. Alles war still, die Portraits der Großeltern im Hochzeitsschmuck längst vergangener Tage schauten im Mondlicht auf ihn nieder, wie ein leises Lächeln huschte es um Großvaters noch bartlosen Mund.

Eugen horchte, mit unwiderstehlicher Gewalt zwang er sich zu horchen, er entriegelte die Tür, er öffnete sie leise, um besser horchen zu können, angestrengt lauschte er auf den Gang hinaus gegen die Bodenstiege zu, nichts rührte sich, nur die Standuhr ging ihren gleichmäßigen Gang.

Da wieder der dumpfe Schlag, einmal, zweimal, dreimal - was? viermal, fünfmal! Und dann war es wieder still!

Eugen richtete sich auf, „fünfmal, das ist kein Spuk, ein Geist klopft nicht fünfmal!" dachte er sich. Mit einem Mal wurde er mutig, zündete das Licht an und ging langsam zur Bodenstiege, die drei Stufen des Antrittes hinauf, wo am Eck die große Mehltruhe stand. Da - wieder der dumpfe Schlag in der Truhe. „Da war kein Gespenst" jubelte es in ihm, er riß den Deckel auf und heraus sprang und flüchtete eine - Maus!

Die wilde Geisterjagd bei Chameregg

Der Igelhaut von Hof, der Bergmann von Chameregg, ein Häusler von Ödenturm und der alte Bierlmetzgerfranz sind einmal am Andreasnachmittag beim Bräu in Chammünster beisammengesessen. Draußen war es so bitterkalt, daß man keinen Hund hätte hinausjagen wollen. Gestürmt hat es damals und geschneit, was nur vom Himmel fallen konnte. In der Gaststube war es dagegen pudelwarm und urgemütlich und der gute Trunk löste die Zungen.

Wie immer hatte der Igelhaut mit den alten Geschichten von verbannten Raubrittern und Schloßfrauen zu erzählen angefangen und die anderen drei wußten viel von Pferdedieben und Schwärzern, von Schatzgräbern und Hexen zu berichten, daß es darüber stockfinstere Nacht geworden war. Das jüngere Volk in der Gaststube legte die Karten beiseite und hörte nur noch auf die geheimnisvollen Reden der vier Alten. Mancher halbwüchsige Bursch hatte dabei eine Gänsehaut auf seinem Nacken verspürt und die Kucheldirn (Bedienung) vom Bräu schrie einmal hellauf, als der Bierlfranz sein schauriges Erlebnis mit den

Aufhockern vom Galgenberg zum Besten gab. Es waren ihrer damals gerade die Richtigen zu einem solchen Gespräch beisammen.

Unter den Zuhörern befand sich auch ein Ochsenknecht von Wölsting. Der war baumfest in die Kucheldirn verliebt und es wurmte ihn gewaltig, daß sie ihm heute kein Gehör widmete. Auch sonst schenkte ihm niemand Beachtung, weil alles auf die vier Erzähler horchte. Jetzt hatte der Ochsenknecht voll Zorn einen Krug Bier um den anderen geleert, bis er sinnlos betrunken war. Dann rumpelte er plötzlich auf, hatte mit der Faust über den rotbuchenen Tisch eingehauen und gotteslästerlich aufgetrumpft, daß alles erstunken und erlogen sei, was die Männer da erzählen.

„Wenn's was gibt", schrie er wutschnaubend, „dann soll es nur kommen, heut'. Mit dem da" - er zog ein langes, griffestes Messer - „will ich die Blutzigeuner kitzeln, bis es ihnen die Augen verdreht."

Die blutrünstige Drohung war kaum ausgesprochen, da fuhr ein kalter Windstoß durch den Rauchfang zur Ofentüre heraus und löschte mit einem Schlag die Flammen der Petroleumlampen, die an der Stubendecke hingen. Als sie der Bräu mit zitternden Händen wieder entfachte, saßen alle bleich und stumm an den Tischen. Der Ochsenknecht war inzwischen schon zur Gaststube hinausgetorkelt und schlug im Hausgang ein Gelächter an, das den Zurückgebliebenen durch Mark und Knochen ging. Niemand hätte jetzt, so kurz vor Mitternacht, in der Haut des Ochsenknechtes stecken mögen. Die Andreasnacht ist ja zugleich eine Losnacht, die alle Geister entfesselt und ausspeit, um sie auf späte Heimkehrer

Der sagenumwobene „Öden" oder „Eulenturm" bei Chameregg (Kreis Cham).

und hartgesottene Sünder loszulassen. Da hätte der prahlsüchtige Knecht wohl bedenken müssen, ehe er sich zu einem solchen Frevel gehen ließ.

Am Straßenrand, vor der Ortschaft Chameregg, steht heute noch ein altes, moosgraues Feldkreuz. Links unten, in den Wiesen, rauscht der Regenfluß vorbei und rechts oben blickt der Ödenturm voll düsterer Trauer in das weite Land hinaus. Bis zu diesem Feldkreuz war der Ochsenknecht in derselben Nacht ohne Schaden gekommen. Auf einmal, - die Turmuhren zu Chammünster verkündeten eben die Mitternachtsstunde, - schlug ihm eine unsichtbare Faust das Messer aus der Hand, stieß ihn unsanft zu Boden und riß ihn beim Kragen wieder hoch. Im nächsten Augenblick saß ihm der Unsichtbare auf dem Rücken und trieb ihn mit gellenden „Hei - Hei"-Rufen zum Laufen an. Der erschrockene Ochsenknecht, dem aller Rausch und Übermut verflogen war, setzte sich grimmig zur Wehr. Es half aber kein Aufbäumen und erst recht kein Fluchen. Der Aufhocker preßte seine Krallen nur noch fester in das Wams des Frevlers und hauchte ihm seinen glühenden, stinkenden Atem immer heftiger ins Genick. So mußte der Ochsenknecht weiter und weiter laufen, bis er jämmerlich keuchte und schwitzte und bis ihm der Schaum vor dem Mund stand.

Mittlerweile hatte sich der Wind zum Sturm entwickelt. Ringsum war ein Klagen und Winseln, dann ein greuliches Lachen und Toben zu vernehmen, daß einem vor Schrecken das Blut in den Adern stocken könnte. Jetzt brauste in den Lüften die „Wilde Jagd", das Heer der verbannten Geister, heran und nahm den Ochsenknecht mitsamt seinem unbarmherzigen Reiter in die Mitte. An der Spitze der tollen Jagd ritt der „wilde Heinz" von Schwarzwihrberg auf seinem feurigen Hengst. Ihm zur Seite jagte der Tod auf einer klapperdürren Schindermähre und spielte mit den knöchernen Händen die Fiedel. Den beiden Anführern folgten die Geister der Raubritter und Bauernschinder, der Wildschützen und Ehebrecher. Es folgten ihnen sodann die Hexen und Hoi-Hoi-Männer, die Waldschratzeln und Holzweiblein, Fledermäuse und kohlschwarze Raben begleiteten den nächtlichen Spuk. Dreimal zogen die Unholde unter widerlichem Gejohle und unter Blitz und Donner um den Ödenturm. Dann ging es in rasender Eile über Wälder und Schluchten hinweg, von Berg zu Tal, von Burg zu Burg. Aus allen Ruinen und Friedhöfen erhielten die wilden Reiter Verstärkung. Es gab im Umkreis noch viele, die eine Schuld durch solche Umritte abzubüßen hatten.

Hoimänner

Erst dann durften sie auf Seelenfrieden und Ruhe in den Gräbern hoffen.

Eine Stunde nach Mitternacht war es endlich wieder ruhig geworden. Der Ochsenknecht hatte als einziger Mensch den tollen Ritt bis zu seinem Ende mitmachen müssen. Über dem Fuchsbühl bei Schlondorf ließen ihn die Geister mürrisch los. Dort hat ihn ein Bauer in den ersten Morgenstunden, arg zerbeult und halb erfroren, aufgefunden. Sein Haar war über Nacht schneeweiß geworden.

Nachher hat man den Knecht nach Hause gebracht und sich gewundert, daß er das Unglück überstehen konnte. Da ist man endlich dahintergekommen, daß ihm seine Mutter ein kleines Säckchen mit neunerlei Kraut zum Schutz gegen die Geister zwischen Jackenstoff und Futter genäht hatte. Das war sein Glück gewesen, sonst hätten ihn die Unholde radiputz umgebracht. Als man das Säckchen öffnete fielen Blätter, Beeren oder Blüten von Felberstauden, Kranwitt, Haselnuß, Zittergras, Arnika, Bierblätterklee, Gänseblümchen, Johanniskraut und Thymian heraus...

Der geschmückte Sarg

Es war in einer regnerischen, stürmischen Novembernacht! Der alte Fischer Feldmeier in Hängersbach hatte sich müde zur Ruhe begeben. Er mußte neben der Fischerei auch das Geschäft des Übersetzens über den Regenfluß versehen. Um Mitternacht schrak er plötzlich aus dem Schlaf auf. Deutlich hörte er dreimal den Ruf: „Überfahren!" Mißmutig stand er auf, kleidete sich an und schritt fröstelnd hinab ans Ufer. In altgewohnter Weise schob er den Kahn hinüber auf die Steflinger Seite. Wolkenfetzen trieben am fahlen Nachthimmel dahin. Der Kahn näherte sich dem Ufer. Da fuhr der alte Mann zusammen. Die Haare standen ihm zu Berge und eiskalte Schauer liefen ihm über den gebeugten Rücken. Draußen stand ein schwarzer, mit Kränzen geschmückter Sarg. Brennende Kerzen beleuchteten ihn. Sonst war weithin niemand zu sehen. Mit zitternden Händen führte er den Kahn zurück über den Regen und wankte hinauf zum Fischerhäuschen. Er legte sich schwerkrank zu Bett und starb nach drei Tagen.

Zwei geheimnisvolle, kugelförmige Lichter bei der Rohrbacher Brücke

Es gibt Ereignisse, die wir nicht klären können und in mancher Familie gibt es Erlebnisse dieser Art.

Zwei Geschwister erlebten um 1870 etwas, worüber sie noch nach bald 50 Jahren sprachen und keine Erklärung fanden.

Ihr Großonkel und ihre Großtante, damals noch junge Leute in den Zwanzigern, aus Traidendorf an der Vils stammend, waren in Schmidmühlen auf dem Jahrmarkt gewesen. Sie hatten zu Hause einen Laden und fuhren Stoffe mit ihrem Pferd auf die umliegenden Märkte. Dabei kamen sie oft spät nachts heim. Sie waren weder ängstlich noch abergläubisch und es war ihnen auch noch nie etwas Geheimnisvolles begegnet.

Sie näherten sich der Rohrbacher Bücke, da sahen sie schon von Weitem zwei kugelförmige Lichter näherkommen. Beide dachten sich und sagten gleichzeitig: „Da kommt die Baronkutsche (von Baron Tänzl-Tratzberg auf Dietldorf), da müssen wir ausweichen." Sie taten das auch. Die Lichter kamen näher und näher - aber ohne die erwartete Kutsche - und rollten vor ihnen als zwei feurige Kugeln in die Vils.

Jetzt bekamen die Geschwister aber doch Herzklopfen... Seltsam war noch die Tatsache, daß gegenüber, ein paar Schritte in der gleichen Richtung, drei halbversunkene Steinkreuze stehen. Sie sollen an die Burggrafen von Hohenburg erinnern, die auch in Rohrbach eine Nebenburg besaßen und 1257 in Apulien in einem Turm verhungern mußten.

Die Geschwister waren sehr froh, als sie ohne weitere sonderbare Erlebnisse glücklich zu Hause ankamen. Sie fuhren noch einige Jahre, auch Nachts, erlebten aber Derartiges nicht mehr.

Die drei Steinkreuze bei Rohrbach an der Vils.

Der geisterhafte Unfall bei der Rohrbacher Brücke

Ein ganz anderes Erlebnis hatten am gleichen Platz zwei Schulfreundinnen um 1860. Diese machten einen Krankenbesuch in Hohenburg bei ihrer schwer erkrankten Tante. Abends fuhren sie wieder heim.
Bei der Rohrbacher Brücke, beim schwachen Schein der Weglaterne, sahen beide deutlich, wie eine alte Frau in die Kutsche lief und zusammengefahren wurde.
Schreiend sprangen sie vom Wagen. Der Kutscher hatte zwar nichts gesehen und nichts gemerkt, aber er tat den beiden Aufgeregten den Gefallen und suchte mit der Laterne nach der „Verunglückten", die nirgends zu finden war. Die Mädchen konnten sich gar nicht beruhigen, denn sie hatten beide die Frau gesehen. Es soll die Frau des Posthalters gewesen sein. Zur gleichen Stunde starb in Hohenburg ihre kranke Tante.

Das unheimliche Haus in der Oberen Nabburger Straße in Amberg

Es passierte in Amberg, in der alten, mauerumgürteten Stadt, die so dicht umkränzt ist von einer Allee herrlicher, großer Bäume. Eine Amberger Familie befand sich gegen Ende des 19. Jahrhunderts in Wohnungsnot. Sie mußte ausziehen und fand vor den Stadttoren nichts Passendes. Sie wollten so gern eine Wohnung mit Garten. Weil sie es so gewohnt waren und sie sich nicht unbedingt nach einer Wohnung innerhalb der engen Stadtmauern sehnten. Aber sie suchten vergebens. Endlich wurde ihnen eine ziemlich große Wohnung mit Garten angeboten. Sie befand sich in der Altstadt, in der Oberen Nabburger Straße.
Der Familie blieb keine andere Wahl, sie mietete die Wohnung und zog ein, obwohl es über dieses Haus eigenartige Gerüchte gab. Man munkelte so allerlei, man erzählte sich da und dort, es spuke in dem alten, etwas düsteren Gebäude, es gehe um, es sei von Gespenstern bewohnt. Große, schwere Steine würden manchmal die Speichertreppe herabgeworfen und allerlei seltsame Wahrnehmungen seien gemacht worden.
Ein wenig unheimlich konnte es einem schon manchmal vorkommen in dem düsteren Hausflur, in dem stillen Garten, der von einer hohen, dicken Mauer umgeben war. Tiefe Nischen befanden sich in dieser Mauer und dunkle alte Bäume warfen ihre Schatten über die Bohnenhecken und Blumenbeete, so daß es dort früher dunkel wurde, als in den freigelegten Gärten vor der Stadt. Eine fast klösterliche Atmosphäre schwebte über dem Ganzen und man fühlte sich immer etwas bedrückt an den Sommerabenden, wenn die Dunkelheit hereinbrach und den Garten in ihren Mantel hüllte.
Die Besitzerin des Hauses, eine etwas kränkliche Witwe, führte mit ihren zwei Töchtern ein sehr zurückgezogenes Leben. Daher galt dieses Haus als sehr ruhig. Was der Familie von den großen Steinen erzählt worden war, erwies sich nicht ganz als Fabel; von Zeit zu Zeit lagen manchmal Morgens vor der Speichertüre wirklich Steine, ziemlich schwere Dinger -

meistens zerbrochene Backsteine, die auf unerklärliche Weise dahin geworfen sein mußten. Hätte eine Horde Lausbuben da gehaust, man würde einen Streich vermutet haben. Neben der Familie auf demselben Gang wohnte eine Dame mit ihren zwei erwachsenen Söhnen; sie war ebenfalls Witwe, war etwas sonderbar und zeitweise menschenscheu, so daß sie nur hinter das hohe Abschlußgitter verschanzt, gleichsam wie in einem Festungsbau, mit der übrigen Welt verkehrte.

Die Einteilung dieser Wohnung war eigenartig. Ein sehr großer Raum mit vielen Fenstern wurde zum Salon eingerichtet. Früher diente er wohl als Tanzsaal; das Gebäude war einst eine Gastwirtschaft. Dann gab es noch einige kleinere Räume, die als Schlafzimmer benutzt wurden.

Die drei Töchter der Familie mußten in einem sehr engen Raum neben dem Schlafzimmer der Eltern schlafen. Die Mädchen nannten dieses Boudoir immer nur die „Keuche", weil es so finster und ungemütlich war. Demungeachtet schliefen sie ziemlich gut in dieser Dunkelkammer, bis eines Nachts die süße Ruhe gestört wurde. Gestört und unterbrochen durch ein unheimliches, schauererregendes Geräusch. Es war um Mitternacht. Plötzlich wachten sie alle drei zugleich auf; ein schwerer Körper schien gegen die Tür zu fallen, sich dagegen zu stemmen oder dagegen geworfen zu werden. Dazwischen ein Scharren und Kratzen, wie von einem großen Hund herrührend, der mit Gewalt herein wollte.

Das Ganze dauerte nur ein paar Minuten, aber in seiner Wirkung so lähmend, daß den drei Mädchen der Atem stockte und das Herz erzitterte. Sie erwarteten jeden Moment eine Katastrophe, fanden aber nicht den Mut zu irgendeiner Aktion. Wenigstens die beiden jüngeren Schwestern nicht. Die ältere faßte sich einigermaßen und fand den Mut, nach einem Pantoffel zu greifen, um ihn dem eventuellen Einbrecher oder Gespenst an den Kopf zu werfen.

Doch der Spuk verschwand so schnell, wie er gekommen war. Die Ursache konnte nie ergründet werden. Große Hunde waren nicht im Haus. Die Haustüre wurde pünktlich jeden Abend um 19 Uhr zugeschlossen. Und hätte sich wirklich ein Mensch eingeschlichen, so wäre er wohl kaum imstande gewesen, sich so spurlos zu entfernen. Und außerdem - was für einen Sinn hätte diese Ruhestörung gehabt? Der Vorgang blieb unerklärlich. Erzählt wurde der Familie später, daß in derselben Kammer vor vielen Jahren um Mitternacht der damalige Besitzer, Gastwirt M. („Zur Goldenen Gans" hieß das Haus zu jener Zeit), erstochen worden sei. Erstochen - ermordet bei einer Schlägerei! Lange wohnte die Familie nicht mehr in diesem unheimlichen Haus, denn es fand einen Käufer, der es innen total umbauen ließ. Mit dieser Veränderung verschwand auch der Spuk, denn man hat seitdem nichts mehr davon gehört. (Heute Dresdner Bank)

Kochen ohne Feuer in Thundorf

In Thundorf bei Neumarkt wohnte im 19. Jahrhundert eine seltsame alte Frau. Sie lebte allein in ihrem Häuschen und hatte wahrscheinlich keine Verwandten, weil sich niemand um sie kümmerte. Nur die Dorfkinder kamen in die Wohnung der Frau. Und sie erzählten dann eine seltsame Geschichte, was sie alles gesehen hatten. Die Frau hatte in der Stube einen Herd, aber sie schürte nie ein. Mittags stellte sie einen leeren Topf auf die Ofenplatte, rührte mit dem Kochlöffel drin um und redete halblaut vor sich hin. Bald roch es wunderbar im Stübchen und das Essen war auch schon fertig. Wie's aber dabei genau zuging, keines der Kinder konnte darüber eine Auskunft geben. Später zog die Frau fort nach Möning ins Altersheim. Auch da haben sich die Schwestern über die Frau gewundert und nach ihrem Tod haben sie alles durchgesucht um das Geheimnis zu lüften. Aber sie haben nichts entdecken können.

Die arme Seele im Rauchfang

Der Hirschmeier hatte Anfang der 1950er Jahre noch ein altertümliches Haus. Sogar die „schwarze Küche" mit dem Herd und dem Dreifuß drauf, von dem man am hellichten Tag die Sterne am Himmel durch den hohen Rauchfang sehen konnte, war damals noch erhalten. Ja, wenn halt das Bauen nicht gar so teuer käme! Er tröstete sich aber: „Sie wird mir schon noch aushalten, die alte Hütten, ist sie meinem Vater und dem Ähnl, Gott laß sie selig ruhen, gut genug gewesen, kann sie mir auch gut genug sein!"

So rückständig wie ihre Behausung war auch die Denkweise der beiden. Sie glaubten an alle möglichen Sympathien und Geister und sahen selbst am hellichten Tag in jedem finsteren Winkel Gespenster, oder, wie sie sagten, „Weihitzen!"

Das ereignete sich in der Zeit zwischen Weihnachten und den heiligen drei Königen, in einer dieser sog. „Rauhnächte", in der das Nachtgejaide herumfährt, daß die Hirschmeierin durch ein Gepolter und ein Klappern geweckt wurde, das aus dem Innersten des Hauses, der schwarzen Küche kam. Sie fuhr jäh auf. „Jäßmarantjosäffe, in der Kucha draußten weizt's! Michl, steh auf, reigiern tut es draußen! Einen Rumpler hat's tan, wie wenn der Leibhaftige durch'n Rauchfang 'runtergfahrn wär!"

Der Bauer tappte im Finstern dem schwarzen Raum zu und seine Frau schlich hinterdrein. Ihr klapperten die Zähne, sie wußte selber nicht, ob vor Kälte oder vor Angst. Auf dem Herd glühten noch Kohlen unter der Asche; der Hirschmeier steckte einen der bereitliegenden Späne hinein und blies in die Glut. Als er dann mit dem Span herumleuchtete, sah er etwas wie einen großen, schwarzen Hund im Winkel hocken. Das mußte der Teufel sein oder ein anderer böser Geist!

Der Hirschmeier faßte sich jedoch bald und er wußte, was er in einem solchen Fall zu tun hatte. Dennoch kam seine Beschwörung nur stotternd heraus:

„Alle - alle gu-guten Geister - loben Gott den Herrn. Sa - sag an, wa-wa-was ist Dein Begehrn?"

„Draußt war i gern!" brüllte da die Gestalt in der Ecke. Dabei sprang sie auf, schlug dem Bauer den Kienspan aus der Hand - und war mit einem Satz draußen.

„O Du mein rotguldies Herrgottel, das ist ganz gewiß eine arme Seel gewesen!" sagte die tiefgerührte Frau voll Schauder ganz leise.

Und der Mann setzte hinzu: „Ich glaub, das war die arme Seele des alten Berschusters, der ehedem einmal aus diesem Haus hinausgestorben ist; er war ja mit lauter Leisten behängt gewesen!"

Als jedoch die Hirschmeierin am nächsten Sonntag ein Trumm Geselchtes ins Kraut tun wollte, da waren die Stangen im Rauchfang leer. Nun wußten die guten Leute, was für einer armen Seele sie zur Erlösung verholfen hatten!

Das grüne Gespenst in der Naab

Bei der Wegkapelle im Weihertal soll es umgeh'n. Die Leute flüstern sich darüber allerlei zu. Der Fischerbauer ging zu jeder Tag- und Nachtzeit daran vorbei, er sah und hörte nie etwas Ungewöhnliches. Darum lachte er nur über all das Gerede und nannte es Tratsch.

Sein Lieblingsplatz nach Feierabend war die Sitzbank an der Kapelle. Da schaute er talauf- und abwärts, der Naab entlang und freute sich des schönen Heimattales. Nachdenklich sann er in alte Zeiten zurück. Hier ging eine Furt durch die Naab, kerzengerade gegenüber liegt ein Gräberfeld. 60 Skelette wurden da freigelegt, Vorgeschichtler stellten fest, daß es sich um Merowinger handelte. Was mag da schon durchgezogen sein - so in Gedanken versunken wanderte er die paar Schritte zum Fluß und wollte am Wiesenrand entlang seinem Hof zugehen. Da - was sah er, was schwamm in der Naab für ein merkwürdiges Wesen? Es hatte Menschengestalt, aber Gesicht, Haare, Hände und Füße waren grün wie ein Frosch - es war keine Sinnestäuschung, er träumte nicht, es war noch hellichter Tag. Er, der aufgeklärte Mann stand vor einem unheimlichen Rätsel. Beherzt schaute er das eigenartige Wesen nochmals an, in aller Ruhe. Stumm und verängstigt schaute dieses zum Fischerbauer auf und schwamm weiter.

Um eine Erfahrung reicher machte der baumstarke Mann kehrt und landete bei seiner Frau in der Küche, die dort das Abendbrot zubereitete. „Weib - jetzt glaub ich's, daß es beim Marterl nicht geheuer ist, ich hab' nun selber was erlebt." „Geh' zu" meinte seine Frau „mit solchen Faxen, ich laß mir von Dir nichts aufbinden." Der Bauer erzählte ihr alles und die Bäuerin meinte: „Geh' mit so närrischem Zeug, Du siehst wohl nimmer g'scheit, erzähl nur keinem Menschen davon, sonst lachen Dich die Leut' aus. Ruf lieber die Knechte, Mägde und Kinder zum Essen, g'rad ist alles fertig."

Der Mann tat es und bald kam alles zu Tisch. Die Buben recht scheu und verstört, wie der Vater. Nun ging nur noch der Hütbub Heiner ab. Wo bleibt denn der, fragte die Mutter, wollte sich wohl wieder um's Tischgebet drücken und schrie nach ihm.

Die Buben taten es auch, sie kamen aber wieder ohne ihn. Das Essen begann. Obwohl es die Leibspeise der Buben gab, würgten diese an ihrem Teil und brachten kaum etwas hinunter. „Wo bleibt nur der Heiner", meinte die Bäuerin nochmals. Die Buben wurden rot bis hinter die Ohren und es gab kein Entrinnen vor dem Blick der Mutter. Ernst fragte nun diese, was los sei. „Ihr wißt es, das lese ich Euch vom Gesicht herunter."

„Mutter, ich sag Dir's", meldete sich der Jüngste, „aber ganz alleine und draußen."

Als die Mutter hereinkam rief sie ihren Missetätern zu: „Jetzt schnell, holt das grüne Ungeheuer aus dem Wasser, sputet euch!" Die Buben liefen und als sie draußen waren, erzählte sie, was vorgefallen war.

Der Schreiner Andres hatte die Fensterläden frisch gestrichen und den Farbenrest stehen gelassen. Die Fischerbuben hatten in ihrem Übermut nichts Eiligeres zu tun, als dem gutmütigen Heiner Haare, Gesicht, Hände und Füße damit grün zu bestreichen. Als nun die Farbe nicht wegging schickten sie den Heiner ins Wasser, hoffend, das milde Naabwasser möchte aufweichen.

Nun hatte sich die Spukgeschichte rasch geklärt und der Bauer war froh, daß er sein Erlebnis nur seiner Frau erzählt hatte.

Geduld, Terpentinöl und mildes Seifenwasser erlösten den armen Heiner allmählich wieder von seinem froschähnlichen Aussehen.

HEXENGESCHICHTEN

Hexenglaube und die letzten Hexenprozesse in der Oberpfalz

Wenn in der Geschichte der Zeiten und Völker ein Jahrhundert oft nicht mehr bedeutet als ein Jahr im Leben des Einzelnen, so haben wir in den letzten zwei Jahrhunderten nicht nur in Technik und Wissenschaft, sondern auch in den tief wurzelnden Anschauungen des Volkes einen ungeheuren Fortschritt gemacht (in der Umweltverschmutzung dagegen steuern wir einer Katastrophe zu?).

Wer in alten Chroniken und Akten kramt, trifft dort im Leben unserer Vorfahren auf Anschauungen und Sitten, die uns heute schier unbegreiflich erscheinen. Ein besonderes Kapitel bildet die Gerichtsbarkeit des Mittelalters. Es hat eine Zeit gegeben, da man mit dem Ernst eines Staatsanwalts des 20. Jahrhunderts über einen Engerling zu Gericht saß und ihn zum Tode verurteilte und in der man Krankheiten und Seuchen auf den Zauber böser Menschen zurückführte und diese als Hexen auf öffentlichen Plätzen verbrannte. Spuren aus jener Zeit finden sich nicht nur in den Folterkammern der Museen und Archive, sondern auch in den abergläubischen Geschichten, die da und dort unter dem Landvolk der abgeschiedenen Gegenden heute noch geheimnisvoll die Runde machen.

„So a Hex!" ist heute höchstens ein Schimpfwort, oft sogar ein lustiger Kosenamen für kleine und große Mädchen, manche Frauen bezeichnen sich heute noch als Hexen?

Vor 300 bis 400 Jahren aber hing an diesem Wort Kerker, grausame Marter und der Tod auf dem Scheiterhaufen. Ein eigenes Gesetz- und Fragebuch, der sog. Hexenhammer, erschien 1487 bis 1669 in 28 Auflagen! Es sträuben sich einem die Haare, welcher Unsinn von den armen, unschuldigen Angeklagten unter entsetzlichen Foltern erpreßt wurde.

Der Hexenhammer von 1487 erklärte nicht nur alle umlaufenden Phantastereien über Teufelsbündnisse zu unumstößlichen Tatsachen, er legte auch die Mittel zur Verfolgung Verdächtiger ausführlich dar und erklärte die Bekämpfung dieser teuflischen Rotten zur vordringlichen Aufgabe des Staates. Die weltlichen Obrigkeiten und ihre juristischen Berater nahmen bereitwillig und mit tödlichem Ernst diese Pflicht wahr. Soweit Unwissenheit gegenüber seltsamen, unbegreiflichen Naturerscheinungen der Anlaß von Verdächtigungen waren, könnte man noch Verständnis haben. Das plötzliche Überhandnehmen von Wölfen z. B. war nicht anders zu erklären, als durch das teuflische Wirken böser Menschen. Die gewissenhafte Obrigkeit aber ging begierig den Verdachtsmomenten nach und die Folter brachte Klarheit und neue Verdächtige. Alles lief nach Recht und Gesetz ab, nur waren die Gesetze dementsprechend. Dabei spielte leider auch Rache und Geldgier bei den Richtern eine unheilvolle Rolle. Als z. B. in Trier die Gebühren für die Richter arg gekürzt wurden, endete die Hexenverbrennerei.

Es gab kaum eine deutsche Stadt, in der keine Scheiterhaufen loderten. Kulmbach gilt bislang als einzige Ausnahme in dieser verblendeten Zeit. In Amberg ist für die kurpfälzische Epoche ebenfalls kein Hexenprozeß nachzuweisen. Die pfälzischen Kurfürsten wahrten auf diesem Gebiet viel Sachlichkeit, der gute Einfluß des kalvinischen Arztes Dr. Johann Weiher aus Kleve ist hier anzunehmen.

Johann Weiher hat als erster in Deutschland den Wahnsinn des Hexenglaubens 1563 in einer aufsehenerregenden Schrift angeprangert. Er erfuhr schroffe Ablehnung und wütende Kritik in vielen Ländern und nahezu von der gesamten hexenwahnbesessenen Juristen- und Theologenzunft. Doch erlebte er auch begeisterte Zustimmung und Anerkennung einzelner Ärzte, Juristen und Geistlicher. Allgemein wurde man nachdenklicher und die Kritik an den unmenschlichen Verfolgungen riß nicht mehr ab. Das Buch „Cautio criminalis" des dichterisch begnaden Jesuitenpaters von Spee fand 1631 überall mehr Verständnis.

Im 17. Jahrhundert genügte der bloße Verdacht, mit dem Teufel verbündet zu sein, die geringste diesbezügliche Denunziation eines Nachbarn und auch ein Appell an die Vernunft half nichts, man wurde solange gequält und gefoltert, bis man, zum Wahnsinn getrieben, das „Geständnis" machte, auf einem Besenstiel durch die Luft geritten zu sein, dem Herrn Amtmann das Podogra angetan und seiner Frau das Hirn verrückt gemacht zu haben und dergleichen Verbrechen mehr.

Aber nicht bloß arme Hirten, alte Frauen, diebische Mägde wurden das Opfer der Hexenprozesse, auch angesehene Bürger und Bauern, Beamte und deren Töchter wurden als Hexen auf dem Scheiterhaufen verbrannt. Einer vorsichtigen Schätzung nach wurden in etwa 300 Jahren 4 1/2 Millionen Menschen, meist Frauen, verbrannt, in Deutschland die letzte 1775.

Historisch nachweisbar sind Hexenprozesse in Kallmünz 1563; Hochdorf 1568; Regensburg 1595; Amberg 1655, 1712; Regenstauf 1686, 1689; und Burglengenfeld 1613, 1685, 1686, 1717, 1719, 1743; Hemau 1617 und 1637; Geisling bei Pfaffer 1689, 1692 und Velburg 1700.

Die letzten Hexenhinrichtungen im heutigen Bayern fanden 1749 in Würzburg, 1756 in Landshut und 1775 in der Fürstabtei Kempten statt. Der letzte Scheiterhaufen in Deutschland loderte 1793 in Posen auf, weil sie entzündete Augen hatte und das Vieh der Nachbarn ständig krank war. In Mexiko aber hat man noch 1888 eine „Hexe" in aller Form verbrannt.

Die gesetzliche Aufhebung der Folter erfolgte in Bayern 1806, das Verbrechen der Hexerei und Zauberei verschwand aus dem bayerischen Strafgesetzbuch erst 1813.

Gab oder gibt es wirklich Hexen? Die übliche Vorstellung, ein häßliches, altes Weib, das auf einem Besenstiel zum Schlot hinausfährt, vielleicht zur Walburgisnacht auf dem Brocken (einem Berg im Harz) als Gesellin der Teufel, ist natürlich Unsinn. Anlaß zu solchen Erzählungen war neben Haß und Dummheit oft einer der früher häufigen Kaminbrände. So fuhr beispielsweise erst in den 1940er Jahren beim Maderer in Kühnhausen bei Hörmannsdorf während des Sonntagsgottesdienstes „ein feuriger Drach" zum Schlot hin-

ein und verbrannte das Selchfleisch von zwei Schweinen. In diesen Fällen wäre der Kaminkehrer der einzig richtige Teufelsbeschwörer!

Trotzdem aber begegnet man manchmal seltsamen Fällen, in denen Bosheit und satanischer Haß Fluch und Unheil über andere bringen.

Eine Frau in Hohenburg wurde um 1890 furchtbar von „roten Läusen" geplagt. Sie waren in Massen im Haar und an den Händen und ließen sich durch nichts wegbringen und waren nach dem Waschen oder Kämmen wieder so zahlreich wie vorher. Ein Kundiger riet, ein paar dieser Tierchen in ein Papier zu wickeln und in den Rauchfang zu hängen. Schon nach kurzer Zeit kam eine alte Frau mit tränenden Augen und bat flehentlich, die Läuse wieder aus dem Kamin zu nehmen. Darauf war das ganze Übel wie weggeblasen.

Nach Aussage eines Missionspaters soll er in einem Anwesen bei Immenstadt

„Hexenritt" von Goya, die Hexen reiten auf einem Besen, nackt und mit wallenden Haaren.

selbst Anfang der 1950er Jahre diese roten Hexenläuse gesehen und durch kirchliches Gebet beseitigt haben. Täuschung? Fluch? Teufelsspuk?

Immer wieder trifft man in Sagensammlungen Fälle wie diesen: Eine Magd aus der Gegend von Hohenburg trieb eine gute Milchkuh ihres Bauern auf der Straße dahin.

Da kam eine alte Frau, strich lobend über das Euter und von der Stunde an gab die Kuh keine Milch mehr. Altem Glauben nach melkt dann die Hexe die verwünschte Milch daheim aus einem Tuchzipfel.

Ein bekanntes Mittel, die Hexen zu Gesicht zu bekommen, ist der Schemel aus neunerlei Holz, den man in die Christmette mitnimmt und sich während der Kommunion daraufkniet. Soll aber sehr gefährlich sein, denn die verratenen Hexen rächen sich und zerreißen den Frevler, wenn er nicht etwa vor der eiligen Flucht ein Stück Gewand fallen läßt, an dem sie dann ihre Wut auslassen. Ob's wahr ist? Hab's noch nicht probiert.

Das „Mausmädchen", die letzte „Hexe" von Regensburg

Zu einer Zeit, als in der alten Reichsstadt Regensburg viele Hinrichtungen wegen Diebstahl und Räuberei stattfanden, war am 8. März 1594 ein Mädchen inhaftiert worden, sie wurde der Zauberei beschuldigt und zwar sagten ihr die Leute nach, daß es Mäuse und Unwetter machen könne, weshalb sie auch das „Mausmädchen" genannt wurde. Es war dies die Zeit, als Rudolph II. deutscher Kaiser war und die Protestanten im heftigen Kampf um ihre Anerkennung in Regensburg standen.

Das „Mausmädchen" war bereits über ein Jahr im Kerker gesessen, als ihr erst 1595 der Prozeß gemacht wurde, der wohl der letzte Hexenprozeß war, der in Regensburg stattgefunden hat. Das unglückliche Opfer dieses Prozesses hieß Anna Püchelin, ein kleines Mädchen, das körperbehindert und geistig unzurechnungsfähig war. Zu ihrem noch größeren Unglück gehörte sie wahrscheinlich der Sekte der Wiedertäufer an; denn als sie verhört wurde, sagte sie, sie hieße ihrer ersten Taufe nach Anna, nach der zweiten aber Maria Jakobe. Ihre Eltern, so erklärte sie weiterhin, seien lasterhafte Personen gewesen und ihre Mutter hätte die Zauberei betrieben und sie mit drei Blutstropfen dem Teufel geweiht, der dann in sie gefahren sei, so daß sie sich fortan zu allerhand zauberischen Dingen veranlaßt gesehen habe.

Weiter erzählte sie im Kerker, daß sie 21 Jahre alt sei, mit der Mutter und anderen oft zu tanzen angefangen habe, desgleichen mit dem Teufel zu buhlen und in die Häuser und Keller, ja sogar in die Hölle gefahren sei. Sie habe den Leuten allen möglichen Schaden zugefügt durch „Lärmen, Krümmen und Ausdorren, Wettermachen, Gewürme- und Mäusemachen, Wahrsagen, Segensprechen und anderes". Sie sei deswegen auch in Straubing eingesperrt worden, aber dann wurde sie wieder entlassen. Auf diesen sog. „Verbrechen" stand nach der Halsordnung Kaiser Karls IV., Arikel 109, die Todesstrafe durch das Feuer.

Es ist nun interessant zu erfahren, wie man vor rund 400 Jahren dem „Mausmädchen" den Prozeß machte. Was zuerst geschah, war folgendes: Der Magistrat forderte die

Rechtsgelehrten Dr. Diemen, Dr. Püchelmeyer und Dr. Stemper auf, ein Gutachten zu erstellen. Die Herren Doktoren aber schienen von diesem Auftrag wenig begeistert gewesen zu sein, denn sie beschlossen, zuerst andere urteilen zu lassen und zwar konnte dafür zu damaliger Zeit nur ein Kollegium von Geistlichen in Frage kommen.

Ihren Schritt begründeten sie damit, daß sie sagten, das Mädchen habe durch seine „unmenschlich abscheuliche Taten das crimen sortilegii begangen, wodurch die göttliche Majestät öffentlich beleidigt worden sei. Da jedoch der dolus voluntas (Glaube und Wille des Angeklagten) nicht vollkommen hergestellt sei, solle zuerst ein geistliches Gutachten abgegeben werden über die Fragen: 1., ob besagtes Mägdelein vom Teufel besessen sei und 2., ob es mit sonst eigenem Willen oder aus eigener Kraft obige Missetaten vollbracht habe."

Es sei nämlich, so erklärten die drei Rechtsgelehrten in ihrem Schreiben an den Magistrat weiterhin, die Püchelin vom ersten Augenblick an durch ihre Mutter und dann durch den Teufel zu solchen Missetaten gezwungen worden. Auch gäbe sie manches an, was nach Apostel Lukas 175 nicht sein könne, z. B. daß der Teufel ihr einen schwarzen Zug in das rechte Nasenloch gedrückt habe und daß sie mit dem Teufel in und aus der Hölle gefahren sei. Auch geht aus dem Straubinger Bericht hervor, daß das Mädchen bloß „tollisiere" und nicht wahrsagen konnte, was auch die Regensburger beim Verhör feststellten, die sie für halb tot hielten und beim Ansehen aus ihrem Verhalten merkten, daß sie innere Schmerzen leiden mußte und nichts derartiges hervorbringen konnte.

Ist diese Begründung der Rechtsgelehrten schon kulturpolitisch interessant und ein Beweis dafür, daß die Zeiten sich um das Jahr 1595 bereits zu ändern begannen insofern, als man nicht blind mehr dem Aberglauben von der Zauberei huldigte, sondern bereits eine dem heutigen § 51 der Strafprozeßordnung entsprechende Art von geistiger Unzurechnungsfähigkeit gelten ließ, so war es noch viel mehr das nun folgende geistliche Gutachten, das sogar psychologische Erwägungen vornahm. Dieses Gutachten wurde auf des Rates Anforderung von dem geistlichen Ministerium der Magister und dem Pfarrer Hagenloh mit acht seiner Kollegen erstattet. Diese Theologen beantworteten die erste Frage der Rechtsgelehrten, ob das Mädchen vom Teufel besessen sei, mit Nein, und zwar weil sie nicht zu denen gehöre, die aus Gottes Verhängnis oder unmittelbar vom bösen Geist eingenommen worden sei. Sie sei ohne ihr Vorwissen und Zutun und ohne den nachher eingegangenen Pakt in diesen Zustand gesetzt worden, als sie die Mär auf Befehl der Mutter zur Zauberei aufgenommen habe. Die Theologen erklärten also in Begriff der ersten Frage, sie muß: „Das Mausmägdelein unter dem zauberischen Hexen- und Unholden-Gesindel setzen und bleiben lassen, welche, ob sie wohl arbeitsam sind, doch sich dem Teufel auf lebenslang ergeben haben und manchmal ihr Verstand dadurch verrückt würde, so daß sie dann ohne ihr Zutun handeln." Hinsichtlich der zweiten Frage, ob das Mädchen sonst aus eigenem Willen die ihr zur Last gelegten Vorwürfe tatsächlich begangen hätte, erklärten die Theologen, sie habe nach eigenem Geständnis nach ihrer Mutter Tod und trotz erlittener „Züchtigung" in Straubing fortgefahren, „Zauberei" zu betreiben. „Sie sei ein arbeitsselig und verführtes, aber boshaftes Mensch." „Da die Akten aber an Beweisen gar schwach seyen und solch unbegreiflichen Sachen auf eigenes Bekenntnis nicht immer richtig beurteilt werden könne, da die Fantasie oft dabei im Spiel sey, so werde ein ehrbarer weiser Rat ohne ihre - der Theologen - Annahmen zu handeln wissen." Schließlich versicherten die geistlichen Herren noch, daß sie, wenn sie das Mägdelein selbst sprechen können, vielleicht noch besser urteilen würden. Wenn sie dazu aufgefordert würden, wären sie auch bereit, sich mit Fleiß um ihr Seelenheil zu kümmern.

Man sieht, die Geistlichen waren bemüht, in ihrem Urteil vorsichtig und gerecht zu sein; sie vertraten in ihrem Gutachten für ihre Zeit zweifelsohne einen geradezu „modernen" Standpunkt. Im übrigen waren sie bestrebt, die letzte Verantwortung dem „ehrbaren, weisen Rat" der Stadt zuzuschieben.

Nun hatten wieder die Juristen das Wort. In ihrem Strafgutachten wiesen sie nun vor allem darauf hin, daß sie das Mädchen nochmals verhört hätten und daß es alles widerrufen hätte. Zugleich hatte sie erklärt, daß man sich von ihr an allen Orten gefürchtet habe, daß sie immer wieder aus der Haft entlassen worden sei und deshalb glaubte, auch in Regensburg entlassen zu werden. Die „Kräuter zu Erlähmen und Wettermachen" habe sie bei Wundärzten kennengelernt, mit denen sie im Land herumgezogen sei, meistens mit einer Schneiderin aus Laaber, einer „wahren Unholdin".

Die Rechtsgelehrten Püchelmeyer und Stemper rieten nun dazu, die verhaftete Anna Püchelin nicht zum Feuertod zu verurteilen, ihr aber wegen der vielfältigen Lügen erstens zur Warnung und Besserung „zwey oder drey Reckerle" (Folterzieher) anzutun, und sie dann anschließend an den Pranger zu stellen, durch die Backen zu brennen und auf ewig aus der Stadt zu verweisen. Diesen Rat begründeten die beiden Genannten bemerkenswerterweise damit, daß sie schrieben, die ganze Sache sei noch ungewiß und die Gesetze wollten lieber einen Schuldigen absolvieren, als einen Unschuldigen strafen. Das Mägdelein sei übel berüchtigt und bezichtigt; was sie wirklich getan und gewirkt habe, habe man nach vielen Umfragen im Lande auch nicht erfahren können, so die Rechtsgelehrten.

Der dritte Rechtsgelehrte, Dr. Riemen, schlug vor, das Mädchen entweder auf die Folter zu einem „besseren Geständnis" zu bringen oder es mit geringer Kost und Kleidung im Gefängnis zu halten und von den Geistlichen zu einem besseren Menschen erziehen zu lassen.

Der Rat beschloß auf diese Gutachten hin, daß das Mausmädchen von den Geistlichen fleißig besucht und unterrichtet werden sollte und ließ es dann in den Faulturm legen - „worin es geblieben, bis es gestorben". Vor dem schrecklichen Feuertod blieb das arme Geschöpf somit bewahrt.

Eine „Hexe" aus Roding wurde 1655 in Amberg verbrannt

In der heutigen Oberpfalz fanden an zahlreichen Orten Hexenhinrichtungen statt, jedoch sind die Prozeßakten hierüber restlos verschwunden. Doch es gibt im Staatsarchiv Amberg ein Protokoll über einen Hexenprozeß aus dem Jahre 1655. Es ist ein Schreiben des Regierungsrates Fr. G. Delmuck und ist in seiner Art ein einzigartiges Kulturdokument aus jener Zeit des Hexenglaubens. Delmuck hatte in den Weihnachtstagen 1655 in Amberg eine Hexe aus der Gegend von Roding verbrennen lassen und verlangte am 10. Januar 1656 vom Kurfürsten in München Schadenersatz für sein Pferd, das ihm während des Prozesses von den Hexen aus Rache erwürgt worden sei. Die Bittschrift lautet: „Nachdem im Pflegamt Wetterfeld die Ursula Zannerin, über 40 Jahre alt, samt ihrem Ehemann und drei Kindern nicht allein wegen allerhand begangener Diebstähle, sondern auch wegen verübten schweren und greulichen Hexenwerks und anderer Untaten zur gefänglichen Haft gezogen werden und dies Gesindel, vorab das Weib, in punkto venficii stark verdächtig ist, bekamen der Landrichter Wolfgang Riedler und der kurfürstliche Rat Delmuck den Auftrag, die gütlichen wie peinlichen Examina und alles andere, was dergleichen Prozesse mit sich bringen, vorzunehmen.

Nun hab ich zwar gemeint, mich dieser schweren und abscheulichen Kommission zu entziehen, sowohl wegen der grausamen Sache selbst, als auch wegen der augenscheinlichen Gefahr; denn es ist land- und weltkundig, welch Unheil und Schaden die Unholden ihren Richtern oft zufügen. Aber ich habe diese leidige Kommission nolens volens aufnehmen müssen.

Nach vielen vorgenommenen Examen und unterschiedlichen Torturen haben wir den Prozeß völlig durchgeführt und den großen Sohn Hans Zanner wegen häufiger Diebstähle mit dem Strang hinrichten, die Zannerin aber wegen Hexerei auf dem Scheiterhaufen verbrennen lassen.

Die alte Zannerin ist wegen erschrecklicher Zaubereien, Anmachung höchst schädlicher Gewitter, Donner, Hagel, Wind, Regen, Stein usw., die dem Gehölz, Vieh und Getreide höchst schädlich, Schickung zauberischer Wölfe, Machung von Mäusen und anderem Ungeziefer, Verkrümmung unterschiedlicher Personen, Reitung und Zuschandebringung vieler Pferde, Ochsen, Kühe, Schafe und dergleichen Viehs, Treibung der Sodomiterei mit dem bösen Feind, Verleugnung und grausame Entehrung und greuliche Verspottung Gottes, B. Maria Viriginis und aller Heiligen, teuflischer und erschrecklicher Mißbrauchung des hochheiligen Sakraments des Altares und vieler anderer gar grausamer Untaten, davon ganze Protokolle von etlichen Sextern bei kurfürstl. Regierung dahier vorhanden, den 23. Dezember 1655 nach vorhero mit einer glühenden Zange gegebenen Zwick auf dem Scheiterhaufen zu Asche verbrannt werden.

Nun hat ihm (dem kurfürstlichen Rat Delmuck) das teuflische Hexenwerk von der ersten Stunde dieser schweren und gefährlichen Kommission an so stark zugesetzt, daß er sich eines stündlichen, ja augenblicklichen Schadens und Gefahr zum höchsten tätig besorgt und sich deswegen mit heiligen Reliquien und anderen Sache allzeit bestens verwahrt hat. Nachdem es dann seiner Person gottlob nichts ausrichten konnte, ist es über seine Pferde gekommen und hat diesen, sonderlich nach der gegen die Zannerin vorgenommenen ersten Tortur dermaßen hart zugesetzt und sie abgeplagt, daß er von dieser üblen Kommission nur schädlichen Dank davon tragen werde. Die gefangene Unholdin, welche ihn als Kommissar vielfach bedroht und sich oft sehr cholerisch erzeigt, oder deren Gespielinnen, darunter sonderlich zwei Hexen, welche besagte Zannerin in dem Gefängnis durch unnatürliches Dahinfahren zu verschiedenenmalen besucht und mit ihr allerhand Unheil angesponnen haben und sich ex odie dieser leidigen Kommission an ihm rächen und revanchieren wollen, inmaßen es leider gar bald der eventur selbst gezeigt hat, indem ihm auf die starke augenscheinliche Zusetzung, gegen welche weder geistliche noch weltliche Mittel geholfen haben, das beste Pferd, welches jung, frisch und gesund war, dergestalt zu schanden gerichtet worden ist, daß es in wenigen Tagen urplötzlich umgefallen und verreckt ist.

Da nun bemeldete Ursula Zannerin sowohl auf gute als auf peinliche Fragen selbst bekannt und öfter wiederholt und bestätigt und niemals revociert hat, daß sie mit Beihilfe obgedachter anderer zwei Hexen, so die Hand wirklich angelegt, dem Pferd das Blut gewaltig zum Herzen gezogen und es so violenter umgebracht und getötet habe, und zwar nur aus Haß gegen ihn, weil er als verordneter Kommissär die peinliche Examen vorgenommen und beim Hexenbluturteil mitgewirkt hätte, darum bittet er, ihm den entstandenen Schaden rekompensieren (ersetzen) zu lassen."

Der Kurfürst bzw. seine Münchner Regierung erwies sich in der Angelegenheit jedoch aufgeklärter und forderte ein Gutachten des Abdeckers ein, der das tote Pferd untersucht hatte. Dieser berichtete nach München, daß das Pferd nicht an Hexerei, sondern infolge eines Geschwürs an der Lunge eingegangen sei. Damit gab sich anderseits Rat Delmuck nicht zufrieden, der sich auf die Aussagen der verbrannten Zannerin berief. Die Sache fand zu ungunsten des hexengläubigen Rats ihr Ende damit, daß die Münchner Regierung am 3. April 1656 dessen Entschädigungsgesuch endgültig ablehnte, „dieweil gedachtes Pferd nit durch Hexerei, sondern durch eine natürliche Krankheit umgekommen sei."

Eine „Hexe" wurde in Amberg geköpft

Außer dem gerade beschriebenen Hexenprozeß von 1655 ist noch ein weiterer von 1712 bekannt. Das lateinische Original befindet sich in den Annalen der bayerischen Benediktinerkongregation und beruht auf Augenzeugenberichten.

Am 28. Juni 1712 kam die 23jährige Margarete Heyrin aus Donnersdorf, Bistum Würzburg, nach Weissenohe, betrat die Klosterkirche und setzte sich am Liebfrauenaltar nieder, wo gerade der Custos der Kirche, Pater Marian, damit beschäftigt war, den Altar für das kommende Fest zu schmücken. Eine Zeitlang sah das Mädchen dem kunstbeflissenen Pater zu, aber nach und nach verfinsterte sich ihr Gesicht und sie machte unverständliche Gestikulationen, zum großen Schrecken des Paters. Schließlich nahm er sich den Mut und fragte sie, was sie denn hier wolle. Ob sie etwa zu beichten wünsche? Sie gab zur Antwort, sie sei nicht katholisch und von der Beichte wolle sie nichts wissen. Es wäre ihr aber lieb, wenn sie von irgend einem geistlichen Herrn des Stiftes in der katholischen Lehre unterrichtet würde.

Sie solle warten, bis die Messe vorüber sei. Nach derselben nahm sich ein Profeß des Stiftes, Pater Bonifaz, um sie an, versprach ihr die gewünschte Hilfe, machte ihr mit guten Worten Mut und veranlaßte sie, sich bei einem in der Nähe wohnenden Schuhmacher um eine Unterkunft zu bemühen. Wohlwollend nahm sie der brave Handwerker auf, ebenso seine Ehefrau, sie erwiesen ihr alle Gastfreundschaft. Dem Mädchen tat die Güte des Ehepaares gut und so entschloß es sich, die Wunde ihrer Seele der Frau in etwa zu offenbaren. Letztere merkte sofort, daß es sich um ein gar schlimmes Übel handelte.

Gleich am nächsten Tag suchte sie daher Pater Bonifaz auf und machte ihn nicht ohne Bangen aufmerksam, daß er es mit einer Hexe zu tun habe. Doch den vermochte dieses Gerede nicht zu schocken und er ließ das Mädchen zu einer Besprechung kommen. Im Laufe der Unterredung machte sie wieder die sonderbaren Gesten und bei der Gelegenheit konnte Pater Bonifaz an ihrem Arm ein Wundmal sehen. Rasch gefaßt fragte er sie aus, was ihr so ungewöhnliches Getue bedeute und vor allem, was es mit jener Narbe für eine Bewandtnis habe. Ob sie etwa mit dem bösen Feind im Bunde stehe und mit ihm einen schriftlichen Pakt gemacht habe mit Verwendung des Blutes aus jener Wunde? Von seinen Fragen getroffen wie von einem Blitzstrahl antwortete oder besser fragte sie, was denn der hochwürdige Herr von ihr denke. Der verdutzt, er könne aus jenen Zeichen nichts geringeres schließen und feststellen, als daß der Teufel es sei, der sie armes Geschöpf zu solchen Handlungen zwinge. Es bleibe ihr nur eines: aufrichtig zu bekennen, ob es sich nicht so verhalte; man werde es dann nicht an geistlichen Mitteln fehlen lassen, sie mit Gott zu versöhnen. Wie das Mädchen dies hörte, merkte es, daß es sich verraten habe und legte sofort ein Geständnis ab. Pater Bonifaz habe recht und habe das schlimmste Übel ihrer Seele vollkommen erkannt. Auf die Frage, ob sie bereit sei, dem Teufel, seinem Trug und aller Zauberei abzuschwören, antwortete sie, das eben wäre ihr Wunsch. Pater Bonifaz erkundigte sich weiter, bei welcher Gelegenheit sie den Gedanken zur Umkehr gefaßt habe. Sie erwiderte, zur Nachtzeit sei sie auf einer Gabel, dem bei Hexen üblichen Gefährte, aus Franken durch die Luft nach Regensburg gesaust, auf der schnellen Fahrt aber sei ihr der Name der Gottesmutter in den Sinn gekommen und alsbald habe sie des Teufels Kraft im Stich gelassen. Sie sei aus der Höhe herabgestürzt und habe hart auf der Erde aufgeschlagen und da sei sie nüchtern geworden und habe an Bekehrung gedacht. Auf dieses Geständnis hin wandte Pater Bonifaz geistliche Mittel an, gab ihr die üblichen geweihten Dinge und hieß sie guten Mutes sein.

Aber der „böse Geist", der immer um das Mädchen war, wußte es dahin zu bringen, daß es die geweihten Sachen von sich warf.

Am nächsten Tag sagte sie zu Pater Bonifaz, sie wolle die geweihten Sachen wieder haben und Bonifaz ließ sie die Sachen in ihr Gewand einnähen, damit sie diese nicht mehr wegwerfen konnte. Hernach begann ein regelrechter, gründlicher Unterricht in den Glaubenswahrheiten. Es läßt sich aber nicht sagen, was für Quälereien und Plackereien sie in jener Zeit vom „bösen Geist" auszustehen hatte. Auch Pater Bonifaz blieb von den Nachstellungen des Teufels nicht verschont, doch konnte er ihm nicht schaden. Der Schwefelgestank des Satan war so arg, daß das Mädchen davon die „hinfallende Krankheit" bekam.

Als sie wieder einmal einen solchen Anfall erlitten hatte und in einem Stadel lag, sah sie auch ihr Pater Bonifaz. Da soll sich ihm der Satan in Gestalt eines fürchterlichen Krötentieres gezeigt haben. Bonifaz wandte die Beschwörung an, wie sie in der Kirche üblich sind: nun verursachte der Teufel im Stadel ein derartiges Krachen, daß der Pater fürchtete, es möchte das Gebäude einstürzen und ihn erschlagen. Niemals raste der Höllengeist stärker als in der

Zeit, wo nach beendeter Vorbereitung die Abschwörung erfolgen sollte. Bemerkt wird noch, daß Margareta vom höllischen Zauberer zwei Salben erhalten hatte, eine Nadel und eine Art Rosenkranz. Mit der ersten Salbe konnte sie verhindern, daß die Milch in den Butterfässern zu Butter gerinne, mit der zweiten vermochte sie dem menschlichen Leib zu schaden und insbesondere die Glieder starr machen. Mit der Nadel konnte sie in des Teufels Namen alles nähen, was sie wollte, obgleich sie niemals nähen gelernt hatte. Mit dem Rosenkranz endlich sollte sie den Teufel verehren, ähnlich wie die Katholiken die Muttergottes. Als das Mädchen diese Dinge vor der Ablegung des Glaubensbekenntnisses und vor der Abschwörung des Teufelsdienstes dem Priester übergab, raste der Teufel entsetzlich, drohte mit den ärgsten Qualen und machte auch Anstalten dazu, so daß das Mädchen in der Kirche auf den Boden hinfiel wie eine Sterbende. Als ihr aber der Pater die Hand reichte, schwand mit einem Schlag alle Krankheit und alle Angst: sie schwor ab, empfing die hl. Kommunion und hatte eine unbeschreibliche Freude.

Nun kam aber eine merkwürdige Wendung. Das Mädchen empfand dankbar die süße Seelenruhe, die es seit der Austreibung des Teufels hatte. Weil es aber fürchtete, infolge der alten eingewurzelten Gewohnheit wieder in seine Schlingen zu fallen, faßte es den Entschluß, lieber zu sterben, als daß solches eintreten könne. Sie stellte sich dem Amtmann des Ortes und offenbarte die früher begangenen Untaten, in der Absicht, die Hinrichtung zu erzwingen. Der Beamte war unschlüssig, was er tun solle, da drohte sie, sie werde eines seiner Kinder umbringen, wenn er sie nicht anhöre. Sie wollte lieber sterben, als Gott wieder beleidigen und ihr Seelenheil verscherzen. Ob er wollte oder nicht, der Pfleger mußte ihren Willen erfüllen und einen Bericht über ihre Verbrechen niederschreiben, den sie ihm selbst in die Feder diktierte; währenddessen wütete der böse Geist und fuhr in Gestalt einer Fledermaus auf die Fensterscheiben der Amtsstube los. Das aufgesetzte Schriftstück händigte der Richter ihr selber aus und schickte sie in Begleitung des Büttels nach Auerbach. Auf dem Wege zeigte sich ihr der Satan in sichtbarer Gestalt und versuchte, sie mit allen Mitteln vom Plan abzubringen. Sie blieb aber standhaft. Von Auerbach wurde sie nach Amberg gebracht, wo sie nach dem Verhör zum Tod durch Feuer und Schwert verurteilt wurde. Sie bat sich nur die eine Gnade aus, daß der Priester, der sie bekehrt hatte, sie auch zur Richtstätte begleiten dürfe. Das bewilligte die kurfürstliche Regierung gern und wies den Abt von Weissenohe an, den Pater Bonifaz zu diesem Zweck nach Amberg zu entsenden. Dagegen aber erhoben die Amberger Pfarrer Einspruch, die sich im Besitz eines Monopols glaubten, Seelen gewinnen zu dürfen und wußten es durchzusetzen, daß der Dekan von Amberg dem Pater Bonifaz den Zutritt zur Verurteilten verwehrte. Als der letzteren dies mitgeteilt wurde, schrie sie auf: „Weillen man meinen Beichtvatter nicht zulaßt, so komme dann Teuffel; ich hab wollen des Teuffls seyn: so muß ich es seyn und will es seyn!" Keiner der Geistlichen konnte etwas ausrichten; da eilte ein Kaplan der Stadt noch in der Nacht nach Weissenohe und bat den Pater Bonifaz mit bewegten Worten zu kommen und die Sünderin wieder zur Vernunft zu bringen. Bonifaz traf sie in der ärgsten Raserei und es waren viele Beschwörungen notwendig, bis der Teufel ausgetrieben war. Er blieb bei ihr bis zum letzten Stündlein. Um aber allem Neid und Haß zu entgehen redete er ihr zu, sich der Leitung des aufgestellten Seelsorgers zu unterwerfen. Dem beichtete sie auch auf der Richtstätte zum letztenmal und beugte dann ohne Furcht den Kopf für den Schwertstreich.

Der eben geschilderte Fall spricht für ganze Bände. Offenkundig litt die „Hexe" an Hysterie und Epilepsie; die Erscheinungen der letzteren Krankheit brachten sie auf den Gedanken, sie sei vom Teufel besessen. Durch die ungeschickte Fragestellung des Paters Bonifaz wurde sie in ihrem Glauben bestärkt und führte den Selbstbetrug noch weiter, indem sie nun auch teuflische Zaubermittel besitzen wollte. An ihrem Untergang hat also der Pater sachlich einige Schuld, sicher aber war er persönlich des besten Glaubens. Man darf ihn nicht verurteilen, denn der Hexenwahn war damals noch sehr verbreitet. Selbst der Annalist - es ist niemand anderer als der wirkliche kritische Verfasser der Freisinger Bischofsgeschichte, der berühmte Pater Karl Meichelbeck - nahm den aus Weissenohe eingesandten Bericht ohne jeden Zweifel hin. Die kurfürstliche Regierung war ebenfalls fest überzeugt von der Existenz solcher Hexen, nur unter dieser Voraussetzung ist ihr Urteil verständlich. Darum kann auch das Verhalten des Seelsorgers nicht übel gedeutet werden, als das der Richter; hier sind alle Beteiligten in gleicher Weise Kinder ihrer Zeit. Was aber aufgrund des Berichtes über allen Zweifel erhaben ist und stark betont werden muß, ist die Hysterie des Mädchens; sie hat schließlich als Hauptursache des traurigen Ausganges zu gelten.

Schon ein Jahr später waren zwei weitere Frauen als „Hexen" angeklagt und in der Amberger Fronfeste (Elektro Datz) inhaftiert worden.

1713 war Anna Maria Geißler wegen Hexerei, Beutelschneidens und Diebstahls angeklagt worden. Am 13. November wurde sie von dem Hahnbacher Landreiter, Sebastian Roth, in Schlicht „eingefangen" und dann vorläufig in Hahnbach eingesperrt. Als sog. „Fanggeld" bekam er 1 Gulden. Anschließend war sie dann vom Gerichtseisenamts-Knecht Paulus Stauber nach Amberg gebracht worden. Am 16. März 1714 wurde die Geißler von Amberg der Stadt verwiesen. Dafür erhielt der Gerichtsknecht Stauber 18 Gulden und 49 Kreuzer.

Am 1. Januar 1914 war Elisabeth Reiser wegen Hexerei in Haft. Aus der Jahresabschlußrechnung von Gerichtsknecht Paulus Stauber ist zu ersehen, daß sie das ganze Jahr 1714 eingesperrt war. Dafür erhielt Stauber 63 Gulden und 15 Kreuzer. Wie lange Elisabeth Reiser inhaftiert war, ist nicht genau bekannt. Aus den Akten ersieht man, daß diesen beiden Frauen nicht der Prozeß gemacht wurde und sie wahrscheinlich mit dem Leben davon kamen.

Walburgisnacht (30. April), die Nacht der Hexen

Die hl. Walburga (+ 779), geboren aus einem angelsächsischem Geschlecht, gehört zu den von Bonifatius nach Deutschland gerufenen Glaubensboten. Sie war Äbtissin des Klosters Heidenheim. Durch ihre Glaubenskraft trug sie viel zur Ausbreitung und Festigung des christlichen Glaubens in der zum Teil noch heidnischen Bevölkerung bei. Am 1. Mai jährt sich immer der Tag ihrer Heiligsprechung. Um diesen Tag und seinen Vorabend hat sich vielfältiges Brauchtum entwickelt.

Hier schlägt also noch der alte heidnische Volksglaube durch.

Die Nacht auf Walburgi war früher eine der gefürchtetsten Nächte. Diese Nacht war die Nacht der Hexen. Um die Macht der Hexen zu brechen, peitschte man die Hexen aus. Wolfgang Bauernfeind schreibt dazu in seinem Buch: „Aus dem Volksleben": „Am Vorabend von Walburgis versammeln sich die Burschen des Dorfes auf einem Abhang zum „Hexenauspleschen". Nach dem Gebetläuten geht es los. Vom Schulbuben mit seiner kleinen Riemenpeitsche bis hinauf zum Kleinknecht, welcher sich einen Zugstrang aus dem Ochsengeschirr zur Peitsche hergerichtet hat, tut alles mit. Es klingt wie Hundegebell. Die kleinen Geißeln kläffen in scharfen Tönen rasch sich wiederholend, während der hanferne Zugstrang wie ein Kettenhund bellt. Es ist wirklich ein Heidenlärm. Und so weit der Knall der Peitschen dringt, ist der Hexenbann gebrochen."

Der Regierung in Amberg paßte dieser Brauch des Hexenauspeitschens überhaupt nicht. Deshalb verfaßte sie folgendes Schreiben:

„Die Unfuge in der Walburgisnacht betreffend:"

so bezeichnete die damalige Amberger Regierung diese Bräuche und brachte 1803 folgende „Höchstlandesherrliche Verordnung" heraus:

„Unter den Unfugen und unvernünftigen Gebräuchen, die der Aberglaube und die Unwissenheit erzeugten, zeichnete sich auf dem Lande die Gewohnheit aus, die Walburgisnacht in der Art wie die Thomas- und Christnacht zu allerley abergläubischen Wahrsagereien zu verwenden, am 1. Mai aber selbst mit einem wilden Lärmen in den Dörfern umher zu knallen und zu peitschen, um, wie man sagt, die Hexen auszujagen.

Es ist zwar zu hoffen, daß der Unterricht in Kirchen und Schulen es endlich soweit gebracht habe, den Glauben an Hexen und die Furcht vor denselben mit allen seinen lieblosen und schädlichen Verdacht und Beschuldigungen gegen seinen Mitmenschen zum größten Teil zu verbannen, alsdann aber bleibt dieser Gebrauch immerhin ein unsittlicher, unsinniger und polizeiwidriger Unfug, der den alten Aberglauben nährt. Alle geistlichen und weltlichen Obrigkeiten sollen diese und ähnliche Unfuge und Mißbräuche keineswegs mehr gedulden, die Übertreter der Verordnung nicht allein eines Besseren belehren und sie von dem Unsinn dieser Gewohnheit oder dieses Unfuges zu überzeugen, sondern auch zu bestrafen und überhaupt durch Unterricht und Belehrung jedem Gesetze gegen die Folgen des Aberglaubens und der Unwissenheit den Weg zu dem Kopf und Herzen des Landvolks zu bahnen. Die Ämter haben dafür zu sorgen, daß dieses Hexenausknallen für allzeit und allenthalben unterbleibe, die Geistlichkeit hat die Bemühungen der Ämter zur Ausrottung des Aberglaubens und für die Befolgung der Gesetze durch reinen Religionsunterricht zu unterstützen.

Amberg, 13. April 1803.

Churfürstlich oberpfälzische Landesdirektion:

Sigmund Reichsgraf v. Kreith, Präsident, v. Schleis, Sekretär."

Aber viele Oberpfälzer hielten sich nicht an diese Verordnung, denn um 1880 wurde dieser Brauch in Grafenwöhr noch ausgeführt.

Heute 80jährigen ist er nicht mehr bekannt. Die Burschen stellten sich an den beiden Thumbachufern auf. Die eine Gruppe stand „In der Wehr", die andere am Thumbachweg. Dann wurde kräftig mit den Peitschen geknallt.

In der Walburgisnacht stellte man früher auch junge Birken vor die Stalltür. Wollte eine Hexe in den Stall hinein, mußte sie das Laub zählen. Das war aber so viel, daß sie vor dem Gebetläuten in der Früh nicht fertig wurde. Für den Fall, daß sie es trotzdem schaffen würde, wurden noch drei Strohbänder eingeknüpft. Diesen Brauch kennt Josef Aumüller nur noch aus Erzählungen seiner Mutter. Weiter wurde dem Vieh Geweihtes eingegeben, vom Kunnerling (=Thymian)kranzl von Fronleichnam oder vom Kräuterbüschl von Maria Himmelfahrt.

Josef Speckner aus Grafenwöhr sagte: „Des woar so der Brauch, an Walburgi kröigt as Vöich wos Gweihts." Früher übte auch Josef Aumüller diesen Brauch aus, „um Seuchen und Krankheiten vom Stall fernzuhalten."

1856 wird berichtet, daß die Hirten dem Vieh am Walburgistag, wenn es auf die Weide getrieben wurde, Brot und Hollerbrostln (=knospen) eingegeben haben und die Fußsohlen mit weißem Senf einrieben.

Weiter schreibt Wolfgang Bauernfeind: „Ein Spezialgericht des Walperntages ist der Eiertanz, ein dicker, fetter Pfannkuchen, von welchem jeder Hausgenosse seinen Anteil zum Mittagstisch erhält."

Damals fiel es den Bäuerinnen nicht schwer, großzügig mit den Eiern umzugehen, da die Hühner gut legten. Diesen Brauch hat Josef Aumüller auch noch in Erinnerung.

Der alte Brauch des „Walperns" ist in Eschenbach noch im Schwung.

Anfang Mai 1983 stand in der Zeitung zu lesen: „Die Walperer gingen in der Nacht zum ersten Mai in Eschenbach wieder um. Erinnert das Verstecken von Gartentürl noch an den guten alten Volksbrauch, so grenzten die Umtriebe unbekannter Kraftmeier schon an Sachbeschädigung. Da wurden Abdeckplatten von Gartensockeln heruntergerissen, Kanalschächte abgedeckt und Gitterroste von Straßengullys versteckt."

Aus der Gegend von Eschenbach gibt es auch eine Sage zur Walburgisnacht:

„In der Nähe der Prälatenbrunnen bei Trabitz befindet sich ein kleiner, vermoorter Weiher. In ihm sollen drei Mädchen, die hier Vieh gehütet haben, versunken sein. Diese drei Mädchen erscheinen zu der Walburgisnacht um 24 Uhr und singen ein Lied, worauf sie wieder verschwinden."

Die Gundelrebe (glechoma hederacea) hat seit alter Zeit her den Ruf, Hexen entlarven zu können. So berichtet J. Prätorius im 17. Jahrhundert: „Wenn man Gundermann auf Walburgisnacht sammelt und hernach mitten in der Nacht einen Kranz daraus macht und solchen am folgenden Tag auf den Kopf setzt, so kann man alsdann die Hexen kennen, da die eine einen Schemel auf dem Kopf haben wird und die andere eine Malte (= großes Schaff) oder Kelter."

Eine Hexengeschichte aus Wettin berichtet: Ein Dienstmädchen wand am Sonntag nach Walburgi einen blühenden Gundermannkranz, setzt ihn auf und ging zur Kirche. Das Mädchen sah nun, wie seine „Frau" und viele andere Frauen des Dorfes auf Besen und Ofengabeln aus der Kirche geritten kamen. Sobald die Hexen den Gundermannkranz des

Mädchens bemerkt hatten, fielen sie über das Mädchen her und schlugen es so, daß es am folgenden Tag starb. Daß der Gundermann eine den Hexen verhaßte Pflanze war, geht daraus hervor, daß man sie im Gothaischen am Vorabend von Walburgi pflückte und über allen Türen aufhing. Dann war, so glaubte man, Haus und Stall gegen alle Unholde, die an Walburgi ihr Unwesen trieben, geschützt.

Eine Regensburger Hexe

In Regensburg gab es um 1900 ein Gäßchen, durch das sich kein Kind ohne Begleitung Erwachsener zu gehen traute. Es verband zwei gleichlaufende Straßen, zwischen denen friedliche Obstgärten lagen, in welchen Ein- oder Zweifamilienhäuser standen. Diese stillen Obstgärten aber waren an ihrem Ende, gegen das Gäßchen zu, durch eine hohe Mauer abgeschlossen. Auf der anderen Seite war es genauso, so daß man die ganze Länge des Gäßchens durch zwischen hohen, lückenlosen Mauern, die den eiligen Schritt hallend zurückwarfen, gehen mußte. In der Mitte machte das Gäßchen einen kleinen, scharfen Knick, der es verhinderte, von einem Ende bis zum anderen durchblicken zu können und an dieser Stelle befand sich in der Mauer ein winziges Türmchen. Eine schmale, eisenbeschlagene Türe führte dort hinein. Das Eisen war verrostet, richtig wie im Märchen oder in einer bösen Sage. Die Tür wurde nie von Florian offen gesehen, wahrscheinlich diente das Türmchen den Besitzern dazu, Gartengeräte in ihm aufzubewahren. Für alle Kinder aber gab es keinen Zweifel, daß in dem Turm die schlimme Hexe wohnte, die, mit einem langen, schartigen Messer bewaffnet, nur darauf wartete, ein Kind schlachten und verzehren zu können. Manchmal verschwor sich ein Kind großsprecherisch, es werde die Gasse durchschreiten. Die anderen Kinder versammelten sich dann am Eingang und schauten bewundernd und angstvoll zu, wie der Prahlhans zwischen die Mauern hineinschritt. Gleich mußte die Hexe erscheinen, sie würde sich eine solche Herausforderung nicht gefallen lassen! Das Großmaul machte 10 tapfere Schritte in die Gasse hinein, noch 10 etwas kleinere Schritte, vielleicht noch ein paar kleinlaute. Jetzt? Jetzt mußte die Hexe erscheinen! Und da rannte der Vermessene auch schon zurück, schreiend, als stecke ihm das Messer bereits an der Kehle. Die Hexe, die Hexe! Und die Kinder rannten vom Eingang des Gäßchens weg, ebenfalls schreiend und blieben erst in einer Entfernung von 100 oder 150 m wieder stehen, bereit, weiterzurennen, wenn die Hexe aus der Gasse käme.
Doch sie kam nicht.
Trotzdem wußte Florian, gleich allen anderen, wie sie aussah. Sie war eine hagere Frau mit grauen Haarsträhnen und sie kam im Jahr zwei- oder dreimal an seinem Garten vorüber. Es geschah nie, ohne daß ein Rudel Kinder hinter ihr nachlief und „Hex, Hex, Hexe!" schrie. Die Kinder wagten sich nicht näher als 70 oder 80 Schritte. Manchmal wandte sich die alte Frau jäh um und lief auf die Kinder zu. Dann stoben diese auseinander, schreiend, als stäken sie schon am Spieß, um sich, sobald die Frau ihren Weg fortsetzte, aufs neue zu sammeln und „Hex, Hex!" zu rufen. Sicher wohnte die Frau nicht in dem Türmchen der Hexengasse, das hatten die Kinder dieses Stadtviertels so ausgemacht. Es war für Florian ein schauriges

Schauspiel, die Hexe zu sehen, gefolgt von dem Rudel fremder Kinder. Sie schlossen sich an, liefen eine Weile mit, blieben dann zurück, andere Kinder waren aus den Wohnungen gelaufen und sprangen hinterher und so zog die Frau durch die Stadt.

Eines Spätnachmittags hatte Florian in einem bauchigen gläsernen Krug Bier für seine Familie geholt. Das Gasthaus war nicht weit von dem elterlichen Haus entfernt, dort mündete auch die Hexengasse. Florian stand noch eine Weile und blickte in den Wirtsgarten zurück. Plötzlich stand die Hexe neben dem Florian. Sie war nicht aus ihrer Gasse gekommen, das hätte er sehen müssen. Florian erschrak. Sie blickte auf ihn herab und schien ihm sehr groß. Nicht nur die Haare, auch das Gesicht war grau, die Arme waren lang, richtige Greifarme und die Hände waren knochig. Was tun? Schreiend weglaufen? Hin zu den Kindern? Denn dort, in der gehörigen Entfernung, stand das Rudel Kinder, unbeweglich nun, angstvoll, erregt. Was würde geschehen?

Nun hatte die Hexe eins der Kinder erwischt, würde sie es abschlachten und die Stücke triumphierend in ihre Behausung schleppen? Weglaufen? Aber die Frau würde ihn einholen. Florian hatte keinen Vorsprung und Erwachsene pflegen am Anfang mit ihren langen Beinen eine größere Geschwindigkeit zu entfalten als Kinder. Hernach freilich bleiben sie zurück. Florian lief nicht weg, obwohl er Angst vor dem schartigen Messer hatte. Die Frau machte ein paar Schritte gegen die wartenden Kinder und diese schrien auf und wichen zurück. Sie wandte sich wieder zu Florian und murmelte: „Die Kinder! Die Kinder sind bös!" Sie sagte: „Du bist nie nachgelaufen." Sie wußte es also genau.

Florian war damals sieben oder acht Jahre alt. Trotzdem erkannte er plötzlich: Dies ist keine Hexe. Sie war eine arme, verwirrte und gehetzte Frau. Und die Kinder machten sich einen boshaften Spaß daraus, sie zu jagen. Florian dachte sogar: Vielleicht war sie im Karthaus (Narrenhaus) und die Kinder wußten, daß sie vor Wut schnaubte, wenn man „Hex, Hex" hinterherrief. Florians Lage schien durch seine Überlegung nicht gesicherter, denn, wenn sie geistig verwirrt war, war ihr nicht alles zuzutrauen? Florian lief trotzdem nicht weg. Tun, als fürchte man sich nicht, dachte Florian und redete mit der Frau, irgend etwas, daß er Bier geholt habe, was sie sicherlich ohnehin sah. Das Rudel Kinder wartete immer noch auf das Schreckliche, das geschehen mußte. Plötzlich war die Frau weg. Während Florian noch redete, war sie an der Straßenbiegung verschwunden, gejagt, gequält und das Rudel der fremden Kinder hetzte hinterher, an Florian vorüber, ohne ihn zu beachten, nur darauf bedacht, daß das Wild nicht entkam. Wenn Florian sie wieder einmal sehen sollte, dachte er trotzig, will er zu ihr hinlaufen und neben ihr hergehen, mögen die anderen ihr „Hex, Hexe!" schreien, so viel sie wollen und vielleicht nimmt sie ihn an der Hand und wir gehen so durch die Stadt.

Florian sah sie nie mehr wieder.

Doch eine Lehre hatte Florian aus diesem Erlebnis gewonnen, obwohl es sich um keine richtige Gefahr handelte, sondern nur um eine eingebildete. Aber das ist schließlich das Gleiche. Die Regel fürs Leben: „Lauf' der Gefahr nicht nach. Aber lauf' ihr auch nicht weg."

Hexentanz auf der Burg Stefling

Daß es auf der Burg Stefling früher nicht geheuer war, dürfte bekannt sein. Besonders Hexen, häßlich von Gestalt und Angesicht mit mundüberhängenden Nasen und dürren, rotbehaarten Beinen trieben tagtäglich um die Geisterstunde ihr Unwesen. Alte Leute erzählen noch heute, daß diese Hexen durch einen unterirdischen Gang mit den Teufeln von Stockenfels in Verbindung standen und des öfteren von Stockenfels Besuch bekamen.

J. X. Schuegraf erwähnt diese Hexen auch und schreibt in: „Das Königreich Bayern in seinen Schönheiten" von einem Hexentanz auf der Burg Stefling.

„Johann Christoph Münster (1680), der im Rufe eines Teufelsbeschwörers stand, soll einmal mit Hilfe des in seinem Schloß hospitierenden Franziskaners alle Hexen seiner Hofmark um die Geisterstunde im Schloßhof zusammen exorziert haben. Als sie alle versammelt waren, mußten sie auf einen Ruf in den Backofen spazieren und darin tanzen; aber dieser Spott wäre den beiden Frevlern bald teuer zu stehen gekommen. Die Hexen nämlich fielen nach dem Glockenschlag 12 alsbald über solche her, banden sie und kitzelten sie heftig und anhaltend, daß sie würden unter dem Kitzeln ihr Leben geendet haben, hätte man nicht schleunigst aus der Burgkapelle den Kreuzpartikel herbeigebracht und ihren beiden auf Kopf und Brust gelegt."

Bis zum Jahre 1802 war dieser Hexentanz am Backofen angemalt gewesen.

Strafe für eine alte Hexe in Regenstauf

In Regenstauf lebte eine alte Hexe, öffentlich bekannt als solche. Sie nahm den Leuten den Nutzen der Kühe weg, ohne daß sie in den Stall kam. Einmal schauten sogar furchtlose Männer nachts zu ihrem Fenster hinein und sahen die völlig nackte Hexe mitten in ihrem Zimmer. Sie drückte eben ein Handtuch in ein untenstehendes Gefäß aus und aus dem Tuch lief Milch statt Wasser. In gewissen Nächten, sog. Rauhnächten, war die Hexe abwesend und man munkelte, daß sie mit Genossinnen zusammenkäme, um die herkömmlichen Hexentänze auszuführen Ja, man behauptete, am frühen Morgen der Walburgisnacht einen stumpfen Besen in den Kamin des Hexenhäuschens fliegen gesehen zu haben, auf welchem die Hexe bestimmt nach Hause geritten sei. Die Hexe besaß überdies uralte Zauberbücher mit rätselhafter Schrift, wohl die alten Bücher Mosis. Sah ein Unkundiger hinein, so kamen ihm die Buchstaben vor wie laufende Ameisen, man konnte nichts entziffern. Die Bücher wurden nach dem Tode der Besitzerin verbrannt, so wurde es wenigstens von der Geistlichkeit angeordnet.

Als 1809 die Franzosen nach Regenstauf kamen und ihre Kanonen und Pulverwägen vor dem Markt aufgestellt hatten, sah man eines morgens einen zerzausten Raben auf einem Pulverwagen sitzen, welcher, mit den Flügeln fächelnd, fortwährend rief: „Heut Nacht bin i bei der alt'n Bartlen gwen!" (Bartlen hieß die alte Hexe)

Die alte Hexe wurde auf diese Episode längere Zeit nicht mehr gesehen, als sie aber wieder unter die Leute ging, bemerkte man noch die Narben in dem zerkratzten Gesicht.

TEUFELSGESCHICHTEN

Vom Teufel selber

Das Gegenbild der kirchlichen Legende ist der Teufelsspuk Nach Fentsch (Bav. II.) schrieb der Volksglaube der Urzeit alle schrecklichen, wunderlichen und ungewöhnlichen Naturerscheinungen der unmittelbaren Tätigkeit des Teufels zu. Es findet sich darum kaum ein auffallend geformter Felsblock in dem oberpfälzischen Jura, der nicht seine Beziehung von ihm ableitet. (siehe die nachfolgenden Geschichten)

Die Alten nannten „ihn" nicht gern beim Namen, hießen ihn lieber Gankerl, Hörndlsepp, den Schwarzen oder den Ganz-Andern. Und ein altes Sprichwort heißt: Man soll den Teufel nicht an die Wand malen. Mancher hat ihn schon gesehen, meist als schwarzen Hund mit schwefelgelben Augen, als dürre schwarze Katze, als Krähe, auch als Jäger mit grünem Spitzhütl. Hatte aber einen Geißfuß, damit man ihn von einem ehrlichen Jäger unterscheidet!

Der alte Kohllinl ging in Hohenburg etwa um 1910 abends heim, an der Friedhofsmauer vorbei. Saß da eine grausliche Katze, die ihn mit glühenden Augen anstarrte. Der Mann nahm vom Schweizergarten daneben eine Bohnenstange und „stierte" hin. Jetzt wurde das Luder auf einmal größer und größer, bald wie ein Kalb! Der Kohllinl lief davon „wie der Deifl!" Er hatte es oft erzählt.

Beim früheren Wirt in Holzheim saß einmal ein Haufen beieinander an einem Sonntagabend im Spätherbst. Sie wetteten mit dem Wirt um ein Faß Bier, daß sie sein ganzes Korn in einer Nacht ausdreschen. Jeder nahm sich eine Drischel und los ging's.

Als es aber in den Sonntagmorgen hinein ging, war plötzlich einer mehr bei der Arbeit! Da wurden sie „kasweiß" und die Wette hatte ein rasches Ende gefunden.

Bei Parsberg war ein Hof, in dem recht grausam geflucht wurde. Einmal war die Bäuerin allein daheim. Da kam ein Bettler und fragte, ob er nicht auf der Ofenbank ein wenig ausrasten dürfte. Nach einer Weile legte er ein altes Büchl auf den Tisch und bat die Frau, sie möchte ihren Namen hineinschreiben. Sie machte aber statt dessen nur drei Kreuzl. Da konnte der Mann das Buch nicht mehr wegnehmen und verschwand mit einem wilden Fluch. Es war der Teufel gewesen. An dem Platz, wo er gesessen hatte, war ein großer, schwarzer Fleck ins Holz gebrannt.

In Hohenburg wird folgendes erzählt: Es hatte einmal ein Bauer sein Getreide heimgefahren. Es kam schlechtes Wetter auf, es hatte regelrecht geschüttet. Da fing der Bauer das Schimpfen und Fluchen an und auf einmal stand neben ihm ein ganz wüster, schwarzer Hund. Er lief dem Bauern ständig nach. Erst daheim in der Stube war er unter den Ofenstein geschlüpft und verschwand. „Dös is ganz gwiß da Deifl gwen!"

Und noch eine Geschichte. Zwei alte Frauen blieben der Christmette an Heiligabend fern. Die eine hatte gerissene Socken geflickt und die andere hatte ausgebuttert. Da klopfte es auf einmal ans Fenster und es schaute ein kohlschwarzer „Gockl" hinein. Sofort hörten die Frauen mit dem Arbeiten auf. Daher stammt der Spruch: „Häist niat buddat und niat gnaht, häit da Deifl a niat anagschaut!"

Von der Steinpfalz zur Oberpfalz

Die Oberpfalz nennt man die Steinpfalz wegen der vielen Steine, die es dort gibt. Wie hat die Gegend ihren Namen erhalten? In der Zeit, wo der Teufel noch mit dem Herrgott verkehren und mit ihm reden konnte, nahm der Höllische den lieben Gott und stellte ihn auf einen hohen Berg. Er zeigte ihm alle Länder weit und breit und wollte sie ihm schenken, wenn Gott ihn anbeten würde. Der Herrgott betrachtete das angebotene Land und sprach zum Teufel: „Steine, Steine, lauter Steine, behalts!" Weil aber der Herrgott in der oberpfälzischen Mundart sprach, klangs wie pfalz. So hat der Herrgott selbst unserer Oberpfalz den Namen geschenkt.

Der letzte Schloßherr auf dem Teichelberg (Mitterteich)

Auf der Südseite beim Hankerlbrunnen soll das Schloß der Teichelberger gestanden sein. Der letzte Sproß und Erbe des Geschlechts hatte seinen großen Besitz in einem wüsten Leben vergeudet und wurde Straßenräuber. Vom Bergfried seines Schlosses spähte er nach der Landstraße, die von Wiesau herführt, oder er lauerte im Dickicht auf reisende Kaufleute und harmlose Wanderer. Die Strafe blieb nicht aus. Seine Frau erlag der Last des Kummers, den ihr seine Rohheit brachte, auch sein 12jähriger Sohn wurde vom Tod dahingerafft. Bald darauf hatte der Teichelberger einen harten Kampf mit böhmischen Kaufleuten zu bestehen, die mit einem starken Geleitschutz von der Leipziger Messe nach Hause zogen. Das Glück verließ ihn diesmal gänzlich. Der größte Teil seiner Männer fiel im Kampf, er selbst verlor ein Auge. Da zog er sich, vollständig verarmt, in die Einsamkeit seines Schlosses zurück. Nur noch bei Nacht schlich er in den Wald, ein Stück Wild zu erjagen für ein armseliges Mahl. So war er wieder einmal draußen, als plötzlich ein fremder Pilger vor ihm stand und ihn mit stumpfer Stimme ansprach: „Freundlichen Gruß und fröhlichen Abend, Herr Ritter!" „Was führt Euch so spät hierher?" fragte der Ritter, „die Nähe meines Schlosses ist sonst nicht der Ort, den man zu so später Stunde sucht." Darauf der Pilger: „Ich hoffe, heute noch bei den Mönchen in Waldsassen ein Unterkommen zu finden, allein ich habe mich verirrt. Wollt Ihr mich nicht für diese Nacht auf Eurem Schloß beherbergen?" „Schlechter hättet Ihr wohl nirgends anklopfen können," entgegnete der Ritter, „als bei mir. Meine Keller und Kammern sind so leer wie mein Wagen." „Tut nichts," fuhr der Pilger fort, „ich will weder Essen noch Trinken, sondern bitte nur um ein Strohlager. Auf Leuchtenberg hat man mir Reisesack und Weinflasche so reich gefüllet, daß es noch genug ist für uns beide."

Da nahm ihn der Ritter gerne mit. Sie durchschritten mehrere Tore, die der Teichelberger sorgfältig wieder verriegelte und gelangten schließlich in eine gewölbte Halle, wo der Ritter Feuer im Kamin machte, während der Pilger die Vorräte seiner Reisetasche auf den Tisch breitete. Der Raubritter war über so reichen Imbiß nicht wenig erstaunt, ließ es sich gut schmecken, tat auch einen langen und tiefen Zug aus der Flasche des Pilgers und trank immer wieder, ohne zu merken, daß der Flascheninhalt stets derselbe blieb. Folgte er doch mit gespannter Aufmerksamkeit den Erzählungen des Pilgers, welcher Erlebnisse an den Höfen reicher Fürsten und Ritter schilderte. Kein Wunder, daß in der Brust des Ritters gar mächtig die Sehnsucht nach Geld und Gut erwachte, zumal er seines eigenen, vergeudeten Reichtums gedachte. „Mir will fast das Herz brechen," schloß der Pilger, „wenn ich Euch so hilflos und arm sehe, während Ihr doch unerschöpfliche Reichtümer besitzen könntet."

„Wie?" entgegnete der Ritter, „seid Ihr von Sinnen?" „Wie ich Euch sagte," fuhr der Pilger fort, „da Ihr mich so gastlich aufgenommen, will ich Euch verraten, daß in Eurem Schloß ein außerordentlicher Schatz verborgen ist, den Ihr heben könnt, wenn Ihr zur Zeit des Vollmondes in das Gewölbe hinabsteigt, wo die Überreste Eurer Vorfahren modern. Dort grabt den Boden unter den Gräbern auf und Ihr werdet den Schatz finden." Zweifelnd schüttelte der Ritter den Kopf. Aber der Pilger behauptete hoch und teuer, die Wahrheit zu sagen, so daß der Ritter schließlich glaubte und den Pilger bat, ihm behilflich zu sein. „Euch tätig Hilfe zu leisten," versetzte der Pilger, „ist mir nicht gestattet. Wer den Schatz heben will, muß allein Hand anlegen, doch will ich an der Schwelle der Gruft harren, bis Ihr das Geschäft vollendet habt. Eine Bedingung müßt Ihr aber noch erfüllen und die wird Euch bei Eurem Mut kaum beschwerlich fallen: Ihr müßt die Gebeine durch das Fenster in den Schloßgraben werfen, damit sie dort im fahlen Licht des Vollmondes bleichen." Entsetzen ergriff das sonst so versteinerte Herz des Räubers und eisige Kälte rieselte ihm über den Nacken bei dem Gedanken, daß er mit gottesräuberischer Hand die Gebeine seiner Vorfahren schänden sollte. „Das ist zu viel, mein Pilger!" schrie er. „Nun denn," entgegnete dieser, „wenn Ihr zu feige seid, so möge das Gold ruhen bleiben, bis ein Mutiger sich findet." An seinem Mut zweifeln, hieß den Ritter an seiner verwundbarsten Stelle angreifen und aufbrausend fuhr er fort: „Und wenn ich die Gebeine aller heiligen Märthyrer aus ihren Gräbern wühlen müßte, so ließe ich mein Eigentum nicht in fremde Hände; mein ist, was immer sich innerhalb der Mauern meines Schlosses findet." „Jetzt sprecht Ihr als Mann," meinte der Pilger. „Wohlan, ans Werk! Seht Ihr den Mond über dem Steinwald schweben in seiner ganzen Pracht? Die Mitternacht ist nicht mehr fern, in wenigen Stunden seid Ihr der reichste Ritter weit und breit." Nochmal regte sich in der Brust des Ritters das Gewissen, doch die Gier nach Gold siegte über die letzten Bedenken.

Als vom Kloster Waldsassen herüber die Uhr die zwölfte Stunde kündete, stiegen die beiden hinunter in den Schloßhof und in die Gruft. Der Pilger blieb beim Eingang stehen, der Ritter trat ins Gewölbe und steckte die Kienfackel in einen Eisenring an der Mauer. Dann riß er mit beschäftigten Händen das nächste Grab auf, daß der Sargdeckel dumpf auf das Steinpflaster fiel. Den Ritter starrte der grinsende Totenschädel eines fleischlosen Gerippes an.

Der Schrecken des letzten Gerichtes erfaßte ihn, sein Blut erstarrte, seine Haare sträubten sich, seine Knie schlotterten. „Ihr zittert ja vor Furcht," rief der Pilger und ein schallendes Hohngelächter folgte. Da griff der Ruchlose nach den Gebeinen und der Wahnsinn der Hölle schien ihn befallen zu haben, denn in sinnloser Hast schleuderte er die Knochen durch das Fenster. Grab um Grab entwühlten die ruchlosen Hände, die Knochen flogen ins Freie. So war der Grabräuber bis zum letzten Grab gekommen, dem seines Sohnes. Auch hier schreckte sein Goldhunger nicht zurück. Er öffnete. Unbeweglich und atemlos starrte er eine Weile in das geliebte Antlitz, plötzlich überkam ihn eine seltsame Rührung. Der Wahnsinn war vernichtet, sein steinernes Herz gebrochen! Tränen flossen ihm über das wettergebräunte Gesicht. Der Teufel aber, der in Pilgergestalt die Schwelle hütete, rief noch mal herein: „Mut, Herr Ritter, noch ein Wurf und der Schatz ist Euer!"
Aber schon erhob sich die Gestalt des Sohnes, reckte drohend die Hand und rief mit bebender Stimme: „Weiche von hinnen, Fürst der Hölle, hier ist die Grenze Deiner Macht!" Der Satan floh wütend und zähneknirschend. Im selben Augenblick brauste ein Sturmwind, ein gräßlicher Donnerschlag erschütterte die Luft, der Berg bebte, die Schloßmauern wankten und stürzten, den letzten der Teichelberger begrabend.

Benefiziat Weißbach aus Erbendorf war ein Teufelsbeschwörer und Wunderheiler

Benefiziat Balthasar Weißbach wurde 1745 in Sulzbach geboren und war 1801 bis 1818 Benefiziat in St. Loretto in Erbendorf bei Weiden. Dieser außergewöhnliche Mann wird von seinem Nachfolger folgendermaßen beschrieben: „B. Weißbach war ein würdiger, seeleneifriger, allgemein beliebter Priester, ein Mann, der eigener körperlicher Gebrechen wegen viele medizinische Bücher las und studierte, sich alljährlich um 60 - 70 Gulden Medizin kaufte, Katholiken und Lutheranern auf dem Krankenbett häufig zu Hilfe kam und von ihnen auch gerufen wurde, um ihre Leibesgebrechen zu heilen. Auch als Geisterbanner und Teufelsbeschwörer usw. stand er in großem Ruhme und trieb einen ausgedehnten Handel mit geweihten Kräutern u. dgl. Fünf bis zehn Stunden weit kamen die Leute zu ihm herbei, um in körperlichen und seelischen Leiden Rat zu holen. Auch mit dem Wetter war Weißbach sehr vertraut; er war überhaupt ganz nach dem Herzen der Erbendorfer geschaffen."
Von ihm erzählt man sich folgende Geschichte:
In dem alten Kreuzwirtshaus in der Bräugasse in Erbendorf war es, wo einst in der Christnacht vier Burschen Schafkopf spielten. Schon längst hatte man zur Christmette geläutet, aber diese vier saßen immer noch beisammen, fluchten und schimpften, wenn die Karten nicht nach Wunsch fielen, war aus ihnen zu hören: „Wenn nur gleich der Teufel kommet!" Eben hatte die Kirchturmuhr die heilige Wandlung verkündet, da öffnete sich die Tür der Gaststube und ein schneidiger Jäger trat herein. Er setzte sich zu den vier Kartenspielern und ließ sich einen Krug Bier schmecken. Bald darauf fiel einem Kartenspieler ein Geldstück unter den Tisch. Während er dieses suchte, sah er, daß der eben

gekommene Jäger einen Geißfuß hatte. Leichenblaß zog er seinen Kopf unter dem Tisch hervor und flüsterte seinen Kameraden einige Worte zu. Den vier Kartenspielern lief es augenblicklich eiskalt über den Rücken; vor Schrecken wie gelähmt starrten sie den Fremden an, wußten sie doch, daß der leibhaftige Teufel unter ihnen sitzt.

Kaum seiner zitternden Glieder mächtig, eilte der Kreuzwirt zum Benefiziaten Weißbach, dem bekannten Geisterbanner und Teufelsbeschwörer, der bald mit einem großen Buch im Kreuzwirtshaus erschien. Als er die Gaststube betrat, wollte der Teufel das Weite suchen. Doch blieb er wieder sitzen. Lange Zeit schon hatte Benefiziat Weißbach aus seinem Buch gebetet, aber der Teufel machte keinerlei Anstalten seinen Platz zu räumen. Ja, jetzt begann er, dem Priester, der ein Leben wie ein Heiliger führte, Sünden vorzuwerfen: er habe einmal als Kind seiner Mutter ein Ei gestohlen, auch sei er über ein Saatfeld gelaufen. Weißbach aber wußte beide Anschuldigungen zu verteidigen, indem er entgegnete, „mit dem Ei habe er Papier gekauft, um Gottes Wort zu schreiben und durch das Saatfeld habe er seinen Weg genommen, um einem Sterbenden noch rechtzeitig die heilige Wegzehrung zu bringen." Alle Bemühungen des Teufels, die geisterbannende Kraft des Priesters zu schwächen, blieben erfolglos. Und als dieser endlich in Kreuzesform Weihwasser spritzte, verschwand der Höllengeist, einen abscheulichen Schwefelgeruch hinterlassend. Er floh in südlicher Richtung zum sog. Kellerhäusl beim Lindenbaum. Das Buch mit den Geisterbannformeln.

Andere erzählen von Weißbach: als er fühlte, daß sein Ende nahte, rief er an sein Krankenbett seinen Vertrauten, einen alten Mann. Diesen bat er, das Buch mit den Beschwörungs- und Geisterbannformeln in die Fichtelnaab zu werfen. Der alte Freund aber war neugierig auf das Buch und trug es vorerst in seine Wohnung. Als er bald darauf wieder beim Benefiziaten erschien, erschrak er sehr, als der Priester ihm sagte, er könne nicht eher sterben, bis das Buch die Fluten des Wassers begraben hätten. Ohne weitere Zögerung erfüllte nun der Freund den letzten Willen von Weißbach und nach wenigen Minuten stand er wieder am Krankenlager des Priesters, dem er jetzt erzählte, wie die Fluten über das Buch zusammenschlugen und sie unheimlich rauschten.

Weißbach wußte seinen Todestag

Von Weißbach geht auch die Sage, daß er die Zeit seines Sterbens bereits Jahre zuvor wußte. Als er an seinem Todestag (18.12.1818) das letztemal eine Messe gelesen hatte, sagte er seinem Ministranten Faustin Bauer, er werde heute noch sterben und überreichte diesem eine Summe Geld mit dem Auftrag, damit die Begräbniskosten zu decken.

Sein Grab wurde geöffnet

Im Erbendorfer Friedhof, der einst um die Stadtpfarrkirche ging, ruhen die Gebeine des frommen Priesters. Eines Morgens, ungefähr ein Jahr nach seinem Tod (6.11.1819), fanden Kirchenbesucher das Grab geöffnet. Allerhand Gruseliges erzählte man sich daher einige Tage von dem verstorbenen Benefiziaten, bis sich endlich herausstellte, daß neugierige nachts sein Grab öffneten. Weißbach hatte nämlich zu Lebzeiten öfter den Wunsch geäußert, man solle ihm einst seine heiligen Bücher mit in den Sarg geben. Das war auch geschehen. Einige aber glaubten, in diesen Büchern gar Wunderbares zu finden und faßten den Entschluß, den Sarg aufzubrechen.

Die Kirchturmglocke hatte eben die Mitternachtsstunde geschlagen, als diese Grabräuber darangingen, das Grab Weißbachs auszuschaufeln. Schon waren sie bis auf den Sarg gestoßen, da sprang plötzlich dessen Deckel. Der Verstorbene erhob die rechte Hand und mit dem Zeigefinger gab er den Störern seiner Grabesruhe eine Warnung zu verstehen. Erschrocken eilten diese davon, ohne das Grab wieder zu schließen.

So erzählt die Sage von Weißbach.

Wenn auch diese Geschichten dem Reich der Sage angehören, so entbehren sie doch nicht ganz der geschichtlichen Wahrheit. Jedenfalls wurde das Grab von Benefiziat Weißbach am 6. November 1819 aufgebrochen. Trotz eifriger Nachforschungen konnten die Täter nicht ermittelt werden.

Ein Geistlicher bannte den Teufel

In der Nähe vom Rauhen Kulm, aber schon im Oberfränkischen drüben, so in der Richtung auf die alte Stadt Creußen zu, so kurz nach 1800. Da saßen drei Saufbrüder bis spät in die Nacht beisammen und führten gotteslästerliche Reden. Um Mitternacht kamen sie auf den vermessenen Gedanken, mittels eines Zauberbuches den Teufel herzubeten. 1)

Der Gerufene ließ auch nicht auf sich warten. Mit abscheulichem Gestank füllte er alsbald den Raum, ein kurzes Rumoren im Ofen und der Teufel, in Gestalt eines grauen Männleins 2), stand in der Stube, die Frevler höhnisch angrinsend. Wie nun diese sahen, was sie angestellt hatten, waren sie zu Tode erschrocken und ergriffen die Flucht, der Großmäuligste sogar durch ein Fenster unter Mitnahme des Fensterkreuzes.

Alsbald verbreitete sich im Ort die Schreckenskunde von der Anwesenheit des Teufels und als man das herausgebrochene Fenster wahrnahm und die drei „Teufelsherbeter" auch nirgends mehr zu sehen waren.

Deshalb raunten sich die Bewohner schaudernd zu, der Teufel habe sie bei lebendigem Leibe in die Hölle hinabgeholt. Nach und nach packte die Leute die Furcht immer mehr und sie drangen in ihren Pastor, den Teufel, der keine Anstalten machte, wieder in sein ursprüngliches Reich zurückzukehren, doch zu verbannen. Der Pastor versuchte es, aber der Teufel lachte ihn nur aus und warf ihm überdies noch ein gesalzenes Sündenregister an den Kopf. Nun bestürmten die geängstigten Menschen den Pfarrer eines Nachbardorfes, ihnen doch zu helfen. Auch dieser versuchte es, aber es ging ihm nicht besser, wie dem Pastor. In der höchsten Not wußte eine alte Bettlerin einen Rat: „In einem ziemlich weit entfernten Pfarrdorfe - dessen Namen sie nennt 3)- wohne ein frommer, neugeweihter Priester, der sicher helfen könne. Wenn der den Teufel nicht wegbringe, dann dürften sie gewärtig sein, ihn überhaupt nicht mehr wegzubringen." Man schickte nach diesem Pfarrer. Schweren Herzens entschloß sich der Geistliche, zu helfen und kam mit. Bei seinem Erscheinen zuckte der Teufel merklich zusammen und wurde unruhig, blieb aber sonst stumm. Der Geistliche kümmerte sich auch nicht weiter um den Teufel, sondern stellte eine leere Glasflasche auf den Tisch und begann in einem Buch zu lesen. Während des Lesens schrumpfte der Teufel mehr und mehr zusammen und fuhr schließlich mit einem hörbaren Seufzer in die Flasche. Daraufhin beendet der Geistliche das Lesen, verschloß das Glas, nahm das bisher zu Füssen des Teufels gelegene Zauberbuch an sich und band den eingefangenen Bösen an die Rückseite einer bereitgestellten Kutsche. Dann setzte sich der Priester in den Wagenfond, gab dem Kutscher die Weisung, die Pferde, die mit einem Mal kaum mehr zu zügeln waren, laufen zu lassen, soviel sie wollen und wohin sie wollen. In sausender Fahrt - es war, als ob die Pferde und Wagen den Boden kaum berührten - ging es nun dahin und bald war das Ziel, der Rötelweiher in der Oberpfalz 4), der damalige Verbannungsort aller unreinen Geister, erreicht. Am Ausfluß des Rötenbaches aus dem Weiher blieben die Pferde stehen. Der Geistliche ließ den Wagen wenden, nahm den gefangenen Teufel, warf ihn in weitem Bogen in den Weiher und schleuderte das Zauberbuch hinterher. Dann befahl er dem Kutscher, schleunigst abzufahren. Beim Zurückschauen bemerkte er noch, wie das Wasser aufkochte und unter Brausen, Zischen und Gurgeln eine turmhafte Wassersäule aufstieg und wieder in sich zusammenstürzte. Aus der Tiefe drang ein vieltausendstimmiges, ohrenbetäubendes Heulen, Brüllen und Schreien, ein Sturm umtobte die Kutsche und nur unter Aufbietung aller Kräfte gelang es dieser, dem Bannkreis der Hölle unbeschädigt zu entkommen. Wohlbehalten, wenn auch schwer mitgenommen, landeten schließlich der Pfarrer, der Kutscher und die Pferde wieder zu Hause und wie von einer schweren Last befreit, atmete alles auf. Zur allgemeinen Überraschung kamen nun auch die schon verloren geglaubten Teufelsbeschwörer wieder aus ihrem Versteck hervor. Da sie inzwischen sehr kleinlaut geworden waren, trug man ihnen ihre böse Sache nicht weiter nach.

J. G. Kraus, der Erzähler dieser Geschichte, hat diese oft in seiner Jugend von dem alten Knecht, dem Hannsl, gehört. Wenn Kraus an dieser Geschichte zweifelte, so hatte ihn der alte Hannsl ihn angefahren: „In söchern Sachen lügt ma net, merk Dir dös, dummer Bua." Seit dieser Zeit glaubte auch Kraus sie, denn der Hannsl war auf dem Gebiet der Geister-, Teufel- und Räubergeschichten eine Autorität. Er hofft, daß der interessierte Leser die Geschichte auch glaubt...

1) „Teufelsherbeten"ist nicht besonders schwer, denn man braucht nur die Beschwörungsformel lückenlos herunterlesen aus dem Zauberbuch, verhältnismäßig schwerer ist das „Teufelswegbeten", weil man da die ganze Zauberformel fehlerfrei rückwärts lesen muß.

2) Unter dieser Maske erscheint der Teufel in der Regel, den ihm anhaftenden Bocksfuß versucht er dabei möglichst zu verbergen. Vielfach trägt er auch dazu noch einen spitzen Hut mit Feder, seinen Weg nimmt er regelmäßig durch den Kamin.

3) Es dürfte sich bei diesem Geistlichen um den Benefiziat Weißbach handeln, der von 1801 bis 1818 in der Pfarrei Erbendorf wirkte. (Siehe vorhergehende Geschichte).

4) Nach der Sage ist (war) der Rötelweiher (s. Seite 25) unergründlich tief und steht mit der Hölle in Verbindung

Ein Gedenkkreuz für den Mord
an Michl Würfel aus Paßenrieth

Ungefähr 300 m von den drei Handkreuzen (siehe S. 32) entfernt, steht ein Gedenkkreuz mit der Aufschrift: „Zur Erinnerung an die Mordtat des Michl Würfel von Paßenrieth 1863 gewidmet von dessen Sohn Johann Würfel 1882," so lesen wir auf dem Feldkreuz im Elmwald. Mancher Wanderer mag sich vor diesem Marterl gefragt haben, ob Würfel der Name des Mörders oder des Opfers war.

Angeblich soll ein Bauer ein Paar Zugochsen auf den Viehmarkt getrieben haben. Nachdem er sie gut verkauft hatte, ging er ins Wirtshaus. Er trank und prahlte mit seiner vollen Brieftasche, die er öfters vorzeigte und in der er die Geldscheine durchblätterte. In feuchtfröhlicher Stimmung trat er kurz vor Mitternacht die Heimreise an. An der Stelle, wo der Gedenkstein steht, wurde er erschlagen und ausgeraubt. Eine andere Schilderung lautet: Hier hatte sich der Xantenbauer aus

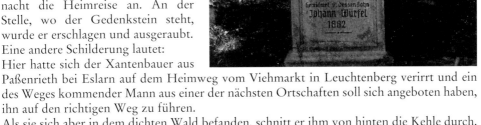

Paßenrieth bei Eslarn auf dem Heimweg vom Viehmarkt in Leuchtenberg verirrt und ein des Weges kommender Mann aus einer der nächsten Ortschaften soll sich angeboten haben, ihn auf den richtigen Weg zu führen.

Als sie sich aber in dem dichten Wald befanden, schnitt er ihm von hinten die Kehle durch. Der Mord blieb lange ungesühnt. Mit unwiderstehlicher Gewalt zieht es bekanntlich den Mörder an den Ort seiner Tat zurück. Und nach Jahren machte sich von Kaimling aus, wo er gezecht hatte, ein Mann mit einem „üblen Rufe" in später Nacht unter gräßlichen Flüchen und Verwünschungen auf den Heimweg und schwur, daß er über die drei Handkreuze zur Mordstelle gehe. Als er sich dem Ort seiner Tat näherte, soll ihm der Teufel aufgehockt sein und ein fürchterlicher Kampf sich entsponnen haben, in dessen Verlauf der Mörder die Büsche aus der Erde riß, den Boden mit den Händen zerwühlte und

125

leblos liegen blieb. Als man ihn fand, soll er am Rücken und Hals schwarze Würgemale und klauenähnliche Brandflecken gehabt haben.

Noch am gleichen Tag, auf dem Sterbebett, hatte er seine ruchlose Tat eingestanden und damit sein Gewissen erleichtert.

Der Teufelsstuhl bei Theisseil (Weiden)

Ernst schaut das Grün der Fichten- und Tannenwipfel vom Fischerberg einem entgegen, wenn man ungefähr eine halbe Stunde den Weg von Weiden nach Theisseil geht. Inzwischen wieder lächelt einem das hellere Grün der Brombeer- und Himbeersträucher an. Mitten unter diesen sieht düster ein Felsen herab, der jetzt Teufelsfelsen genannt wird, vor Jahren jedoch Teufelsstuhl hieß.

Von diesem wird erzählt: An demselben Tag, an dem das Burgfräulein in Leuchtenberg eingemauert wurde, fuhr um fünf Uhr früh ein Fuhrmann von Theisseil nach Weiden. Als er die Hälfte Wegs hinter sich hatte, kam ein Mann, dunkel gekleidet, mit spitzem Kinn, großen, schwarzen Augen und Geißfüßen auf ihn zu und fragte: „Hab' ich noch Zeit, eine Mahlzeit einzunehmen? Ich muß bis acht Uhr in Leuchtenberg sein und jetzt ist es fünf Uhr." Der Fuhrmann erkannte sofort die mystische Gestalt und erwiderte: „Wenn Sie über Stock und Stein laufen können, sind Sie in einer halben Stunde dort, über Vohenstrauß brauchen Sie vier Stunden und über Bechtsried zweieinhalb."

Der Fremde bedankte sich und verschwand. Der Fuhrmann trieb, so schnell er konnte, die Pferde an und fuhr davon. Bevor er an das untere Stadttor Weidens kam, trat ein hübsches Mädchen auf ihn zu und fragte: „Wie weit ist es nach Leuchtenberg?" „Wenn Sie laufen, sind Sie in zweieinhalb Stunden droben." „Danke," sagte das Mädchen und eilte schnell weiter.

Um 19 Uhr 45 kam das Mädchen, das ein Engel war und die Seele des Burgfräuleins holen sollte, in Leuchtenberg an, als eben der Teufel vom Teufelsbutterfaß (s. Seite 144), wo er eine Mahlzeit zu sich nahm, abging und erst um 21 Uhr 15 in Leuchtenberg ankam.

Inzwischen war die Seele des Burgfräuleins schon gerettet.

Der Teufel, über die Narretei sehr erbost, lief wieder zurück zum Teufelsstuhl und wartete auf den Bluffer, um sich zu rächen. Den ganzen Tag über lauerte er schon; aber der Bauer kam nicht, obgleich die Nacht nahte. Als die Glocken von Weiden „zwölf" schlugen, hörte der Teufel einen Peitschenknall. Er guckte auf und erkannte den Fuhrmann. Er wollte nun von seinem Sitz weg, aber er konnte nicht, weil er wegen seiner Leichtsinnigkeit für zwei Tage zur Strafe von Luzifer auf den Felsen gebannt war und nur durch Zurufen des Wortes „Lügner" vermochte er sich zu rächen.

Seit dieser Zeit kann man alltäglich um Mitternacht vom Teufelsfelsen herab den Ruf „Lügner" hören.

Die Teufelskanzel bei Illschwang

Einst kam ein Glaubensbote nach Illschwang und verkündete den Bewohnern das Evangelium. Seine Worte machten auf alle, die zugegen waren, einen tiefen Eindruck. Sie bekehrten sich, ließen sich taufen.

Dies sah der Teufel mit großer Wut. Er versuchte, dem Wort Gottes entgegenzuwirken. Auf einem hohen Felsen im Wald schlug er seine Kanzel auf. Hier predigte er zur Nachtzeit mit weithin schallender Stimme. Alles lief ihm zu, denn seine Lehre bestand darin, daß die Leute gut essen und trinken und nur den Vergnügungen der Welt nachjagen sollten. Dabei unterließ er nicht, seine Zuhörer mit Haß gegen den Glaubensboten zu erfüllen. Und die leichtgläubigen Heiden ließen sich von ihm verleiten. Eines Tages, als der Glaubensbote wieder das Wort Gottes verkünden wollte, stürzten sich dieselben mit gezückten Waffen auf ihn.

Aber mit hocherhobener Hand hielt ihnen der Diener Gottes das Kruzifix entgegen. Da wurde plötzlich ihr Haß in Liebe verwandelt. Alle fielen auf die Knie, bereuten ihre Schuld und ließen sich taufen. Auf der Teufelskanzel aber stieg Feuer auf. Unter Sausen und Brausen zog der Teufel von dannen. Nie mehr ließ er sich sehen. Bald darauf bauten die Bekehrten die Kirche in Illschwang. Fast genau gegenüber dem Felsen, den der Teufel als Kanzel benützt haben soll.

Die sog. „Teufelskanzel" gegenüber der Illschwanger Kirche (Kreis Amberg-Sulzbach).

Der Teufelsstein bei Vilseck

In der Nähe von Vilseck am Kreuzberg in Richtung Hasselberg sieht man einen riesigen, nahezu quadratischen Felsblock. Mit etwas Fantasie kann man die Abdrücke von Krallen an den beiden Seiten entdecken. Eine Vertiefung in der Mitte ist auch mit Fantasie sichtbar. Niemand anders als der Teufel selbst soll diesen Stein herabgeschleudert haben.

Als man in Vilseck die Kirche baute, war der Teufel heftig ergrimmt, daß man hier abermals ein Gotteshaus errichtete und er beschloß, trotz seiner oft mißlungenen Versuche an anderen Orten, diese Kirche, bevor sie vollendet wurde, zu zerstören. Er kam von weither mit einem riesigen Stein. Als er schließlich rasten mußte, kam ein Bauernmädchen des Weges, welches das zerrissene Schuhwerk ihres Hofes zu einem Schuhmacher zur Ausbesserung bringen wollte. Der Teufel erkundigte sich bei der Magd, ob es noch weit nach Vilseck sei. Die Magd hatte inzwischen den Teufel an seinem Bocksfuß erkannt und sagte naiv: „Es sei noch sehr weit dahin, denn sie habe auf dem Weg von dort alle diese Schuhe zerrissen." Der Teufel war darüber so erbost und entmutigt, daß er den riesigen Stein zu Boden warf und liegen ließ.

So wurde die Pfarrkirche zu Vilseck durch die List eines Bauernmädchens gerettet.

Über diesen Teufelsstein gibt es noch eine weitere Version. Bekanntlich ist der Vilsecker Kirchturm sehr spitzig geraten; das war dem Teufel schon längst ein Dorn im Auge, denn auf seinen Fahrten durch die Luft hatte er sich an dieser Spitze schon mehrmals die Hose zerrissen. Er beschloß deshalb, den Turm einzuwerfen und schleppte zu diesem Zweck aus einem fernen Land einen mächtigen Stein herbei, den er auf dem Kopf trug und mit seinen Tatzen festhielt. Als er den Stein über den ziemlich steilen Kreuzberg hinaufgetragen hatte, was ihn manchen Schweißtropfen kostete, begegnete ihm eine alte Frau, welche auf dem Rücken eine „Kirm" (Tragkorb) trug, in der sich eine große Anzahl zerrissener Schuhe befand. „Na, Weiberl" fragte der Teufel, „wia weit is denn no af Vilseck?" „O mai", entgegnete die Gefragte. „Schauts nur her, dia Schuach in meina Kirm hob i all z'rissen von Vilseck bis doher." „So," sagte der Teufel, „nachher soll a Anderer den Kirchaturm einscheiß'n." Mit diesen Worten warf er den Stein mit solcher Wucht auf den Boden, daß Stücke davon absprangen, die noch herumliegen. Auf der Oberfläche des Steines sind noch heute die Eindrücke des Kopfes und der Tatzen des Teufels erkennbar. Jene alte Frau aber war niemand anders, als die hl. Maria, welche die Absicht des Teufels wohl durchschaute und den Vilsecker Kirchturm zu retten versuchte. So diese Sagen-Version.

Bei diesem Teufelsstein trug sich 1863 ein heiteres Stücklein zu. Damals waren in Vilseck drei Studenten, welche am Gymnasium bzw. an der Lateinschule in Amberg studierten. Diese drei machten einmal an einem schönen Augstmorgen im Jahre 1863 während der Herbstferien einen Spaziergang zum Teufelsstein. Bot sich doch von einem in nächster Nähe des Steines stehenden Marterl aus ein herrlicher Blick über Hahnbach bis nach Amberg, dessen mächtiger Martinsturm aus weiter Ferne emporragt, sowie auf den weit bekannten Mariahilfberg mit seiner schön geformten Kirche und die Wallfahrtskirche Fronberg bei Hahnbach sowie den Annaberg bei Sulzbach. Am Fuße des letzten fanden um

Der „Teufelsstein" am Kreuzberg bei Vilseck. Oben soll man noch Abdrücke vom Kopf und den Pfoten des Teufels erkennen.

jene Zeit gewöhnlich Schießübungen des in Sulzbach garnisonierten Bataillons des 6. Infanterie-Regiments statt und man hörte die Schüsse gar heftig herüberknallen, woran sich die drei Studenten vergnügten. Als sie wieder an den Teufelsstein zurückkamen, sprang einer von ihnen plötzlich auf den Stein und forderte mit erhobener Stimme den Teufel auf, augenblicklich einen Sack mit 100 000 Gulden auf seinen Stein zu legen.

Wer aber beschreibt das Entsetzen des jungen Beschwörers, als es nach seinen Worten im nahen Gebüsch raschelte und der Kopf einer Geiß sich zeigte? Runter vom Stein und hin zu seinen Kameraden war eins! Die letzteren stutzten zwar anfangs auch ein wenig, brachen aber dann in ein unauslöschliches Gelächter aus, als nun eine Geiß vollends auf die Waldlichtung heraustrat und hinter ihr eine bekannte alte Taglöhnerswitwe aus Vilseck, welche dürres Holz und „Schwammerln" sammelte und dabei ihre Geiß zum „Grosn" mitführte. In Vilseck wurde diese Geschichte natürlich bald bekannt und das Studentlein gar arg gehänselt! Diese drei Studenten sind bereits längst verstorben, einer war Kooperator in Reisbach, ein anderer praktischer Arzt in Kastl und der Dritte, aber, eben jener „Teufelsbeschwörer" war Steuerinspektor in München, von ihm stammt auch diese Geschichte.

Der Schmied von Eschenfelden bannte den Teufel

Den Schmied von Eschenfelden plagten die Teufel sehr. Wie er sich ihrer gar nicht mehr erwehren konnte, bannte er sie durch ein Schlüsselloch zu einem großen Hopfensack, den er vor das Loch hielt. Dann nahm er den Sack mit den Teufeln, trug ihn in die Schmiede, legte ihn auf einen großen Amboß und schlug mit seinem größten Hammer unbarmherzig auf den Sack.

Kann man sich denken, daß dabei den Teufeln in dem Sack nicht wohl war. Sie verwandelten sich in Flöhe, krochen als Läuse in die Nähte des Sackes, aber es half ihnen wenig. Der Hammer des Schmiedes traf sie doch.

Als alle ihre Höllenkünste nichts halfen, fingen sie recht erbärmlich zu winseln und zu jammern an. „Bring uns doch nicht alle um!" flehten sie. „Laß wenigstens einen von uns am Leben!" Der Schmied hatte Erbarmen, machte den Sack auf und ließ alle los bis auf einen, der ihn besonders geplagt hatte. Diesen hielt er im Sack fest, huckelte ihn auf und trug ihn samt dem Teufel in den Wald. Auf dem Weg sprach der Schmied immerzu geheimnisvolle Zauberformeln. Mitten im Wald öffnete er dann den Sack, nahm den schwarzen Teufel in seine gewaltigen Schmiedefäuste, setzte ihn auf eine Föhrenzwiesel und zwängte ihm den Schwanz so fest in eine Astspalte, daß der arme Teufel nicht mehr los konnte. Der Schmied ging dann zufrieden nach Hause und kümmerte sich nicht um das Geplärr und Gejammer des Teufels.

Dieser wäre natürlich vor Hunger und Schmerz im Wald elendiglich zugrunde gegangen. Er war auch wirklich alle Tage weniger geworden. Und schließlich war er so dünn, daß die Sonne ihn durchscheinen konnte. Da kam gerade einer von den Teufeln vorbei, die der Schmied aus dem Sack gelassen hatte. Als er sah, daß sein Kumpan fast am Sterben war, lief er sofort nach Futter und brachte ihm allerlei ekliges Zeug, wie Aasfliegen, Eidechsenschwänze, Ottern usw.

Der andere fraß das alles gierig in sich hinein und kam so wieder zu Kräften. Und schließlich half ihm der andere auch aus der Föhrenzwiesel heraus. Am liebsten hätten die beiden nun den Schmied geholt und ihn in die unterste Hölle geschleppt. Aber sie hatten Hammer und Amboß noch nicht vergessen! So ließen sie den Schmied in Ruhe, suchten das Weite und trachteten der Hölle zu.

Der Teufelsfelsen bei Napfberg im Steinwald

Etwa drei Minuten entfernt von der Ortschaft Napfberg (bei Friedenfels) liegt in einem Tal des Steinwaldes ein mächtiger Granitblock, der „Teufelsfelsen" genannt. (In Napfberg ist ein Hinweisschild angebracht) Von ihm erzählt die Sage, daß ihn der Teufel vor langer Zeit mittels einer um den Stein gewundenen Kette, deren Eindrücke heute noch in dem Felsen

Der riesige „Teufels-Stein" bei Napfberg im Steinwald.

zu sehen sind, an diesen Platz geschleppt habe. Dieser Teufelsstein mit seinen pfannenförmigen Vertiefungen und Abflußrinnen dürfte einstmals unseren heidnischen Vorfahren als Kultstätte für ihre Hahn- und Pferdeopfer gedient haben.

Geister- und Teufelsgeschichten von der Burg Stockenfels

Wer den Namen Stockenfels hört, denkt unwillkürlich an die Sagen von den Bierbrauern und Wirten, die auf diese Burg verbannt sein sollen. Da gerade diese Sage allgemein bekannt ist, sei sie hier kurz festgehalten (siehe auch Titelbild).
Auf Stockenfels müssen allnächtlich um die Geisterstunde all die Brauer, Wirte und Wirtinnen, Kellner und Kellnerinnen durch harte Arbeit büßen, was sie sich bei Lebzeiten zuschulden kommen ließen. Da sitzt drunten beim Kellerwasser ein geschwänzter und behörnter junger Teufel und schöpft ein. Auf den Treppenabsätzen und Leitersprossen auf-

wärts bis zum Turmgemach sitzen die Missetäter und händeln sich die vollen Eimer zu. Oben aber sitzt der Oberteufel und schüttet die Gefäße wieder aus. Daher kommt es auch, daß die Täler zu beiden Seiten von Stockenfels im heißesten Sommer wie im kältesten Winter nicht trocken werden und die vier Kuchelpfalterweiher im Tal westlich der Burg stets wasserreich sind. Erst, wenn jeder der Verbannten soviel Wasser geschöpft hat, als er früher ins Bier geschüttet, kann er auf ewige Ruhe rechnen. Von den Wirten, Wirtinnen und Kellnerinnen sind aber die auf Stockenfels, die den Gästen nicht das volle Maß gaben oder beim Einschenken den Daumen im Krug ließen eingedenk des Sprichwortes: „Hundert Daumen sind auch eine Maß":

Wer ist denn nun von bekannten Persönlichkeiten des Brau- und Wirtsgewerbes auf Stockenfels? Zunächst der dicke Bräuer von Regensburg und der Podagrawirt von Haag. Gerade diesen beiden fällt wegen ihrer Behäbigkeit die Arbeit besonders schwer, weshalb sie von Zeit zu Zeit recht greulich fluchen. Von den verbannten Wirtinnen und Kellnerinnen sind zu nennen die Wirtin von Steinweg und die von Ebnath, von den Kellnerinnen eine aus dem Münchner Hofbräuhaus und eine aus Regensburg; letztere war gebürtig aus Reinhausen.

Die Geister- und Teufelsburg Stockenfels am Regen.

Ein Holzmacher aus Stefling wurde einst von seinem Herrn nach Burglengenfeld geschickt. Er trank dort etliche Maß, verspätete sich und mußte bei stockfinsterer Nacht durch den Schwarzenbergforst heimwärts gehen. Er verirrte sich und stand plötzlich vor einem Gebäude, aus dem ein Geräusch kam, das auf Kegelschieben schliessen ließ. Während er nachdachte, wie er sich nur habe so verlaufen können, hörte er einen schreien: „Pfleger von Aufhausen, Dich triffts setz' auf!"

Wie gehetzt eilte da der Holzhauer den Berg hinab und regenaufwärts heim, denn er wußte nun, wohin er geraten war. Er lag an den Folgen des Schreckens lange Zeit krank darnieder und erzählte bis zu seinem Tod sein Erlebnis. Er beschwor dabei jedesmal die Wahrheit seiner Aussagen. Der Pfleger von Aufhausen soll in der Tat ein arger Bauernschinder gewesen sein, der noch keine gänzliche Verzeihung seiner Verbrechen erlangen konnte.

Böse Geister befanden sich einst im ganzen Lande, so daß die Leute oft viel Furcht und Schrecken ausstehen mußten. Diese Geister fürchteten nur geweihte Sachen und Personen. So hatte einmal ein Bäuerin ihre 8 jungen Schweine gefüttert und sah jedesmal ein 9., und zwar ein kohlschwarzes, mitfressen. Sie ließ den Pfarrer holen. Dieser las stundenlang aus einem geweihten alten Buch, bis ihm der Schweiß auf die Stirne trat. Danach wurde das fragliche Schwein immer kleiner und verwandelte sich schließlich in ein kleinwinziges Käferchen. Dieses sperrte der Geistliche in ein Zündholzschächtelchen und versiegelte es mit dem Wachs einer geweihten Kerze. Ein junger Bursche wurde beauftragt, das Schächtelchen nach Stockenfels zu bringen und es dort über den Kopf rückwärts zum Burgtor hineinzuwerfen. Ausdrücklich war es ihm verboten, das Schächtelchen zu öffnen. Der Bursche machte sich mit dem gefangenen Geist im Rucksack auf den Weg. Der Rucksack wurde aber immer schwerer. Schweißtriefend kam der Träger bei den Weißenhöfen an. Jetzt konnte er seine Neugier nicht länger bezähmen. Trotz des Verbotes öffnete er das Schächtelchen und - das Käferchen flog davon. Froh, die unheimliche Sache los zu sein, trat der Bursche den Heimweg an. Daheim aber fraß schon wieder das neunte, schwarze Schwein mit den anderen aus dem Futtertrog. Nochmals mußte der Geistliche g rufen werden; diesmal ging die Beschwörung noch schwerer. Ein weniger neugieriger Mann brachte das gefangene Käferlein glücklich nach Stockenfels, warf es ohne umzublicken zum Tor hinein und eilte heimwärts. Seitdem wurde das schwarze Schwein nimmer im Stall gesehen.

Kartenspiel mit dem Teufel im Mariental am Regen

Allbekannt ist das idyllisch gelegene Gasthaus Mariental am Regen. Ihm gegenüber, am rechten Ufer des Flusses, erhebt sich an der waldigen Bergwand die sagenumwobene Ruine der ehemaligen Ritter- und jetzigen Geisterburg Stockenfels. Denn dort hausen die verwunschenen Bierbräuer, welche verschiedentlich ihre Zunfttage, richtiger, Zunftnächte, halten, wobei es sehr zünftig zugehen soll. So heißt es in der Sage.

Im Mariental liegen ausgedehnte, schöne Staatswaldungen. Sie zu besichtigen, kam vor Jahren einmal ein Forstrat mit seinem Aktuar dorthin, welche beide sich im Gasthaus Mariental einquartierten.

Nach der Inspektion war am Abend eine größere Gesellschaft von Forstleuten dort versammelt und selbstverständlich kam die Rede auch auf das alte Geisternest Stockenfels und auf verschiedenen Spuk. Es ging schon nahe an Mitternacht, als sich die Gesellschaft der Grünröcke und Knasterbärte trennte und die zwei bereits erwähnten Herren ihre Zimmer zur Ruhe aufsuchten.

Es war eine herrliche Sommernacht und vom Licht des Vollmondes silbern überflutet, leuchtete das alte Gemäuer der Ruine aus dem Waldesdunkel hervor. Diese romantische Aussicht betrachtete der Forstrat längere Zeit, ehe er die Fenster schloß.

Nach vielleicht einer Stunde wurden plötzlich die Wirtsleute und der Aktuar geweckt durch einige Schreckensrufe, welche aus dem Schlafzimmer des Forstrates drangen. Sie machten Licht und eilten in das Zimmer, das zum Glück unversperrt war.

Den Eintretenden bot sich folgendes Bild. Schweißtriefend und mit kreidebleichem Gesicht saß der Forstbeamte im Bett, in der Hand drei Spielkartenblätter haltend und halb schlaftrunken ächzte er unzusammenhängende Sätze.

Endlich beruhigte er sich und erzählte den Fragenden, ihm hätte geträumt, der Teufel spiele mit ihm um seine Seele Karten. Er habe das Spiel verloren und als der Gehörnte eben Besitz von dem Einsatz nehmen wollte, sei er, der Träumende, mit einem Schrei erwacht. Sein Schrecken habe sich erst recht verstärkt, als er beim Mondlicht sah, daß sich tatsächlich drei Kartenblätter in seiner Hand befanden. Wie konnte das geschehen?

Man stellte Vermutungen an. Die Wirtin sagte, daß, als sie das Bett zurecht richtete, allerdings ihr vierjähriges Töchterlein mit im Zimmer war. Möglich wäre es, daß das Kind einige alte Spielkarten gehabt hätte, welche es vielleicht in das Bett geschoben habe.

Die Sache klang sehr wahrscheinlich. Im Traum hatte anscheinend der Schläfer diese Karten in die Hand bekommen und war ihm erst dadurch dieses spukhafte Traumgebilde seiner durch die vergangenen Gespräche aufgeregten Fantasie vorgegaukelt worden. Anders ließ sich die Sache wohl nicht erklären.

Im Anschluß an dieses Erlebnis hat der Forstrat in aller Zukunft stets sein Bett vor dem Schlafengehen nach Spielkarten abgesucht, um Gewißheit zu haben, nicht wieder solch höllischen Haferltarok zu machen. Auch habe er in Mariental nie mehr übernachtet.

Das Muttergottesbild und der Teufel

Die Schönseer hatten das Muttergottesbild aus der Kirche zu Stadlern in die Pfarrkirche nach Schönsee gebracht. Doch am nächsten Morgen befand sich das Bild zum Erstaunen der Bevölkerung wieder in Stadlern. Noch mehrmals holten die Schönseer das Bild, doch immer wieder kehrte es an seinen alten Ort zurück. Während der letzten Rückwanderung hatte sich die Muttergottes unter eine Haselstaude gesetzt, um Rast zu halten, schlief aber dabei ein. Schon hatte der Teufel sie bemerkt und sich ihr genähert. Da liefen einige Eidechsen der Gottesmutter über Hände und Gesicht, um sie zu wecken und zu warnen. Rasch flüchtete sie und erreichte gerade noch die Kirche Mariä und des Teufels Fußspuren kann man noch heute deutlich im harten Granit eingedrückt am Stadlerner Berg erkennen. Die Eidechse aber gilt seither als heiliges Tier und niemand kann unter einer Haselstaude vom Blitz getroffen werden.

Die sieben Teufelsbeschwörer aus Stefling

Im 19. Jahrhundert hausten auf Haus Nr. 21 in Stefling sieben Brüder. Sie waren alle unverheiratet und von Beruf Weber. Da nun ein jeder lieber den Maßkrug leerte, als das Weberschifflein schwang, kam es, daß die alten Webstühle die meiste Zeit still standen. Wenn aber wenig eingenommen und viel ausgegeben wird, so ist es bekanntlich um den Säckel schlecht bestellt. Tag und Nacht beschäftigte sie deshalb der Gedanke: „Wie könnten wir auf leichteste Weise viel Geld verdienen?" Welchen Weg des Geldverdienens sie wählten, sagt uns folgende Geschichte aus dem Volksmund:
Die sieben Weberbrüder kamen eines Abends wieder mit leeren Taschen und blödgesoffenen Köpfen vom Wirtshaus heim. Da kam einem von ihnen der Gedanke, sich dem Teufel für viel Geld zu verschreiben (verkaufen). Von Urgroßvaters Zeiten her war nämlich ein altes Zauberbuch da. Das enthielt gar absonderliche Formeln und Teufelsbeschwörungen. Auf die eigene Stube wollte man sich den Leibhaftigen (Teufel) aber doch nicht laden und so entschloß man sich, die Zeremonien auf Haus Nr. 7 in Hängersbach vorzunehmen (später im Besitz der Familie Humbs, dieses Anwesen war damals anscheinend zum Teil verfallen und unbewohnt). Hier war es ohnehin nicht geheuer und so hoffte man vor allem an diesem Ort auf Erfolg.
Genau den Weisungen des Buches folgend, fuhren die Brüder allmitternächtig im Kahn über den Regen zu dem genannten Haus. Neun Nächte, hieß es, müsse man aus dem „Teufelsbuch" lesen, dann erschiene der Gehörnte in höchst eigener Person und brächte einen „Stümpfel" Geld mit. Dafür aber sei ihm eine Seele zu eigen! So kam die neunte Nacht heran. Die Weber betraten den Kahn und schoben ihn in raschen Stößen dem anderen Ufer zu. Jetzt wollten sie die wichtige Sache einem silberklingenden Ende zuführen. Schwarze Wolken zogen gespenstisch am Nachthimmel dahin. Als droben im Wald der unheimliche Ruf eines Käuzchens ertönte, zog es doch dem einen oder anderen die Haare zu Berge. Aber warum umkehren, wenn der Lohn so nah? So lasen sie wiederum wie all' die Nächte vorher ihre geheimnisvollen Kapitelchen zu Ende, als mit dem Schlag 24 Uhr ein furchtbarer Lärm einsetzte. Es klang, als ob alle Felsen auf das Dach herniederstürzten, 100 Stimmen schrien, kreischten, lärmten und fluchten. Die Stube durchzuckten Schwefelblitze. Tische, Bänke, Boden, Wände und Decke wimmelten von ungezählten schwarzen Hirschkäfern. Inmitten der Stube aber stand plötzlich der Teufel und schlug einen Sack voll Silbergeld über den Tisch. Zwei Weber aber waren längst im sicheren Kahn ans jenseitige Ufer gerudert, während die anderen fünf sich fort-

während bekreuzten, wenn immer neue grellgelbe Schwefelschwaden aus dem geborstenen Kamin fluteten. In aller Frühe gingen sie zur Beichte. Von nun an gaben sie das Biertrinken auf und wurden arbeitsame, ordentliche Menschen.

Das in schwarzes Leder gebundene Buch, auf dessen Vorderseite drei weiße Mäuse - über den Deckel laufend - abgebildet waren, nahm ihnen der damalige Pfarrer von Nittenau ab und verbrannte es. So die Geschichte von den sieben Brüdern, die sich ihr Geld nicht durch ihrer Hände Fleiß verdienen wollten!

Ein armer Schneider und der Teufel

Eines Tages kam der Teufel mit einem Säckchen Geld zu einem armen Schneider. Wie bekannt, hatte es der Teufel gar sehr auf die Schneider abgesehen und wollte so auch diesmal wieder ein Schneiderlein für sich gewinnen. Auf den Geldsack klopfend sagte er: „Meister, dies alles ist Dein, wenn Du mit mir eine Wette eingehst. Doch höre, was ich Dir vorschlage: Du machst eine Hose, ich auch. Wirst Du eher fertig damit, ist dieser Sack Geld Dein; werde ich eher fertig, dann bist Du mein." Der Schneider war einverstanden und schaffte sofort den erforderlichen Stoff und Faden dazu herbei. Der Teufel ließ sich, um einen Vorsprung zu bekommen, vom Schneider einfädeln. Dieser tat, wie ihm geheißen: er fädelte aber den Zwirn absichtlich viel länger als gewöhnlich ein. Die Arbeit begann. Der Teufel mußte, um den Faden anziehen zu können, mit jedem Stich zum Fenster hinaushüpfen, somit zog sich die Arbeit bedenklich in die Länge. Der listige Schneider aber nahm einen kurzen Faden und wurde trotz öfteren Einfädelns viel früher fertig, als dem Teufel lieb sein konnte. Voller Wut schlug er seine Hose dem Schneider um den Kopf. Dieser aber lachte und sagte: „Dummer Teufel, hast ein armes Schneiderlein reich gemacht."

Ein Bauer und der Teufel

Ein Bauer und der Teufel mieteten einmal zusammen ein Stück Land. Damit es aber später keinen Streit um die Ernte gebe, sagte der Teufel zum Bauern: „Laß uns würfeln! Wer gewinnt, bekommt nachher das, was über der Erde ist und wer verliert, das was unten ist." Der Bauer war damit einverstanden. Aber der Teufel verstand den Trick und warf und hatte die meisten Augen; also sollte er das haben, was oben wüchse. Der Bauer aber hatte das Feld zu bestellen und säte lauter Rüben, da bekam der Teufel nachher im Herbst nur das Kraut. Das ärgerte ihn, aber er konnte nichts dagegen sagen. Weil sie aber das Feld auf zwei Jahre gemietet hatten, würfelten sie zum zweitenmal; da warf der Teufel mit Absicht weniger Augen. Aber da säte der Bauer Weizen und im Herbst bekam der Teufel nur die Wurzeln. Da schimpfte er über den Bauern und dann sagte er: „Übermorgen komme ich, da sollst Du mit mir kratzen!"

Hatte der Bauer zuerst nur gelacht, so wurde ihm nun doch bange. Seine Frau merkte gleich, daß ihm etwas fehlte und fragte ihn danach. Da sagte ihr der Mann dann nach und nach und morgen solle er sich mit dem Teufel kratzen. Da sagte die Frau:
„Sei nur ganz ruhig, ich will schon mit ihm fertig werden. Geh nur aus!" Der Mann ging also an dem bestimmten Tag aus und als der Teufel dann kam, tat die Frau, als wenn sie ganz böse und ärgerlich wäre. „Was fehlt Ihr denn, kleine Frau?" sprach der Teufel. „Ach, seh er nur mal her, da hat mir mein Mann eben mit dem Nagel von seinem kleinen Finger den großen Riß quer in meinen schönen, eichernen Tisch gemacht!" „Wo ist er denn jetzt?" „Wo soll er anders sein als beim Schmied! Er ist schon wieder hin und läßt sich die Nägel schärfen. Ist das nicht zum ärgerlich werden?" „Da hat sie ganz recht, gute Frau, das muß ärgerlich sein, so einen im Haus zu haben," sagte der Teufel und ging ganz leise aus der Tür und machte, daß er fortkam.

Ein „seltener Vogel" und der Teufel

Es gibt auch eine Version vom „dummen Teufel" in der Kastler Gegend.
Ein Bauer wettete mit dem Teufel um eine große Summe Geld, daß er den Vogel nicht kenne, den er ihm zeigen möchte und setzte für die Richtigkeit seiner Behauptung seine Seele als Pfand ein. Zur verabredeten Stunde führte er den Teufel zu einem großen Nußbaum. Auf dem saß der Bub des Bauern, den er in weichen Brotteig und dann in den Federn seines aufgeschnittenen Bettes „gewatzelt" und überdies mit Flügeln aus Federwischen, einem Schweif aus Pfauenfedern u. a. m. gar künstlich versehen hatte. Da dem Teufel ein solcher Vogel noch nicht vorgekommen war, konnte er auch seinen Namen nicht sagen und hatte damit die Wette verloren.

Der „arme" Teufel

(Nach einer Volkssage aus der Gegend von Falkenstein im Oberpfälzer Wald.)
Seit wann der Teufel arm ist, kann ich nicht sagen, aber die Geschichte, wie er arm geworden ist, habe ich von einem älteren Bauern erzählen hören und zwar wie folgt:
Ein geiziger Mann war mit seinem immer noch nicht zufrieden, er wollte immer mehr haben. Um dieses zu erreichen, verschrieb er mit seinem Blut dem Teufel seine Seele und dieser versprach ihm dagegen einen Sack voll Geld, welches er durch den Kamin bringen wolle; der Geizige dürfe nur den Sack aufhalten. Hierzu wurde eine bestimmte Stunde festgesetzt.
Der Geizige aber war ein Schlitzohr. Er schnitt dem Sack den Boden auf und hielt ihn so unter den Kamin. Der Teufel brachte Geld über Geld, aber der Sack wollte nicht voll werden. Als er des Geldholens müde war und auch nicht mehr wußte, wohin er sich um solches

wenden sollte, rief er durch den Kamin in die Küche hinab: „Ist denn der Sack noch nicht voll?" „Nein!" schrie der Geizige hinauf, „noch lange nicht!" „Nun," sagte der Teufel, „weiß ich nur mehr einen Pfennig bei einem alten Weibe, diesen will ich noch holen." Er warf auch diesen letzten Pfennig in den unersättlichen Sack und seitdem ist der Teufel arm.

Wie ein Teufelchen Lehrgeld zahlen mußte

Bartholomäus Gruber, ein pfiffiger Bauer aus Rackelsdorf, ging einmal auf den nahegelegenen Rabenbühl um Stockholz zu roden. Als er im Zwielicht des Waldes, auf zweidrittels Weg, an der verrufenen Bärenhöhle vorbeikam, schauerte es ihm plötzlich so sehr, daß er am liebsten wieder umgekehrt wäre. Horch! War das höhnischer Lacher aus dem wirren Buchengeäst? Wer kicherte so albern hinter seinem Rücken?
Dem Gruber Barthel schlägelte das Herz. Jetzt blieb er eine Weile stehen. Schaute sich um. Horchte... Nichts rührte sich. Ein paar uralte Krähen hockten stumm auf einer verkrümmten Föhre. Von der „Wulln" herauf schlich der Morgennebel.
War alles nur ein Traum gewesen? Zum Kuckuck auch, es ging doch schon auf den hellichten Tag zu. Vorwärts also! Das wär ja ganz aus der Art. Der Gruber Barthel und sich fürchten?...
Freilich, eine Unruhe blieb: „Mir geht was vor," sagte er im Weitergehen zu sich, „gewiß, mir geht was vor. Was es nur sein mag?"
Inzwischen war daheim die Frau vom Barthel aus den warmen Federn geschlüpft. Bald hatte sie den Ofen angeheizt und die Mehlsuppe aufgesetzt. Dann suchte sie nach einem Bröserl Salz, fand aber keines. „Das ist nicht weit gefehlt," dachte die Liesl, „der Kramer hat's zum Verkaufen. Her mit dem Geld!" Ja, wo war nur wieder die Schüssel mit den raren Groschen? Endlich fand sie sie - umgestülpt und leer. Die Liesl faßte die Tischkante, schnappte nach Luft. Dann brach es wie ein Wildbach aus ihr heraus: „Der Haderlump, der Duckmäuser, der Flederwisch! Jetzt hat er mir wieder den letzten Kreuzer durchgebracht. Verspielt und versoffen. Wenn nur den der Teufel holet!"
In der ersten Wut war es der Bäuerin - mir nix, dir nix - ganz unbedacht herausgerutscht. Jetzt tat es ihr schon wieder leid. Auf dem Ofen kochte die Suppe über, der Topfdeckel fiel scheppernd auf die rotglühende Herdplatte „Marand, Josef!" Sie hatte es doch nicht so gemeint. Die Liesl bekreuzte sich, nahm rasch das Weihbrunnkrüglein und rannte damit, was das Zeug hielt, dem Rabenhölzl zu, wo sie ihren lieben, guten, allerbesten Barthel in Gefahr wußte...
Wer die große Angst der Bäuerin nicht begreift, dem sei gesagt, daß sich das vor langer, langer Zeit zugetragen hat. Damals ging alles Wünschen, gutes und schlechtes, meistens in Erfüllung. Die Liesl wollte keineswegs ihren unchristlichen Wunsch im Ernst erfüllt sehen. Aber der leibhaftige „Rauwackerl" (Teufel) hatte ihn gehört und für bare Münze genommen. Nun schickte er flugs einen geschwänzten Höllenknecht auf den Rabenbühl, um das gefundene Fressen zu holen. Ein kurzes, grelles Lodern, ein Wischer aus der hohlen Erde

heraus, und schon wurde der Barthel in seinem Erdloch von ihm geschüttelt, wie ein junger Hase, den der Fuchs beutelt. „Ui jegerl," dachte der erschrockene Bauer, „jetzt geht es dahin!" Mit Mühe und Not brachte er noch ein kurzes Reuegebet über die Lippen.

Glücklicherweise hatte das Teufelchen es nicht gar so eilig. Es wollte noch ein wenig Katz und Maus mit seinem Opfer spielen. In dem Erdloch schien ihm der arme Tropf sicher genug. Er löste daher die würgenden Hände, hockte sich aber, zum Greifen nah, auf einen Wurzelstock, den der Barthel eben noch mit einem groben Holzkeil halbieren wollte. „So," meinte er dann grinsend, „jetzt wollen wir eins mitsammen plaudern." Und er malte dem Barthel alle Qualen, die ihn jenseits erwarteten, in so grauslichen Farben aus, daß ihm dabei selber eine Gänsehaut bis über den Ellenbogen lief. Auch vergaß er es nicht, die Liesl fleißig zu erwähnen, die den Teufel ja gerufen hatte.

Der Barthel, pfiffig, wie er schon immer war, schöpfte ausgiebig Luft und nützte die kurze Galgenfrist sofort aus. Seine listigen Augen hatten längst erkannt, daß die Quaste von seines Peinigers langem Schwanzwedel gerade in der Spalte lag, die von dem erst halb eingetriebenen Keil weit geöffnet blieb. Ein Sprung nach der Hacke, ein Schlag wider den Holzkeil, der aus der Spalte sauste, ein wilder Schrei des Geschwänzten, das war alles eins gewesen. Nun war der zottige Wedel so richtig eingeklemmt und sein Besitzer mochte zusehen, wie er sich vom Wurzelstock lösen konnte. „Warte, Du Schelm," höhnte der Barthel, „jetzt will ich es versuchen, Dir die Leviten zu lesen. Wirst es gleich erfahren, wo der Barthel den Most holt!"

Ja, so ein biegsamer, fast fingerdicker Haselstecken ist eine Sache für sich, der ihn verspüren soll. Mit so einem „Zauberstab", der gar wehleidige Gefühle wecken kann, wollte der Barthel dem Eingeklemmten und später auch seiner Liesl getreulich heimzahlen, was er ihnen vermutbar schuldete. Aber es kam ganz anders...

Als der Barthel mit einem Satz aus der Grube sprang, um sich einen Haselnußstecken zu schneiden, da hätte er die Liesl, die eben im Anrücken war, beinahe blindlings über den Haufen gerannt. „Holla!", fauchte er sie grimmig an, „Du kommst mir gerade recht zum Kirchweihtanz. Da glaubt unsereins, man hätt eine Turteltaube im warmen Nest, bieweilen ist es eine züngelnde Natter. Gesell Dich nur dem Tanzbären zu, der dort so lustig heult. Könntest eh sein Geschwisterl sein. Ich will mir derweilen nur einen hübschen Stecken schneiden, um Euch aufzusalzen. Ihr könnt dann zu zweien jodeln, daß Euch die Nachtigallen drum beneiden!"

„Du wirst uns kein Härlein krümmen," sagte die Liesl sanft und ohne Furcht. „So blitzhageldumm und grob wär mein lieber Barthelmann das erste Mal. Verzeih's mir, gelt? Im Zorn, Du weißt es eh, legt man nicht jedes Wörtlein auf die Goldwaage. Komm, sei gescheit (sie lag schon längst an seiner rauhen Brust) und laß mir auch das Höllenknechtlein ungeschoren. Wenn Du ihm Maß nimmst mit dem Stecken, so beißt es sich den Wedel ab und packt uns beide mit zur Höllen. Nein, nein! Das läßt nicht Schindluder mit sich treiben... Schau, Barthel, ich weiß uns besseren Rat. Der Schwarze muß es schriftlich geben, daß er geziemend Abstand von uns hält, solang wir leben. Brief und Siegel; anderes gilt nicht! Wenn er etwa aufmucken will, so helf ich ihm schon ein Weniges nach. Ist ja noch Weihbrunn in dem Krüglein. Der könnt Wunder wirken. Den Wisch geben wir daheim ins

Abbild von unserer Lieben Frau zu Altötting. Da klaut ihn kein Rauwackerl mehr. Sag, was Du meinst?"

Hat ein Mann auf dieser gottesweiten Welt - und wär es auch der Bartholomäus Gruber - so verlaufen etwas anderes gemeint, als seine Ehefrau...? Also war der Handel damals so verlaufen, wie ihn die Liesl vorgeschlagen hatte. Dem Barthel war es, ehrlich gesagt, zum Vorteil.

Dem Teufelchen war das Wedelabreißen nicht erspart geblieben und sauer genug geworden. Wäre es zu feige dazu gewesen, dann säße es wohl heute noch auf jenem Wurzelstock. So geht es, wenn man einen oberpfälzischen Bauern für dumm hält.

13 Grießklöße vom Teufel oder „Dreizehne, aber fei guate"

Eine Neustädter Bäuerin ging, wenn die Zeit des Essenkochens herankam, ebenso wie die anderen Bäuerinnen vom Feld nach Hause, um das Mittagessen zu bereiten. Wenn aber die anderen Bäuerinnen nicht mehr auf das Feld zurückkehrten und mit ihrer Kocherei manchmal gar nicht fertig werden konnten, kam unsere Bäuerin jeden Tag bald auf das Feld zurück, um hier wieder tüchtig anzupacken und zu schaffen. Darüber wunderten sich die Knechte und die Mägde und sie konnten es nicht verstehen, wie es ihrer Bäuerin gelingen konnte, mit der Zubereitung der Mahlzeiten so rasch fertig zu werden. Als die Bäuerin eines Tages wieder nach Hause ging, schlich ein Knecht hinter ihr her, um zu erfahren, wie sie das Essen so schnell fertig haben konnte. Er spähte in die Küche hinein und sah die Bäuerin vor dem Kamin stehen. Er hörte auch, wie die Bäuerin in den rußgeschwärzten Rauchfang hinaufrief. „Ura, bazura, dreizehne, aber fei guate!" Es sollten 13 Grießklöße werden. Und wirklich, 13 Grießklöße polterten den Schornstein herab und fielen klatschend in eine große Schüssel, die ihnen die Bäuerin entgegenhielt. Nun aber grauste es den Knechten und Mägden, von dem Mittagsmahl zu essen, das die Bäuerin vom Teufel erhalten hatte.

Den Teufel an die Wand gemalt

Diesmal ist's nicht als Redensart gemeint, die besagen will, beschrei' nichts!, wobei man dreimal auf die Tischplatte klopft und „toi-toi-toi" macht - nein, hier gilt's wörtlich und hat sich südlich von Vohenstrauß zugetragen, seinerzeit, als der Schwanenwirt, genannt Schwana-Lipp, weil er Philipp hieß, seinen neuen Saal ausgebaut und gerade fertig hatte bis auf's Weißen, denn dazu sollte erst der Wandverputz gründlich austrocknen. Es war auch schon bald soweit, als gegen drei Wochen vor der Kirchweih der Bräuer-Ferdl von Pleystein, ein wahrhaftiger Eulenspiegel, der über seine Hopfen- und Malzwissenschaft auch etwas Latein gerochen hatte und überdies gar ein findiger Mineraloge gewesen ist, mit seinem Zechkumpanen, dem Modl-Buscher-Sepp, auf einer seiner unterhaltsamen Kundentouren oder „Bittgängen", wie er sagte, auch beim Schwanen einfiel, sozusagen gleich der Schnepfe auf dem Strich.

Wenn auch der Schwana-Lipp tat, als müßte er den Ofen halten, damit der vor lauter Freude und Überraschung nicht einstürze, so wußte es der Ferdl doch besser, denn er hatte ja auch vorsichtshalber den Biervertrag in der Tasche, für den Fall des Falles und das mußte schon seinen Grund haben. Tat der Lipp also groß, als gälte es, jetzt einen seltenen Tag zu feiern, wozu er auf der Stelle ein frisches Fäßlein anstechen müßt', die Herren sollten doch einstweilen seinen neuen Saal droben besichtigen, bei der vorderen Stiege ging's hinauf und lief mit dem Schlüsselbund vertattert hin und her, als fände er den Weg nach dem Bierkeller nicht gleich. „Alter Fuchs!" dachte sich der Ferdl, der sofort begriff, wo der Hase im Pfeffer lag und tat ahnungslos und ganz begierig nach dem Saal.

„Modl, gäih, den schau' ma uns frali a!" sagte er zu seinem Kumpel, der auch gleich bereit war und so stiegen sie also vorne hinauf, eine steinerne Treppe, in den Saal. Es sah da noch schlimm aus: Ziegelbrocken, Sand und Mörtel lagen herum, die Fenster waren auch noch nicht eingehängt. Der Ferdl ging eine Weile hin und her, begutachtete und bemängelte und blieb dann stehen. Plötzlich steuerte er auf die Stirnwand zu, beäugte sie genau, drückte auch mit dem Finger da und dort herum und hatte auf einmal ganz kleine, listige Äuglein.

„Modl," sagte er und winkte den anderen herbei und flüsterte ihm in's Ohr, „öitz taun ma 'n Lipp wos a!"

„Wos denn," fragte der, wischte sich das Nasentröpfel ab und wurde neugierig. „Daou mal'n ma öitz 'n Teil an d' Wend oi!"

„Ha, gäih!" wunderte sich der Bursche, „wos Dir niat alles eifallt!"

Aber da hat der Bräuer schon seinen Hagelbuchenen an der Wand und zweihändig, damit der nötige Druck da ist, kratzte er mit der eisernen Spitze tief bis auf's Mauerwerk hinein ein greuliches Ungeheuer, schier wie ein springendes Wappentier und so groß, daß er die halbe Wandfläche brauchte. Und wo die Arme und der Stock nicht mehr hinreichten, wurde ein kleiner, leerer Mörtelkübel umgestülpt und hingeschoben. Der Modl staunte. „Der kann's!" dachte er und machte große Augen und brachte den Mund nicht mehr zu, so flink und so sicher ging's dem Ferdl von der Hand. Er hat's ja auch auf der Lateinschule zu Amberg gelernt, woher hätte er wohl auch das Spottkartenzeichnen gehabt, mit denen er zu gewissen Gelegenheiten seine besonderen Freunde bedachte.

„So," wendete er sich dann aufschnaufend um, „Modl, öitz maoußt Du a nu wos himal'n, niat daß's hoißt, ich alloi bin's g'wen!" Wie sehr sich der Buscher jetzt auch wehrte und sträubte, es half nichts und der Ferdl führte ihm die Hand. Dem Teufel werden nun die Hörner aufgesetzt und zuletzt - dem Modl zitterten schon die Knie und er schwitzte vor Angst - erhielt das Ungeheuer auch noch seinen Schwanz, einen schöngeschwungenen Quastenschwanz wie der bayerische Löwe.

„Schick Di nea," bettelte der Modl, „sunst kummt da Schwanara nu affa (heraus) und dawischt uns!" Aber der Bräuer ließ sich nicht abbringen und machte den Teufel sauber fertig, dazwischen immer wieder schnell über den Hof spitzend, drüben nach der anderen Seite, wo der Bierkeller lag, in den der Lipp verschwunden war. Endlich hörten sie ihn her-

aufpoltern und brummen, der keinen Knecht daheim hat und alles selber tun mußte, lang-
sam von wegen seines Bäuchleins. Die Schänke einstweilen zu bewachen hatte er eiligst die
Küchenmagd gerufen und hineingestellt, drinnen eine Reihe Gläser zu spülen, was dem
Ferdl auch nicht entging.

Als sie nun die Treppe herunterkamen, rollte der Schwaner just das Fäßlein in's Haus und
seine erste Frage war:

„Na, Manna, wos sagts zu 'n Saal?"

„Schöi und praktisch!" gab ihm der Ferdl zurück und der Modl strich auch seinen Senf dazu: „Wirkli, nea grod schöi - nobl!" So war's dem Schwana-Lipp recht geredet, dem das
Herz aufging wie ein Hefenknödl, daß er jetzt aus sich herausging und seinen Saalbau gebührend unterstrich; denn, so meinte er, wenn er was baut, wird's was Rechtes, hat's Hand
und Fuß. Weiter: zur Kirchweih soll die Eröffnung sein - und der Herr Pfarrer will auch
kommen, was dem Bräuer ein verschlagenes Zwinkern entlockte, das den Modl sichtlich in
Verlegenheit brachte.

„Kummts bal wieda!" rief er ihnen nach, die eilig um die Ecke schwenkten, wo der Bräuer
in ein schallendes Gelächter ausbrach, darauf bekam es der Modl schon wieder mit der
Angst zu tun, ihre Zeichnung könnte frühzeitig entdeckt werden, denn, so meinte er, der
Lipp soll einen sanften Schlaf haben, wenigstens noch diese Nacht. Und recht hatte er; was
sich nämlich am Morgen darauf abspielte und in den folgenden Wochen, ist eine Geschichte
für sich, die auch hierher gehört.

Die Hausmagd war's, die gleich nach dem Frühläuten den Lipp aus den Federn trommelte,
der zu allem Unglück über Nacht auch noch sein altes Reißen, rechts hinten, wieder bekam.
Potz Blitz und Gottes Wunder! Er fuhr auf, denn was die Magd im Saal entdeckte, konnte
leicht am Ende auch eine Täuschung sein. Aber bald brüllte er wie ein Löwe, zuerst im Saal,
in der Küche, dann in der Schankstube, sauste dann im Hof herum und wieder im Haus wie
ein Gewitter.

„Dös," so schrie er, „dös haout nemands anderer taou wöi da Breier, dea Lump, der
Tochdöib, dea vastudierta" und dazu nannte er den Ferdl auch noch einen Bazi, einen
Panduren und er würde ihn umbringen, wenn er ihn dahätte, jawohl, auf der Stelle sogar
würde er ihn umbringen, den Spitzbuben - und er müßte ihm das büßen, dafür garantierte
er, so wahr er Lipp heiße und auf dem Schwan sitze und er werde diesem Kerl die Hölle heiß
machen, in die er eher gehörte als der Teufel in seinen Saal, in ein so christliches Haus. Der
Maurer-Lenz muß her, schrie er dann in die Küche hinein, sofort sollte er kommen und einen Kübel Mörtel mitbringen.

Doch der Lenz saß ausgerechnet in Weiden und konnte frühestens einen Tag später zu
Mittag wieder zurück sein, so daß er den ganzen Tag weiter tobte.

Inzwischen geriet auch die Nachbarschaft auf die Beine, Neugierige kamen und gingen,
lachten heimlich in sich hinein und bald hieß es, beim Schwanenwirt ist der Teufel im Saal.
Und wie's in Gottes weitem, weitem Garten nun einmal ist, der Ferdl hat auch seine besonderen Freunde, die dem Lipp rieten, dem Herrn Bräuer doch einen gesalzenen Brief zu
schreiben, er hätte für den Schaden aufzukommen und als Sühnegeld für die unheilige Tat
einen Goldfuchs in die Armenkasse zu zahlen, was sich der Lipp auch vornahm, denn so

konnte er doch dem Ferdl, der weit vom Schuß saß, gewissermaßen mit der Feder zu Leibe rücken.

Es dauerte noch einen Tag länger, bis der Maurer-Lenz mit dem Mörtel angerückt kam. Dem verzog's das Mundwerk und er mußte das Lachen verkneifen, bis er seine Sprache wieder fand, um den Schaden, den ihm der Lipp mit der Pfeife in der Hand wies, als gering darzustellen, brauchten nach seinem Rat doch nur die Rillen wieder mit Mörtel ausgeschmiert zu werden. Und das geschah auch. Ganz genau hatte der Lenz alles ausgefüllt, daß die Wand wieder vollkommen glatt wurde. Aber der Teufel war geblieben.

Acht Tage darauf mußte der Saal geweißt werden, denn die Kirwa stand vor der Tür. Der Wandputz war trocken und die grüne Kalkfarbe trocknete auch schnell nach, über Nacht sogar. Doch der Teufel schlug durch und wurde jetzt erst richtig und schier geheimnisvoll schön. Dem Lipp wurde schwindelig, sein Saal und damit das ganze Haus könnte in einen bösen Verruf kommen und diesem höllischen Dauermieter, den ihm der Bräuer an die Wand gemalt hatte. Hob es ihm also wiederum das Hütlein hoch und der Gaul, der vom ersten Schreck her noch tänzelte, ging ihm abermals durch, so daß er sich endlich hinsetzte und den angeratenen Brief wirklich schrieb, einen Brief, der sich gewaschen hat und also schrieb; „er sehe sich durch die bewußte Teufelei genötigt, den Herrn Bräuer für den Mauerschaden verantwortlich zu machen wie auch für die Einbuße im Falle eines Geschäftsrückganges - und weiterhin, daß es angebracht wäre, mit einem lötigen Goldfüchslein, in Klammern 20 Mark (waren damals noch eine Menge Geld), der ohnehin recht schwindsüchtigen Armenkasse wieder ein wenig auf die Beine zu helfen. Und zusätzlich: Im Weigerungsfalle trüge er sich mit dem Vorsatz, in etwa 14 Tagen mit dem Herrn Amtsrichter in Vohenstrauß darüber zu reden.“

Das war nun Pfeffer unterm Schweif des Bräuerrößleins, denn der Ferdl antwortete gleich, sozusagen „postwendend“ und dem Brief schmeckte man wiederum die Lateinschule an, nicht nur an den zierlichen Buchstaben, vielmehr an den Beistrichen und an dem, was hinter den Zeilen hervorspitzte, nämlich ein Schalk, der dem Lipp kund und zu wissen gab, daß er gerade den Biervertrag vor sich liegen habe und überlege, darüber mit Herrn Dr. Spielmann, Rechtsanwalt in Weiden, ein wenig zu diskutieren, denn wie er, der Herr Schwanenwirt wohl wisse, waren die zwei Oldenburger Grauschimmel, so alle vier Wochen aus des Schwanenwirts Krippe fressen, schon seit einem und einem halben Jahr nicht mehr die seinen, habe er sie doch an die Irchenriether verkauft, außerdem trügen auch die Fäßlein, die jedesmal vom Wagen in den Keller gerollt werden, nicht sein, sondern des Irchenriethers Brandzeichen, wovon in den bindenden Vereinbarungen, wie er sehe, nichts stünde und in denen des Herrn Schwanenwirts gewiß auch nicht.

Überdies, so schrieb der Bräuer weiter, sei er kein Zigeuner, entstamme auch weder einer Piraten- noch einer Spitzbubenfamilie und er behalte sich's vor, die „Ehren“-Titulaturen, mit denen er in aller Öffentlichkeit bedacht würde, an den rechten Ort zu bringen, zumal die Zeugen standhielten. Was aber den Wandschaden betreffe, so habe er von vornherein damit gerechnet. Weiterhin sei er erstaunt, wieso in einem überaus vermögenden Marktflecken die Armenkasse soviel Luft habe, weswegen er an dieser Stelle nicht nur einen, sondern zwei Goldfüchse, in Klammern 40 Mark, überweisen ließ.

Mit dieser Retourkutsche hatte der Lipp nun nicht gerechnet und merkte jetzt, daß er an den Unrechten geraten war. Und siehe, das Hütlein saß auf einmal wieder merkwürdig fest auf seinem Haarpelz, hatte ja auch die Saaleröffnung sowie der Kirchweihtanz ein gutes Geschäft eingebracht, denn jeder wollte den Teufel beim Schwanenwirt sehen. Auch der Pfarrer rückte an und mußte herzhaft schmunzeln. Zu St. Kathrein war's wieder so - und am Dreikönigsfest sah der Beelzebub auch noch herunter. Der Lipp hatte sich sogar recht schön an den höllischen Hausgenossen gewöhnt und dem Ferdl die Verputzrechnung nicht geschickt, man weiß warum, ja, die beiden begruben das Kriegsbeil schneller, als mancher gedacht, denn, gleich nach Ostern war's, kehrt der Bräuerferdl wieder ein, diesmal sogar mit der Kutsche und seinen zwei schwarzen Pferden, eine fröhliche Auferstehung der alten Freundschaft zu feiern.

„Na, Lipp, wos macht da Teifl?" soll seine erste Frage gewesen sein.

Da hatte man den Lipp lachen hören und sagen, es ist verbürgt: „Den? den hobm ma im Haus, und abringa taoun ma 'n nimma!"

Das sogenannte „Teufelsbutterfaß" bei Leuchtenberg.

Der Schreckliche beim Teufelsbutterfaß

Anfang der 1920er Jahre hatten zwei Kirchenmaler in der damals neu erbauten Kirche in Wilchenreuth gerade ihr Werk vollendet.

Nach getaner Arbeit wollten sie nun in den nahen Dost hinüberwandern. (Vom Wasser zerpflügte Felspartien bei Floß, in ein schönes Tal gebettet.)

Der „Zwirngirl", ein harmloser Bursche, bot sich den Malern als Führer an. Bald kamen die Ausflügler zum Dost und bahnten sich mühsam durch Fichten und Felsgewirr den Weg zum sog. „Teufelsbutterfaß". Ein mächtiger Granitblock mit einem vom Wasser ausgespülten Becken. Der „Zwirngirl" legte nun sein Gesicht in geheimnisvolle Falten und flüsterte: „Hier, meine Herrn, hier sitzt alle Dog a Deifl und budert für sei Großmutter aus. I glab nix dra, aba...?" Da erblickte er in einer nahen

Fichte halb verdeckt eine unheimliche Gestalt mit grünem Jägerhut und kecker Feder. Der „Zwirngirl" wurde kreidebleich und schrie vor Entsetzen: „Lafts Manna, heind is a daham!" Dabei setzte er mit Riesensprüngen über den Felsen weg, die beiden Kirchenmaler scharf hinter ihm her. Im gestreckten Galopp landeten die drei Helden im Dörflein...

Am Abend erzählte im Wirtshaus der Förster, der sich nachmittags einen Hochsitz zurechtgezimmert hatte, 's neue Stückl vom „Zwirngirl".

Der Teufel im Kachelofen

Vom Reinbauernhaus im Odental bei Weiden erzählt man folgendes Geschichtchen.

In diesem Haus befand sich früher ein großer, alter Kachelofen. Einmal kam der Schlotfeger, sein Geschäft auszuführen, auch dorthin. Es war kalt, niemand war zu Hause und so kroch er in den Ofen, um sich zu wärmen. Bald darauf kam ein Schneider auch in das Haus, auch er traf niemand an und so richtete er sich auf Warten ein. Ihn fror gleichfalls, deshalb machte er im Ofen Feuer. Der Schlotfeger war eingeschlafen, er wurde munter und mit dem Kopf stieß er gegen die Ofenwand. Da ergriff den Schneider das Entsetzen. Mit einem Sprung war er am Fenster und wollte hinaus, denn er meinte, der Leibhaftige war hinter ihm. Und schon rief der „Schwarze Mann": „Blei nur dau, bin's bloß i." Doch den Schneider hielt nichts mehr. „Du warst der Recht schon," rief er zurück und war beim Fenster draußen.

Der Teufel in der Futtertruhe

Ein Mann, der von sich behauptete, er wäre in einem nassen Himmelszeichen geboren und müsse deshalb fleißig trinken, wankte schwer geladen gegen die mitternächtige Stunde heim. Pflichtgemäß hielt er nach altem Bauernbrauch Nachschau im Stall. Zwei Rinder standen frei von der Kette im Stall. Der Mann wollte sie auf ihren Platz bringen, es ging nicht. Seine Geduld war zu Ende, er stieß den Fluch aus: „Wenn nur der Teufel käme und tät euch holen." Und wirklich, der Teufel kam wie auf Kommando. Aus der Futtertruhe schnellte er empor. Zu Tode erschrocken war der Bauer sofort nüchtern; er fiel vor dem Teufel auf die Knie nieder und bat: „Herr Teufel, ich tu es nicht mehr. Laß diesmal mir noch mein Vieh, sonst bin ich ein armer Tropf." Der Teufel ließ Gnade vor Recht ergehen und legte sich wieder in die Futtertruhe - es war der Kaminkehrer, der im Winter im Stall übernachtete. Diese Teufelsgeschichte ereignete sich kurz vor dem 1. Weltkrieg zwischen Weiden und Schwandorf.

Der Teufel in der Geldbörse

Der Josef war noch ein junger Ministrant gewesen und hatte an einem Sonntag in der Sakristei das Rauchfaßl rund herum geschwungen. Da kam der Mesner Egid zum Josef und sagte zu ihm, so mir nichts, dir nichts:

„Seppi," sagte er, „möchtest Du den Teufel sehen?" „Nein," sagte dieser. „Warum denn nicht?"

„Den kannst Du mir ja gar nicht zeigen!" sprach der Sepp.

„Aber ja doch, möchtest Du ihn sehen?" „Nein!"

„Geh', warum denn nicht?"

„Weil ich mich fürchte."

„O' Bub, Du brauchst den Teufel nicht fürchten. Die Ministranten brauchen ihn überhaupt nicht zu fürchten. Denen tut er nichts. Und schließlich bin ich auch noch da. Wart', ich zeig' ihn Dir. Da schau her, da ist er drin!"

„In der Geldbörse?"

„Ja."

Der Sepp nahm die Geldbörse in die Hand. Schwer ist sie nicht. Interessant wäre es schon, wenn man einmal den Teufel wirklich sehen könnte. Da hatte der Sepp, er wußte selber nicht warum, die Hand am Druckknopf, überlegte noch einmal und machte die Geldbörse auf. Aber außer drei oder vier Zehnpfennigstücken und ein paar Pfennigen war sonst nichts drin. Er beutelte hin und her, aber es kam nichts raus. Kein Geld und kein Teufel.

„Da ist ja nichts drin," sagte der Sepp zum Egid. „Das ist der Teufel!" meinte dieser und lachte auf die hinteren Stockzähne.

OBERPFÄLZER KRIMINALGESCHICHTEN

Ein Regensburger „Robin Hood" und die Kapelle St. Nikolaus

Bei Regensburg gab es einen Räuber, der rupfte die reichen Herren gehörig, brach ihre Lastwägen auf und schnappte ihnen das Handelsgut vor der Nase weg. Armen Teufeln schenkte er es dann wieder, also war er so eine Art „Robin Hood".

Manchmal spannte er einem fetten Bauern das Roß vom Pflug und führte es seinem mageren Nachbarn zu.

Einmal nun trieb er es doch zu arg mit den Regensburger Herren, da zogen sie gegen ihn, mit viel Volk. Nun, viele Hunde sind des Hasen Tod, heißt es, endlich hatten sie ihn so in der Zwickmühle, daß sie sagten: auskommen tut er uns jetzt nimmer. Auf einen Felsen an der Donau hatten sie ihn gehetzt: hinter ihm standen die Regensburger; vor ihm der Abgrund, drunten die Donau. Wie er sich so umschaute, ob er denn gar nimmer auskam, sah er seitwärts auf dem Fels ein kleines Kirchlein, St. Nikolaus. Da trat er in seiner Not ein. Wer weiß, Sankt Nikolaus ist ein großer Nothelfer! Er ruft ihn an mit seinem ganzen Glauben. „O Sankt Nikolaus," rief er, „nur diesmal hau mich noch heraus. Schau, ich geb Dir dafür mein bestes Pferd oder was das Pferd wert ist."

Ging aus der Kirche mit frischem Mut heraus, schwang sich auf sein Pferd - die Regensburger saßen ihm schon hart im Nacken - er setzte mit einem Sprung über den Abgrund hinab, kam glücklich an das andere Ufer. Er drehte den ganz schlauen Regensburgern eine lange Nase.

Wie es sich gehört, wollte er gleich darauf auch seine Schuldigkeit bei Sankt Nikolaus richtig machen. Er ging also in seine Kirche und legte das Geld auf den Altar, ein hübsches Sümmchen, eher zu viel als zu wenig, wie er so überlegte; denn ein Räuber hat schon auch eine Ehre im Leib und läßt sich nicht lumpen. Darauf wollte er sein Pferd aus der Kirche ziehen. Aber es rührte sich nicht vom Fleck. „Halt," sagte er, „da hab' ich doch zu wenig geboten!" langte in den Sack und legte die vorherige Summe noch einmal auf den Altar. Aber das Roß stand wie angewurzelt. „Hm," sagte er, „so ein Häuter gilt was im Himmel!" griff noch tiefer in den Sack und leerte ihn gar aus mit allen Gulden und Pfennigen. Jetzt lief ihm das Pferd gleich nach und aus der Kirche hinaus. Draußen aber drehte sich der Räuber noch einmal zur Kirche und sagte: „Eia, Herr Sankt Nikolaus, so ein sündteurer Roßhändler ist mir auch noch nicht vorgekommen wie Du."

Stephan Prenger, ein Raubritter aus Plößberg (Tirschenreuth)

1531 empfing einer der letzten Ritter, die durch ungezähmte Fehdelust, durch wildes, räuberisches, mordgieriges Treiben unsere Heimat schwer beunruhigten und dessen Bewohner, noch mehr die durchziehenden Kaufleute empfindlich schädigten, den wohlverdienten Lohn für seine zahlreichen Straftaten.

Stephan Prenger der Jüngere, welcher das 12 km südlich von Tirschenreuth und 8 km nördlich von Floß, in der Nähe der Landesgrenze gelegene, ehemalige böhmische Lehengut Plößberg in Besitz hatte, wurde 1531 innerhalb seiner Hofmark verhaftet (er hatte in Plößberg ein Schloß, das 1751 abbrannte und neu erbaut wurde, später Gasthaus) und in Floß inhaftiert.

Es hatten die jungpfälzischen Herzöge zu Neuburg a. D., welche als Inhaber der Herrschaft Floßenbürg die Landes- und Gerichtshoheit über Plößberg und andere böhmische Lehen ausübten, allen Anlaß, gegen den berüchtigten Raubritter mit rücksichtsloser Schärfe vorzugehen; dazu kam noch, daß die freie Reichsstadt Nürnberg schwere Anklagen gegen den Plößberger „Edelmann" erhoben hatte. Es war nämlich einer ihrer bedeutendsten Bürger, Albrecht Scheurl (Nachfahren gibt es heute noch in Franken), als er am 6. Oktober 1530 von Joachimsthal in Böhmen, wo er einen Anteil am Bergwerk hatte, heimwärts ritt, „bei Kummersreuth (Konnersreuth?) im Holz der Rabensteiner, die Untreu genannt", von Christoph Marschalk von Pappenheim und etlichen seiner Helfer „angesprengt" (überfallen) und gefangen genommen worden. Obwohl Scheurl, der als „gewesener Kriegsmann" nicht fliehen wollte, und seine beiden Begleiter den Angreifern keinen Widerstand leisteten, warfen diese dennoch den Einspänner, d. i. dem vom Rat zu Nürnberg dem Scheurl mitgegebenen, berittenen Stadtsoldaten Hans Haas, eine Pferdehalster um den Hals, banden ihm damit an einen Baum und durchstachen ihn zweimal mit seinem eigenen Schwert, so daß er tot liegen blieb. Wie die späteren Verhandlungen ergaben, war Stephan Prenger an diesem schändlichen Raubmord beteiligt. Darauf sagte der Marschalk zu Scheurl: „Siehe, Du Bluthund, also wird es Dir auch ergehen; aber wir wollen Dich zuvor weiter herumführen und unser Mütlein an Dir kühlen. Ihr Bösewichter von Nürnberg könnt nicht zu Hause bleiben, sondern müßt heraus. Ihr habt mein Haus (eine Raubritterburg) verwüstet und mich aus dem Lande vertrieben; das will ich an Euch rächen, solange ich lebe."

Nachdem Scheurl und sein Begleitreiter, der ihm von dem markgräflichen Kastner zu Hof vergönnt worden war, „mit einem schweren Eid verstrickt worden waren" (vermutlich wegen Zahlung eines Lösegeldes und Verzichts auf Rache), durfte der Begleitmann fortreiten. Scheurl aber wurde dem in schlechtem Ruf stehenden, Hans Thomas von Absberg (1) überliefert, der ihn etwa acht Monate hin und her am Böhmerwald insgeheim sehr hart gefangen hielt, daß der Nürnberger Rat ungeachtet aller angewandten Mühe nichts Gründliches von ihm erfahren konnte. (Der gefürchtete Raubritter Hans Thomas von Absberg aus Mittelfranken war 1520 nach seiner Ächtung durch den Kaiser mit seinem Genossen Christoph Marschalk von Pappenheim zu guten Freunden im Fichtelgebirge und im Böhmerwald geflüchtet, um hier mit gleichgearteten Spießgesellen den Straßenraub fortzusetzen. Zahlreiche Burgen, namentlich böhmische, standen dem Absberger und seinen Helfern, zu denen sich der „Plößberger Herr" gesellt hatte, jederzeit offen).

Nürnberg hatte Prenger „peinlich" angeklagt, d. h., beantragt, von ihm unter Anwendung der Folter ein Geständnis zu erpressen. Er bekannte „kraft derselben", von Scheurls Gefangenschaft etwas zu wissen, aber nur soviel, daß er in „Böheim" noch am Leben sei. Den Aufenthaltsort vermochte er jedoch nicht anzugeben. Ohne Folter gestand Prenger bereits „viel Raubereyen, so er unterschiedlich begangen". In der Tortur aber kam mehr heraus: daß er, Prenger, nicht bloß einen Schäfer, sondern auch „den Haas zu Eschenbach entleibt" (umgebracht) hatte.

Nachdem Prenger gefoltert worden war, erfolgte in Floß seine Hinrichtung durch das Richtschwert. Bis zum letzten Augenblick hoffte Prenger auf eine Rettung durch seinen Lehensherrn in Prag. Ein über den Vorfall aufgenommener Bericht lautet kurz: „Herzog Ott-Heinrich ließ Stephan, den jüngeren Prenger, Hofmarksherrn zu Plößberg, wegen begangenen Raubes und unterschiedlicher Plackereien aus seinem Gute nehmen und zu Floß

(2) nach Urteil und Recht „ohne alle Hindernus und Einrede der Krone Böheim" mit dem Schwerte zum Tode bringen."

Die Witwe des enthaupteten Raubritters vermochte sich mit ihrem zweiten Mann, einem gewissen Hans Köbel, auf dem Lehengut nicht zu halten, sondern mußte es verkaufen. (3) Dem Raubgesellen folgte alsbald der Hauptmann im Tod nach. Der blutbefleckte Hans Thomas von Absberg, welcher 1525 mehreren gefangenen Nürnbergern die Hände ab-schlug, trieb sein Unwesen noch bis 1531. In diesem Jahr begab er sich nach Altzedlitz in Böhmen zu seinem vertrautesten Freund, dem Juden Salomon, der ihm sonst als Hehler sei-nen Raub abzunehmen pflegte. Diesmal machte ihn derselbe jedoch betrunken und als der Ritter am Tisch eingeschlafen war, schoß der Falsche den Bewußtlosen mit einem Faustrohr durch das Herz und zerschmetterte noch den Schädel seines Opfers mit Kolbenschlägen. Der verschleppte Leichnam wurde etliche Tage danach von Hunden in einem Kornacker ge-funden. Im Gewand des Toten fand man den Wappenbrief des in einem unbekannten Burgverlies schmachtenden Albrecht Scheurl aus Nürnberg, eines Bruders des berühmten

Staatsmannes und Rechtsgelehrten Dr. Christoph Scheurl. Leider kostete des Absbergers heimtückische Ermordung kurz darauf dem Gefangenen das Leben. Der treue, doch überaus gewalttätige, Wolf genannte Knecht des ermordeten Raubritters meinte wahrscheinlich, daß Nürnberger den Mord an seinem Herrn angestiftet hätten. In blinder Wut überfiel Wolf den ahnungslosen Scheurl in seinem verborgenen Kerker und stach ihn da erbarmungslos nieder.

Eine junge Witwe und sechs Kinder (4) unter 10 Jahren warteten in Nürnberg vergebens auf die Heimkehr ihres Ehemanns und Vaters.

Stephan Prenger (5) hatte nicht nur den „Schutzmann" des Scheurl auf dem Gewissen, sondern auch geholfen, diesen selber zu vernichten. Das Floßener Gericht verdiente Lob, als es über den Adeligen ein strenges Urteil fällte und dieses ohne langes Bedenken an ihm vollziehen ließ.

(1)   Bekämpfte von 1507 - 1512 im Bund mit Götz von Berlechingen die Reichsstädte. Absberg zerstörte 1523 der Schwäbische Bund.

(2)   Als Ort der Hinrichtung nennen die Berichte einmal Flossenbürg, ein anderes Mal Floß. Bei letzterem befand sich ein Galgen.

(3)   Ein Herr von Giech, der bald darauf durch Heirat mit einer Trautenbergerin nach Plößberg kam, trug auch keine weiße Weste.

(4)   Die Tochter Helena heiratete 1546 den Rittergutsbesitzer Balthasar von Paumgarten (den Baumgärtner) in Holnstein bei Sulzbach-Rosenberg

(5)   Der Familienname Prenger dürfte als eine Kurzform des altdeutschen Personennamens Peringer oder Berengar zu deuten sein. Die kleine Ortschaft Prangershof (Sulzbach-Rosenberg) hieß früher Prengershof, ursprünglich jedoch Peringershof.

Das Chamer Gottesurteil

In der zweiten Hälfte des 16. Jahrhundertes mag es gewesen sein, da bimmelte das Arme-Sünderglöcklein der Chamer Spitalkirche zum Heiligen Geist gar kläglich vom Turm über den östlichen Stadtteil hin. Die Bürger in der Schmied- und Fuhrmannstraße, am Spitalplatz und „in der Letz" reckten ihre Hälse neugierig horchend zu den Fenstern heraus, tuschelten einander zu und liefen dann, was das Zeug nur halten mochte, die kleine Anhöhe zum wehrhaften Graßltum hinauf. Weiß der Kuckuck, wie rasch die Kunde, daß es dort Ungewöhnliches zu schauen gäbe, bis in die abseitigsten Gassen der Stadt vordringen konnte. Noch war das wimmernde Geläute kaum verhallt, da waren auch schon die Gaffer von der Schanze, vom Sandtor, vom Marktplatz und Birkenstein zur Stelle. Und reihum pfiffen es die Spatzen von den Wehrzinnen und Dächern herab, daß man den Gerber Bertold Zingerle zum Galgenberg bei Altenstadt hinauskarren wolle, damit er dort verdientermaßen mit des Seilers Tochter Hochzeit halte.

Alle wollten sie mit dabei sein, die Fleischer und Brezelbäcker, die Lederer und Wachszieher, Wollwirker und Leinenweber. Keinen Mulzbräuer oder Schmiedegesellen hielt es mehr an seinem Arbeitsplatz, weder die Frauen und Kinder. Wenn den Stadtschultheißen Sebastian Wurmrauscher das Zipperlein nicht gar so höllisch geplagt hätte, dann wäre auch er zum Schauplatz gehumpelt. Die Mitglieder des Zwölferrats der Stadt, die Zunftmeister und viele hohe Herren, standen eh' schon bei der Partie am Graßlturm. Zuguterletzt eilten noch der Meister Salmansperger und Peter Gilg, sein Geselle, keuchend herbei, um die Neugierigen zu mehren. Die Zeiten waren damals hart, noch liebloser aber waren die Menschen.

Da schubsten auch schon zwei rohe, beckelhaubentragende Stadtknechte den armen Malefikanten zum schmalen Türlein des Wehrturmes heraus auf einen bereitstehenden Schinderkarren. An den Händen trug er schmiedeeiserne Schellen. Seine Füße hatten eine lange Zwingkette mit schweren Bleikugeln nachzuschleppen. Zündelrotes, wirres Haar hing ihm an den blaugeäderten Schläfen herab. Die ängstlich starrenden, blutunterlaufenen Augen des Zingerle suchten in dem wüsten Menschenhaufen nach den Gesichtern seiner Lieben. Längs der inneren Wehrmauer standen seine fünf Buben wie Orgelpfeifen um die Mutter, die dem Zusammenbrechen nahe war. „Philomena", schrie der Todgeweihte vom Karren herab und noch einmal „Philomena!" Aber sein Rufen ging ungehört im rohen Gelächter der Schergen und des wilden Haufens unter: „Herr und Heiland," ächzte der Verhöhnte, „ist denn kein Erbarmen mehr auf dieser Welt?" ... An die sechs Wochen lag er mutterseelenallein im nachtdunklen Turmverlies. Mäuse, Ratten, Moderluft und Brotsuppe, anderes gab es nicht. Dazwischen hat ihn der Pfleger Stephan Türlinger mehrmals beim Gericht verhört. Und wie! Mit Ruten ließ er ihn von den Folterknechten blutig peitschen und hernach mit Daumenschrauben so lange quälen, bis er, seiner geraden Sinne nicht mehr mächtig, den nie verübten Diebstahl am Ratsherren Pollenreiter eingestand. Unsere Liebe Frau zu Schönen Ferchen (Föhre), deren Gnadenbild im Wald er früher oft besuchte, mußte es wissen, daß er unschuldig beklagt, gefangen und gefoltert wurde. Und nun sollte er auch noch schimpflich am Galgen gehenkt werden, wie solches die Diebe, Räuber, Ehebrecher und Mörder erleiden müssen... „O Philomena! Weh mir, meine Kinder!"

Unbarmherzig glotzten die meisten Gaffer den verzweifelten Unglücksraben an. Ein paar Frauen flennten Rotz und Wasser in ihre Schürzen, als ob sie's bezahlt bekommen hätten, andere schoben den schweren Schinderkarren lachend und gröhlend über das Buckelpflaster vorwärts. Wie ein wilder Sauhaufen setzte sich der Zug im gelinden Schweinstrab in Bewegung. Der Kläger, Ratsherr Pollenreiter, mühte sich redlich, dem Rattenschwanz der Schergen, Gerichtspersonen und Neugierigen zu folgen. Immer wieder preßte er im raschen Gehen seine fleischigen Hände auf die keuchende Wampen. „Höllenhund, Geizkragen, Leuteschinder, Metzgerlackl", wurde ihm von Insassen des Bürgerspitals St. Niklas nachgeschrien. Ein Glück für sie, daß ihr fürwitziges Nameln nur der Pflegeschwester Aloysia Brachvogel am blumengeschmückten Fenstersims des oberen Stockwerks zu Ohren kam.

Weiter ging der Elendszug... Beim Spitteltor schwang sich Pater Hilarius, ein schmächtiger, federleichter Waldbruder, auf den rollenden Henkerkarren. Die haselnußgroßen Perlen seines Rosenkranzes blitzten förmlich in der Morgensonne, die, einer glühenden Scheibe gleich, über dem Lamberger Walburgiskirchlein zu hängen schien. Bis die Rotte Wehr und

Graben, die Vorstadt Prunnendorf und das Leprosenhaus St. Magdalenen in Siechen hinter sich gelassen hatte, wurde dem Zingerle fast die ganze Allerheiligenlitanei vom Pater Hilarius mit lauter Stimme vorgebetet. Die Amseln des Kadischbühler Wäldchens und die Lerchen über den Regentalwiesen sangen jubelnd darein. Beinahe hätte der rothaarige Gerber über Trostgebet und Vogelgezwitscher den bitteren Ernst der Stunde vergessen.

Aber da war, ostwärts, bereits der hochaufragende Galgen beim Dörflein Altenstadt zu sehen. Sein Anblick ließ den armen Zingerle wiederum heftig erschauern. Ein weniges unterhalb der Richtstätte lag noch vor 450 Jahren die alte Stadt und Reichsburg Cham, ehe sie der Böhmack wütend berannt und zerstörte. Allenthalben fanden sich jetzt nur geringe Spuren der ehemals bedeutenden Siedlung vor. Einzig der Görgenturm stand, von lärmenden Dohlen umflattert, noch unzerbröckelt auf halber Höhe. Hier, zwischen den kümmerlichen Resten der zerstörten Bayerstadt, hatte des Gerbers Unglück den Anfang genommen. Wie kam es doch gleich? ...Am Petri-Kettenfest jährt es sich wieder, daß er auf diesem Ödhügel nach heilenden Kräutern suchte, weil die Philomena so arg, so gottesjämmerlich über Gliederreißen zu klagen hatte. Schau, da kam unweit des Görgenturms ein braunes Wiesel aus dem Schlehdorn gehuscht. Das äugte ihn zutraulich an und verschloff sich dann in einer Mauernische. Kam einmal, zweimal, ja, ein drittes Mal wieder zum Vorschein und legte jedesmal einen blinkenden Goldgulden aus alter Zeit zu seinen Füßen hin. Nur ein Dummkopf hätte es dabei bewenden lassen. Er nahm anderntags eine Spitzhacke, ein Grabscheit, Hammer und Meißel, erweiterte die Mauernische um ein Ziemliches und wurde ein vermögender Mann. Ungesehen brachte er 2 500 Gulden, etliche Goldspangen, Armreife und ein zierliches Ohrgehängsel, letzteres allerdings nur als einzelnes Stück, nach Hause. Hätte er doch nie von seinem Schatz, den wohl ein Bürger oder Edelmann in den Kriegszeiten notdürftig versteckt hatte, zu dem Meineidbuben Pollenreiter geredet. Der ließ sich alles zeigen, horchte ihn weidlich aus und verklagte ihn dann beim Pflegegericht des Diebstahls in seinem Haus. Schwor, bei Gott und allen 14 hl. Nothelfern, daß Guldenstücklein und der Frauenschmuck durch böhmischen Zirkel aus seiner Erbtruhe in des Gerbers Gewandkasten zu liegen kamen und verstieg sich so weit, auch seinen Schwiegersohn zu einer falschen Aussage zu bewegen.

Was half es, daß er, der Zingerle, seine Unschuld hoch und heilig beteuerte und über die Herkunft des Schatzes der Wahrheit gemäß erzählte. Zwei standen ihrer gegen einen, der hochangesehene Ratsherr und sein schwerreicher Schwiegersohn, gegen den einfachen Handwerksmeister. Sie lachten ihn aus und behaupteten, daß er dem Gericht nur faule Ausreden vorzutragen habe und zwangen ihn durch grausames Foltern zu dem gewünschten Geständnis seiner Schuld... Ja, so war es gekommen. Und so wird es enden: Ihn wird man hängen und der verruchte Geizhals darf sich weiterhin am Klang des ergaunerten Goldes erfreuen. Daß der Herrgott solches zulassen mag?

Der Waldbruder hatte indes zu beten aufgehört. Er mochte die düsteren Gedanken des neben ihm kauernden Gerbers ahnen und überlegte, wie er ihm helfen könnte. Für ihn, den klugen Menschenkenner, stand es außer allem Zweifel, daß hier ein Unschuldiger hingerichtet werden sollte. Er hatte ja im Turm des Meister Zingerles Lebensbeichte gehört und wußte andererseits zur Genüge, wie man um dieselbige Zeit mit den niederen Ständen bei

Gericht verfuhr. Was er dagegen unternehmen konnte, wollte er nicht unversucht lassen. Gott selber mußte eingreifen und einen Beweis der Unschuld erbringen. War es nicht vermessen von ihm, solches vom Allerhöchsten zu fordern? Gleichwohl er mußte es tun, wenn er sich nicht all' seiner Lebtag selbst um den mühsam erkämpften Seelenfrieden bringen wollte.

Inzwischen war alles, was hartes Müssen und die nur bloße Neugierde hergetrieben hatte, an der Richtstätte angekommen. Die Gaffer bildeten einen großen Halbkreis vor dem Galgen, an dem der Henker die letzten Handgriffe auszuführen hatte. Eine kurze Leiter wurde noch aufgestellt. Der Zingerle, den man vom Karren hob, mußte wohl oder übel die untersten Sprossen ersteigen. Ein Henkersknecht legte ihm die jetzt noch lose Schlinge um den spindeldürren Hals. So unter dem Galgen stehend, wurden dem Gerber Anklage und Urteil des Gerichtes noch einmal vom Schreiber des Pflegers Türlinger allen hörbar vorgelesen. Als besondere Gnade gab man dem Malefikanten noch ein bißchen Zeit für ein paar Worte der Reue oder der einsichtigen Ermahnung an die Zeugen seiner Hinrichtung.

„Sag was, Bertold Zingerle", rief der Peter Holzapfel aus der gaffenden Menge heraus. „Diesmal geht's um die Wurst, die Dir der Pollenreiter hübsch versalzen und sauber eingewickelt hat! So red doch, Zingerle, red!" Statt seiner, der kein Wort von der Zunge lösen konnte, hub jetzt Pater Hilarius zu sprechen an: „Ein Hornvieh, wer da glaubt, daß Meister Zingerle ein loser Schelm, ein Tunichtgut und Galgenvogel sei! Hätte selbiger aus freien Stücken gestanden, so wäre Urteil und Gehenktsein in schönster Ordnung. Tod und ewige Verdammnis über die Buben, die einen redlichen Mann der Freiheit berauben und martern und schinden, bis er zugeben muß, was man gerne hören möchte. Solcher Frevel am Gesetz wäre hier geschehn und nimmermehr bestehe der Spruch zurecht!" „Fort mit dem Kuttenträger", schrie nun der Ratsherr Pollenreiter in blinder Wut dazwischen. „Fort mit ihm! Der Henker soll ungesäumt seines Amtes walten! Herr Muracher, was zögert Ihr noch? Seid Ihr nicht als Stellvertreter des Pflegers alleiniger Herr am Platze? Fort mit dem Waldbruder, der nur hussen möchte, 'gen das Recht der Obrigkeit!" „Oho, laßt den Hilarius zu Ende reden," rumorte jetzt der Seiler Fürlbeck. „Er hat lange genug den Eichkatzen und dem Rotschwanz im Walde gepredigt, ha, ha! Nun wollen wir von ihm hören, wie man beim Gericht mit freien Bürgern umzuspringen pflegt. Nicht wahr, ihr Männer?" „Ja, ja, der Waldbruder soll reden", wurde dem Seiler stürmisch im Kreis zugestimmt. Da gaben es die Herren und Henkersknechte vorerst auf, gegen den Strom zu schwimmen.

Pater Hilarius aber wußte, daß alles Reden letzten Endes nur für die Katze sein konnte, wenn ihn Gott jetzt verlassen sollte. Deswegen kniete er nun zwischen dem Galgen und der staunend ergriffenen Menge auf einem Felsbrocken nieder, erhob die Hände zum stillen Gebet und flehte mit aller Kraft eines gläubig vertrauenden Herzens um ein Zeichen der Gerechtigkeit Gottes. Aus seinen ansonsten so milde blickenden Augen sprühte es, wie von flammenden Blitzen. Niemand in der Runde hätte es gewagt, den rätselvollen Gottesmann auch nur durch ein leises Hüsteln vom Gebet abzulenken. Alle fühlten, daß nun bisher Unerhörtes geschehen müsse.

Und es geschah, daß vor aller Augen ein erdbraunes Wiesel unter dem Felsbrocken, darauf der Waldbruder immer noch kniete, hervorkroch und allmählich den freien Platz bis zum Galgen überquerte. Das Tier trug ein zierliches Ohrgehängsel zwischen den Zähnen und legte es gerade dem Zingerle zu Füßen, der halb ohnmächtig und noch immer des Todes gewärtig, auf der Galgenleiter stand. Legte es nieder und verschwand, so langsam und ohne Scheu, wie es gekommen war....

Der Waldbruder stieg ganz erschöpft, aber glücklich lächelnd, vom Steinbrocken herab, segnete die Zeugen des Gottesurteils und ging nachdenklich seines Weges. Der Muracher winkte dem Henker ab, half dem Zingerle sofort aus der Schlinge heraus und von der Leiter herab. Alsdann ließ er den Ratsherrn Pollenreiter, der mit schreckhaften Augen, am ganzen Körper zitternd dastand, vorsorglich die Handschellen anlegen. Das Ohrgehängsel wurde von den Gerichtsleuten als genaues Gegenstück zum anderen, angeblich gestohlenen Ohrringel, erkannt und das Erscheinen des winzigen Tierleins als Gottesfügung und Beweis für die Unschuld des Gerbers genommen.

Fragt nicht, wie glücklich der Zingerle noch am selben Tag Unserer Lieben Frau zur Schönen Ferchen (Föhre) einen wundervollen Kronenleuchter mit sieben Kerzen übereignen ließ.

Das Räuberwirtshaus

Es hatten sich einmal zwei Studenten im großen Fenkenwald bei Auerbach verirrt. Endlich sahen sie in der Nähe ein Licht. Sie gingen auf das Licht zu und kamen zu einem großen Haus, das ihnen wie ein Wirtshaus vorkam. So beschlossen sie in dem Wirtshaus einzukehren. Sie klopften an die Tür. Eine alte Frau öffnete und führte die Studenten in die Stube. „Was befehlen die Herrschaften?" fragte die Alte. „Könnten wir ein Nachtmahl bekommen und könnten wir hier übernachten?" „Ja," sagte die Alte, „ein Nachtmahl wird sogleich zur Stelle sein und übernachten können Sie auch bei uns." Alsbald brachte sie das Nachtmahl in die Stube. Mit dem Wunsch „Wohl bekomm's!" stellte sie einen Teller saures Fleisch vor jeden Studenten. Die jungen Männer begannen zu essen. Aber es schmeckte ihnen nicht recht. Auf einmal fand der eine Student in seinem Teller ein Fingerköpfchen mit einem Fingernagel. Nun wußten die Männer, was sie aßen und warum ihnen das Essen nicht geschmeckt hatte. Die Studenten brachten keinen Bissen mehr hinunter. Aber sie durften sich nicht auffällig machen. So taten sie, als ob sie essen würden und reichten Löffel um Löffel dem großen Hunde hinunter, der unter dem Tisch saß.

Als die Studenten gegessen hatten, führte sie die alte Frau die Treppe hinauf in ihr Zimmer, das aber ganz ohne Licht war. Die Studenten hörten, wie die alte Frau die Tür des Zimmers mit einem Schlüssel verschloß. So waren die beiden gefangen. Sie wagten es nicht, sich in das Bett zu legen und waren voll Angst, was noch geschehen würde. Endlich erinnerte sich der eine Student, daß er ein Feuerzeug und einen Kerzenstumpf in der Tasche habe. Er zündete die Kerze an und leuchtete in dem Zimmer herum. Auch das Bettstroh untersuchten die

Studenten. Endlich bemerkten sie gerade über dem Kopfpolster des Bettes eine Klunse. Nun knieten sie sich mitten in das Zimmer, um inbrünstig zu beten. Und gerade um Mitternacht fiel ein großes, scharfes Messer durch die Klunse auf das Bett.

In der Früh kam niemand. Die Studenten warteten voll Angst und Schrecken. Endlich sahen sie vom Fenster aus einen Förster mit seinem Hund und seinem Gewehr daherkommen. Die Studenten öffneten das Fenster und riefen dem Förster zu: „Herr Förster, wir sind hier eingesperrt. Wir bitten, helfen Sie uns heraus!" Der Förster ging sogleich in das Wirtshaus und befahl der alten Frau: „Laßt sofort die jungen Herren heraus, die in dem Zimmer im ersten Stock eingesperrt sind!"

„Ach, die jungen Herren, die habe ich vergessen. Ja, freilich, sogleich werde ich sie herauslassen."

Der Förster wartete, bis die Studenten herunterkamen. Sie erzählten dem Förster alles, was sie in dem einsamen Wirtshaus erlebt hatten und der Förster verständigte von dem Vorfall sogleich die Landjäger. In dem Wirtshaus wurde eine ganze Räuberbande ausgehoben, während in den Kellern und Kammern ganze Fässer voll Menschenfleisch gefunden wurden.

„Hab sechs Lebendige aus dem Toten genommen"

Ein Mann wurde wegen irgend einer Straftat von einem Gerichtshof zum Tode verurteilt; dem strengen Urteil wurde jedoch die Bemerkung angefügt, daß ihm das Leben geschenkt würde, wenn er den Richtern ein Rätsel aufgeben könnte, das sie nicht zu lösen wüßten. Die Herren hatten nämlich gar wenig zu tun und so beschäftigten sie sich in ihren Arbeitspausen damit, daß sie sich gegenseitig Rätsel zu lösen gaben. Ihnen waren bereits alle Rätsel von den ältesten Zeiten her bis auf ihre Tage bekannt und sie zweifelten sehr daran, ob dieser Verurteilte noch ein ihnen unbekanntes und unlösbares Versteckspiel kennen würde oder neu auszutüfteln fähig sei. Der Verurteilte bat um eine kurze Bedenkzeit und um die Erlaubnis, den Verhandlungsraum für einige Minuten verlassen zu dürfen.

Die Richter steckten die Köpfe zusammen; nach kurzer Beratung erklärte ihm der Vorsitzende: „Gut, es wird eine Wache von zwei Mann mit Dir gehen und Du mußt vor dem Ablauf dieser Sanduhr wieder zurück sein!"

Schon lange vor der festgesetzten Zeit war der Mann zurück und packte sein Rätsel aus: „Bin aussigangen, bin einerkumman, hab sechs Lebendige aus dem Toten gnummen und die sechse machen den Siebenten frei. Meine Herren, ratet, was dieses sei!"

Die Richter rieten hin und her und konnten das Rätsel nicht lösen und gaben sich geschlagen. Nun mußte der Mann mit der Lösung herausrücken: „Während der Verhandlungen habe ich durch das Fenster auf den Friedhof hinübergeguckt und gesehen, wie ein Spatzenpaar seine Jungen ätzte, die ihre hungrigen Schnäbel aus den Augenhöhlen eines Totenkopfes herausstreckten. Ich habe das Nest ausgenommen. Es waren sechs Junge drin." Er griff in die Tasche und holte sie heraus. „Und die Sechs machen mich, den Siebenten armen Spatzen frei." So hatte der Mann sein Leben durch ein Rätsel gerettet.

Ein Nagel im Kopf

In einem oberpfälzischen Dorf an der fränkischen Grenze schaufelte einst der Totengräber ein dem Umtriebe verfallenes Grab aus. Die noch nicht vermoderten Knochen, sowie den Schädel des seiner Zeit Begrabenen warf er zusammen, um die Dinge später in das sog. Seelenhäusl zu bringen.

Einmal während der Arbeit erblickte der Totengräber einen Schädel, der sich langsam rollend bewegte. Furchtlos griff er nach diesem, hob ihn auf und bemerkte, daß darunter eine Kröte saß, welche durch ihre Bewegungen das Rollen des Totenkopfes verursacht hatte. Dabei aber sah er, daß durch den Schädel von einer Schläfe zur anderen sich ein langer rostiger Nagel zog.

Der Totengräber brachte den Schädel seinem Pfarrherrn und dieser sagte sofort: „Hier wird ein Verbrechen aufgedeckt das nach Jahren noch Sühne finden soll." Man wußte, daß das ausgehobene Grab den Leichnam des Dorfschmiedes barg und die eingeleitete Untersuchung stellte fest, daß dessen Frau vor Jahren ein Verhältnis mit dem Gesellen angebandelt hatte und daß dieser Geselle, um die Schmiedfrau heiraten zu können, in Einverständnis mit derselben dem schlafenden Mann einen Nagel durch den Kopf schlug. Die Spuren der Tat ließen sich damals noch leichter verbergen und es hieß; Ein Schlaganfall habe den Schmied getötet. Beide Täter lebten noch und wurden durch das Schwert hingerichtet.

Der Zimmermann und der Räuberhauptmann

Um 1800 lebte in Oberbibrach ein armer Zimmermann, der lange Zeit keine Arbeit finden konnte. Endlich hörte er, daß in Ungarns Hauptstadt Budapest über die Donau Brücken gebaut und Zimmerleute gebraucht würden. Er war rasch entschlossen und wanderte schon tags darauf mit Felleisen und Knotenstock nach Regensburg, wo er sich von Donauflößern anheuern ließ. Er erreichte frohgemut Budapest und fand hier sofort Arbeit. Als die Brücken geschlagen waren, zog er auf Schusters Rappen immer westwärts der Heimat entgegen, mit einer hübschen Summe Geld im Beutel. Es war auf der Landstraße ein leichtes Wandern durch die weite Ebene, bis dichtbewaldete Hügel emporstiegen und die Straße in eine schlechte „Fuhre" überging. Zu jenen Zeiten erstreckten sich zwischen Ungarn und den angrenzenden österreichischen Erblanden ungeheure Wälder, in denen noch manche verlassene Burg von den Türkenkriegen her ihr Dornröschendasein verdämmerte und verfiel oder Räubern als sicherer Unterschlupf diente. Je tiefer der junge Zimmermann in den finsteren Wald eindrang, desto schlechter wurde der Weg; doch der Bursche dachte: Zugehn mußt du und einmal wird der Wald aufhören. Da gellte plötzlich ein scharfer Pfiff an seine Ohren und eh sich der Verirrte besann, standen zwei wilde Kerle mit schußbereiten Gewehren neben ihm und schrien ihn in einer fremden Sprache an, so daß er keine Antwort geben konnte. Dann führten sie ihn eine Dreiviertelstunde lang durch die weglose Wildnis, bis sie auf eine kleine Lichtung kamen. Hier stand inmitten des freien Platzes ein burgartiges, noch gut erhaltenes Gebäude, aus dem braungebrannte, halbnackte Frauen und zerlumpte, schmutzige Kinder stürzten und den Fremden mit stechenden, feindseligen Blicken musterten. Die beiden Räuber führten den Gefangenen schnurstracks ins Haus und über eine enge, steile Wendeltreppe ins obere Stockwerk, wo sie ihn kurzerhand in einen Raum stießen, der behaglich eingerichtet war. Hinter einem schweren Eichentisch, der mit Stößen von „Akten" bedeckt war, saß ein noch rüstiger, graubärtiger Mann, der eine Brille trug und den Eingelieferten eine Weile ruhig betrachtete, während dieser vor Angst bebte. Hierauf entwickelte sich ein Zwiegespräch, in dessen Verlauf sich der Oberbibracher beruhigte: „Du bist ein Deutscher," sagte der am Tisch Sitzende. „Ja!" „Woher bist Du?" „Ich bin aus Bayern." „Ja mein, Bayern ist groß, Du mußt mir schon Deinen Heimatort nennen."

„Ich bin aus dem Bezirk Eschenbach, mein Geburtsort ist Oberbibrach." „Soo, soo," erwiderte der Räuberhauptmann, wehmütige Erinnerungen stiegen in ihm auf und er schwieg eine Weile. Dann sprach er weiter: „Da kennst Du auch Pichlberg." „Ich kenne es so wie meinen Heimatort." „Hast Du Hunger?" „Mich hungert und dürstet."

Da ließ der Räuberhauptmann von einem flinken Diener eine Flasche ungarischen Rotwein, Schinken und Brot bringen und befahl dem Erschöpften: „Rück her zu mir, iß und trink!" Als sich dieser gegessen und seinen brennenden Durst gelöscht hatte, fragte der „Herr des Hauses" weiter: „Hast Du Geld?" „Ja, ich habe 200 Silbergulden bei mir, die ich mir in Budapest beim Brückenbau mit saurer Arbeit verdient und erspart habe," war die wahrheitsgetreue Antwort. „Gut, wart' noch eine Weile!" Da nahm der „Hauptmann" ein Stück Papier und schrieb mit einer kratzenden Gänsefeder ein paar Zeilen darauf. Den Wisch überreichte er dem Zimmermann mit den Worten: „Sixt, Du bist von Oberbibrach, jetzt wirst Du gleich hören, woher ich bin. Die zwei Mann, die Dich aufgegriffen haben, werden Dir den rechten Weg weisen. Wenn Du noch einmal von meinen Leuten angehalten werden solltest, dann zeigst Du diesen Zettel vor und es wird Dir nichts geschehen. Du hast diesmal Glück gehabt. Wärest Du nicht ein Landsmann von mir - ich bin nämlich ein Pichlberger - hättest Du Geld und Freiheit, wenn nicht gar Dein Leben verloren. Komm gut nach Hause!" Der Oberbibracher wußte nicht, wie ihm geschah, er glaubte zu träumen. Er wollte noch danken, aber schon führten ihn die zwei Räuber, die auf ein Zeichen ihres Führers erschienen waren, aus der Stube und dann durch den unheimlichen Wald auf einen Weg, den er nicht mehr verfehlen konnte. Er erreichte auch glücklich seine Heimat, wo er seine seltsame Begegnung an Ungarns Grenze lange verschwieg.

Der Kicker ein Amberger Schatzgräber

Auf dem Henkerbergl (heute Batteriesteig) in Amberg, in dem uralten Henkersturm, hauste in den 1840er Jahren Matthias Dobler, ein mürrischer, grau behaarter Sonderling. Von Beruf war er Brunnengräber und Bergmann. Alle Leute seiner Nachbarschaft, ja selbst

Ambergs, hießen ihn nur den Kicker. Er wurde von jedermann scheu gemieden, trotzdem man ihn in allerlei verzwickten Sachen nur zu oft zu Rate zog.

Ja, tatsächlich hatte er nur zwei Freunde. Der eine war der Schinder, der andere der Totengräber. Er hauste ohne Partnerin in dem Turm. Nur von dem wackeligen Kachelofen sah listig ein Rabe herab und auf der wohl selbstgezimmerten Ofenbank lag meistens eine schwarze Katze, deren grünliche Augen unheimlich funkelten. An seine Turmkammertüre war eine scheußliche Blechmaske genagelt, wie solche einst alten oder mitunter auch jungen Frauen umgehängt wurde, die als Hexen verschrien waren.

Allerlei Gesteine lagen kreuz und quer herum und von der Wand glotzte manch seltsam ausgestopftes Tier.

Auf einem Wandbrett konnte man neben manchen Büchslein allerlei Fläschchen sehen, deren Inhalt gar eigen schillerte, als wären Regenbogenfarben darin.

Über des Kickers Bett, einem armseligen Gestell, hing ein kurzes, rostiges Richtschwert. Es mochte dasselbe sein, das der frühere, noch von der Stadt Amberg besoldete Henker benützte. Es befindet sich im Amberger Stadtmuseum. Auch zahlreiche Bündel getrockneter Kräuter lagen neben einem gebleichten Totenkopf auf einer uralten, gebrechlichen Kommode.

Ja dieser alte, mürrische Kauz kannte ein jedes Kräutlein, das Menschen und Tier gut tat und es war gar nicht selten, daß er noch manchem zu einem langen Leben verhalf, den die beiden Ärzte der Stadt schon als baldiges Würmerfutter angesehen hatten.

Aber noch ein anderes Talent, oder richtiger gesagt, Begabung hatte er. Vermutete irgend jemand in seinem Haus einen vergrabenen Schatz, so wurde der Kicker beauftragt, nach diesem zu suchen. Mit Spitzhacke, Schaufel und dem alten Richtschwert kam er zu seinen Auftraggebern. Nachdem er Hacke und Schaufel in den Flur gelehnt hatte, bestieg er mit dem Richtschwert den Boden der Häuser und hier nahm er das Schwert gleich einer Wünschelrute in beide Hände und stieg langsam die Treppen hinab bis zu den Kellern. Wenn ein vermuteter Schatz wirklich da war, nun, der Kicker brachte ihn ans Licht. Ob dies nun Glückszufall oder doch so etwas wie sechster Sinn war, mag dahingestellt bleiben. Tatsache war, daß er als Schatzgräber wirklich große Erfolge hatte. Ja selbst auf frühere ungesühnte Verbrechen stieß er. So kam einst der Besitzer des uralten Walbererhauses, der schon öfter in seinem Keller ein eigenartiges Klopfen gehört hatte, zu ihm und bat, daß er die Sache untersuchen wolle. Der Kicker sagte zu und stellte sich auch eines Abends bei ihm ein. Er umging mit seinem Richtschwert den geräumigen Keller und fand in nur 20 cm Tiefe ein Totengeripppe. Daß hier ein Verbrechen vorlag, zeigte der in den Schädel eingetriebene Nagel. Ja, eine ganze Menge derartiger und anderer erstaunlicher Fälle ließ sich bei ihm noch nachweisen und so war es gar nicht verwunderlich, daß sich um diesen sonderbaren Menschen ein riesiger Kranz von Schauermärchen erzählt wurde. Natürlich blieben auch dem damaligen Rat der Stadt seine Erfolge nicht unbekannt und so war es ganz in Ordnung, wenn an ihn von der Seite der Stadt wie der Kirche das Ansinnen gestellt wurde, nach dem Versteck der alten Kloster- und Kirchenschätze der ehemaligen Jesuiten zu suchen.

Unter ihren vielen, vielen wertvollen Schätzen mußten die ehemals in der Georgskirche aufgestellten, 1 1/2 Ellen hohen, schwersilbernen 12 Apostel, sowie ein ebenfalls silberner und vergoldeter, halb lebensgroßer berittener St. Georg sich befinden. Auch hier sagte der Kicker zu, obwohl er den Ratsherren nicht verheimlichte, daß ein vor Jahrzehnten zu diesem Zweck unternommener Versuch mit dem Tod des Forschenden ausging. In einem unterirdischen Gang, in den dieser von der Brauerei Bruckmüller (einstigem Franziskanerkloster) aus gelangt war, war ihm ein Mönch, in der einen Hand ein Licht, in der anderen einen Totenkopf tragend, engegengekommen. Von Schauern gepackt lief der Mann zurück, legte sich zu Bett und starb nach drei Tagen...

Also der Kicker hatte zugesagt, die großen Schätze der Jesuiten zu suchen und sich dafür eine Frist von 14 Tagen ausgebeten. Von da ab sah ihn nachts hie und da ein Bürger, wie er mit dem Richtschwert manch Gäßlein abschritt. Und eines Morgens - man schrieb den 7. April 1847 - trat der Kicker mit gewichtiger Miene in das Zimmer des Bürgermeisters und sagte: „Gottlob, der Schatz ist gefunden. Es war schwere Arbeit. Durch 2 1/2 Ellen dicke Mauern mußte ich mich arbeiten. Gebt Kunde den Ratsherren und der Geistlichkeit, sich hier bis um 1/2 5 einfinden zu wollen. Punkt 5 werde ich Euch an den Schatz führen."

„Wo, wo liegt der Schatz?" frug auf's höchste gespannt der Bürgermeister. „Gemach, gemach, er liegt noch in der Stadt. Punkt 5 steh ich hier, Euch zu führen. Jetzt muß ich zu Schnabel und Tatze!" Damit meinte er seinen Raben und die Katze. „Also, Punkt 5 Uhr" und mit diesen Worten war er aus dem Zimmer.

Es waren kaum 10 Minuten nach dem Besuch des Kickers vergangen, um anzuordnen, daß sich die Stadträte, sowie die höhere Geistlichkeit baldigst bei ihm einfinden wollten, da öffnete sich die Türe und der alte Wachtmeister Dünstlein kam ziemlich erregt herein und sprach: „Unten ist der Viehhändler Altmann und spricht allerlei vom Kicker und Schinder. Der Kicker soll den Schinder erschlagen haben. Soll ich denselben heraufführen, Herr Bürgermeister?" „Was, den Kicker und Schinder? - Natürlich, er soll sofort heraufkommen!" Hierauf berichtete nun der Viehhändler Altmann wörtlich folgendes: „Gestern nachmittags hatte ich im nahen Weiherzant Geschäfte. Ich ging, da das Wetter sehr schön war, zu Fuß, statt meinen Braunen einzuspannen. Heimwärts konnte ich infolge eines Fehltrittes nur langsam meinen Weg fortsetzen. Ich glaube, es mochte schon 11 Uhr gewesen sein, als ich das Neutor in Sicht bekam. (Es wurde 1871 wegen Baufälligkeit abgebrochen, es stand bei der Einfahrt zum Malteserplatz.) Als ich schier dort angelangt war, hörte ich aus dem Stadtgraben wechselseitige Stimmen, als stritten sich dort unten zwei. Ich pirschte mich vorsichtig hinter einen Baum und sah in den vom Mondlichte erhellten Graben hinab. Dort unten standen, ein jeder eine Spitzhaue geschultert, der Kicker und der Schinder Wastl. Ich sah ferner, wie der Schinder Wastl ständig fluchend gegen den Kicker vorging und wie des Kickers Hacke plötzlich auf den Wastl niedersauste, der lautlos zu Boden sank. Ich habe bei diesem Geschehen wohl einen Schrei ausgestoßen, denn der Kicker sah lange nach dem Baum, hinter dem ich stand. Doch als er nichts mehr hörte, fühlte er sich wohl getäuscht. Er umfing den wahrscheinlich schon toten Schinder Wastl und trug ihn westwärts, etwas 50 - 70 Schritte. Plötzlich war er samt seinem Opfer verschwunden. Verschwunden, als hätte ihn die Erde verschluckt. Ich stand noch lange hinter meinem Baum, sah und hörte aber nichts mehr."

Nach dem Bericht des Viehhändlers gab der Bürgermeister sofort Weisung, nachzusehen, ob der Schinder Wastl zu Hause sei. Aber der Bote brachte die Nachricht, daß gestern nachmittags der Kicker ihn abgeholt hätte und er seitdem nicht mehr nach Hause gekommen sei. Also war des Viehhändlers Aussage kein leerer Traum. Auf dieses hin bekamen zwei Polizisten den Auftrag, den Kicker vorzuführen, zwecks Aufklärung des von dem Viehhändler gemeldeten Vorfalles. Als diese bei dem Henkertürml angekommen waren, stand eben der Kicker am kleinen Fenster. Bei dem Anblick der Polizisten frug er hinab: „Wohin denn so eilig?" „Ei, zu Dir" erwiderte der Eine allzuschnell: „Du mußt mit zum Bürgermeister." „Was heißt muß!" „Ja, Du mußt." „So steht die Sache." Mit einem heiseren Lachen verschwand des Kickers Kopf vom Fenster und die Polizisten hörten darauf ein Geräusch, als würde im Turm ein schwerer Riegel vorgeschoben. Dem war auch so, denn die Polizisten fanden den Turm versperrt. Und als sie mit Gewalt die schon halbmorsche Türe eingedrückt hatten, war das Turmzimmer leer. Der Kicker hatte sich mittels einer Leiter ins obere Gemach begeben, die Leiter hochgezogen und hierauf die Luke geschlossen. Bis die Polizisten eine Leiter herbeigebracht und sich nach oben begeben hatten, hatte der Kicker schon ausgelebt. Er hatte sich an einem Dachsparren erhängt. Und leider, leider blieb und bleibt mit diesem seinen tragischen Tod das von ihm bereits gelöste Rätsel der verschwundenen Kirchenschätze der Jesuiten für die Allgemeinheit weiter, vielleicht noch Jahrhunderte lang, ein ungelöstes Geheimnis.

Bleibt die Frage: Was mochte wohl den Kicker veranlaßt haben, den Schinder niederzuschlagen? Anscheinend hatte der Schinder, der dem Kicker bei der 2 1/2 Ellen dicken Mauer geholfen hatte, in den Kicker eingedrungen, sich an den Schätzen selbst zu bereichern, ehe der Rat der Stadt hingeführt würde. Nach Ablehnung dieses Wunsches durch den Kicker mag er auf dem Heimweg weiter auf denselben eingeredet haben, bis dieser im Zorn nach ihm schlug und ihn ermordete. Dem Kicker selbst saß nie die Gier nach Reichtum im Nacken. Seine ganze Hinterlassenschaft betrug in bar 16 Gulden und 38 Kreuzer.

Übrigens ist noch zu sagen: Die Leiche des Schinders wurde trotz allen Suchens nicht gefunden. Vielleicht liegt sein Gerippe modernd bei dem einst gefundenen Schatz.

Ein Mörder wurde zum Heiraten gezwungen

Zwei Bauern, ein verheirateter und ein lediger, gingen spät abends etwas angeheitert in der Gegend von Floß nach Hause.

Im Gespräch gerieten sie in Streit wegen einer Kuh. Es kam zu einer Schlägerei, dabei erschlug der Unverheiratete den Verheirateten. Der Täter wurde eingesperrt und saß längere Zeit in Haft, obwohl er beteuerte, daß er nicht die Absicht hatte, den anderen zu töten, er war ja sein Freund und Nachbar.

Was tun?

Die Erntezeit kam heran und der Täter saß immer noch im Gefängnis in Neustadt an der Waldnaab. Da kam eines Tages die Witwe des Erschlagenen und klagte: „Gnaden Herr

Landrichter, ich geh' zugrund, keinen Menschen hab ich auf dem Hof, der mir hilft, der Knecht ist auf und davon und meinen Mann haben's erschlagen. Gnaden Herr Landrichter, ich kann nimmer sein!"

Da sagte der Landrichter, Freiherr von Lichtenstern: „Atn - Atn (er hatte einen Sprachfehler), wie wäre es denn, wenn ich den Gefangenen einstweilen zur Arbeit freigeben würde?"

„Ach ja, Gnaden Herr Landrichter, das wär freilich gescheit."

Da ließ dieser den Gefangenen holen und sagte zu ihm: „Willst Du als Knecht der Bäuerin helfen?"

„Ja!"

„Willst Du auch fleißig sein und ein braver Mann werden?"

„Ja!"

„Willst Du auch die Bäuerin bis in einem halben Jahr heiraten?"

„Ja, das will ich auch, wenn die Bäuerin will."

Sie war damit auch einverstanden, worauf er dem Gefangenen die Strafe und weitere Verfolgung erließ. Ob die Verheiratung genug Strafe oder ein Glück war, kann ich nicht sagen.

Ein Pressather Schatzsucher

Um die Mitternachtsstunde ging ein Schnapssäufer von Pressath nach Wollau. Er war ein großer Trinker, der zuletzt seinen 85 Tagwerk großen Bauernhof versoffen und verlumpt hatte. Da sah er auf dem Berg ein Feuer flackern und lodern. Aus den Erzählungen der alten Leute wußte er, daß dieses Feuer nur alle hundert Jahre einmal an einem Tag brenne. Er ging auf das Feuer zu. Nun hörte er einen Hund bellen und sah, wie ein kleiner, weißer Spitz wie toll um das Feuer herumsprang. Aber der verlotterte Mann schrak vor nichts zurück. Er sprang ohne Furcht in das Feuer und trat es aus. Das Feuer erlosch und auch der Hund war spurlos verschwunden. Da suchte der Mann in der Asche herum, bis er einen kleinen, goldenen Schlüssel fand. Ein silbernes Täfelchen hing an dem Schlüssel und auf dem Täfelchen stand zu lesen: „Grabe, grabe noch heute diese Stelle eine halbe Klafter tief um. Dann wirst Du ein Faß finden, das bis oben mit Dukaten angefüllt ist." Eilends lief der Mann nach Wollau und nahm aus dem Schupfen des ersten Bauern ein Grabscheit. Dann rannte er wieder hinaus auf den Berg und grub an der Stelle, wo er das Feuer ausgetreten hatte bis zum Morgengrauen, als ginge es um sein Leben. Endlich stieß er mit dem Grabscheit auf das Faß. Geschwind schloß er mit dem Schlüssel auf und sah vor sich soviel Goldstücke, daß er sich vor Freude gar nicht fassen konnte. Gierig füllte er mit dem Gold alle Taschen. Dann lief er nach Pressath zurück und fuhr mit dem nächsten Zug nach Nürnberg, wo er mit dem Geld, das er in dem Fäßchen gefunden hatte, einen Gasthof pachtete. Aber schon nach zwei Monaten konnte er die Rechnungen nicht mehr bezahlen und mußte die Stadt verlassen. Der reiche Mann war wieder zum Bettler geworden und als Bettler zog er im Land umher.

Was er sich erbettelte, vertrank er und das tat er solange, bis er 1881 in Regensburg mit 75 Jahren starb.

Grenzschmuggler an der bayerisch-böhmischen Grenze

Diese Geschichte spielte noch vor dem Ersten Weltkrieg. Damals ging es an der bayerisch-böhmischen Grenze stets lustig zu. Besonders in den Wirtshäusern recht sitzfest und wenn sich eine Gelegenheit bot, wurden die anwesenden Grenzer gern ausgetrickst. Die Schmuggler mit ihren Helfershelfern verstanden es ausgezeichnet, die Zöllner von ihren verschwiegenen Wegen fernzuhalten.

Eines Abends war im Grenzort Waidhaus wieder so eine zünftige Gesellschaft beieinander, unterhielt sich lebhaft oder huldigte dem Kartenspiel. Am Stammtisch saß der Oberkontrolleur, ganz Aug' und Ohr für alles, was um ihn herum vorging; denn heute Nacht erwartete er einen Viehtransport, der verraten worden war und er hatte seine Leute an der Grenze so verteilt, daß keine Maus durchschlüpfen sollte. Er stellte sich harmlos, beobachtete aber trotzdem genau jeden Zu- und Abgang in der Wirtschaft. Daß der ermüdete Schusternazi am Tisch einschlief und gegen 22 Uhr, nachdem er vom Wirt geweckt worden war, das Lokal verließ, schien ihm nicht verdächtig. Dieser ging aber nicht nach Hause, sondern schlich sich vorsichtig in das Wohnhaus des Oberkontrolleurs, holte aus dem Hausflur dessen alte Dienstmütze und den Wetterkragen und aus dem Stall das für alle Fälle gesattelte Dienstpferd und ritt damit unbeobachtet davon. Der Schusternazi wußte genau, wo die Wachposten standen, ritt auf sie zu, forderte Meldung und befahl dann: „Einrücken!" Als dies geschehen, galoppierte er zurück, erspähte, daß der Oberkontrolleur immer noch gemütlich beim Bier saß, brachte Pferd, Mütze und Wetterkragen unbemerkt an ihren Platz zurück, kroch zu Hause in sein Bett und tat, als ob er fest schlafen würde. Bis 1 Uhr morgens saß der Oberkontrolleur im Wirtshaus in der Erwartung, daß seine Leute die „Pascher" oder Grenzschmuggler abfangen würden. Als sich aber nichts dergleichen rührte, machte er sich auf, um nach dem Rechten zu sehen. Zu Hause mußte er feststellen, daß die Wachen bereits eingerückt waren. Als er seine Leute zur Rede stellte, erklärten sie übereinstimmend, daß doch der Herr Oberkontrolleur selbst „Einrücken" befohlen habe. Er befahl sofort jeden Mann wieder auf seinen Platz und ritt selbst die Grenze ab, aber die Schmuggler hatten ihre „Ware" längst in Sicherheit gebracht.

Mord mit Rattengift in Bernhardswald?

Ein Häuflein lustiger Bauernburschen saß in Schönberg bei Regensburg im behaglichen Schloßbräustüberl (seit 1928 Gastwirtschaft) beisammen. Als sie ein Kartenspiel gemacht hatten, sprachen sie von allerlei. Inzwischen kam auch der alte Birkentaler Bauer mit seinem glattrasierten Gesicht, aus dem zwei frische Augen funkelten. Ihm folgten bald noch verschiedene Bauern, einige Sonntagsjäger und Ausflügler aus Regensburg, die bei der dicken Wirtin die freundlichste Aufnahme fanden. Tüchtig untereinander gemischt hatten alle Platz genommen. Die Jugend hielt sich zurück, damit das Alter zu seinem Recht kommen konnte.

„Erzähl was, Birkentaler!" riefen ihm die anderen Bauern zu. Von allen Seiten wurde das alte Bäuerlein, dem auch das Landvolk sichtlich gern zuhörte, angebettelt, etwas zu erzählen. Man kannte ihn ja als einen heiteren Gemeindebürger, der, wenn er mochte, viel aus vergangenen Tagen erzählen konnte und sich auch vielleicht im Spaß schon manche Lüge erlaubt hatte. Nach längerem Zaudern sagte der Bauer schmunzelnd, er wolle den Anwesenden den Gefallen tun, verlangte aber im voraus, daß er auch Glauben finden müsse. Die Gäste sagte ihm denselben zu, forderten ihn nochmals auf, zu reden und horchten sodann gespannt seinen wirkungsvollen Ausführungen.

„In Bernhardswald, keine Stunde von hier," fing er an, „da war einmal eine recht böse Bäuerin.

Sie war verschwenderisch und hatte eine Zunge wie ein Schwert. Ihr Mann, der Niedermeiersepp, war ein braver Bauer, der seiner Frau aber gar nichts hatte recht machen können. Oft haben sie sich zerstritten und manchmal recht heftig, weil die Bäuerin ihr Mundwerk gar nicht hatte halten können. Die beiden Eheleute lebten aber doch schon ziemlich lange zusammen, obwohl sie eigentlich nicht zusammenpaßten.

Eines schönen Tages fiel es der Bäuerin ein, ihren Mann zu vergiften, damit sie allein auf dem Haus und Hof wirtschaften könnte, wie sie es wollte. Sie gebrauchte eine Ausrede, um nach Regensburg zur Elefantenapotheke zu kommen. Rattengift wollte sie haben, um ihren Mann umzubringen. „Ja," sagte der Apotheker, „das darf er nicht so ohne weiteres verkaufen, da muß sie zuerst zu ihrem Bürgermeister gehen, und dieser ihr dann einen Erlaubniszettel ausstellen. Wenn Sie diesen mir bringen, dann bekommen Sie Ihr Rattengift." Die Bäuerin schaute, daß sie schnell nach Hause kam. Gleich am nächsten Tag suchte sie den Bürgermeister auf. „Ratzen," sagte sie, „haben wir sehr viele, daß ich ein Mittel nehmen will. Geben Sie mir einen Zettel für die Apotheke, sonst bekomme ich kein Rattengift." „Ja," entgegnete der Bürgermeister, „das ist ja ganz was neues. Ihr Mann hat mir noch nie etwas davon erzählt. Doch ich will Ihnen glauben, da haben Sie einen Zettel, hoffentlich werden die Ratten bald alle hin."

Am gleichen Abend kamen der Bauer und der Bürgermeister zusammen. „Ist es wahr, daß Du soviel Ratten hast im Stall?" Der schaute ganz verwundert drein. „Ja, ich habe bei uns noch keine Ratte gesehen! So eine Lüge und das noch von meiner Frau. Das ist unmöglich." Der Bürgermeister warnte den Niedermeierseppl und sagte: „Paß auf und nimm Dich in acht vor dem Rattengift."

Die ganze Zeit druckte die Bäuerin umeinander, man merkte es ihr förmlich an, daß sie was „Wilds" im Sinn hatte. Ein paar Tage später sagte sie, sie muß in die Stadt und was erledigen. Sie konnte es gar nicht mehr abwarten, ihren braven Mann zu töten.

Der Bauer war nicht dumm gewesen. Nach dem Gespräch mit dem Bürgermeister ging ihm ein Licht auf und er hatte gleich einen Plan ausgetüftelt.

Am nächsten Tag stand die Bäuerin gleich in aller Herrgottsfrüh auf, um nach Regensburg zu gehen. Dann trug sie ihrem Mann noch eine Menge Arbeit auf, daß sich dieser nicht mehr auskannte. Dann ging sie dahin, „ma merkts ihr a, daß ihr pressiern tuat, als wenns größt Unglück passiert war."

Kaum war sie fort, schon zog sich der Bauer sein Gewand für die Stadt an. Dann lief er, was er rennen konnte, einen anderen Weg nach Regensburg, damit er schneller in die Elefantenapotheke kommt wie sie, weil er ihre schlimmen Absichten kannte. Tatsächlich war er schneller in der Apotheke und klagte dem Apotheker sein Leid. Dieser sagte: „Sie haben recht. Diese Frau war heute noch nicht bei mir und wenn sie kommt, dann sage ich nichts, daß Sie schon da waren." „Das ist recht! Wenn Sie kommt, dann geben Sie ihr ein Pulverl mit Staubzucker statt dem Rattengift. Das spannt die sowieso nicht."

Erst nach zwei Stunden kam die Bäuerin in die Apotheke. Der Apotheker hatte sie gleich wiedererkannt und er verlangte den Erlaubniszettel. Diesen untersuchte er genau. Er machte ihr Angst und sagte zur ihr: „Stimmts denn aber auch, haben's wirklich soviel Ratzen! Gerade erst war einer da vom gleichen Dorf und hat des Gift schon geholt." Die Frau war jetzt ganz erschrocken und sagte erst nach einer Pause: „Na geben Sie mir halt eines mit, dieses hat wohl einem anderen Bauern gehört."

Erst nach langem Zureden richtete der Apotheker das Pulverchen in ein weißes Papierl zusammen. Die Bäuerin zahlte drei Mark und meinte, „das ist es schon wert, wenn die Ratten nur alle verrecken täten."

Damit sie die schreckliche Tat noch am selben Tag vollbringen konnte, ging sie wieder so schnell nach Hause, wie sie nach Regensburg gelaufen war. Aber als sie daheim war, da zündete der Bauer gerade den Ofen an. Dann schimpfte sie ihn miserabel zusammen und meinte: „Was hast Du eigentlich getan?" Der brave Mann sagte nicht viel. „Schau, daß ich was zum Essen kriege, jetzt habe ich einen großen Hunger, mehr sage ich nicht."

Die Bäuerin fing dann gleich mit dem Kochen an und wurde auf einmal sehr freundlich zu ihrem Mann. Dieser sah, wie sie das Pulver nahm und unter das Essen hineinrührte.

Auf einmal sagte sie: „Mein lieber Mann, heute habe ich Dir etwas ganz Gutes gemacht und ich habe auch aus der Stadt etwas mitgebracht." Dem Bauern schmeckte das Essen famos und schnell hatte er seine Schüssel leer. Die Bäuerin war zufrieden und lachte überlegen.

Auf einmal lag der Bauer wie tot am Boden. Sie rannte wie verrückt in der Stube hin und her und überlegte, wie sie einen Selbstmord vortäuschen könne. Da kam ihr ein Gedankenblitz. Durch das Loch in der Mitte von der Stubendecke ließ sie von der oberen Stube einen Strick herunter, um den Bauern daran aufzuhängen. Wie der Strick durch das Loch durch war, machte sie um den Hals des Bauern eine Schlinge, um ihn so nach oben zu ziehen, daß die Leute glaubten, er hätte sich erhängt.

Als die listige Bäuerin die Schlinge schön hergerichtet hatte, daß sie nur mehr anziehen brauchte, war sie sofort in die obere Stube hinaufgegangen, um den Mord auszuüben.

Als sie oben war, kam dem sich tot stellenden Bauern eine Idee. Er hatte die schwere Stubenbank genommen und hatte die Schlinge in die Stubenbank hineingehängt, so daß die Bäuerin dachte, er hängt schon dran. Sie zog an, band den Strick in der oberen Stube an einen Kasten an, damit er ihr nicht mehr auskommt. Dann schrie sie, was sie schreien konnte: „Da Bauer hat sich aufgehängt!"

In Bernhardswald wurde jetzt alles lebendig und die ganze Nachbarschaft war zusammengelaufen. Wie sie in die Stube hineinkamen, da haben sie erst einmal dumm geschaut. Saß nicht der Bauer ganz ruhig und munter am Tisch und rauchte seine Pfeife!

Die ausgeschmierte Bäuerin aber haben sie entsetzlich ausgelacht und bald darauf verhaftet. Dann wurde sie nachRegensburg eingeliefert, da hatte sie die Elefantenapotheke wieder gesehen. Aber nur im Vorbeigehen zum Gefängnis.

OBERPFÄLZER GESCHICHTEN

Kaiser Karl IV. besuchte einst Hirschau

Große Aufregung herrschte an einem schönen Frühlingsnachmittag des Jahres 13.. in der Stadt Hirschau, hatten doch soeben zwei Reiter dem Bürgermeister die Nachricht gebracht, daß der Kaiser des Deutschen Reiches und König von Böhmen, Karl IV. nur mehr eine Tagesreise entfernt auf der alten Heerstraße von Prag nach der freien Reichsstadt Nürnberg unterwegs und zur Zeit als Gast beim Herzog von Leuchtenberg sei. Schon lange erwarteten ja die Bürger des Ortes die Gelegenheit, beim Durchzug des höchsten Landesherrn sich von ihm ihre alten Vorrechte bestätigen zu lassen und überdies ein neues Privileg von ihm zu erbitten. Zur Erreichung letzteren Zieles wollten daher die Bewohner dem Kaiser einen besonders glänzenden Empfang bereiten, ließen auch sofort alles liegen und stehen und trafen eiligst ihre Vorbereitungen. Unter anderem wurde im Gemeinderat beschlossen, dem hohen Gast, falls er sich herablassen sollte, die Stadt zu Fuß zu durchschreiten, ihm die Hauptstraße mit schönen Teppichen zu belegen. Leider stellte sich aber heraus, daß im ganzen Ort nur zwei davon der Ehre würdig erschienen, vom Kaiser betreten zu werden. Um nun den wirksamen Plan nicht scheitern zu lassen, wurde vorgeschlagen, zwar nur jene beiden Prunkstücke des Rathaussaales zu verwenden, doch derart, daß immer mehrere Männer den einen Teppich wieder schnell nach vorne tragen, bis der Kaiser den zweiten überschreitet. Beruhigt und stolz sahen nunmehr die Stadtväter dem folgenden Tag entgegen.

Der Kaiser war denn auch in der Tat sehr erfreut über den aufwandreichen Empfang und bewunderte und lobte des öfteren die festliche Ausschmückung und Sauberkeit der Stadt. Die Bürger indessen waren gerührt von der Freundlichkeit und Güte des Herrschers; schon hatte dieser in Begleitung des Bürgermeisters, welcher ehrerbietigst neben ihm schreitend seine Bitten vorgebracht und bereits wohlgeneigte Zusage erhalten, die halbe Stadt hinter sich, als ein dummer Zwischenfall die Freude des Tages vergraulte. Eifrig zogen sechs Bürger hinter dem Kaiser den einen Teppich weg und rannten damit nach vorne; schon tropfte ihnen der helle Schweiß von der Stirne ob ihres mühevollen Amtes und fast sehnten sie den Augenblick herbei, in dem der hohe Besuch am oberen Tor wieder zu Pferd stieg.

Da blieb plötzlich der Kaiser am Ende des Teppichs stehen, um den eigenartigen Schmuck eines Hauses zu bewundern; doch dem gewohnten Tempo treu rissen die Männer eilig den Teppich weg, da sie die kleine Stockung nicht bemerkt hatten, und das Unglück war nicht mehr abzuwenden. Kaiser und Bürgermeister stürzten zum Schrecken der Einwohner und des Gefolges der ganzen Länge nach vorwärts zu Boden. Empört über solche Herabsetzung seiner Würde, ließ sich der Kaiser sofort auf sein Pferd heben und verließ in höchster Ungnade die Stadt, welche sein Ansehen derart zu untergraben vermochte. Zwei große Pflastersteine bezeichnen noch heutigentags die Stelle, wo jener Kaiser Karl IV. den „ungastlichen" Boden geküßt; die Urkunde über das in Aussicht gestellte Privileg ist bis jetzt noch nicht eingetroffen.

Lustiger Rathausbau in Hirschau

Die Bewohner von Hirschau hatten es durch ihren Fleiß in Handwerk, Gewerbe und Landwirtschaft allmählich zu einem gewissen Wohlstand gebracht und dachten deshalb schon lange daran, an Stelle des alten Rathauses ein neues zu erbauen. Dieses sollte der aufblühenden Stadt nicht bloß auf Jahrhunderte genügen, sondern auch von dem Reichtum und der weitschauenden Klugheit der Bürger Zeugnis ablegen.
Sie gingen also daran, das bisherige unscheinbare Gebäude abzureißen. Dabei sonderten sie gleich die Bausteine von dem Mörtel und warfen letzteren auf einige Haufen. Als sie jedoch die Grundmauern erweitern wollten, störten die Schutthügel, aber schlau wie sie waren, hoben sie große Löcher aus und füllten den Bauschutt hinein. Freilich versperrte nun das Erdreich, das sie aus den Gruben geworfen, die Straße, so daß ihnen schließlich nichts übrig blieb, als es vor die Stadt hinauszufahren und in einen Weiher zu werfen.
Dann begannen die Bürger fest zu bauen, so daß ihr Werk schnell in die Höhe wuchs und bald alle anderen Häuser weit überragte. Durch eine Zwischendecke wurden zwei Stockwerke geschaffen, und nachdem die Mauern fertig waren, erkannte man bereits, wie das Gebäude alles Dagewesene in den Schatten stellen würde. Nun galt es, auf dem nahen Schellerberg Holz zu fällen, um es für den Dachstuhl zurecht zu zimmern; eifrig sägten sie die mächtigen Bäume ab, hatten indes große Mühe, sie den steilen Hang hinunterzubringen. Obwohl viele Männer so einen wuchtigen Stamm festhielten und trugen, gab es manche Quetschungen. Der letzte Baum entglitt jedoch ihren Händen und kollerte rasch den Berg hinab, so daß sie nicht schnell genug nachlaufen konnten. Als der Stamm aber unten bei den anderen liegen blieb, kam ihnen der Gedanke, daß sie sich unnütz geplagt hatten, wenn die Bäume selbst ihren Weg gegen das Tal finden. Von dieser Entdeckung waren sie so hellauf begeistert, daß sie alle Stämme wieder auf den Berg hinauftrugen und diesmal von selbst hinunterrollen ließen!
Nun mußte das Bauholz in die Stadt gebracht werden. Da die guten Leute aber den ersten Baumstamm der Quere nach trugen, hinderten die am Weg stehenden Bäume und so fällten

sie auch diese, um hindurchzukommen. Noch mehr Schwierigkeiten hatte es am Stadttor; sollten sie das Tor ausbrechen und erweitern oder die Bäume über die Mauer ziehen oder gar absägen? Als sie eben hilflos beratschlagten, flog ein Sperling durch das Stadttor, der einen Strohhalm der Länge nach im Schnabel trug; da versuchten auch die Bürger dem gegebenen Beispiel zu folgen und die Holzbeförderung gelang herrlich.

Bei ihrem unermüdlichen Eifer hatten die Hirschauer bald den Dachstuhl fertig und feierten das Hebefest im frohen Bewußtsein ihres bis jetzt so glücklichen Unternehmens. Nachdem auch die Schindeln aufgenagelt, trafen sie die Vorbereitung zur feierlichen Eröffnung.

Doch wie staunten sie, als es beim Einzug in das neue Rathaus dort vollständig finster war; indes wußte der Klügten einer auch in diesem Falle Abhilfe. Sie halfen nämlich alle zusammen, faßten die Tageshelle in Säcke und gutschließende Gefäße, um sie drinnen auszuschütten. Allein, es blieb alles dunkel und tagelang vermochte keiner ein wirksames Mittel anzugeben.

Da rannte der Bürgermeister in seiner Verzweiflung den Kopf an die Wand. Dadurch entstand ein Loch in der Mauer, und siehe da, auf einmal wurde es hell, freudig folgten die Ratsherren dem rettenden Vorbild, und nachdem sie die Löcher genügend erweitert hatten, konnte sogar die Sonne bewundernd durch die Fenster gucken.

Daraufhin wollten sie auch in den oberen Stock, wo der eigentliche Sitzungssaal vorgesehen war, fanden jedoch keine Stiege; diese war in der Eile vergessen worden, und weil die Stadträte nicht jeden Tag auf Leitern hineinsteigen wollten, wurde außen eine wuchtige

Treppe angebaut. Jahrhundertelang versah sie ihren Dienst, bis sie um 1840 ins Innere verlegt wurde.

Inzwischen war leider ein Krieg im Land ausgebrochen und jeden Tag konnte ein Feind in die Stadt dringen; nun hatten die Bürger aber auch vergessen, einen Reiterturm auf das Rathaus zu setzen, so daß die in ihn gehörige Glocke einstweilen noch unten lag; um diese vor feindlicher Beschlagnahme zu retten, beschlossen die Bewohner, sie im großen Stadtweiher zu versenken. Auf einem Kahn fuhren sie also die Glocke und andere Kostbarkeiten hinaus auf das Wasser und traurig ließen sie es in die Tiefe gleiten. Damit sie es aber später gleich wieder fänden, machte der Schultheiß an jener Stelle, wo die Glocke über Bord gehoben wurde, eine Kerbe in den Kahn, und so konnten sie getrost wieder heimkehren.

Schließlich blieb ihnen nur noch übrig, in das Rathaus ein Gefängnis einzubauen, und als der Torschmied ein starkes Gitter angefertigt hatte, kam der Bürgermeister zur Besichtigung. Dieser glaubte, die Maschen seien zu weit und zwängte zur Probe seinen

Kopf hindurch; als er wieder zurück wollte, blieb er jedoch stecken. Nach längerer Beratung versprach der Schmied, eine Feile zu holen, den Bürgermeister wieder zu befreien. Inzwischen mußte das Stadtoberhaupt zum Gespött seiner Bürger zappeln und konnte sich weidlich ausschimpfen, bis der Schmied wieder zurückkam.

Endlich war das Rathaus glücklich vollendet, und heute noch rühmt man die Schönheit und Zweckmäßigkeit des Baues, in dessen Räumen seit den Jahren der unternehmungslustigen Erbauer Gerechtigkeit und Klugheit ihren Sitz aufgeschlagen haben.

Wie die Hirschauer einen Winterschlaf hielten

Der Schmied von Hirschau hatte ein Schwein geschlachtet. Es war an der Zeit, denn es ging schon arg auf Weihnachten zu. Die Tage waren in der Welt kurz geworden, in Hirschau gar. Hier kam der Nebel vom Wald und aus dem Bach und lag auf der Stadt, daß auf drei Schritte weit kein Hirschauer den andern sah und die Stimme in den grauen Schwaden ertrank, wenn der Nachbar den Nachbarn anrief. Es war also eine tote, düstere Zeit, in der es nach Mittag bereits wieder finster wurde, nachdem es vor Mittag noch nicht hell geworden war. Darum brannten fleißig Haus um Haus Kienspäne in der Wandmulde. Der Schmied hatte sich auch mit seiner Frau und seinen Kindern beeilt, das Fleisch in die Beize und die Würste in die Räucherkammer zu schaffen. Hernach läutete er frohgestimmt Feierabend. Über dem Schmidhaus stand nämlich der Dachreiter mit der Gemeindeglocke und der Schmied hatte Glockendienst. Diesmal läutete er besonders andächtig den Feierabend ein; freilich tat er es gegen das Ende zu immer eiliger. Die Schlachtschüssel dampfte halt schon schwappvoll auf dem Tisch und außerdem hatte ihm seine Frau einige pralle, fette Würste dazulegen müssen. Er schlang alles heißhungrig hinunter. Nach solchem Behagen dachte er, nun einen behaglichen Schlaf zu tun. Der überschwemmte Magen ließ ihn aber eine schwere, schwüle Weile lang nicht einschlafen. Endlich verfiel der wackere Esser in einen jähen Schlaf; doch alsbald warf er sich stöhnend, pfausend und schnaufend auf seinem Lager herum und redete wirres Zeug daher; so daß auch seine Frau immer wieder aus ihrer verdienten Ruhe gerissen wurde. Aufregende Träume schienen den friedfertigen Mann zu peinigen. Der volle Bauch rächte sich mit aller Heimtücke und Bosheit.

Einstweilen war es Mitternacht geworden; und die alte Stockuhr schnarrte in ihrem Gehäuse die zwölfte Stunde, wobei die Gewichte rasselnd an ihren Ketten zerrten. Da sprang der Schmied wie aus einer Todesgefahr empor, als er so die greise Hausgefährtin in seinen Halbschlaf hinein die Zeit ansagen hörte. Mit Gepolter taumelte und stieß er mit seinem eckigen Schädel an die Stubenwand, daß es böse krachte. Ein dicker Blitz und prasselnde Funken in allen Farben flogen ihm um die vom Schlaf verquollenen Augen. Und seine Frau, aufgeschreckt von dem wüsten Lärm, kreischte lauthals heraus, als ihr Mann das Glockenseil packte und Sturm zu läuten begann.

„Feuer!" stammelte sie entsetzt und fuhr Hals über Kopf in ihre Röcke. Schon wollte sie in die Kammer nebenan, um die Kinder zu wecken, da ließ der Gatte und Vater das Geläute etwas ausschwingen und brüllte sie verzweifelt an: „Du hättest auch aufwachen können zur Zeit! Bis in den hellen Mittag läßt Du einen schlafen und schnarchst mit!" Seine Frau verstand nicht, was der aufgebrachte Mann meinte; es war doch wahrhaftig Nacht, wie halt mitternachts um zwölfe. Auch die Uhr zeigte nichts anderes; ihr Gang schlich selbst noch schläfrig mitsamt der Zeit, der unsichtbaren Ehefrau, dahin. Der Schmied wußte es besser; halb wütig, halb schämig wimmerte er: „Das Frühleuten verschlafen! und das Mittagläuten bald mit! So etwas muß mir geschehen! Was werden die Leute sagen!" Und von neuem packte er das Glockenseil und noch toller stürmte das Geläute in die friedsame Nacht.

Atemlos und erschöpft gab endlich der Glöckner auf und drängte seine Frau in die Küche, damit sie rasch ein Essen für den Mittagstisch richte. Die Stadt war ja Tags zuvor vom Bürgermeister aufgeboten worden, am nächsten Tag in aller Herrgottsfrühe im Gemeindewald Holz zu schlagen. Und jetzt war es Mittag geworden! Durch seine Schuld! Der Schmied schneuzte sich mächtig, so hart war er schon am Flennen.

Indessen war es auch in Hirschau Haus um Haus laut und lebendig geworden. Vor allem bliesen die zwei Feuerwehrhornisten - der eine im oberen Ort, der andere im untern -, als brenne alles lichterloh in die Wolken, was hier nur brennen konnte. Eine schöne Weile lang sprangen und rannten die Hirschauer mit lodernden Kienprügeln kopflos in dem kochenden Nebel herum; bis sich endlich einer von ihnen zu dem Schmiedhaus leuchtete und dort in die Haustür hineinschrie: „Vetter, wo brennt es denn?" Da erfuhr er von der Schmiedin, daß es Mittag sei. Der Schmied hatte sich zerknirscht beim Ofen verkrochen.

Darüber wunderten sich die Hirschauer nicht im geringsten; bloß auf den Schmied schimpften sie gar heftig, weil er sie statt frühmorgens erst mittags geweckt hatte. Im übrigen lief das Versäumnis des Glöckners von Hirschau für ihn ganz glimpflich ab. Eigentlich hatten sie doch alle noch nicht gründlich ausgeschlafen und kamen über die Morgensuppe noch zu einem Natz, daß manchem von ihnen der Löffel in die Schüssel fiel. Nachher zottelten und stolperten sie im Gänsemarsch bei Nacht und Nebel mit schwankenden Stallaternen, in denen ebenso frierend und zwinkernd die Lichter hüpften, in den wintergrauen Wald, der schwarz und düster herschaute; so recht zum Fürchten. Das war er wahrhaftig; denn plötzlich trat ein großer, grober, breitwüchsiger, rauhbärtiger und glotzäugiger Kerl aus der brausenden Waldestiefe, in die gerade ein rauher, grollender Windstoß eingebrochen war, zu ihnen und fragte sie barsch, was sie denn hier in dieser nächtlichen Stunde treiben wollten. Er war nämlich ein berüchtigter Verbrecher, der erst tags vorher aus dem Gefängnis in der Kreisstadt ausgebrochen war und sich hier in der Wildnis verkrochen hatte, um nicht von den Häschern aufgestöbert zu werden. Jetzt waren ihm die Hirschauer in die Quere gekommen. Die hatten aber keine Ahnung; auch waren sie gutmütige Leute, wie wir wissen, trotz ihrer allereinzigen Gescheitheit, und waren im Augenblick auch eher furchtsam, als daß sie daran gedacht hätten, Gewalt zu üben. Überhaupt hielten sie den Fremden für etwas ganz Besonderes und berichteten ihm deshalb unterwürfig, was für ein Mißgeschick ihnen heute zugestoßen war. Er schien schwerhörig zu sein, da er ein zweitesmal fragte: Als sie ihm nun nochmals ihr Pech klagten, biß sich der Räuber in seinen Schnauzbart, und dabei schon so fest, daß ihm ein Büschel Haare an den Zähnen blieb. Sie hatten ihm dazu noch verraten, daß sie die Hirschauer wären. Daraufhin legte er aber los: Ob sie denn nicht wüßten, daß die Sonne seit gestern auf der anderen Seite der Welt scheine und aus diesem Grunde hierorts auf lange Zeit hinaus Nacht bleiben werde? Deshalb habe doch der Kaiser angeordnet, im ganzen Land müsse die gesamte Bewohnerschaft unverzüglich einen Winterschlaf antreten und schlafend abwarten bis Tauwetter ausbreche; dann wäre eben die Sonne wieder zurückgekommen.

Das leuchtete den Hirschauern selbstverständlich ein. Gegen solch ein weises Gebot wollten sie sich nicht auflehnen. Sich einmal tüchtig ausstrecken und ausschnarchen können, das war nicht zu verachten! Sie bedankten sich auch freundlich und froh bei dem unbekannten Herren, den ihnen ein glücklicher Zufall hergeführt hatte, für die erfreuliche Nachricht, ließen den braven Kaiser schön grüßen von seinen allzeit getreuen und gehorsamen Hirschauern und machten sich schnell auf den Heimweg. Über den Bergen drüben mochte es bereits dämmern; aber über Hirschau war noch geschlagene Nacht; kein Mond leuchtete und kein Stern blinkerte durch den Nebel, der wahrhaftig wie eine große Zudeck über dem lieben, verlassenen Flecken lag - nur daß man sich sie über die Ohren ziehe und darunter den grausamen Waldwinter in seliger Ruhe verschlafe. Bevor die Hirschauer in ihre Betten plumpsten, klappten sie hastig alle Fensterläden zu, riegelten alle Türen und Türlein ab, schoben die Balken vor die Hoftore und schlüpften hierauf aus den Kleidern. Die Frauen, zu allen Zeiten und überall fürsorglicher als die Männer, schleppten zusammen mit Mägden und Kindern Futter und Wasser in die Ställe, bis Krippe und Born den Überfluß nicht mehr fassen konnten. Zuletzt stand das Vieh bis zum Bauch (und meistens noch höher) in Gsott und Grumet und wunderte sich darüber so über alle Maßen, daß sie kaum fassen konnten. Nun begann der Winterschlaf zu Hirschau.

Ach, wäre das ein geruhsames, wuschelwarmes, säusellindes Schläfchen geworden! Hier fuhr kaum einmal ein ungeschlachter Sturmwind durch, der den grauen, rauhen Riesensack des schwarzen Urwaldnebels auseinandergerissen hätte. In Hirschau war es jetzt still zum Ängstigen; selbst der Bach hatte sich fröstelnd und verdrossen unter dem Eis verkrochen; ja sogar die Zeit war mit den Uhren stehen geblieben.

Wenn es nur so geblieben wäre!

Klingklang...klangklangkling...klingkling... Die Glocke riß das friedsame Städtchen aus seinem schönsten, wohligsten Traum! Die Hirschauer wachten zwar sogleich von dem Geläute auf; doch sagten sie sich jeder, es ginge sie nichts an, und wälzten sich auf das andere Ohr. Dieser und jener mochte in seinen Bart brummen, was wohl dem Schmied in den Sinn gekommen sein möge: denn das Läuten hörte sich gar absonderlich an: ab und zu schnellte es empor, als rüttle und schüttle es jemand; dann schien es sich wieder zu verlaufen; und schon setzte es wieder von neuem und noch stärker als vorhin an. Die Hirschauer taten noch lange kein Auge auf, weil sie sich dachten, der Kaiser könnte unmöglich bereits sein Gebot widerrufen wollen. Darum konnten die guten Leute nicht sehen, wie durch die Risse und Spalten der Fensterläden ein blasser, aber immerhin bemerkbarer Schein blinzelte. Da die Glocke aber nicht und nicht verstummen wollte, schälten sich einige Hirschauer doch endlich aus Zudeck und Kissen, schalten über das unnütze Getöse und tasteten sich mit verklebten Lidern über die Schwellen. Vor dem Hause traten sie bis über die Knöchel in

Schnee; und der Schnee wimmerte unter ihren Sohlen, weil ihm ebenso bitterkalt war wie dem winterschläfrigen Völkchen von Hirschau an den Zehen. Nun hoffte dieses erst recht, daß die Sonne noch nicht zurückgekommen sein und kein Tauwetter mitgebracht haben konnte.

Schon wollte sich alles, Männer, Frauen, Kinder und Katzen wieder in ihr warmes Nest verkriechen, da erhob sich mitten aus Hirschau heraus, von der Schmiede her, zu dem unverständigen Geläute ein unverständliches Geschrei. Der Schmied und seine Frau taten so außer Rand und Band, daß die Hirschauer darüber gemach die Augen aufschlugen - und sie am liebsten wieder hätten zufallen lassen; wollte es doch wirklich über Hirschau Tag werden! Richtiger, heller Tag! Also nicht gar hell, eher arg trügsinnig; so licht halt, wie es vor Weihnachten in Hirschau, dem nebeligen Waldwinkel, licht werden mag.

Diesmal hatte nun der Schmied weder eine Schuld noch ein Verdienst an dem unsinnigen Läuten. Allzu bald war er mit seiner Frau auf die wahre Ursache gekommen: Vor ihrem Haus fanden sie ihre beste Kuh, die scheu und wild hin- und herlief, da sie das Glockenseil an ihren Schwanz gebunden hatte. So riß sie ohne Unterlaß an dem Geläute, daß es schallte und hallte wie eine große Schelle am Hals einer Leitkuh.

Unter der Weile wurde es immer heller und heller. Da mußten die Hirschauer daran glauben, daß die Sonne, wenn schon nicht durch tauenden Schnee daherkomme, so doch bereits über die Berge herunterscheine. Darüber mochten sie sich nicht ein wenig freuen; sie nahmen es der Sonne gar übel.

Wie aber die Kuh vom Schmied ihrem Besitzer das Glöckneramt abgenommen hatte, das konnten sie nicht ahnen. Der Räuber hatte nämlich noch am selben Tag einige seinesgleichen in den Wäldern um Hirschau gefunden. Diese Bande hatte dann die Speisekammern im Ort vorsichtig und gründlich ausgeplündert und sich in einem abgelegenen, selbst bei Tag verrufenen Waldfleck einen Speicher angelegt, mit dem sie den Winter gut überstehen durften. Das war ihnen noch rechtzeitig gelungen, ehe der große Schneefall einsetzte, unter dem sich ihre Spur in den Wäldern verlor. Vorher hatten die Räuber noch dem Schmied in seinem frohen, frommen Schlaf das Glockenseil vor der friedlich schnäufelnden Nase weg und durch die Deckenluke und den Dachreiter hinausgezogen und es der Kuh an den Schwanz geknotet. Ihr Läuten hatte nachher die Hirschauer aus ihrem Winterschlaf geweckt, der alsdann unwiederbringlich verloren war. Das trugen sie ihr mit Recht nach; und so schlugen sie auf das unschuldige Tier ein, daß es losstürmte und im nächsten Sprung den morschen Dachreiter samt der Glocke herunterriß, wobei beide zerschellten.

Deshalb erklang seither kein Geläute mehr in Hirschau, und die Hirschauer erlauschten auf diese Weise nicht mehr die Tageszeiten. Da saß denn abwechselnd einer von ihnen vor seiner Hühnersteige und lauerte, wann der Hahn zu krähen beginne und wann die Hennen sich wieder drinnen auf die Sitzstangen hocken. Die Hirschauer gewöhnten sich leicht daran. Ihre Frauen, klug wie die Frauen nun einmal sind, fanden es sogar heraus, wann sie mit dem Kochen fertig sein müßten: selbstverständlich sobald das Vieh in den Ställen zu brüllen beginne und gefüttert sein wolle!

Der Mensch lernt nie aus.

172

Ameley - Kampf zwischen Velburg und Parsberg

Wenn ein Räuber aufgehängt wird, so ist es durchaus nicht gleichgültig, durch wessen Hand er an den Galgen kommt. Wenigstens dachten in alter Zeit die Nachbarorte Velburg und Parsberg so. Den Parsbergern war die Gerichtsbarkeit genommen und den Velburgern übertragen worden. Trotzdem aber wollten die Parsberger ihre Verbrecher an ihrem eigenen Galgen baumeln sehen und nicht am Velburger.

Eines Tages nun verurteilten sie einen Strauchdieb zum Strang, der im Wald einen alten Bauern ausgeraubt und blutig geschlagen hatte. Am nächsten Tag schon läutete ihm in aller Frühe das schrille Armensünderglöcklein zu seinem letzten Gang auf den Galgenberg, der in der Nähe eines großen Buchenwaldes, namens „Hatzengrün" lag.

Die Henkersknechte brachten den Verurteilten gefesselt aus dem Burgverlies, gefolgt von Bewaffneten und Neugierigen. Die Knechte richteten am Galgen die Leiter auf, wanden den Strang um den waagrechten Balken und zogen die Schlinge zurecht, während andere den Verbrecher herbeischleppten.

Da rauschte es plötzlich in dem Unterholz des Waldes, die Büsche wurden von starken Armen zerteilt und aus der Dämmerung brachen bewaffnete Männer hervor, stürzten mit wildem Geschrei auf den Galgen zu, schlugen auf das Volk und die Soldknechte ein, worauf alles heulend und fluchend auseinanderstob und nach Parsberg flüchtete, verfolgt von dem wilden Heer, das sich aus dem Wald herangeschlichen hatte.

Im allgemeinen Getümmel war auch der Verurteilte verschwunden und als daher die Velburger nach der Vertreibung der Parsberger zum Hochgericht zurückkamen, fanden sie keinen mehr vor, den sie hätten hängen können. Sie suchten die ganze Gegend ab, aber der große Wald war eine gute Zufluchtsstätte für jedermann, namentlich aber, wenn der leibhaftige Tod einem schnelle Füße zur Flucht verlieh. Der befreite Räuber rannte, solange er Atem bekam, um sich dann unter einem dichten Busch von seinem Dauerlauf und seiner Todesangst auszuruhen. Hätte er die verdutzten Gesichter der Velburger Schergen gesehen und die ohnmächtige Wut der Parsberger, so würde er sich noch mehr gefreut haben.

Zu dieser Zeit führte Ritter Georg von Wispeckh auf der stolzen Velburg über die Stadt selbst wie über Batzhausen und die mächtige Adlburg ein scharfes Regiment, so daß den Adlburgern diese Herrschaft mißfiel und sie es gerne gesehen hätten, wenn Velburg an Pfalz-Neuburg gefallen wäre, wohin es schon einmal gehört hatte.

Georg Wispeckh und sein Sohn Hans Wolf merkten die abtrünnige Gesinnung der Adlburger recht wohl und wußten genau, welchen Anteil die Parsberger bei diesen Streitereien hatten, Wispeckhs Zorn konnte den Adlburgern auf ihrer uneinnehmbaren Festung nicht beikommen, zumal er die Parsberger im Rücken zu fürchten hatte.

Als einmal der junge Wispeckh mit einigen Knappen im Läufelberger Wald zur Jagd ritt, begegnete er in seinem Gebiet den Adlburgern. Diese verwiesen ihm den Wald mit der Behauptung, der Läufelberg sei alleiniges Eigentum der Adlburger.

Der junge Ritter machte geltend, ihm gehöre nicht allein Velburg, sondern auch Batzhausen und sogar die Adlburg selbst. Es dauerte nicht lange und ein gewaltiger Streit entbrannte.

Velburg, Mitte des 16. Jahrhunderts.

Schließlich wurden die Schwerter und Messer gezogen und es kam zum Kampf und der letzte Wispeckh, Hans Wolf, wurde im Streit von den Adlburgern erschlagen.

Der Vater des toten Ritters war nicht mächtig genug, die böse Tat zu bestrafen. Er kränkelte schon seit Jahren und starb bald darauf vom Kummer erdrückt. So war das wackere Geschlecht derer von Wispeckh ohne männliche Erben, weshalb die Herrschaft an den Pfalzgrafen von Neuburg zurückfiel. Der Streit im Läufelberger Wald trug also die erhofften Folgen, worüber sich mit den Adlburgern auch die Parsberger freuten. Die Übergabe war jedoch keineswegs einfach.

Auf der Velburg hatte sich nämlich Wispeckhs Schwester Amalie eingenistet, die im Volksmund Ameley hieß. Diese hielt das Erbe ihres Bruders fest wie ein Geier den Sperling. Sie war mit Hans Heinrich von Nothaft auf Wernberg vermählt. Das war ein tapferer Ritter, der mit den Plänen seiner Gemahlin einverstanden war und nicht zurückschreckte, sein Erbe mit dem Schwert zu verteidigen, wenn der Pfalzgraf ihn dazu treiben sollte. Seine Burg auf dem hohen Felskegel, mit ihren Brüstungen und steilen Steinwänden, bot ihm hinreichend Schutz. Dazu war die unter der Burg liegende Stadt mit 13 starken Türmen bewehrt

174

und mit Ringmauern, Gräben und Wällen befestigt. Das war für diese Zeit Sicherheit genug. Die Bürger standen treu zur Herrschaft und wollten vom Pfalzgrafen nichts wissen. Sie verfügten über ein ansehnliches Fähnlein und fürchteten sich nicht im geringsten.

Was nützte ihnen der Pfalzgraf, den sie vielleicht alle drei Jahre einige Tage zu sehen bekamen! Sie wollten ständig eine Herrschaft ihn ihrer Mitte haben, sonst wären ihnen ja die Parsberger mit ihrem stolzen Herrn auf der trutzigen Veste überlegen gewesen.

Was half ihnen der Pfalzgraf in Neuburg, wenn sie von den Adlburgern, den Parsbergern oder den kniffigen Luppburgern drangsaliert wurden?

Wie konnte ein so weit entfernter Herr Hilfe bringen, wenn es dem tollen Hans von Wolfstein von neuem einfiel, mit der Stadt Schabernack zu treiben, wie nach Wispeckhs Tod, als er eines nachts herantrat, das Wappen vom Tor nahm und einen Hammelkopf mit mächtigen Hörnern dafür aufhing? Eine solche Beleidigung war der ehrsamen Stadt noch nie widerfahren und Ritter Hans von Nothaft war der Mann dazu, solche Ausschreitungen für alle Zeit zu verhüten. Darum stand die Stadt zu ihm und nicht zum Pfalzgrafen von Neuburg.

Im Frühling des Jahres 1584 ritten drei Gesandte aus Neuburg zur Velburg empor. Der Burgherr empfing sie mit Höflichkeit, ließ sie reichlich bewirten, ließ sich Neuigkeiten berichten und erst, als sie sich gelabt hatten, fragte er: „Ihr Edlen, was bringt Ihr für eine Zeitung von Eurem hohen Herrn?" Dietrich von Stauf antwortete als Ältester: „Unser gnädigster Herr, der Pfalzgraf von Neuburg, sendet diese Botschaft."

Er überreichte dem Ritter von Nothaft ein versiegeltes Schreiben. Der Burgherr machte ein verächtliches Gesicht, riß das Siegel auf und begann zu lesen. Er zwinkerte höhnisch mit den Augen und reichte den Brief seiner Frau Ameley, welche ebenfalls die darin stehende Aufforderung, Burg und Herrschaft abzutreten, mit stolzer Verachtung las. Schließlich aber kochte die Wut in ihrer Seele über, sie zerriß das Schreiben, warf es zu Boden, stampfte mit dem Fuß darauf und schrie: „Sagt Eurem Herrn, ich bin Wispeckhs Schwester und beerbe meinen Bruder in allen Stücken."

Nothaft fügte noch hinzu: „Und von mir meldet Eurem sauberen Herrn, ich heiße Hans von Nothaft auf Wernberg und Wackerstein und bin Wispeckhs Schwester Ehegemahl. Wenn der Pfalzgraf meine Burg und Herrschaft rauben will, so soll er selbsten kommen und sie von mir holen."

Mit diesem Bescheid verließen die Gesandten die Burg. Sie ritten zu ihren Freunden nach Breytenegg und von da nach Neuburg.

Der Pfalzgraf war wütend über die Antwort, die sie brachten. Er ließ unverzüglich eine Truppe ausrüsten, um dem Velburger mit Gewalt entgegenzutreten. An die Spitze der Krieger stellte er Dietrich von Stauf.

Dieser rückte nach Ostern zum Kampf an. Er führte 500 Mann mit sich, Reiter mit Lanzen, 15 Falkonette und acht schwere Feldschlangen. Zu dieser Schar kamen noch die Knechte der Adlburg sowie ein Fähnlein von Parsberg, die sich die Gelegenheit nicht entgehen ließen, dem Velburger das Fell zu gerben.

An einem Vormittag blies der Burgwart auf der Velburg Sturm, was er nur konnte. In gewaltigen Tönen fuhren seine langgezogenen Hornrufe über die Stadt hin, liefen über die

Fluren und in die Bergwälder, von wo sie als Widerhall zurückkamen. Auf der Landstraße wälzte sich eine in Staubwolken gehüllte Kriegsschar daher. Darum warnte das Sturmhorn. Die Bauern spannten ihre Tiere von Pflug und Wagen und eilten der schützenden Stadt zu, um dort die Waffen zu ergreifen. Ritter von Nothaft verabschiedete sich von Ameley, ritt von der Burg in die Stadt hinab, sprengte von einem Tor zum andern, um überall Anordnungen zur Verteidigung zu treffen. Die Tore wurden geschlossen und verrammelt, die Geschütze in Stellung gebracht und geladen, die Verteidiger auf ihre Posten verteilt, um dem Feinde einen tüchtigen Willkomm bereiten zu können.

Auf der Burg waltete Ameley wie ein Feldobrist. Sie wußte, daß dieses Nest uneinnehmbar war, wenn nicht grimmigere Feinde gegen sie aufstünden als Feldschlangen, nämlich Hunger und Seuchen.

Am ersten Tag schlug der Feind sein Lager auf einer Wiese vor der Stadt auf, natürlich außerhalb der Reichweite der Geschütze.

Am Nachmittag ritt ein Herold an das nächste Stadttor, um wegen der Übergabe zu verhandeln. Nothaft ließ ihm sagen: „Abends um sechs Uhr wird die Antwort in das Lager gesendet. Bis dahin nehme ich mir Bedenkzeit aus." Der Bote ritt unbehelligt von dannen.

Nothaft war seit einem halben Jahr im Besitz von zwei neuen Kartaunen, die in Augsburg gegossen waren. Diese schossen viel weiter als die alten. Diese Geschütze brachte er vor dem Lager des Feindes in Stellung.

Um sechs Uhr, als die Sonne hinter die Berge zu rücken begann, schauten im Feldlager viele nach dem Velburger Boten aus. Und der kam pünktlich. Plötzlich blitzen zwei Kanonenschüsse auf und zwei Kartätschen schlugen mitten in das feindliche Lager ein, das mit den alten Geschützen nie zu erreichen gewesen wäre.

Das gab eine entsetzliche Verwirrung. Tote und Verwundete lagen auf den Feldern, getroffene Pferde schlugen wild um sich, während die anderen scheuten und durchgingen. Ein schreckliches Durcheinander machte den geplanten Überfall der Velburger zu einer Leichtigkeit. Sie sprengten mit Nothaft an der Spitze auf die Fliehenden, die nach allen Seiten ausrissen, brachten ihnen viele Verluste bei und räumten aus dem Lager eine große Beute an Kanonen, Flinten, Pulver und Pferden in die Stadt. So bekamen die Pfalzgräflichen schon am ersten Tag einen Denkzettel, an dem sie lange litten. Es mußten vor allem die Rüstungen wieder ergänzt werden. Der Pfalzgraf war wütend und sandte seinem Feldherren alles andere, nur keine Schmeicheleien.

Dietrich von Stauf verlegte das Lager in respektvolle Entfernung und war froh, als am andern Tage von Sulzbach her eine ansehnliche Verstärkung eintraf.

Nun begann eine regelrechte Belagerung der Stadt und Burg. Nothaft überraschte bald da, bald dort den Feind und brachte ihm schwere Verluste bei. So waren vier Wochen vergangen und Velburg immer noch nicht pfalzgräflich.

Ameley verfolgte nicht nur von der Burg aus den Stand des Kampfes, sie erhielt auch täglich Nachrichten von ihrem Gemahl, die ein Bote durch den unterirdischen Gang vermittelte, der die Burg mit der Stadt verband. Ameley strahlte, als ihr Gemahl ihr für den nächsten Morgen einen großen Ausfall ankündigte, der mit der Vertreibung der Belagerer enden sollte.

Der Hauptangriff war vom Burgherrn gut vorbereitet. Jeder seiner Männer kannte seine Aufgabe. Die ganze Nacht wurde gearbeitet, die Tore noch stärker befestigt, die Geschütze in andere Stellungen gebracht und zwei Tore für den Ausfall hergerichtet. Mit dem Morgengrauen krachten die Kartaunen, die Tore öffneten sich und die Velburger brachen wie das Gewitter über das Lager der Feinde her. Wieder richtete die kleine, mutige Schar eine heillose Verwirrung an, die in allgemeine Flucht ausartete. Nothaft ritt auf seinem Schlachtroß hierhin und dorthin, hieb auf die Fliehenden ein und jagte mit Donnerstimme seine Befehle unter seine Leute. Schon hielt er den Sieg für gesichert, als von einer Anhöhe her des Feindes Kanonen zu brüllen begannen. Dort standen die Sulzbacher. Nothaft sank vom Pferd, von einer Stückkugel getroffen. Das war für seine Leute das Zeichen zum Rückzug. Sie rafften ihren sterbenden Herrn vom Boden auf und flohen in die schützende Stadt zurück.

Zum Schrecken der ganzen Bevölkerung starb Nothaft auf dem Marktplatz kurze Zeit nach seiner Verwundung.

Ameley jubelte anfangs über den Sieg, den sie von der Burg aus beobachten konnte. Als aber der Bote ihr die Nachricht vom Tod ihres Mannes brachte, war sie anfangs fassungslos vor Schmerz, bis sie von einem furchtbaren Zorn erfaßt wurde. Sie nahm den Oberbefehl an sich und gab bekannt, daß ihr Ehemann mit allen Mitteln gerächt werden müsse. Sie kam selbst in die Stadt, um einen neuen Ausfall vorzubereiten.

Sie wollte die Feinde unbedingt aus ihren Grenzen verjagen. Die Velburger aber hatten auch große Verluste zu beklagen und wurden nach dem Tod ihres Herrn sehr bald kriegsmüde. Sie sahen sich einer Übermacht gegenüber, die sie nie besiegen konnten.

Nach einer Woche schon ließen sie Dietrich von Stauf melden, sie würden die Waffen strecken, die Stadt übergeben und dem neuen Herrn huldigen, wenn ihnen wenigstens die Sicherheit an Gut und Leben bleiben würde. Sie wüßten nun überhaupt nicht mehr, für wen sie kämpfen sollten, da ja ihr rechtmäßiger Herr ums Leben gekommen sei.

Dadurch seien sie herrenlos geworden und wären froh, wenn der mächtige Pfalzgraf sich ihrer annehmen würde. Sie wollten sich bestreben, allezeit treue Untertanen zu sein.

Am gleichen Tag noch läuteten die Glocken, die Tore öffneten sich, die pfalzgräflichen Truppen zogen in die Stadt ein und wurden von der Bevölkerung wie Freunde empfangen. Ameley raste auf ihrer Burg über die treulose Übergabe der Stadt. Ihr Zorn wuchs ins Ungeheuere. Für ihre Burg dachte sie noch lange an keine Übergabe. Sie verfügte über Proviant in Menge, über eine ergebene Streiterschar und über genügend Pulver.

Während sie ihre Burg noch besser in Verteidigungszustand setzte, feierten die Sieger in der Stadt ein großes Versöhnungsfest mit den Bürgern. In den Stuben beim Hirschenwirt versammelten sich alle angesehenen Männer, um dem neuen Herren vor seinen Stellvertretern zu huldigen. Als der Abend kam, ging es in allen Wirtshäusern zu, als wäre Kirchweih. Jung und Alt feierte das Fest bei gutem Trunk.

Durch ihren treuen Diener entging Ameley nichts von alledem. Am Abend legte sie 100 Gulden auf den Tisch, ließ den Knecht kommen und sprach: „Nimm Dir davon 50 Gulden! Wenn du jetzt die verräterische Stadt an vier Ecken anzündest, dann kannst Du Dir die andere Hälfte holen!"

Der Bursche grinste, schob die Hälfte seines Sündenlohnes ein und verschwand, indem er drohend die Faust gegen die Stadt erhob.

Eben war es dunkel geworden. Die Fenster der Wirtshäuser glänzten im Kerzenlicht. Lauter Freudenlärm erscholl in den Stuben und Tanzböden. Die Velburger waren aus allen Gefahren erlöst. Nothaft war tot und Ameley konnte ihnen nichts anhaben.

Mitten in die Freudenausbrüche der Männer und des Jungvolkes erscholl aus dem Munde zahlreicher Frauen der Schreckensruf: „Feurio! Feurio!" Alles stürzte auf die Straße und eilte dem Feuerschein am Nordende der Stadt zu. Aber kaum griffen sie dort ein, um das wütende Element zu dämmen, da barst im Süden ein Scheunendach, aus dem blutrote Flammen zum dämmernden Himmel züngelten. Und wieder einige Zeit, da stand die Gasse an der Südmauer in Brand, dazu die Stadtmühle, das Wirtshaus zur Traube und der Getreidespeicher. Das Feuer fraß die ganze Stadt und ließ nur ein paar verrußte Inseln verschont. Die Bevölkerung jammerte laut zum Himmel, die Glocken riefen stundenlang. Die Leute der Umgebung standen auf den Bergen und sahen von Ferne dem schrecklichen Schauspiel zu. Sie dachten nicht anders, als daß Velburg eingenommen und zur Strafe für seinen Widerstand eingeäschert worden sei. Sie bangten um ihr Leben und hielten sich in schicherer Entfernung. Sie hätten der Vernichtung auch gar nicht Einhalt gebieten können. Um Mitternacht verließen die Frauen die Umgebung der Stadt und suchten für sich und die Kinder einen Unterschlupf in den großen Höhlen der nahen Wälder. Die Parsberger sahen vom Burgberg aus dem Untergang ihrer Rivalin zu, es war aber niemand unter ihnen, der sich an diesem Schauspiel heimlich gefreut hätte, schon aus Furcht vor dem alten Spruch: „Wer über des andern Unglück lacht, dem blüht sein eigenes auf dem Dach."

Nur eine konnte sich nicht sattsehen und nicht genug freuen. Das war die Anstifterin des Brandes, Ameley. Die ganze Nacht lief sie an der Burgmauer entlang und ergötzte sich an ihrem teuflischen Werk. Drei Tage lang schwelten und brannten die Wohnhäuser zu ihren Füßen. Immer wieder höhnte sie: „So Pfalzgraf, jetzt nimm mir die Stadt! Jetzt feiert fest, treulose Schelme! Ich habe euch den verdienten Lohn reichlich ausbezahlt!" Sie freute sich, mit ihrer Rache zwei Feinde auf einmal getroffen zu haben.

Dazwischen aber erfaßte sie auch feige Angst. Niemals durfte es bekannt werden, wer diesen Brand über Velburg heraufbeschwor. Sie scheute sich nicht, den Verdacht der Brandstiftung den Parsberger Knechten anzudichten. Das sprach sie vor ihren Leuten ohne Scheu aus. Wenn jedoch einmal ihr Knappe reden würde? - Der kam erst am zweiten Morgengrauen nach Hause. Man hatte ihn erwischt, als er noch eine Scheune anstecken wollte. Einige Frauen faßten ihn und versuchten, ihn in das Feuer zu werfen. Er konnte sich ihrer mit knapper Not erwehren und in die Wälder fliehen, wo er sich im Jungholz verborgen hielt. Auf heimlichen Pfaden war er auf die Burg geklettert, um seinen Lohn zu holen und dann aus der Gegend für immer zu verschwinden. Ameley war schon der Meinung, der Knecht sei im Feuer umgekommen, als er eines Morgens vor ihr stand. Er verriet nicht, wie nahe er dem Tod gewesen war. Die Burgherrin stellte zu den 50 Gulden auf den Tisch einen Becher mit Wein, in den sie vorher aus einem Kristallfläschchen Gift gegossen hatte. Sie sprach zu ihm: „Du hast gut eingeheizt da drunten! Da, labe Dich, dann gehe mit Deinem Gelde in Deine Kammer und ruhe Dich aus!" Sie reichte dem Knappen den Becher, den dieser mit einem Zug leerte. Er nahm sein Geld, dankte und ging auf seine Stube. Dort zählte er nocheinmal seinen Lohn, steckte ihn in die Tasche und legte sich zur Ruhe. Eine unendliche Müdigkeit überfiel ihn. Er schlief ein. Einigemale schüttelten ihn noch die höllischen Geister, die er in sich hatte, dann lag er tot neben seinen 100 Gulden. Nach einer halben Stunde öffnete Ameley die Türe, um nach dem Knecht zu sehen. Er rührte sich nicht mehr. Sie nahm dem Toten das Geld ab und steckte es ein.

Nun war ihre Tat, wie sie meinte, ein ewiges Geheimnis, denn der Knecht gab seine Kenntnis, wer die Urheberin des Brandes sei, nie mehr preis. Ameley ahnte nicht, daß die Velburger recht wohl wußten, wer ihre Stadt in Brand hatte stecken lassen und sie hierfür bestrafen würden.

Als die Stadt nichts mehr als ein rauchender Trümmerhaufen war, zogen die Pfalzgräflichen und mit ihnen alle wehrhaften Männer der Stadt gegen die Übeltäterin. Die Feldschlangen wurden in Stellung gegen die Burg gebracht und alle Mittel angewendet, das Nest der Brandlegerin zu vernichten. Ameley verteidigte sich aber glänzend. Überall war sie zugegen. Sie trat an die Mauerbrüstung, um nach dem Feind zu sehen, ohne um ihr Leben zu bangen. Als sie einmal Auslug hielt, schrien ihr zwei Velburger in das Gesicht: „Brandlegerin! Brandlegerin!" Erschrocken fuhr sie für einen Augenblick zusammen; dann riß sie einem Knecht die Hackenbüchse weg und erschoß einen der Rufer. Zu gleicher Zeit aber blitzte neben dem Getroffenen eine Büchse und Ameley sank tot zusammen. Ihre Knechte ergaben sich zur nämlichen Stunde und der Pfalzgraf war Herr über Burg und Stadt.

Das freute wiederum die von Parsberg über die Maßen, aber eine Versöhnung brachte auch dieses große Ereignis den beiden Orten nicht.

Die Geschichte vom froschlosen Stadtweiher in Pleystein

Sein richtiger Name wäre eigentlich „Schloßweiher". Denn er gehörte einst zur Burg oder dem „Schlosse", das auf dem Berg stand. Mit diesem Weiher, der das helle, spiegelnde Herz dieser Stadt ist, hat es eine gar eigene Bewandtnis.

Schon im Jahre 1626 erzählt der Pfleger und Hammergutsverwalter Georg Diettrich Altmann von Laber in einem Informationsbericht, den er im Auftrag über Stadt und Pflegeamt Pleystein zu machen hatte, eine recht wunderliche Begebenheit. U. a. heißt es in diesem Schreiben: „....gleich under dem Schloß hat es ein klein Weyherlein, darinnen sieht und spirt man niemals keinen Frosch, das soll daher rühren, das eine Landgräfin von Leuchtenberg daselbst in den sechs Wochen gelegen undt die Frösch ein solch geschrey gehabt, das sie darvor nit ruchen oder auch der Priester wie auch das volkh sein Ambt und Gebet nit mit Andacht verrichten mögen, sie die Frösch verluechen lassen, von derselben Zeit hero man keinen gespirt...."

Dies ist der Bericht einer wahrhaftigen Merkwürdigkeit, die heute noch zutrifft.

Ganz abenteuerlich oder fast sagenhaft ist die Geschichte über die Entstehung dieses Schloßweihers.

Wer schon einmal hinter die Aktendeckel des Pflegeamtes Pleystein geguckt hat, wird wissen, daß auf dem Galgenberg, gleich bei der Stadt, in vergangener Zeit fleißig gehängt, geköpft, gebrannt und gerädert wurde. Der Einheimische weiß das ohnehin, denn er stößt heute noch auf sehr greifbare Beweise. So mancher Bauer, der auf der kahlen, stillen Höhe dieser Richtstätte seinen Pflug stramm und zu tief gesetzt hat, ackerte Schädel und Knochen unter der dürftigen Scholle hervor.

Zu jener Zeit also, da der Galgenberg sich seines Namens noch würdig erwies, soll es geschehen sein, daß man um Christi Himmelfahrt herum, mitten in der schönen Frühlingszeit, einen besonderen Missetäter hinausfuhr, um ihn hinzurichten. Sein Name und seine Herkunft sind uns nicht bekannt. Man weiß nur, daß er ein gutaussehender und etwas fremdartiger Mensch gewesen sein soll, der sich in eine junge Frau verliebte, die ihn dann eines Tages sitzen ließ. Durch diese Abfuhr schwer gekränkt, überfiel er eines Tages diese Frau und verletzte sie mit dem Gurtmesser dermaßen, daß sie fast gestorben wäre. Der Übeltäter wurde bald darauf erwischt und in den Schuldturm gesperrt, kurze Zeit später dann zum Tod durch den Strang verurteilt. Auf einem Henkerskarren fuhr man ihn zum Galgenberg hinauf. Mittlerweile hatte sich schon viel Volk eingefunden, um das grausige Schauspiel zu beobachten. Alles schien seinen ordnungsgemäßen Lauf zu nehmen. Die letzten Vorbereitungen waren bald getan und die Prozedur konnte beginnen.

Da trat ein Umstand ein, der alles auf den Kopf stellte. Damals wie heute war es üblich, dem Verurteilten einen sogenannten letzten Wunsch zu erfüllen. Ehe man ihm die Schlinge um den Hals legte, kam eine gar sonderliche Bewegung in den schon halb erloschenen Menschen. Er warf beide Arme empor und schrie laut, er wolle dieser Stadt eine große Wohltat erweisen, falls man ihm die Zeit dazu gäbe. „Wiegestellt so verheißene Wohltat sei?" drang man in ihn ein.

Er sprach mit ausgedörrter Stimme: „Ich will der Stadt Wasser geben, daß sie nimmermehr keinen Mangel habe, weder summers noch bei bösen Brünsten!" Da erhob sich allgemein ein Gemurmel. Etliche ahnten schon die Wendung und sahen sich um das ergötzliche Schauspiel betrogen und riefen: „Er ist ein Schalk! Er will uns betrügen, will uns mit seiner Narrenschelle um die Ohren hauen! Hängt ihn!" Eine Sympathie für und gegen ihn machte sich laut. Die hohen Richter, in ihren schwarzen Mänteln wie Raben aussehend, steckten ihre pergamentgelben Geierköpfe zusammen, um des absonderlichen Wunsches gerecht zu werden. An ihren Mienen und Gebärden konnte man absehen, mit welch großem Fleiß sie ihrer Sache nachgingen; denn Wasser wäre doch etwas, darum sich handeln ließe. „Sintemalen die Stadt auf einer Höhe läge und die Wallgräben immer dürr seien und solch nützlichen Elements entbehrten." Als man den Mann noch einmal befragte, ob er dies auch ernst meine, und dieser einen heiligen Schwur tat, daß die von ihm verheißene Sache wohl auszuführen sei, ließ man angesichts so großen Vorteils Gnade vor Recht ergehen und zwar auf drei Jahre, in welcher Zeit er, der Missetäter, das besagte Werk zu beenden hatte. „Item soll man ihm auch etzliche Gehülfen geben und allzeit seiner wünsch Gehör, so sie des werkhs Beförterung betreffen." Da war dann ein Schweigen in der Runde, daß man nur die Lerchen hörte, die in den Lüften hin und her sangen. Und bis dies alles begriffen war, und letztlich jeder wieder ein Wort fand, hatte man den Mann schon auf den Karren gelegt um ihn wiederum in den Ort zurück zu bringen. Die sensationelle Wendung seines Schicksals und die wilde Freude, jetzt wieder atmen zu dürfen und die Sonne zu sehen, warf ihn hin, daß er ganz jämmerlich auf dem Wagen lag und fast keine Zeichen von sich gab.

Noch ehe der Hafer und das Korn eingebracht waren, wurde das Unternehmen gestartet. Anfangs wurde es nur von Wenigen unterstützt, später gesellten sich dann fast täglich neue Gehilfen hinzu, die bald in Bewunderung des seltsamen Mannes das Werk begeistert vorwärts trieben. Aus dem Verbrecher, den anfangs insgeheim ein „mala fama" (böses Gerücht) mit dem Teufel in Verbindung brachte, wurde bald ein Wundermann, in dem er sich auch bei schlimmem Siechtum als ein Fachmann erwies und manchen am Leben erhielt, der ansonsten sicher ins Gras gebissen hätte.

Das erste Jahr war bald vorbei, als sich schon ein vielgewundener Graben, in dem wahrhaftig Wasser lief, wie ein riesenhafter Wurm an die Stadt heranfraß, und sich bis Mitte des zweiten Herbstes bereits weit in das Innere des Ortes gebohrt hatte, wo man am Fuß des Berges ein gewaltiges Becken aushob und ihn eindämmte.

Im März des dritten Jahres, am Freitag vor Judica, wurde erstmals Wasser in die Wallgräben gelassen. Am Sonntag Jubilate, nach einem feierlichen Gottesdienst in der Pfarrkirche St.

Der froschlose Stadtweiher in Pleystein.

Sigismund zog man die Schuber, demnach das Wasser auch in die Stadt lief und den Stadtweiher zu füllen begann. Da erhob sich ein betörender Jubel und es begann ein Fest, das im Hinblick auf die drei Jahre schwerer Arbeit drei Tage dauerte, wobei dem Urheber und Baumeister des Wasserwerks Begnadigung und Freiheit „in permanenz und allerorten" gewährt wurde.

Die Ehren, mit denen man den ehemaligen Sünder umgab, rührten diesen nicht besonders. Still und beinahe verschlossen ließ er alles über sich ergehen: Doch hielt er sich noch einige Zeit in Pleystein. Als die Blätter zu gilben anfingen, wurde er eines Abends droben auf der Richtstätte gesichtet, wo er lange, bis zum Einbruch der Dunkelheit, fast unbeweglich stand und ins Land hinaus sah. Dann war er verschwunden. Seine Herbergsleute fanden nach einigen Tagen auf dem Fensterbrett des armseligen Kämmerleins, das er seit jener Stunde bewohnte, da man ihn in Freiheit setzte, einen böhmischen Silbertaler, bedeckt von einem Brettlein aus Lindenholz, in welches sehr säuberlich seltsame Zeichen eingekerbt waren, davon die Rede ging, daß ein dergestalt Ding dem Haus Glück und Segen bringe und alles Unglück fernhalte.

Erst nach Jahren erfuhr man, daß er sich ins Böhmische schlug, in der schönen Stadt Prag zu einem Häuslein kam und später als ein ehr- und tugendsamer Mann das Zeitliche gesegnet habe.

Dies ist die Geschichte des Stadtweihers zu Pleystein. Das Werk des Unbekannten hat alle Erwartungen erfüllt und gehalten, was sein Baumeister versprach. Der Stadtbach rinnt heute noch in seinem steinernen Bett, viele hundert Jahre schon, und der Weiher hat noch niemals Mangel an Wasser gehabt, „weder sommers noch bei bösen Brünsten." Wer seine Ufer entlang geht (früher haben die fleißigen Frauen des Ortes ihre Wäsche dort gefleiht) und die großen, schwermütigen Goldfische in gespenstischen Geschwadern durch das dunkle Wasser dahin ziehen sieht, mag sich diese Geschichte gefallen lassen und daran denken, daß hier einst ein Mensch wider zwei Elemente seiner Zeit, wider Erde und Wasser, um sein Leben gekämpft hatte.

Wie der Thomerl zu den Türken fuhr und am End' nach Kallmünz kam

Es war ein schwerer Schlag für den Thomerl, oder, wie er nach dem Taufbuch eigentlich hieß, Thomann Zankl, als er feststellen mußte, daß die Hammermeisters-Ev, die er ins Herz geschlossen hatte, mit dem ältesten Sohn vom Erlhof ein Verhältnis hatte. Freilich kann man verstehen, daß die Ev lieber Erlhoferin werden, denn im rußigen Werkbau des Eisenhammers als Hammerschmiedsgesellin leben wollte. Wenn man aber den Thomerl ansah, wie er mit aufgekrempelten Ärmeln in ledernem Schurzfell, darein die Funken manches schwarze Flecklein gebrannt hatten, klotzig und breit inder Schmiede stand, so war es einem doch ebenso klar, daß die Entdeckung für den Thomerl, wie gesagt, eine schwere Enttäuschung war. Es rumorte gewaltig in seinem Innern, so, wie das flüssige Eisen brodelt und wallt im

Schmelzofen; er wog prüfend den schwersten Hammer in der Faust und wollte stracks auf den Erlhof rennen, um dem Erlhofer Blasi den Schädel einzuschlagen. Dann aber gewann die grenzenlose Gutmütigkeit, die in dem Riesenmannsbild steckte, wieder die Oberhand.

„Mei, wann s'n halt grod lieber möcht als mi!" sinnierte er und faßte einen anderen Entschluß.

Der Hammermeister war sehr überrascht, als der Thomerl kündigte. Der Hammermeister verlor den tüchtigen Menschen nicht gern, aber der Thomerl war nicht umzustimmen. Auf die Frage, wo er sich denn hinwenden wolle, antwortete der Geselle kurz: „Zu den Türken!" Der Meister faßte das als grobe Abfuhr auf, weil der nicht daran dachte, daß dem Thomerl ernst war. „Lackl, saudummer, scher Dich für meiner zum Kuckuck!" brummte er.

Der Thomerl nahm sein Bündel auf und ging zur Vilsschleuse hinunter, wo der Schiffmeister, der ihm versprochen hatte, daß er ihn mitnähme, eben seinen mit Erz geladenen Schleppkahn um das Hammerwerk herumführte. Zuvor sagte der Thomerl auch der hübschen Meisterstocher Lebewohl. „Ja, Ev," meinte er tief seufzend, denn sein Herz schmolz hier in der Brust, „jetzt geh i halt zu denen Türken, da soll's hübsche Weiberleut hab'n!" Die Ev lachte ihn freundlich an und wünschte ihm recht viel Glück auf den Weg, als ob sie wirklich glaubte, daß der Thomerl nur wegen der schönen Türkinnen fortging. Das schnitt recht wie ein Messer in des Gesellen Herz, und er hätte schier geheult vor Wut und Schmerz. „Jetzt geh i erst recht zu die Türken! Ein ganzes Haus voll türkische Weiber schaff ich mir an!" nahm er sich vor.

Auf dem Schiff setzte er sich an den Bug und starrte geradewegs vor sich hin. Er sah nicht die saftigen Wiesen und nicht die tiefgrünen Wälder zu beiden Seiten des Tals.

Kaum, daß er einen Blick auf das neue Schloß warf, das die Herren Tänzl auf Trazberg zu Dietldorf im Jahre 1700 erbaut hatten und von dessen Pracht das ganze Tal redete.

Am Abend, zu Kallmünz in der Herbergstube, war der Schmiedgeselle kein guter Gesellschafter; er gab den Schiffsleuten kaum Antwort, wenn sie ihn anredeten. Die Tochter des Gastwirts, der des Thomerl stattliche Erscheinung wohl gefiel, sprach heimlich den Schifferbuben an, was der Reisegeselle wohl für einen Kummer habe, weil er gar so traurig vor sich hinschaue.

„Mei, Hoamweih wird er halt ham, weil er ins Türkische geht, die Donau abi!" erklärte der Bub frischweg. „Zu den Türken! Ja mei, freili! Ich glaub's scho, dös is weit furt!" seufzte sie und dachte dabei, daß man so einen stattlichen Burschen auch in Kallmünz gut brauchen könnte.

Am Morgen, als die Schiffsleute aufbrachen, steckte sie ihm einen Wecken und ein Stück Wurst zu. „Eine Wegzehrung auf die weite Reis'!" flüsterte sie, drückte ihm ein taunasses Sträußlein aus Gelbveiglein und Vergißmeinnicht in die Hand - sie hatte es im Hausgärtlein noch rasch gepflückt - und verschwand mit hochroten Wangen in der Küche, kaum daß der Beschenkte noch ein Vergeltsgott stammeln konnte in seiner Überraschung.

Unterwegs half der Türkenfahrer den Schiffsleuten an den Eisenhämmern im unteren Naabtal das Erz auszuladen. Als man bei Etterzhausen in die Donau kam, sperrte er die Augen weit auf. Da war doch viel mehr Wasser, als in der Vils, wo die Schiffe oft am Grund aufschrammten!

Erst in Regensburg, damals noch Reichsstadt, da gab es ein Staunen! Die hohen Türme, die vielen Häuser, der mächtige Dom und die vielen Menschen verwirrten den biederen Thomerl gar sehr. Als er durch die Gassen schritt, fremd und verlassen, fiel ihn das Heimweh bitterlich an. Wie sollte das erst werden bei den Türken, wo die Leute eine fremde Sprache redeten! An der Donaulände hatte er bei den Schiffern solch unverständliches Kauderwelsch gehört. O Ev, wenn Du wüßtest, was Du alles angerichtet hast! Kreuzunglücklich wanderte der Hammergeselle wieder hinunter zur Donau, stand am Ufer und starrte in den Strudel. Da floß auch Vils- und Naabwasser hinab, hinunter zu den Heiden, wo auch er hin sollte. Kannte sich schon hier nicht mehr aus vor Heimweh und mußte noch so weit fort!

Plötzlich fuhr der Thomerl auf, sein Bündel war weg? Eben verschwand ein braunhäutiger Kerl in einer Gruppe von Schiffern, die müßig beisammenstanden. Mit einem Sprung, der dem berühmten Herzog Christoph Ehre gemacht hätte, fuhr der Thomerl hinterher, daß die Schifferleute schimpfend auseinanderstoben. Aber er erwischte den Dieb gerade noch am Wickel. „Oha, Du Falott, Du elendiga, ich werd Dir stehlen!" brüllte er den Kroaten an. Blitzschnell zog dieser ein Messer und zückte es gegen den Angreifer. Der aber drehte ihm das Handgelenk um, daß die beiden sich am Boden wälzten.

Der Thomerl hob ruhig sein Bündel und das krumme Messer auf und schritt unbekümmert mitten durch die fremden Schiffer gegen den unteren Wöhrd zu. Da trat schmunzelnd ein kugelrunder, behäbiger Mann auf ihn zu, stellte sich ihm in den Weg und sagte: „He da, guter Freund, das hast Du nicht übel gemacht! Du könntest mir gefallen! Just so einen von Deinem Schlag brauche ich!" „Ja mei, ich muß aber doch zu die Türken!" wehrte der Thomerl ab. „Hahaha!" lachte der Dicke, daß sein Bauch hüpfte. „Zu den Türken will der! Ausgezeichnet! Da komm nur, Freund, bist just auf dem rechten Weg! Der erste steht bereits vor Dir, Balthasar Türk, Wirt und Gastgeber zum Schwarzen Bären! Daheim sind noch drei kleine Türken und die Großtürkin. Das langt fürs erste! In unserer Türkei fehlt nur ein rechter Hausknecht, der mir hilft, Zucht und Ordnung halten! Willst Du?"

Der Thomerl ließ sich das nicht zweimal sagen, sondern schlug ein, denn er war im Herzen froh, wenn er, um sein Wort wahr zu machen, nicht noch weiter fort mußte von daheim. So blieb er drei volle Jahre bei den „Türken" in Regensburg, lernte nebenbei, was in einer Wirtschaft wichtig ist, und legte sich einen Spargroschen zurück.

Als aber der Frühling zum viertenmal die Welt grün malte und scheffelweise Blütenschnee dareinschüttete, kam dem Thomerl, wie er den Schiffer von Amberg an der Donaulände liegen sah, das Heimweh so stark, daß er beim Türken seine Stelle kündigte und für ein wenig mithelfen beim Salzeinladen mit dem Schiffszug donauaufwärts fuhr. Bei Etterzhausen ging es in die Naab. Der Thomerl schnaufte tief, als er hinter Heitzenhofen das grüne Tal hinaufsah und die Ruine auf dem Kallmünzer Schloßberg erblickte. Mit einem wunderlichen Gefühl stieg er aus dem Salzkahn und suchte die alte Herberge auf. Siehe, da stand neben dem Wirt die dralle Tochter und schaute dem Ankömmling entgegen. Als sie den Thomerl erkannte, fuhr ihr ein freudiger Schreck in die Glieder. „Ja, etza so was, bist wieda aufakumma von die Türken!" rief sie und schüttelte ihm die Hand, daß ihm ganz warm ums Herz wurde. Gleich darauf aber geschah ihm, als wenn ihm einer einen Kübel eiskaltes Wasser über den Kopf gegossen hätte. In der Gaststube, der erste, den er erblickte, war der Erlhofer Blasi! Ein wenig fetter noch war er geworden, sonst hatte er sich nicht verändert. Der Blasi seinerseits sah den Eintretenden an und stutzte einen Augenblick, dann verzog ein breites, verwundertes Grinsen sein wohlgerundetes Antlitz: „Ja, pfüet di God, Thomerl, a wieda dahoam? Setz di nur glei her!" Wohl oder übel mußte sich der Thomerl zu seinem Feind an den Tisch setzen. „Da wird die Ev net schlecht horch'n, wenn i ihr vazell, daß da Türkenthomerl hoamkumma is! Oda bist ebba bloß zum, Bsuach da?" Zwischen den beiden entwickelte sich nun ein längeres Gespräch, in dem der Blasi erzählte, daß er mit der Ev als Bäuerin auf dem Erlhof saß, schlecht und recht wie seine Vorfahren, und dem Herren zu Dietldorf zinste. Einen Buben hätten sie auch schon. Der Thomerl konnte sich da nicht lumpen lassen und gab die haarsträubendsten Reiseabenteuer zum besten.

Annerl, die Wirtstochter, horchte aus ihrem Ecke eifrig hin, was er alles aus dem Blauen herunterlog. Immer schmerzlicher zog sich ihr Herz zusammen, und als der Thomerl gar schwindelte von einem Harem und 10 wunderschönen Türkenfrauen, die er sich darin gehalten, stand ihr schier das Wasser in den Augen.

Endlich mußte der Blasi, der ein Stück Vieh erhandelt hatte in Kallmünz, aufbrechen. Mit einem freundlichen Gruß verabschiedete er sich vom Thomerl, und versicherte ihm, daß er seiner Frau der Ev alles haarklein erzählen werde, was er von dem Türkenfahrer gehört hatte. Nachdem er aber gegangen war, betrachtete der Thomerl betrübt die Kreidestriche auf der Wirtstafel.

Das Annerl jedoch stand langsam auf und ging auf ihn zu. „Du, daß d' es nur weißt, grad reuen tut's mi, daß i Dir sellmal gute Reis'gwünscht hab! So an Hallodri, der si mit heidnische Weibsbilder abgeb'n hat, schaut a rechts christlichs Madel gar nimmer an!" Dabei liefen ihr die hellen Tränen über die Backen, wie sie sich abwandte. Dem Thomerl geschah, als stürze ihm das Dach über dem Kopf ein.

„Annerl, geh her! Schau, 's is ja alles net wohr!" „Freili," begehrte das Mädel auf, „jetzt wär's gschwind net wohr! Was soll i do mehr glaub'n, Luigenschippl, schlechta?"

Trotz der Entrüstung ließ die Annerl es zu, daß der Thomerl tolpatschig ihre Hand ergriff und zärtlich streichelte. Als er nun begann, ihr sein Herz auszuschütten und sich all den Kummer von der Seele zu reden, den er seit über drei Jahren unterdrückt hatte, rückte sie immer näher zu ihm hin. Das Ende war, daß der Thomerl ihr erklärte, jetzt hätte er keinen einzigen Menschen auf der Welt mehr als sie, und wenn sie ihm auch böse wäre, müßte er wirklich zu den Türken gehen. Sie schloß ihm den Mund mit einem Kuß.

In dem Augenblick trat der Wirt in die Stube, der nachschauen wollte, ob der letzte Gast immer noch nicht seine Schlafgelegenheit aufsuchte.

„Annerl, Höllenkieselhageldonnerwetter!" schimpfte er los. Der steife Zopf unter seinem Dreispitz sträubte sich vor Zorn über dem Nacken. Das Annerl aber bettelte: „Geh, Vatter, schaug, hast es der Mutter doch versprochen am Totenbett, daß i heiran derf, wen i gern hab! Schaug, da is der, den i mog!"

Schlimm kann die Diskussion nicht ausgegangen sein, denn ein halbes Jahr darauf war aus dem Thomerl, der erst ein Hammergeselle war, danach bei den „Türken" als Hausknecht arbeitete, ein Wirt in Kallmünz geworden, dessen Frau, das Annerl, wenn er schlechter Laune war, nur lächelnd zu sagen brauchte: „Mei, Thomerl, wirst doch net wieda zu die Türken fahr'n!" Dann lachte er, und der Schwiegervater, der Altsitzer, schmunzelte: „Gelt, bist doch froh, daß d' nur oane hast und net an ganz'n Harem!"

„Hamml, fraug'n Gaal!" (Hammel, frag den Gaul!)

Der Stadtschreiber von Pleystein, die Leute nannten ihn nur den „Max", weil das sein Vorname war, hatte oft ein wenig Zeit, von seiner Amtsstube aus, welche im Erdgeschoß lag und auf den Marktplatz hinausging, hinauszusehen, wo seinerzeit die berittenen Grenzzöllner gleich gegenüber dem „Goldenen Kreuz" abstiegen oder aufsaßen, je nachdem, oder ihre hübschen Pferde in allerlei Gangarten und kleinen Kunststücken vorführten. „Dös mächt i a kinna!" rief er den Reitern hin und wieder hinaus und wäre zu gerne manchmal ein bißchen spazieren geritten.

Wieder einmal, als einer um die alte Linde ritt, seinen Schimmel dirigierte und zuletzt auch noch - und dem Stadtschreiber vor der Nase - eine saubere Pirouette drehte, wurde der gute Sekretär, den jetzt offensichtlich der Neid geritten hatte, ein wenig spöttisch und großtuerisch und meinte: „So ein Roß müßt schon den Teufel im Leib haben, wenn unsereins das nicht auch fertig brächte!" Vielleicht glaubte er auch, vom Zuschauen soviel gelernt zu haben, um zu wissen, wo man am Zügel ziehen müsse, damit das Pferd nach dem Willen des Reiters gehorcht. Doch kaum hatte er das Wort aus dem Munde, als der Zöllner schon abgesessen allen Ernstes zurückgab: „Dann los, Herr Stadtschreiber, aufsitzen, meine Rosa hat einen linden Gang!"

Da war auch schon der Stadtschreiber, wie er war, durch das Fenster geschlüpft und ließ sich auf den Schimmel heben, denn er hatte damals schon ein gar stattliches Bäuchlein. Der Zöllner, ein Schelm und mit allen Wassern gewaschen, brauchte keinen Rat, ein vergnügliches Spiel daraus zu machen, denn ehe sich der Stadtschreiber zurechtgesetzt hatte, die Zügel waren ihm auch eine Handbreit zu lang, kitzelte er seine Rosa nur ein bißchen mit der Reitgerte - ein Fachmann weiß schon, wo - und der Spazierritt begann unversehens gleich mit einem feurigen Galopp, so flott, daß die Hühner und Gänse, Kinder und Kegel entsetzt auseinanderstoben vor diesem kühnen, wilden Reiter, der aber, weil er die Bügel nicht fand, mit den Schuhspitzen in den Weichen der Rosa Halt suchte und mehr tot als lebendig den Gaul umhalst hielt wie sonst nur daheim seine Katharina. So geschwind hatte er sich den Spazierritt freilich nicht gedacht - und auch nicht, daß Roß und Reiter so verschiedener Meinung sein können, denn als ihn einer anrief, und das bereits außerhalb von Pleystein: „Max, wouhie so g'schwind?" konnte er keine andere Auskunft geben als: „Wos frougst denn dou mie, Hamml, froug 'n Gaal!"

Sie waren auch nicht mehr zusammen heimgeritten, der Max und die Rosa. Sie hat den Weg allein gefunden und war viel früher wieder zurück, als ihr Reiter, dem dieser „Spazierritt", wie er oft selber eingestand, gereicht hat für das ganze Leben.

Die drei Panduren und die schöne Müllerin

Hundert Jahre verstrichen, als der dritte Bergmoser im Laabertal auf der Klingermühle hauste. Der hatte eine besondere Freude an der Viehzucht, ohne jedoch das Mühlwerk zu vernachlässigen. Alle Bergmoser galten in der Gegend als „ehrliche" Müller, was besagen will, daß sie als Mahllohn von dem angelieferten Getreide nicht übermäßig viel zurückbehielten. Dafür rumorte ihr Werk Tag und Nacht, während es bei anderen zeitweise aussetzen mußte.
Bei der dritten Generation blieb wie vor 100 Jahren nur ein Mädchen am Leben, das zu einer außerordentlichen Schönheit heranwuchs. Sie ist heute noch im Volk lebendig. Kaum ist die Geschichte der Schwedenev hinreichend gewendet und betrachtet, will man schon jene der Agnes und der drei Panduren hören:
Die Kaiserin Maria Theresia erlaubte bei Beginn des österreichischen Erbfolgekrieges im Jahre 1741 dem Freiherrn Franz von der Trenck ein Pandurenkorps aufzustellen, das er im Kampf als Oberst befehligte. Diese Soldaten stammten aus dem südlichen Ungarn, waren meistens Slowenen und Rumänen, die sich durch ihre wilde Tapferkeit auszeichneten. Wo sie aber auftraten, verübten sie unter der Bevölkerung solche Greueltaten, daß ihr Oberst von der Trenck 1746 zum Tode verurteilt wurde. Die Kaiserin begnadigte ihn jedoch zu lebenslänglicher Haft. Diese berüchtigte Truppe fiel in die heutige Oberpfalz ein, mordete, brandschatzte und vergewaltigte Frauen und Mädchen.
Der Klingermüller hütete seine Tochter beim Einfall der Panduren so gut er konnte und ließ sie nicht mehr in das Dorf gehen.
Eines Tages tauchten die verwegenen Reiter in Beratzhausen auf, zogen aber am anderen Tag nach Neumarkt weiter. Die Leute atmeten auf und holten das Vieh aus den Waldungen in die Ställe zurück. Wie vom Wind hergeweht erschien einige Tage später eine wilde Horde in Laabereck, holte das Vieh aus den Häusern, schlug die Bauern halb tot und preßte Geld aus ihnen heraus. So rasch sie gekommen waren, so schnell waren sie mit ihrem Raub verschwunden.
Es ging auf Ostern zu. Am Waldrand blühten Anemonen und Seidelbast, die Staren sangen und flügelten auf Bäumen und Dächern und die Frauen putzten mit weißem Sand und Strohwischen Stubenböden und Tische. Agnes half der Mutter überall, denn in der weitläufigen Mühle schrie die Arbeit in allen Winkeln nach den Frauen.
Da keine Gefahr mehr zu befürchten war, ging Agnes gegen Abend noch schnell in das Dorf, um manches zu kaufen, besonders aber, um die Mutter des Sägeknechtes für morgen zur Arbeit zu bestellen. Dieser Sägemüller war ein Nachkomme des Johannes, dessen Erbteil in der Tropfsteinhöhle lag, und hieß daher auch Bergmoser.
Man sagte „Vetter" zu ihm, weil er eben weitschichtig verwandt war. Der stattliche Bursche diente schon drei Jahre auf der Klingermühle, lud mit Geschick und Kraft die langen, dicken Baumstämme ab und schaffte sie auf den Sägeschlitten.
Ahnungslos eilte das Mädchen in den Wald, um den Bogen, den die schmale Landstraße machte, abzukürzen und kam bei der kleinen Anhöhe an, bei der sich ein alter Steinbruch befand, dessen Runde mit Büschen und Bäumchen spärlich bewachsen war. Nur oben auf

der Höhe des Randes standen drei schlanke Fichten, eine so hoch wie die andere.

Agnes wollte den schmalen Pfad hinab laufen, als sie drei wilde Gestalten vor sich hatte, die wie leibhaftige Teufel aus ihren bärtigen Gesichtern grinsten. Erschrocken hemmte das Mädchen seine Schritte und wollte umkehren. Aber schon hatte sie einer der Panduren beim Arm gefaßt und an sich gerissen. Agnes zitterte und wollte sich losreißen, wobei sie schrie: „Laßt mich in Ruhe! Geht Eurer Wege!"

Die Panduren lachten laut, riefen sich in ihrem Kauderwelsch allerlei zu und zerrten die unverhoffte Beute in den Steinbruch. Agnes stieß ihre Bedränger mit Händen und Füßen von sich, wobei sie aus Leibeskräften schrie: „Mordio! Hilfe! Franzo! Franzo!" Sie wußte, daß der Sägeknecht in der Nähe Baumstämme entrindete.

Nun hielten ihr die Soldaten den Mund zu. Ein wilder Kampf entbrannte. Die rohen Hände rissen ihr die Kleider von der Brust und versuchten, sie zu Boden zu werfen. Aber die Überfallene wehrte sich und immer wieder fuhr ein gellender Hilferuf durch die Bäume. Um freie Hand zu haben, hatten die Bedränger ihre Gewehre längst beiseite geworfen. Langsam begann Agnes zu ermüden, aber der Retter war nicht mehr weit. Franz kam herbeigesprungen, das Schäleisen in der Hand wie eine Lanze. Er hatte einen mannslangen Stiel, an dem ein geschliffenes, halbmondförmiges Messer angebracht war, eine furchtbare Waffe in der Hand eines starken, unerschrockenen Burschen. Mit einem Blick übersah der Knecht, was da vorging und wie der Blitz fuhr das Eisenstück einem Panduren auf den Kopf, daß er wie ein Sack zusammensank. Nun sahen die anderen die Gefahr, die ihnen drohte. Sie stießen das Mädchen von sich und rissen ihre krummen Säbel aus den Scheiden, um Franz niederzumachen. Der aber stieß dem Nächsten die scharfe Schneide in den Hals. Der dritte jedoch zog bereits aus, um dem Knecht den Kopf zu spalten. Franz gelang es aber, den tödlichen Hieb mit der Stange abzufangen und im nächsten Augenblick mit einem fürchterlichen Lanzenstoß den Letzten niederzustrecken. Er fiel lautlos hintenüber auf eine Steinplatte. Wo war Agnes? Auch sie war in die Büsche gesunken und lag wie leblos da.

Erschrocken kniete der Franz nieder und nahm ihren lockigen Kopf in seine zitternden Hände. Schmerzhaft zuckte ihr purpurner Mund und Blut färbte Brust und Kleid. Vorsichtig bedeckte der Retter die Wunden und rief das Mädchen beim Namen. Nach einiger Zeit kam es zu sich, blickte verstört umher und dankte dann dem Franz mit einem langen Händedruck. Dann stand sie mit seiner Hilfe langsam auf und bat ihn, sie nach Hause zu führen.

In der Mühle verbreitete die Ankunft der beiden Angst und Schrecken. Man fürchtete die Rache für die Umgekommenen. Deswegen ging der Müller mit Franz sogleich zum Steinbruch, um die Spuren des Kampfes zu verwischen. Sie warfen die drei Leichen in eine tiefe Mulde, legten ihre Gewehre dazu und bedeckten sie mit Streu, Moos und Steinen. Das Dorf erfuhr erst nach dem Krieg von dem Geheimnis, das die drei Fichten hüteten. Seit dieser Zeit heißen die Bäume „Die drei Panduren", und das Volk meidet den Steinbruch, weil es dort nicht mehr geheuer ist. Der Schneider, der von der Stör heimging, hörte einmal dort deutlich Wimmern und Röcheln. Andere haben in den Büschen Lichtlein gesehen und wieder andere hörten fremde, unverständliche Rufe und Worte. Später ging in Laabereck das

Sprichwort um: „Wenn einmal die drei Panduren gefällt werden, kommt für die Klingermühle das Ende". Kein Mensch wußte, woher dieser Spruch geflogen kam.

Dem tapferen Franz ging es wie im Märchen dem armen Hirten, der nach großen Heldentaten die Prinzessin zur Frau bekam, er heiratete die schöne Agnes, wodurch der Name Bergmoser erhalten blieb.

Das Geschlecht blühte erneut auf und gewann noch mehr Ansehen. Franz war das Sparen gewöhnt. Er legte aber sein Geld nicht im irdenen Topf an, sondern kaufte Felder und Waldteile, die ihm reichlich Zinsen einbrachten. Seine schweren Pferde kannte man im weiten Umkreis, selbst in Regensburg, wo er ebenfalls sein bewährtes, weißes Mehl hinlieferte.

Der Lausbub Schwarzenröisl und der Pfarrer Dein aus Wilchenreuth

Mitten zwischen Weiden und Floß liegt an der Ostseite eines Höhenrückens die Ortschaft Wilchenreuth.

In den 1840er Jahren war dort der evangelische Lehrer Strobel angestellt und der damalige Pfarrer hieß Dein. Beide hatten großen Ärger mit dem Lausbuben Röisl (Andreas Schwarz), denn mit dem Lernen hatte es dieser nicht gerade. Aber gab es eine Lumperei, so war der Röisl stets dabei.

Sein Hauptvergnügen war das Peitschenknallen. Aber dem Pfarrer Dein gefiel das überhaupt nicht. Das wußte der Röisl wohl und täglich an den Sommertagen, wenn die Schule aus war, war er pünktlich vor dem Pfarrhof auf der Wiese und knallte, daß es eine Freude war. Der Pfarrer Dein aber hob sich das Knallen für die nächste Religionsstunde auf, wo es dann eben auch mächtig patschte. Das tat dem Röisl aber nichts, er war gleich nach dem Unterricht auf dem gewohnten Platz und knallte, als wenn nichts geschehen wäre.

Einmal kam des Pfarrers Katze in das Elternhaus vom Röisl. Was tat der Schelm? Er fertigte für das Tier kleine Holzschühlein, band sie an den Krallen fest und jagte die Katze nach Hause. Der Pfarrer war sehr erstaunt, als die Katze über die steinerne Treppe hinaufgetrappt kam. Na ja, das hat der Lumpes wieder getan, dachte er sich, indem er der Katze wieder auf die eigenen Krallen half.

Am folgenden Tag war Religionsunterricht. Der Röisl wurde um irgend etwas gefragt und wie gewöhnlich wußte er nichts. Da entlud sich des Pfarrers ganzer „Katzenholzschuhgrimm" und bei jeder Silbe schwang sich der Stock auf des Röisl's Rücken.

Der - Ka - tzen - kann - er - Holzschuh - ma - chen - aber - ler - nen - kann - er - nicht. Das waren 15 Stockschläge, die den Röisl nur noch verstockter machten, und wofür er sich wieder mit seiner Peitsche rächte. Und so lebten beide in Kampf und Fehde, bis der Tag herankam, an dem der Röisl die Schule für immer verließ.

Er wurde ein tüchtiger Zimmermann und ernährte sich leidlich, er starb 1914 mit 86 Jahren und liegt auf dem Friedhof in Wilchenreuth.

Der Bauer und der Papagei

In einer oberpfälzischen Stadt entfloh einst ein sprechender Papagei seinem Besitzer. Froh über die erlangte Freiheit, flog der Vogel hin über Berg und Tal, Flur und Wald. In einem benachbarten Dorf ließ er sich auf dem Dach eines Bauernhauses nieder. Der Bauer, der eben im Hof mit dem Ausspannen seiner Zugtiere beschäftigt war, ließ Wagen und Vieh stehen und staunte den farbenprächtigen, auf seinem Dachfirst sitzenden Vogel an. Ein derartiges Tier hatte er noch nicht gesehen. Wie ein Blitz schoß ihm der Gedanke durch den Kopf: „Den Vogel mußt du haben!" Schnell holte er eine Leiter und stieg zum Dach hinauf. Als er seine Arme ausstreckte, um den Papagei zu erfassen, tat dieser seinen Schnabel auf und rief ganz deutlich: „Was wünschen Sie?" Der erstaunte Bauer aber ließ den Arm sinken, zog geschwind seine Zipfelkappe, verbeugte sich und sagte verlegen: „Entschuldigen Sie, i hob glaubt, sie san a Vogl!"

Zwölf oder ein Dutzend Eier!

Hannes stammte aus der mittleren Oberpfalz, hatte von Jugend an nur an Alter und Körpergewicht, nicht aber an Weisheit zugenommen, so daß seine Intelligenz im umgekehrten Verhältnis zu seiner Körpergröße stand. Ein Nachbar von ihm hat bei einem Streit geäußert: „Du bist dümmer wie lang! Du wennst so groß wärst, wöist dumm bist, nacha möist ma Dir's Essen mit der Flak aufischießen. Du muaßt a Zwilling gwen sein und der Gscheitere davo is gstorbn!" Unser Hannes trug einen brennend roten Schnurrbart, so groß, als ob er zwei Eichkätzchen geschrumpft hätte, war von eiserner Gesundheit und der eklatante Beweis für die Wahrheit des Spruches: „Das Glück ist ein Rindvieh und sucht seinesgleichen". Darum ging es ihm nicht schlecht; er benützte stets seine geraden Glieder, um der Arbeit auszuweichen, vertrug sich mit der Arbeit so gut, daß er sich dazu hinlegen konnte, war stets guter Dinge, überall gerne gesehen, wurde aber immer zum Narren gehalten, ohne daß er es merkte. Einmal kam er mit einem Päckchen unter dem Arm in ein Wirtshaus einer Stadt in der Mitte der Oberpfalz. Ein Bekannter fragte ihn: „Was hast Du denn in Deinem Packerl?" Er darauf: „Oja (Eier) san drin und wennst as derratst, wöivil daß drin san, nachat kriagst's ganze Dutzend." Der andere erwiderte natürlich sofort: „Zwölf Eier san drin." Der Hannes gab seiner Verwunderung Ausdruck mit den Worten: „Sapralot! Gibts öitz des a? Öitz haut ers wirkli daroun!"

Glockengeläut für eine arme Dirne in Altneuhaus (Truppenübungsplatz Grafenwöhr)

Die schrille Glocke des Hammerwerks läutete den Feierabend ein. Die schweren Holzschützen am Wehr wurden aufgezogen, um den Fluß vom Triebwerk abzulenken. Das Wasser strudelte auf, bäumte sich und gluckste, um dann im gleichmäßigen Rauschen dahinzugleiten. Die Knechte stellten die Schubkarren mit Roheisen in die Ecke, ein bis zwei Mal erschütterte noch das Pleschen des Hammers die Luft und dann stand das Eisenwerk von Altneuhaus bei Vilseck.

Über den Hammersteg schritten die verrußten Arbeiter lachend und plaudernd daher - sie freuten sich alle des Samstag Abend. Auf dem Dorfplatz, der bis zu den Wohngebäuden des Hammerwerks reichte, steckten verschiedene Einwohner die Köpfe zusammen. Es mußte sich etwas Ungewöhnliches ereignet haben. Rasch gesellten sich die Hammerleute dazu. „Die Seeger Leni ist gestern Abend schwer krank hier angekommen und heute gestorben," sagte der Bürgermeister, als er die neugierigen Augen auf sich gerichtet sah. „Die Dirne," zischte der Oberheizer und viele nickten dazu.

„Leider kennen wir keine Verwandten der Leni," fuhr der Bürgermeister fort, „und da sie zur Gemeinde gehört, müssen wir das Begräbnis übernehmen!" „Vielleicht finden sich noch gute Freunde der Verstorbenen," spottete der Schreiner und dabei traf sein giftiger Blick den Hammerschmied. Die älteren Leute wußten sehr gut, daß die Seeger Leni einmal jung und sehr schön war und daß der Hammerschmied sie glühend verehrt hatte. Der alte Schreiner lebte in Feindschaft mit dem Hammerschmied und wollte ihn damit verletzen. Der aber reckte sich kalt und hochmütig, von jeder Verantwortung. Was kümmerte ihn noch die Leni und seine Jugendsünden. Er machte sich kein Hehl daraus, daß er einst das elternlose, arme Mädchen verließ und es damit zwang, in der Stadt das Brot zu verdienen. Dort - auf dem heißen Pflaster ging die rotblonde Schönheit bald in Geld und Laster unter. „Eine Lotterhex soll man verscharren wie den Hund," meinte ein anderer Herzloser. „Wahrhaft christlich ist sie aber g'storben," mischte sich jetzt die Gemeindehüterin ins Gespräch. „Noch in der Nacht holte ich den Herrn Pfarrer von Vilseck und der meinte auch, als er schied - eine wirkliche Magdalena. Nein, das sag ich Euch, von solchen Leiden geplagt, hab ich niemand so andächtig und rührend beten sehe, wie die Leni in ihrer letzten Nacht."

„Schon gut," winkte der Bürgermeister, „wir begraben sie anständig." „Das könnt Ihr machen, wie Ihr wollt" - die Fistelstimme des Mesners mühte sich jetzt, durchzudringen, „aber das Zügenglöckl läut ich für die net." „Tät ich mir auch verbitten" kam es aus der rauhen Kehle des Bürgermeisters, „gestern erklang sie für meine Mutter selig und heut - für die Dirne." Dabei spuckte er aus, um seine Mißachtung zu bekräftigen. „Aber" - wieder drängte sich die alte Hüterin vor, „das Fräulein von Vischbach hat die Totenglocke für alle g'stift, auch für die Armen und Geringsten". „Hab keine Angst, hungrige Kirchenmaus, Dir läut ich sie schon," lachte der Mesner.

Die Leute vertieften sich noch weiter in das Ereignis des Tages und merkten nicht, daß die Besitzerin des Hammerwerkes ihr Schloß verließ. Fräulein von Vischbach, die letzte ihres Geschlechtes, schritt trotz der weißen Löckchen, die unter der Spitzenhaube hervorlugten, biegsam und gerade wie eine Kerze dahin. Um nicht den Platz überqueren zu müssen, bog sie in einen schmalen Seitenweg ein und gelangte ungesehen zu der kleinen Kapelle. Es blitze in ihren dunkelgrauen Augen und das runde Gesicht war so tief gerötet wie die Rosen, die sie in der Hand trug.

Gerechtigkeit und Güte bildeten den Grundzug des adeligen Fräuleins. Obwohl mit irdischen Gütern nur mäßig gesegnet, erfüllte sie gern die Wünsche der Dorfleute. So schenkte sie ein Jahr zuvor die Glocke für die Kapelle, „das Zügenglöckl", mit der Bedingung, „es allen Toten, auch den ärmsten, unentgeltlich zu läuten". Und heute? Welcher Hochmutsteufel fuhr durch das Dorf? Wer verweigerte einer Sünderin, die schon hier abbüßte, das Totengeläut? War die reumütige Leni nicht bemitleidenswerter als manche andere?

Fräulein von Vischbach wollte ihren Leuten selbst eine Lehre erteilen und nahm das knotige Seil zwischen die Hände. Die dünnen, langen Finger drohten beinahe zu versagen. Gewohnt, die Sticknadel damit zu halten, zerrte der harte Strick an ihnen unbarmherzig auf und nieder. Wenn auch die feine Haut schmerzte und da und dort ein Blutstropfen das Pflaster färbte, Fräulein von Vischbach gab nicht nach. Zuerst leise und zaghaft, dann immer klarer und fester sang die Glocke den Scheidegruß hinaus in den Abend.

Die Leute stutzten und horchten. Wer erdreistete sich - „das Zügenglöckl", schrie der Mesner, als wäre ein Verbrechen geschehen.

„Die närrische Hüterin", brummte unzufrieden der Bürgermeister. Alles strömte der Kapelle zu. Wütend riß der Mesner die Türe auf. Da - welches Erstaunen und Erschrecken! Die hohe Gestalt der Vischbach schwang das Seil mit fliegenden Pulsen. Jetzt glitt es aus ihren weißen Händen, sie schöpfte einen Augenblick Atem, nahm den mitgebrachten Rosenstrauß vom Fenstersims und trat auf die Schwelle. Erhöht über der Menge, die sie anstarrte, schien ihre schlanke, gebietende Gestalt noch zu wachsen. „Schämt Ihr euch nicht, ein Kind Eures Ortes um die letzte Ehre zu betrügen? Wer ist so rein, daß er einen Stein auf die Tote werfen darf? Die Leni starb mit Gott versöhnt. Nicht wir - der Barmherzige ist nun ihr Richter."

Die Empörung brannte in dem feingeschnittenen, fast jugendlichen Gesicht und drückte seinen Zügen etwas hoheitsvolles auf, daß alle Schreier verstummten. Die Leute murmelten etwas unverständliches, blickten scheu zu Boden und zogen die Kappen, als Fräulein von Vischbach an ihnen vorüberschritt.

Am Ende des Dorfes lag das Spritzenhäusl, ein armseliger, verwahrloster Bau, in den man die Tote gebettet hatte. Die halbangelehnte Tür knarrte, Fräulein von Vischbach stand in dem niedrigen modrigen Raum. Ein elendes Talglichtlein schwelte am Boden neben der Leiche. Durch das vergitterte Fenster huschte ein verblassender Sonnenstrahl als deren einziger Schmuck. Rotschimmernd leuchtete noch das Haar, aber das schöne Antlitz der Leni Seeger hatten Leid und Laster grausam verändert.

„Goldlockiger Engel," flüsterte die Vischbach, „oft hob ich Dich auf dem Arm empor, scherzte und spielte mit Dir, als Deine Mutter als Wäscherin bei uns diente. Nun haben das

Leben und die Gewissenlosigkeit der Menschen Deine Anmut und Jugend verschlungen. Arme Leni, der Herr sei Deiner Seele gnädig." Sanft legte Fräulein von Vischbach die Rosen auf die Brust der Toten, daß es aufflammte wie ein letzter Liebesgruß ihrer lieblosen Heimat.

War es nun ein Wecker - ein Dorschenkopf - oder Käse?

In Auheim war wieder Viehmarkt und eine Anzahl Trinkfester hatte sich nachmittags im Gasthaus „Zum weißen Rößl" eingefunden. Der Gallabauer war an diesem Tag besonders durstig, und so konnte er zwischen hell und dunkel nicht mehr unterscheiden. Das paßte dem Rößlwirt, der schon öfters seinen Gästen einen Streich spielte.

In der Ecke, auf der Ofenbank, lag ein Packl vom Gallabauern, in das eine Weckeruhr eingeschlossen war. Unbemerkt öffnete er es, vertauschte den Inhalt mit einem Dorschenkopf, schloß es wieder und unterhielt sich mit den Bauern, als ob nichts geschehen wäre.

Inzwischen wurde es Nacht. Da zog es endlich der besoffene Gallabauer vor, den Heimweg mit seinen Saufkumpanen anzutreten. Die übliche Stehmaß wurde noch schnell hineingepumpt und dann tappten sie durch die finstere Nacht.

Eine Zeit lang ging es ganz gut. Als aber die Steinhaufen an der Straße kamen, wurde der Gallabauer unsicher und es dauerte nicht lange - - plumps, fiel er der Länge nach in den Straßengraben, daß sein Packl in weitem Bogen in ein Ackerfeld kollerte. „Saprati no mal, gall aitz is a hi', da Wecka, da setzt's wos o, wenn i meina Alt'n an zbrochan Wecka hoambring" sagte er, indem er seinen Anzug säuberte. „War scho z'wida, wenn er nimma gang", meinten seine Begleiter, die das Packl erkrallten, und wirklich, der Wecker ging nicht mehr und welche Überraschung - ganz weich fühlte sich der Inhalt an.

„Jessas, Du host a falsch's Packl dawischt, do is ja a Kas drin und koa Wecka nöt!"

„Macht a nix, galla den ko mei Alte guat braucha, sie ißt'n gern", tröstete sich der Gallabauer.

„Und um an Wecka schickst morgn Dein Buam zum Rößlwirt nei, no is die ganz G'schicht' g'hobn!"

Also torkelten sie weiter und kamen soweit wohlbehalten heim. Am anderen Morgen schlief der Gallabauer bis in den Tag hinein. Der Bierfuhrwerker des Rößlwirts hatte beim Dorfwirt bereits abgeladen und den zurückbehaltenen Wecker bei der Gallabäuerin abgegeben mit einer entsprechenden Aufklärung.

Die listige Bäuerin aber vertauschte den Dorschenkopf mit demselben und tat, als ob nichts gewesen wäre.

Gegen Mittag stand der Bauer auf, trat vor seine Frau, um sein Mitbringsel zu präsentieren. „Sieghst Alte, a richtiga Mo' bringt halt seina Altn a wos mit hoam, wos a Freud dra hom ka. Nimm den Kas und laß dan guat schmecka!"

Als aber beim Öffnen des Pakets der Wecker zum Vorschein kam, stand er sprachlos da.

„Alte, i ho an Kas mitbracht und koan Wecka nöt. Do is a Wunda gscheng - Do gehts nöt mit rechtn Dingern zu - - mir steht da Vastand still - -.“

Darauf die Bäuerin: „Mir a, Bauer; ja mir a, bsuffana Hannes. Du kennst ja nöt amal a Dorschn von an Kas weg, do schau her - - !“

Und sie zeigte ihm den Dorschenkopf, woraufhin der Gallabauer in Wut auf den Rößlwirt ausbrach und beteuerte, bei ihm nie mehr einzukehren. Bald aber hatte er es wieder vergessen und fand wieder zum spitzbubenhaften Rößlwirt, weil es halt gar so gemütlich war bei dem guten Bier. Ein Packl hat er aber seitdem nicht mit nach Hause genommen, der Gallabauer.

Der Schneck wog richtig ab

Der „Schneck“ lebte in einem schönen Marktflecken der südwestlichen Oberpfalz. Seinen Namen hatte er von seinen „geschneckelten“ Haaren, die sein Stolz und auch fast sein ganzer Reichtum waren.

Mit anderen irdischen Glücksgütern war er nicht sonderlich gesegnet. Er stammte wohl aus einem mittleren Bürgerhaus, hatte aber arm geheiratet und viele Kinder, die mit gesundem Appetit beglückt waren. Dazu hatte er noch einen großen Durst, trotz großen Fleißes kam er nicht vorwärts und deshalb war in seinem Haus oft Schmalhans der Küchenmeister.

Aber er war ein humorvoller Mensch und gegen jedermann im Umgang sehr freundlich. Deshalb durfte er des öfteren mit der sog. „Hotwolee“ des Ortes verkehren und gar oft zahlten ihm der Pfarrer oder Lehrer oder ein wohlhabender Bürger eine Halbe zur Linderung seines allzeit gegenwärtigen Durstes. Auch schickten nicht selten die Hirschwirtin oder eine andere gute Frau einen Weitling Milch oder einen Keil Brot, ein Schüsselchen voll Mehl, Erbsen, Linsen usw. in sein Haus.

Einmal starb nun dem Schneck ein Büblein. Als gewissenhafter Mann suchte er nach dessen Beerdigung sogleich den Pfarrer auf, um die übliche Gebühr für die Aussegnung zu entrichten. Als ihn der Schneck um die Schuldigkeit fragte, sprach der Geistliche wohlwollend: „Lieber Schneck! Du hast selbst nicht viel zum besten, darum verlange ich von Dir auch nichts. Aber vertrinken darfst Du das Geld nicht, sondern Du mußt den halben Gulden Deiner Frau geben, daß sie nächsten Sonntag Deinen Kindern ein gutes Mittagessen richtet.“

Schmunzelnd drehte der Schneck seinen Hut zwischen den Fingern und stammelte vor Freude: „Hochwürden! dann sag ich Ihnen halt tausendmal vergelt's Gott!“, versprach die Erfüllung der aufgelegten Bedingung und entfernte sich mit dem üblichen Gruß.

Neben dem Pfarrhaus war gleich die Wohnung des Lehrers, der bei der Beerdigung als Sänger mitgewirkt hatte. Zu ihm lenkte Schneck pflichtschuldigst nun seine Schritte. „Was bin ich denn ihnen, Herr Lehrer, für meine Kindsleiche schuldig?“ fragte bescheiden der Schneck.

Arglos meinte der Gefragte, der selber eine große Familie zu erhalten und nicht viel zum Verschenken hatte:" Bei mir machts halt die Halbscheid von dem, was beim Herrn Pfarrer gemacht hat."

Schnell hatte der Schneck die Rechnung beieinander. Vergnügt lächelnd drückte er dem Lehrer die Hand und sagte verschmitzt: „Dann sag ich Ihnen, Herr Lehrer, halt fünfhundertmal vergelt's Gott!" Bis dieser sich von seinem Erstaunen ob der sonderbaren Bezahlung erholt hatte, war der Schneck schon um die Ecke.

Die Gebrüder Gori und Gabi

„Was Du nicht selber tun kannst, ist gar oft nur halb getan, und wer allzu sehr seinen lieben Mitmenschen vertraut, wird immer irgendwie betrogen."

Auf ganz amüsante Weise erfuhr dies gegen Ende der 1880er Jahre ein biederer Pfarrer im Oberpfälzischen, der zur Bewirtschaftung seiner ansehnlichen Pfründe zwei aus dem Böhmischen zugewanderte Gesellen als Knechte einstellte, arge Schelme, welche in der geistlichen Küche auf warmen Stühlen saßen und auch sonst wußten, wie sie ihrem Arbeitgeber um den Bart gehen mußten. Sie konnten arbeiten wie die Stiere, wenn sie ihren guten Tag hatten, und konnten singen wie Heidlerchen und pfeifen, wie es verliebte Zeisige nicht besser vermochten. Ansonsten aber mußte man schon der Ansicht der Leute im Ort beipflichten, welche der Meinung waren, der Kuckuck hätte keine schöneren Brüder zusammensuchen können als den Gregor und den Gabriel, oder wie man sie damals nannte: Gori und Gabi, denn es war einer der Vögel so locker wie der andere und wer wissen wollte, welchem von ihnen der Schalck dick hinter den Ohren sitze, der hätte alle beide nur in einen Sack tun und dann bloß blindlings oder auch bei stockfinsterer Nacht hineinlangen dürfen, er hätte gewiß immer den rechten erwischt.

Einmal, an einem schönen Frühlingstag mußten die zwei Spitzbuben einen Acker ihres Pfarrherrn bestellen, auf daß Gottes Segen darauf wachsen und gedeihen lassen könne, denn bekanntlich gab der himmlische Vater wohl die Kuh, aber nicht den Strick dazu. Nun aber hatte das erwähnte Stück Feld, nur das „Lange Elend" geheißen, seine Sonderheiten, die weder dem Gabi noch dem Gori gefielen, denn erstens zog sich der Acker in die Länge wie ein Katzendarm und zweitens lag er über einem Hügel, so daß also in der Mitte ein Buckel war, der am Anfang nicht das Ende und am Ende nicht den Anfang blicken ließ, weswegen böse Zungen das Grundstück auch das „Krumme Elend" nannten.

Cerberus, des Pfarrers geruhsames Rößlein, von dem erzählt wurde, es wäre als Kanonengaul schon 1870/71 im Deutsch-Französischen Krieg mit beim Einzug in Paris dabeigewesen, hatte die Egge bereits etlichemale den Buckel hinauf und hinab gezogen, da kamen die beiden Spitzbuben allen Ernstes auf den spitzfindigen Einfall, den langweiligen Weg hin und her dem Pferd allein zu überlassen, um so Zeit zu sparen, nebenbei im dürren, welligen Raingras die Sonne zu genießen. Gesagt, getan - und also begab sich der eine über den Hügel an das Ende des Ackers, um dort das Pferd mit seiner Egge zu wenden und dem Gori (es kann auch der Gabi gewesen sein!) wieder zurückzuschicken, der es dann seinerseits ebenso machte. So zog nun das Pferd zwischen den beiden Schlaumeiern hin und her und brauchte sich jetzt auf einmal viel weniger zu beeilen, als das sonst der Fall war, und auch der „Stockhaber" fiel nur mehr ganz spärlich auf seinen müden Rücken. Eine gute Weile ging das alles wie am Schnürchen, einmal wendete Gori Egge und Roß und das andere Mal der Gabi, und wenn der seine Pflicht getan und „Hüh!" gerufen hatte, so kam Gori wieder an die Reihe, bis es dem alten Veteranen, der wohl auch seine Gedanken im Kopf gehabt haben mochte, plötzlich einfiel, auf der Höhe einfach stehen zu bleiben.

Das sah nun der Gori und sah der Gabi, aber keiner fühlte sich betroffen, den alten Cerberus wieder in Gang zu bringen, denn jeder meinte, vom Buckel an stünde die Befugnis, am Eigensinn des Pferdes zu rütteln, dem anderen zu. Der Gori wartete, daß nun der Gabi auf dem Hügel erscheine, das Pferd anzufeuern, indes dieser hinwiederum auf das Eingreifen des Gori rechnete. Eine Zeitlang warteten und rechneten beide hin und her, schließlich ärgerten sie sich, Gori über den Gabi und umgekehrt Gabi über Gori, und am Ende trieben sie ihre Halsstarrigkeit soweit, daß das Pferd völlig verwaist zwischen den Meinungen seiner Hüter stand, die, um ihre Blödheit noch die Krone aufzusetzen, langsam in ein gesundes Nickerchen hinüberdämmerten. Was im Hirn eines alten Soldatengauls vor sich geht, bleibt menschlicher Neugier dunkel, jedenfalls - und das ist gewiß! - hat es dem Cerberus eine Zeitlang ausgezeichnet auf der Höhe des „Krummen Elends" gefallen. Er hat ein paarmal kräftig gewiehert, dann aber - es mag sein, daß auch die Erinnerung an die geistliche Haferkrippe das Nötige mit beigetragen hat - riß er kurz entschlossen die Egge herum und lenkte seine Schritte dem Ort zu, wo der Pfarrer sehr erstaunt war, seinen getreuesten Diener, den er eigentlich nur noch im Gnadenbrot behielt, so mir nichts, dir nichts, vor dem Fenster zu finden. Wenig Gutes ahnend und verärgert, machte er sich schnell auf die Beine, um beim „Langen Elend" nach dem Rechten zu sehen. Ein wunderlicher Zufall wollte es, daß er mitten auf dem Weg, kurz bevor er nach seinem Grundstück einbog, eine Peitsche liegen fand, die ihm nicht unbekannt war, jene Peitsche, welche sein Pferd am Kummet stecken hatte und die durch irgendeinen Umstand heraus- gefallen sein mußte. Er hob sie auf und behielt sie gleich in der Hand, und als er ein Stücklein weiter schon auf den ersten der Schläfer stieß, der mit einem zierlichen Grashalm im Mund selig lächelnd (Gott weiß wo!) ackerte, brauchte er ihn nur umzudrehen, um ihn seine Meinung fühlen zu lassen, wobei er ihm zurief: Daß ihm ein solcher Knecht gestohlen bleiben könne, und der solle gleich verschwinden und wieder dahin gehen, woher er gekommen sei. Sprach es und wandte sich mit wehender Soutane, mit der Brille auf seiner zornroten Stirn und der Peitsche auf dem Rücken dem Buckel zu, um auch dem anderen Faulenzer Gerechtigkeit widerfahren zu lassen. Bei dem bedurfte es nur geringer Vorbereitung, denn der lag auf dem Bauch und wandte seinem Herrn ohnehin schon die Seite zu, auf der er einige verpaßt bekam. Außerdem sagte er noch zu ihm: „Er solle sich zum Teufel scheren oder auch zu dessen Großmutter, und wenn er den Weg dahin nicht wisse, so brauche er nur seinem sauberen Kumpan nachzulaufen, der bereits unterwegs wäre."

Nun, es war weder der Gori noch der Gabi zum Teufel gefahren, denn es wird eine Suppe niemals so heiß gegessen, als sie gekocht wird. Und so konnte der erboste Pfarrer, der sich oft heimlich an den Streichen und Späßen seiner beiden Gesellen erfreute, einer milden Regung seines Herzens und den gar jämmerlichen Gesichtern Goris und Gabis nicht widerstehen und sie entlassen. Aber an diesem Tag war noch nicht Feierabend. Es wurde noch einmal eingespannt und ausgerückt, doch diesmal zu Viert; der Gori führte den Cerberus, der Gabi die Egge und hinterher war der Pfarrer mit der Peitsche geschritten, noch nie wurde das „Krumme Elend" so schnell und sauber geeggt wie damals.

„Man muß hinter allem her sein - und es darf auch die Fuchtel nicht fehlen. Das ist im Kleinen so wie im Großen!" sagte der Pfarrer gar oft und zwinkerte dabei hinter seinen Brillengläsern.

Der humorvolle Badermichl aus Schlammersdorf

Der Bader Michael Welker aus Schlammersdorf war im 19. Jahrhundert weit und breit der einzige „chirurgisch ausgebildete" Mensch, der den Leuten seiner Gegend helfen oder vorhandene Schmerzen wenigstens lindern konnte.

Besonders die Frauen suchten in ihren Nöten die Hilfe des Badermichls. Für jede Krankheit und Verletzung hatte er seine besonderen Kräuter und Salben, die er selber herstellte. Kein Wunder, wenn sein Name weit über Schlammersdorf hinaus berühmt war. Ganz besonders bei Beinbrüchen und Verrenkungen war er eine gesuchte Persönlichkeit.

In Schlammersdorf selbst hatte er nur am Samstagabend und Sonntagmorgen die achttägigen Bartstoppeln zu rasieren, die Haare wurden im Jahr nur zweimal geschnitten.

Für diese Arbeiten wurde ihm für Gesicht und Kopf nur ein Kreuzer, bei Einführung der Reichswährung 1871 fünf Pfennig bezahlt. Ließ sich ein reicher Bauer oder Bauernbursche in der Woche zweimal rasieren, so flüsterten damals die argwöhnischen Frauen, und solche gab es in jenen Tagen wie heute: „Du, dös is auch einer, der läßt sich in der Woche sogar zweimal rasieren!" Von einem solchen wurde damals nicht gut gesprochen, denn es wurde vermutet, daß er auf die Seite ging.

Allwöchentlich zweimal, am Dienstag und Freitag, besuchte der Badermichl die Landbevölkerung und mit Vorliebe ging er, ausgerüstet mit den verschiedenen chirurgischen Werkzeugen und Salben, ins nahe Oberfränkische (Voita, Funkendorf usw.).

Seine Ankunft in einem solchen Ort verbreitete sich wie ein Lauffeuer. Wer seine Kunst benötigte, kam oder schickte nach dem Bader. Da galt es den älteren Patienten Blutegel oder Schröpfköpfe zu setzen, den jüngeren Zähne zu ziehen, Verrenkungen wieder einzurichten, Verwundungnen zu heilen usw.

Den jüngeren Mädchen und Buben, die sich mit ihren Zähnen in seine Gewalt begeben mußten, versicherte er schon im vorhinein, daß ihnen niemals mehr ein Zahn weh tun werde, weil er die gezogenen Zähne unter einem gewissen Baum im Wald vergrabe; er dürfe aber niemand diesen Baum zeigen, sonst wäre die Sache wirkungslos.

Die lustigen Geschichten des Badermichl werden heute noch erzählt. So hat er einmal einer Bäuerin Ameisen durch Schröpfköpfe aus ihrem Rücken gezogen. Die Frau verspürte nämlich an dieser Körperstelle häufig ein Krabbeln und ließ sich Schröpfen; beim zweiten Besuch des Badermichl fielen beim Entleeren der Schröpfköpfe ein paar Ameisen heraus. Der Badermichl hatte unterwegs aus einem Ameisenhaufen ein paar solche kleine Tierchen mitgenommen und heimlicherweise in einen Schröpfkopf gebracht.

Das Mittel half; das Krabbeln war verschwunden.

Bei einem Bauern soll er eine Fliege auf ähnliche Weise entfernt haben.

Einem anderen Bauern zog er einmal etwas Sauerkraut aus seinem Rücken. Dieser aß nämlich solches sehr gern, jedoch fehlte es ihm an richtiger Verdauung, wodurch das Kraut ins Blut überging. Der Badermichl war also nie verlegen und fand stets den richtigen Zusammenhang.

Seine Erlebnisse gab er allabendlich im Bräustüberl in Schlammersdorf bei einem Seidel Bier und einem Gläschen Schnaps seinen treuen Genossen, dem Bräumeister Büttner, dem Bäckermeister Mayer, dem alten Stich und dem schon etwas schwerhörigen Förster Diepold, zum besten.

Der Badermichl erreichte ein hohes Alter und starb um 1885. Mit ihm wurde eine Persönlichkeit zu Grabe getragen, deren Leben stets mit Humor gewürzt war und die das Leben nahm, wie es eben lief. Da der Badermichl keinen Geschäftsnachfolger hinterließ und im ganzen Bezirk kein weiterer Bader war, erhielt der Besitzer des Bäckerweberanwesens das Recht zur Ausübung des Gewerbes. Er hielt die sog. „Leichenschau", rasierte die Bärte und schnitt die Haare.

Was soll der sechste Gulden

Der Gerichtsfall, der hier erzählt wird, hatte sich um 1860 zugetragen. Damals hing an dem Gebäude des Amtsgerichtes zu Angelfurt unter dem Staatswappen eine kleine Holztafel mit der warnenden Inschrift: „Jede Verunreinigung dieses Amtsgebäudes wird mit fünf Gulden bestraft".

Die zum Gericht vorgeladenen Parteien hatten es sich nämlich zur üblen Gewohnheit gemacht, vor ihrem Eintritt in die heiligen Hallen ein kleines Bedürfnis zu befriedigen, das sie aus Angst vor dem gestrengen Amtsrichter und in banger Erwartung ihres ungewissen Schicksals jedesmal drängend befiel.

Der Amtsdiener Florian Schmelle hatte von seinem Erkerfenster aus gute Gelegenheit, die Befolgung des Verbotes zu überwachen und etwaige Übeltäter festzustellen und vorzuführen. Er oblag seiner delikaten Aufgabe mit umso größerem Eifer, als ihm die Hälfte der Strafgelder zufloß.

So ertappte er einmal einen Waldbauern aus dem allerhintersten Talwinkel, den als Schalk weitum verschrienen Christl vom Bruckhof dabei, als dieser eben seine Notdurft verrichtete und damit das Verbot übertrat. Er wartete geduldig den Vollzug der Gebotsübertretung ab und bemächtigte sich sodann innerlich schmunzelnd, äußerlich jedoch mit strenger Miene, des in flagranti Ertappten und führte ihn sodann dem gestrengen Amtsrichter vor.

Der Gerichtssaal war eben voller Bauern, da eine Verhandlung von besonderer Wichtigkeit im Gange war. Mitten in deren Verlauf platzte der Amtsdiener mit seinem Inkulpaten hinein und erstattete seine Meldung. Ohne weiteres verdonnerte der erzürnte Amtsrichter den Christl zu der für Fälle dieser Art festgesetzten Strafe.

Den Prozeßteilnehmern, den beiden Advokaten sowohl als den beiden Gegnern und deren Zeugen war diese kurze Unterbrechung ihrer Verhandlung zur heiteren Abwechslung geworden. Schadenfroh verfolgten diese Zuschauer die gespielt demütige und zerknirschte Haltung des armen Sünders, der aber ohne Umstände in die Tasche seiner schwarzen Hirschledernen griff und bereitwillig die fünf blanken Silbergulden auf den Tisch zählte.

Dann aber fügte er den fünfen noch einen sechsten Gulden bei. „Was soll der sechste Gulden?" bemerkte der Gestrenge und schob die Überzahlung zurück. Der Christl vom Bruckhof schob jedoch den Gulden wieder hin: „Verzeihen, Euer Gnaden, Herr Amtsrichter, ist mir ja auch ein kleines Windlein dabei auskommen!"

Der Gerichtssaal dröhnte vor Lachen; bevor sich aber der zornrot angelaufene Gestrenge besann und Worte fand, war der Schelm schon aus dem Saal entwichen.

Der heitere Vorfall hatte eine günstige Folge für die glückliche Lösung des großen und schwierigen Streitfalles; der Richter hatte vorher große Mühe gehabt, die Prozeßparteien zu einem für beide Teile günstigen Vergleich zu bewegen, der heitere Zwischenfall hatte auf die Parteien ähnlich wie Öl auf die Räder einer verrosteten Maschine gewirkt, so daß der Streitfall überraschend schnell beigelegt werden konnte.

Die „Ochsenpfarr" und ihre spötterische Nachbarpfarrei

Um 1870 gab es in der Oberpfalz eine Pfarrkirche, deren Empore in Abteilungen gebaut ist. Und da sagen nun die Angehörigen der Nachbarpfarreien, das seien Stallabteilungen und man nannte diese Pfarrei damals „die Ochsenpfarr". Wenn nun immer die Bittgänge waren, begegneten sich die Prozessionen der beiderseitigen Nachbarpfarreien. Da kam es nun manchmal vor, daß denen aus der „Ochsenpfarr" aus den Reihen der anderen Beter neckend laute „Muhschreie" entgegengerufen wurden.

Umsonst drohten die Verhöhnten lange den Spöttern, diese Frotzelei nicht mehr gutmütig hinzunehmen. Und als dies abermals geschah, entwickelte sich wegen der Zurufe eine arge Schlägerei, so daß die Pfarrer umkehrten und die Prozessionen sich auflösten.

Am nächsten Sonntag ergossen sich selbstverständlich über die Spötter sowohl als über die Raufbolde von den Kanzeln herab Worte gerechten Tadels und die beiden Pfarrer beschlossen, von nun an die Bittgänge so abzuhalten, daß ein Begegnen ausgeschlossen war. Das geschah auch.

Als nun im nächsten Jahr die aus der „Ochsenpfarr" bei ihrem Bittgang in das langgestreckte Dorf der Spötter zogen, da ließ sich kein Spötter sehen und hörte man auch keine Muhschreie, aber oh, der niederträchtigen Bosheit! An allen Gartenzäunen des Dorfes hingen Heubüschel, wie man solche früher in den Ställen aufsteckte. Natürlich wurde der Sinn dieser stummen Begrüßung sofort verstanden und Ärger und Wut malte sich auf die Gesichter der Bittgänger. Man schwor insgeheim und allgemein Rache, aber die Witzbolde hatten die Lacher auf ihrer Seite. Nach den Kirchweihen der nächsten Jahre sah man vielfach in beiden Dörfern verbundene Köpfe.

Mißverständnis bei Gericht

Deutsch ist eine schwere Sprache; wie denn erst, wenn sich Fremdwörter darunter mischen! Da hatte ein Bauer einen Prozeß mit seinem Schwiegersohn. Der hatte ihn wegen der Aussteuer seiner Frau verprügelt, und der Leidtragende war nun als Zeuge geladen. Er hatte schon Vor- und Zunamen und die Geburtsdaten angegeben. Nun fragte ihn der Richter auch nach seiner Konfession.

„Konfession? Ja, Herr Richter, gelernt habe ich sie wohl, die Schneiderei, aber ich üb sie nit aus, weil ich den Hof hab übernehmen müssen, weil mein älterer Bruder, Gott laß ihn selig ruhen, gestorben ist, er hat die hitzige Krankheit gehabt, die hat zu der Zeit regiert."

„Ach, Sie meinen die Profession? Ich möchte wissen, was Sie glauben?"

„Nun, ja, Herr Richter, ich glaub halt, daß meinem Schwiegersohn keine Kuh gebührt; ich hab ihm nur ein Kalb versprochen; wie er dann eingerückt ist, hat sich die Sach hinausgezogen und derweil ist aus dem Kalb eine Kalbin geworden und aus der Kalbin eine Kuh und die hat wieder ein Kalb kriegt. Ich wollt ihm jetzt, wie er heimgekommen ist, aus dem Krieg, das Kalb geben, er aber will nun die Kuh samt dem Kalb und weil ich ihm's nit geben hab, so hat er mir den Buckel braun und blau geschlagen und deswgen hab' ich ihn verklagt. Aber - - - -"

Der Richter (verzweifelt): „Ich meine, zu welcher Kirche Sie gehören?"

„Nun ja, wir gehören allmeinlebtag zur Grüner Pfarretei, wir haben die größte und schönste Kirchen weit und breit, was wahr ist, ist wahr, und unser Herr Pfarrer-."

Der Richter raufte sich die Haare; er beugte sich über den Tisch und schrie den Bauern an: „Glauben Sie an Gott?"

„Herr Richter, nichts für ungut, halten Sie mich für den Antichrist oder für einen Freimaurer? Gehört das zur Verhandlung? (Zornig aufstampfend) Ich will verhandelt werden oder ich geh heim!"

Der Richter rang die Hände und lief wie besessen rund um den Gerichtstisch:

„Sagen Sie mir, glauben Sie an Jesus Christus?"

„Das wohl freilich!"

„Nun also: Kennen Sie den Doktor Martin Luther?"

„Nein, Herr Richter, den kenn ich nicht. Mich hat der alte Doktor Baldauf untersucht, wie mich der Fallott so zerdroschen hat. Ich halt nix auf die Neuausgstudierten, die haben noch keine Prax!"

Da wußte der Richter endlich, daß der Mann katholisch war.

Münchhausen in Amberg

In Amberg verbrachten vor Jahren zwei alte Geistliche ihren Lebensabend. Bei Einbruch der Dämmerung gingen sie sehr häufig in die Malteser Gaststätte, tranken ihren Abendschoppen und gingen dann wieder heim. Einer von ihnen war sehr kurzsichtig. Da er das Fallen bei Glatteis sehr fürchtete, trug er im Winter stets Überschuhe aus Stoff in der Tasche. Als nun beide wieder einmal den Heimweg antreten wollten, bemerkten sie, daß Glatteis sich gebildet hatte. Nun wollte der eine die Überschuhe anlegen. Aber als er in die Tasche griff, zeigte es sich, daß er sie daheim gelassen hatte. Nun begann er zu jammern, daß es ihm unmöglich sei, heimzugehen. Doch sein Freund erbot sich, ihm zu helfen. „Häng' Dich an meinen Rockzipfel an, dann kann Dir nichts passieren." Dabei gab er ihm den eigenen Rockzipfel in die Hand. Er hielt sich dicht an der Seite des „Beschützten", so daß dieser den Schwindel nicht merkte. Glücklich kamen sie heim. In herzlichen Worten wurde der Dank dem Helfer ausgesprochen. Als sie am nächsten Tag wieder zusammenkamen, begrüßte der „Schutzherr" seinen Freund mit den Worten: „Guten Morgen, Herr von Münchhausen". Erstaunt fragte der andere: „Was willst Du mit diesen Worten sagen?" Und da erhielt er die Antwort: „Du weißt doch, daß Münchhausen sich an seinem eigenen Zopf aus dem Sumpfe gezogen hat. Und gestern hast Du Dich an Deinem eigenen Rockzipfel angehalten, damit Du nicht gestürzt bist". Die Geschichte wurde bald bekannt. Für den Spott brauchte er nicht zu sorgen

Die Knödellaute auf der Steinernen Brücke in Regensburg

In früherer Zeit galt es für einen mit Glücksgütern spärlich gesegneten Studenten nicht als eine Schande, wenn er so genannte Kosttage hatte und sich sein Mittagessen selbst im Kosttiegel heimtrug. War doch auch einmal ein bayerischer Minister während seiner Studienzeit Koststudent und zeigte diese Exzellenz Besuchern stets das Eßgeschirr vor, mit dem er sich sein Essen zusammengetragen hatte.
Vor Jahren gab es einmal einen Koststudenten, der zwar später kein Minister wurde, aber während seiner Studienzeit nach dem Spruch lebte: „Fidel sein, ohne Geld, das ist der Stein der Weisen."
Er war immer lustig und ein großer Schwerenöter und Verehrer der Damenwelt.
Eines Tages ging er nun von Stadtamhof über die Steinerne Brücke nach Regensburg zurück, sein gefülltes Kostgeschirr tragend, als er zwei ihm gut bekannte Fräuleins daherkommen sah. Schnell versteckte er die Kosttiegel unter seinem Rock, den er nur mit Mühe mehr zuknöpfen konnte, machte dann vor den Mädchen eine große Reverenz und begann sogleich ein Gespräch. Im Laufe der Unterhaltung fragte nun eine seiner Flammen, was er denn da unter seinem Rock trage? „Das," erwiderte er, „ist meine Laute, an der ich mich bis-

weilen ergötze." Dabei drückte er aber das Eßgeschirr immer weiter nach rückwärts, bis dasselbe plötzlich herabrutschte und auf dem Pflaster zerbrach. Lustig kugelten einige Leberknödel über dasselbe. Rot im Gesicht vor Schande und Ärger entfernte sich der Angeber schnellstens, verfolgt von dem unauslöschlichen Gelächter der zwei Mädchen und der übrigen Passanten. Zwei Hunde aber sprangen schnellstens herbei, denn jeder wollte ein Stück von der Knödellaute haben.

„Karl, göih eina, d'Daum san firti!" („Karl, komm herein, die Tauben sind fertig!")

Karl, ein ehrsamer Schlossermeister, wurde von seinem Freund Fritz, einem begeisterten Brieftauben-Sportler, wiederholt eingeladen, sich doch auch einmal im Vereinslokal der Brieftauben- züchter einzufinden. „Wirst seh'n, es gefällt Dir dort. Du triffst auch manchen guten Bekannten."
Karls Einwand, er sei ja kein „Taubengogerer" und verstehe gar nichts von der Sache, ließ Fritz nicht gelten. „Du kommst eben als Gast, rein gesellschaftlich", sagte er; „als Geschäfts-mann muß man sich überall sehen lassen".
Das stimmt ja auch. Und so stellte sich denn Karl am nächsten Vereinsabend im „Goldenen Lamm" ein. Man begrüßte ihn überaus herzlich. Er hatte es insofern günstig getroffen, als an diesem Abend ein großer „Taubenaustausch" stattfand. Fast alle Vereinsmitglieder, auch einige von auswärts, hatten in drahtüberspannten Kisten Brieftauben mitgebracht und jeder behauptete, die schönsten und intelligentesten Tiere zu besitzen.
Das Tauschgeschäft begann zögernd, kam aber nach einiger Zeit, als der Wirt bereits das zweite Faß Bier anstechen mußte, gut in Schwung. Viele Tauben wechselten den Besitzer.
Als sich Karl etliche Zeit nach Mitternacht mit leichter Schlagseite nach Hause begab, war er nicht nur Vereinsmitglied geworden, man hatte ihm auch ein paar schöne Brieftauben, die er in einem Mehlsäckchen mit sich trug, um sage und schreibe 70 Mark angedreht.
Daheim war niemand mehr auf. Im Mehlsack wollte Karl die Tauben nicht lassen, drum nahm er sie in der Küche heraus und steckte sie unter ein großes Sieb auf dem Küchentisch.
Am nächsten Morgen wachte Karl ziemlich spät auf. Er hatte am Vorabend doch einige Glas mehr getrunken, als er gewohnt war. Ohne zu frühstücken begab er sich in die Werkstatt. Dort fielen ihm die Brieftauben wieder ein, die er gekauft hatte. Heute kamen sie ihm recht teuer vor, obwohl man ihm wiederholt versichert hatte, er mache einen guten Kauf, denn unter Brüdern seien die Tauben mehr als 100 Mark wert.
Nicht eben freudig gestimmt machte er sich darüber, einen Taubenschlag zu basteln.
Er sägte und hobelte, klopfte und nagelte im Schweiße seines Angesichts. Als er mit der Arbeit so ziemlich am Ende war, rief die getreue Ehefrau über den Hof herüber: „Karl, göih eina, d'Daum san firti!" („Karl, komm herein, die Tauben sind fertig!")

Tierquälerei

1914 fragte ein Pfarrer die Kinder in der Schule, was „Tierquälerei" wäre. Lange zauderten die Kinder mit ihrer Antwort. Endlich hob der kleine Sepperl, ein wiefer Bursche, den Finger zum Zeichen, daß er das Wort deuten könne. Aber es bedurfte noch vieler Ermunterung, ihn zum Sprechen zu veranlassen. Endlich rückte er mit der Sprache heraus und sagte stotternd: „Wennst - a Knackwurst - an a - Schnürl - hinbindst, - und da Katz - hinhaltst - daß s' recht hoch - in d' Höh springt - und wennst - nacha - d' Wurst - selber ißt - und der Katz - net amal - d' Haut gibst - - dös is - a Tierquälerei."

„Weil ab 10 Uhr unsere Stiege gestrichen wird!"

In einer Stadt in der südlichen Oberpfalz war es wie überall Sitte und Brauchtum, daß die Herren der Schöpfung allabendlich sich zu gemeinsamen Trunk, Spiel und befruchtendem Gedankenaustausch auf einer bestimmten Notbank in einem bestimmten Lokal zusammenfanden. Als nun eines Abends ein solcher Vertreter des starken Geschlechtes wieder zu seinem gewohnten und vielfach erprobten „Volksbildungsabend" gehen wollte, sagte seine Frau zu ihm: „Merk auf, mein lieber Alter! Heute mußt Du schon vor 10 Uhr nachts nach Hause kommen, weil ab 10 Uhr unsere Stiege gestrichen wird!"
„Is scho recht!" murrte der Ehemann und strebte spornstreichs seinem ersehnten Ziel zu, um ja nicht zu spät zu kommen. Seine Genossen waren alle schon beieinander und es wurde wieder einmal ein urgemütlicher Abend, so daß unser Volksgenosse vollständig vergaß, was er seiner Frau versprochen hatte. Erst so gegen 1 Uhr nachts trennten sich die Unentwegten und als er die Haustüre aufsperrte, kam ihm zum Bewußtsein, daß er ja vor einer frischgestrichenen Treppe stand. Nun war guter Rat teuer! Kurz entschlossen zog er seine Schuhe aus und rutschte auf dem Treppengeländer nach oben. Als er glücklich am oberen Ende des Geländers angekommen war, entfiel ihm ein Schuh und dieser polterte nach dem Fallgesetz wieder nach unten. Sofort rutschte der Schwergeprüfte auf dem gleichen Weg wieder nach unten, um den Ausreißer wieder einzufangen. Obwohl das Treppenhaus unbeleuchtet war, gelang ihm dies verhältnismäßig schnell und bald konnte der zweite Geländerrutsch nach oben, der selbst einem erprobten Hochalpinisten zur besonderen Hochachtung verholfen hätte, beginnen. Als unser mutiger Stiegengeländerartist das zweite Mal oben am Ziel war, öffnete eben seine Frau, die durch das Gepolter und ungewohnte Geräusch erwacht war, die Wohnungstür, eine Lampe in der Hand und flüsterte vernehmlich: „Lieber Xaver! Bist scho do? Du kannst ruhig die Stufen herauf gehen, ich habe nur das Stiegengeländer gestrichen!" Der Xaverl war nun voll Farbe und sprachlos.

„LUDWIG II. BAYERNS VERDERBEN"
der „Schneeschreiber"

„Wenn Dein Herz der Zorn oder der Mißmut drückt, so schreibe es ja auf kein Papier. Es kann sonst, mag es noch so wertlos sein, gegen Dich als Zeuge auftreten." Das hat sogar einmal eine Schrift, die ein verärgerter Pfarrer dem gewiß vergänglichen Schnee anvertraut hat, fertig gebracht und ihm große Schwierigkeiten bereitet.

Pfarrer Martin Kaiser amtierte in Breitenbrunn in der Oberpfalz um 1880. Er stammte aus Beratzhausen und starb mit 90 Jahren in Oberhausen in Niederbayern. Er war eine markante Erscheinung mit einem gebietenden, von einer Glatze überdeckten Kopf, in dem mehr Energien steckten, als die ruhige Pfarrei erforderte. Darum trat er als Mitglied des damals gegründeten Cäcilien-Vereins in Wort und Schrift hervor, um die Kirchenmusik in die richtigen, würdigen Bahnen zu lenken. Außerdem war er ein unermüdlicher Patriot, der gespannt verfolgte, was in München und sonst auf der Welt geschah.

Sein größtes Sorgenkind war von jeher der junge, unerfahrene König Ludwig II. Gegen ihn wetterte er nicht nur Freunden gegenüber, sondern ebenso offenherzig am Stammtisch im Gasthaus „Zur Post" in Breitenbrunn. Es brauchte nur 1866 erwähnt werden (damals fand der sog. Bruderkrieg zwischen Bayern und Österreich gegen Preußen statt). Damals erklärte Pfarrer Kaiser: „Wißt Ihr, wo damals unser König war? - In die Schweiz ist er inkognito gefahren, um seinen Freund Wagner zu besuchen. Die 90 000 reichten noch nicht, die ihm der verrückte Musikant abgeknöpft hat. Wenn es wenigstens eine Musik wäre, wie die von Mozart, Weber oder gar die vom großen Beethoven. Auf der Roseninsel läßt er sich ein Feuerwerk abbrennen, statt mit seinen Ministern Kriegsmaßnahmen zu besprechen!"

Wütend wurde er, wenn die Rede auf die Schloßbauten des Königs kam. Da sah der Pfarrer nur noch Schulden. „Mit 10 Millionen Mark ist der König und das ganze Land bankrott. Wer soll denn in diesen Burgen wohnen?? - Spielerei, Spielerei! Mehr sage ich nicht." Dabei klopfte er mit dem Zeigefinger an seine Stirne und lächelte bedeutungsvoll. „Neuschwanstein ist noch nicht fertig, von Herrenchiemsee fehlt ein ganzer Flügel und schon will er ein gotisches Schloß auf dem Falkenstein bei Pfronten erstehen lassen. Und der Landtag soll ihm das Geld hierfür beschaffen. Der Landtag! Wer ist denn der Landtag? Das Volk. Wir, ja wir sollen ihm Spielzeug kaufen um Millionen!"

An einem strahlenden Wintertag ging Pfarrer Kaiser den Wald hinauf nach Premerzhofen und von da hinab nach Dietfurt, dem Nachbarstädtchen an der Altmühl. Ringsum war alles in frisches Weiß gehüllt, aus dem die schwarzen Waldberger finster hervorschauten. Der einsame Wanderer war längst in sein Lieblingsthema verstrickt: Der König und seine Schulden. Vor einer mächtigen, unberührten Schneefläche blieb der Pfarrer stehen. Wie von selber fing sein Spazierstock zu schreiben an und auf der großen, weißen Fläche stand in deutlicher Schrift in lauter lateinischen Druckbuchstaben: „LUDWIG II: BAYERNS VERDERBEN".

Der Pfarrer hatte sein Herz erleichtert und setzte seinen Weg fort. Das wäre nun alles nicht so schlimm gewesen, wenn hinter dem „Schneeschreiber" - so hießen ihn seine Kollegen später - mehrere Buben, oder einige streitende Raben die Schrift zerstört, oder wenn der Wind sie verweht, die Sonne sie weggefressen hätte. Aber wie der Teufel sein Spiel hat, kam kurze Zeit nach dem Pfarrer ein ihm feindseliger Häusler des Weges, las nachdenklich die Schrift, zeichnete sie auf ein Blatt Papier und lachte gehässig vor sich hin. Das Unheil nahm nun seinen Lauf.

Der Gendarm kam wiederholt ins Pfarrhaus, der Staatsanwalt war mobil, das königliche Amtsgericht setzte den Verhandlungstermin fest und der Angeklagte wurde wegen Majestätsbeleidigung zu sechs Monaten Festungshaft verurteilt, obwohl er kein Geständnis abgelegt hatte. Der Indizienbeweis lautete: „Die Beleidigung war in Lapidarschrift abgefaßt, wie sie nur ein Gebildeter anwenden kann. Als solcher aber kann nur Pfarrer Kaiser in Frage kommen, weil niemand anders diesen Weg gegangen ist."

Der Ausgang des Prozesses gab der ganzen Gegend einen aufregenden Unterhaltungsstoff und dem unbedachten Schneeschreiber Ärger und schlaflose Nächte in Menge. Der Termin zum Antritt der Strafe rückte bedrohlich näher. Aber plötzlich nahm die widrige Sache eine Wendung. Die Post brachte ein Schreiben vom Ministerium, in welchem „Herr Pfarrer Kaiser ersucht wurde, sich in München bei Herrn Staatsminister von Lutz vorzustellen".

Am nächsten Tag stand Pfarrer Kaiser vor dem Minister. Der sprach sofort zur Sache: „Herr Pfarrer, die Begründung zu Ihrer Verurteilung ist zwar richtig, kommt mir aber doch ein wenig leicht unterbaut vor. Ich mache Ihnen einen günstigen Vorschlag: Ich sichere Ihnen Amnestie zu, wenn Sie vor mir die Tat eingestehen".

Nach kurzem Besinnen erwiderte der Pfarrer: „Exzellenz, in meiner Sorge um das Wohl Bayerns habe ich die verwerflichen Worte geschrieben".

„Ich danke Ihnen, Herr Pfarrer. Die Sache ist erledigt. Sie brauchen Ihre Strafe nicht anzutreten. Merken Sie sich, jeder darf über Seine Majestät denken, wie er will, aber nicht reden und noch weniger schreiben." Sie verabschiedeten sich.

Als der Pfarrer Kaiser von Seubersdorf her zurückkam, warteten seine Freunde schon vor der Post auf ihn und nahmen ihn mit zum Stammtisch. Dort verkündete er freudestrahlend: „Meine Festungshaft hat mir der Minister geschenkt. Jetzt sage ich aber nichts mehr gegen die Lumpen".

Ein Trompeter brachte ganz Hemau außer Rand und Band

1866 standen die Preußen im nördlichen Bayern und waren schon bis vor Amberg vorgedrungen. Überall in der Oberpfalz herrschte deswegen unter der Bevölkerung, in der sich die grausigsten Erzählungen aus früheren Kriegszeiten noch fortgeerbt hatten, Furcht und Angst vor feindlicher Einquartierung. So auch in Hemau. Alle Tage befürchtete man das Einrücken der Preußen. Geld und Wertsachen wurden vergraben oder in den Wänden vermauert, sonstige wertvollere Gegenstände in die Keller gebracht und die Zugänge zu den letzteren, so gut es ging, unkenntlich gemacht. Alles sollte dem erwarteten Feind verborgen sein. Kam dann gar hier und da die Hiobspost, daß dieser schon irgendwo in der näheren

Umgebung sei, so stiegen die Männer auf den Kirchturm und hielten scharfe Ausschau nach allen Richtungen, um ja sein Anrücken gleich melden zu können. Eine ängstigende Spannung lag in der Luft, in die alle, selbst die Mutigsten, mithineingezogen wurden.

Einer aber, der sich nicht ins Bockshorn jagen ließ, war der wegen seines guten Humors allgemein beliebte Bindermeister Christl. Er hatte selbst beim Militär als Hornist gedient und kannte keine Furcht.

Weil ihm nun die Angst seiner Mitbürger Freude machte, kam er auf den Gedanken, diese einmal richtig zu erschrecken. Er nahm daher eines Morgens bei Sonnenaufgang seine Trompete, stieg in den Keller hinab und blies zum Kellerloch hinaus einige militärische Signale. Sie hörten sich zwar an, als kämen sie aus der Ferne, hatten aber, vielleicht gerade deswegen, eine ungeahnte Wirkung. Ein paar Leute, die schon bei der Arbeit waren, hörten sie und alarmierten gleich die ganze Stadt. Überall rief man: „Die Preußen kommen, sie haben schon geblasen". Alles rannte in größter Hast und oft nur notdürftig bekleidet, auf die Straßen. Einer, der allzuschnell über die Stiege herab wollte, brach sich dabei den Fuß. Es herrschte ein wirres Durcheinander. Und einige Kleingütler packten ihre Betten und etliches Geschirr zusammen, luden sie auf ihre einzige Kuh und flüchteten so mit ihrer ganzen Habe samt Frau und Kinder in den nahen Wald.

Als sich aber nach einigen Stunden bangen Wartens nirgends ein Preuße sehen ließ, kam man allmählich darauf, daß man einem Streich zum Opfer gefallen war. Nun begann, selbstverständlich unter allen möglichen schönen Wünschen, ein eifriges Fahnden nach dem Urheber.

Der lustige Binder Christl wurde denn auch als dieser ermittelt, angezeigt und vom Landrichter für sein Musizieren zu einem Tag Arrest verdonnert.

Nachdem aber einige Zeit verstrichen und der sog. Bruderkrieg zwischen den Bayern und Österreichern gegen die Preußen vorbei war, lachte die ganze Stadt über den gelungenen Streich und von niemandem wurde dieser dem Christl nachgetragen. Er selbst aber freute sich sein Lebtag darüber und erzählte in seinen alten Tagen noch oft, daß er einmal mit seiner Trompete ganz Hemau außer Rand und Band brachte.

Seid einig, ihr Deutschen

Ein österreichischer und ein bayerischer Bauernbursch gerieten im Jahre 1866 in Streit, als Österreich und Bayern gegen Preußen den sogenannten „Bruderkrieg" verloren. Der Streit entstand durch Kleinigkeiten und die beiden gerieten sich dabei heftig in die Haare.

Natürlich war der Bayer sogleich ein guter Bayer, der Österreicher ein guter Österreicher; der Bayer sagte: „Ich bin königlich!" und gab dem Österreicher eine Ohrfeige. Der Österreicher sagte: „Ich bin gut kaiserlich-königlich!" und strich dem Bayern zweimal um die Ohren.

Der Bayer dachte: „Die zwei Präsente nehm ich heut mit heim, weil es nicht dreie sind, morgen geh ich in Begleitung meines Seitenmessers aus, ich will sehen, wie ich dem Österreicher seine Grobheit aus den Rippen schneide". Der Österreicher dachte: „Immerfort basta für heute, ich habe noch eine unschuldige Wange, auf der ich die Nacht verschlafen kann, findet sich der Bayer mit zwei Pfund Dachteln heim, so kann ich meine 32 Lot leichter schleppen, morgen wirds eben anders sausen."

Gut. Sie gingen auseinander und schworen sich den Tod, sobald als möglich.

Aber ein großer Herr, der allergrößte, den wir kennen, griff aus den Wolken nieder und führte zuerst den Bayer und dann auch den Österreicher bei den Ohren nach Frankreich und nach Afrika hinüber, das heißt, ein jeder von ihnen hatte das Unglück, daß er wegen Wilderei aus seiner Heimat fliehen mußte und so kamen sie nach Frankreich, um sich für Afrika anwerben zu lassen, wo es damals noch Krieg gegen Abd-el-Kader gab.

Beide Männer kamen auch gut in Afrika an, der Bayer früher, der Österreicher später; einer war als Reiter angeworben, der andere als Musketier, beide schwitzten ihr Erkleckliches in der afrikanischen Sonne, beide aber waren tapfer, wie es Deutschen ziemt und es dauerte nicht lange, so hatte jeder seine vier, fünf ehrenvollen Wunden auf der Brust.

Das Soldatenleben mag manchmal recht lustig sein, aber so schrecklich weit von der Heimat entfernt zu sein, recht bitter. Nirgends konnte man seine Sprache hören, Vater und Mutter, Bruder und Schwester, Landsleute und Freunde gar so fern zu wissen - über Berg und Tal und Meer! Es schien auch wie verzaubert: In Afrika wurde immer und immer nur von Frankreich und von England, vom Kaiser von Marokko und von Spanien, von Abd-el-Kader und den Arabern gesprochen - von Deutschland keine Silbe und wenn es ein Franzose schon im Vorbeigehen streifte, so hieß es: „l Allemagne" und nicht Deutschland.

Einst stand der Bayer Wache in der stillen Wüste, über sich nur Himmel, unter sich nur Sand und vor und hinter sich nur Sand und Himmel.

Dort drüben, dachte er, dort muß mein Deutschland liegen, mein Bayern, meine Heimat; dort leben meine Brüder, dort spricht man meine Sprache und ich steh allein da, so weit weg in einem fremden Land, unter fremden Menschen und will ich meine Sprache sprechen, so rede ich nur zu tauber Luft und totem Sand!

Er stieg von seinem Pferd und drückte weinend sein Gesicht in dessen Mähne. „O' hätte ich jetzt nur einen deutschen Bruder da; sei es ein Österreicher oder ein Schwabe, Preuße und Sachse! Wie wollt' ich meinen Österreicher jetzt umarmen, halsen, herzen, statt sein Leben anzufeinden; wie wollte ich ihn drücken und Herzensbruder nennen!"

Und wie er so vor sich hin jammerte, marschierte ein Trupp Musketiere vorüber und machte Halt und der Anführer sprach in schlechtem Französisch. „Nun gut Freund! Kein Araber zu sehen gewesen? Alles rund herum in Ordnung?"

Der Bayer wischte sich schnell die Augen mit dem Mähnenhaar des Pferdes, schaute auf und wollte schnell sagen: „Nein, es hat sich hier kein Feind gezeigt!" Aber er konnte nicht sprechen. Dem Anführer ging es ebenso. Er glaubte zu träumen, schaute den Bayern mit großen Augen an, die Augen wurden feucht, die Wangen wurden bleich - plötzlich brachen beide los wie Rasende vor Schmerz und Freude; der eine schrie: „Ist's möglich? Bist Du es? Bist Du es wirklich, lieber Bayer?"

Und der rief: „So hab ich recht? Du bist es, Bruder Österreicher?"

Beide ließen alles fallen und schworen sich, Freunde fürs Leben zu werden. „Wir sind ja alle Deutsche" rief der Bayer, „und nur ein Herz soll allen angehören, dem Österreicher wie dem Bayer, wie dem Sachsen, dem Schwaben wie dem Preußen!"

5 600 Gulden lagen auf der Straße nach Weiden

Es war anfangs der 1870er Jahre. Da wurde Ferdinand Hoffmann von seinen Eltern, sie waren Kaufleute in Mantel, nach Weiden geschickt, um ein Paket Lebkuchen bei Tröger zu holen. Auf dem Heimweg gesellte sich noch der Händler Häusler aus Mantel hinzu. Im Kirchenholz, in der Nähe des sog. Pfarrerweiherl stießen sie auf ein Säckchen, das mitten auf der Straße lag. Ein angehängter Zettel trug die Aufschrift: 1000 Gulden. Eine Prüfung des Säckchens ließ keinen Zweifel darüber, daß tatsächlich 1000 harte Silbergulden darinnen waren. Nach etwa 50 Schritten fanden sie ein weiteres Säckchen mit weiteren 1000 Gulden. Der Vorgang wiederholte sich noch etliche Male. Es waren insgesamt 5600 Gulden, bestehend aus 5 Säckchen je 1000, einem mit 500 und einer Rolle mit 100 Gulden. Da sie den Schatz nicht tragen konnten, mußten sie ihn zurücklassen. Sie warfen das Geld etwas abseits in eine kleine Mulde im Wald und bedeckten es mit Laub, Gras und dürren Zweigen und gingen weiter. Im Kellerhaus, das etwa eine Viertelstunde entfernt war, wollten sie ein Handfuhrwerk besorgen. Der Besitzer von einem Häuschen, mit Namen Hirmer, ging gerade zum Hof heraus. Auf die Frage, ob er den beiden helfen könne, sagte er: „Wenn's an Narrn wöllts, nach kafts enk oin!" Doch sie konnten ihn überreden, mit seinem Schubkarren den Transport des Schatzes zu übernehmen. Am Roten Bühl sprengte eine Kutsche bergauf, ihnen entgegen.
„Homas scho," riefen die beiden.
„Wie viel?" „5 600!" „Stimmt!"
Der Hirmer wurde mit einem Taler belohnt, der Häusler erhielt zwei Taler und der Erzähler dieser Geschichte, er war damals noch ein kleiner Bub. „Der brauchte noch nichts."
Nun zur Aufklärung des seltsamen Falles. Zu jener Zeit wurde die Bahn Weiden-Neukirchen gebaut. Ein Akkordant hatte eine Teilstrecke übernommen und Geld aus Weiden für seine Arbeiter geholt. Die Geldsäcke wurde im Sitzträgerl des Fuhrwerks untergebracht. Durch die Last wurde ein Loch gerissen und ein Säckchen um das andere kollerte auf die Straße.

„Die beleidigte Leberwurst" oder
„de allabest Bäuere vo da Welt"

Der Hansenbauer hatte einen schönen Hof, der weit und breit sich sehen lassen konnte. Waltete er im Stall beim Großvieh und auf den Feldern und Wiesen, so regierte in Haus und

Küche, im Garten und beim Kleinvieh seine fleißige und ebenso umsichtige Ehefrau wie er. Wenn er so seinen Hof betrachtete, den gepflegten Viehstand überschaute oder durch seine Felder und Wiesen ging, die Nachbarschaft neidisch machte, dann lachte sein Herz und er fühlte sich froh und glücklich, wenn er daran dachte, daß zuhause seine fleißige Frau schaffte. „Ja", sagte er zu sich selber, „I häid de allerbest Bäuere vo da Welt, wenn's ner den saudumma Litzn niad häid!"

Die Hansenbäuerin war eine rechtschaffene Frau, aber gerade, weil sie in ihrem Tun und Walten so untadelig war, war sie außerordentlich empfindlich und selbst bei Meinungsverschiedenheiten über oft belanglose Dinge war sie tief beleidigt. Sie spielte dann „die beleidigte Leberwurst", ging zwar ihrer Arbeit nach, wie sonst auch, aber war schweigsam, schweigsam wie ein Grab, redete kein Wort und konnte in diesem Zustand so stur sein, daß sie diese Schweigsamkeit auf Tage hin ausdehnte, und ob ihr's dann wohl im Herzen leid tat, fand sie doch nicht den Mut, das Reden wieder anzufangen. Fragte der Bauer dies - keine Antwort, fragte er das - keine Antwort; wurde etwas berichtet oder erzählt, sie griff nicht ins Gespräch ein, sie blieb stumm. So ging das hin, bis sich eines Tages doch das lösende Wort auftat und die Bäuerin wieder Anteil nahm an allem, als wenn nichts gewesen wäre. Man durfte aber dann auf ihre Litzen ja nicht hinspitzeln, sonst wäre sie sofort wieder in ihre alte Schweigsamkeit verfallen.

Dem Hansenbauern ging da manchmal die Galle schon hoch und er mußte wiederholt schlucken, aber grob werden konnte er nicht; denn er wußte, daß er eine fleißige und tüchtige Frau hatte. Allerdings machte dieser „Litzn" großen Kummer und er überlegte, wie er seine Frau wieder zum Reden bringen könnte. Er flehte zu allen Heiligen, daß sie ihm helfen möchten, seine Frau von dieser dummen Gewohnheit zu befreien.

Besonders an den heiligen Blasius dachte er. „Denn" - so redete er sich zu - „wenn's Blasln für's Holswäi hilft, vielleicht hilft da Blasi na a wengl weiter affi, daß's es Ma(u)l niad glai voloisd bo joidana gloin Widared!" Und als er einmal sein Leid dem heiligen Blasius, denn dieser war einer von den 14 Nothelfern - vortrug, kam ihm ein Einfall, über den er selber lachen mußte, sich aber entschloß, im wiederkehrenden Fall ihn durchzuführen.

Und der wiederkehrende Fall ließ nicht allzulange auf sich warten. Ein unpassend angebrachtes Wort - und die „beleidigte Leberwurst" war wieder da. Die Bäuerin schmollte, redete kein Wort und es war eine drückende Stille in der Küche, wie wenn die immer tickende Uhr stehengeblieben wäre. Das ganze Hausgesinde kannte zwar den „dummen Litzn" der Bäuerin und nahm die Sache nicht ernst, aber dennoch lastete in diesen Stunden ein ungeistiges Etwas in der Küche, das nicht sein brauchte.

Es war schon wieder der zweite Tag des Schmollens; die Bäuerin hantierte stumm in der Küche, tat ihre Arbeit, aber doch nicht froh.

Der Hansenbauer kam zur Tür herein, wünschte einen guten Morgen, aber die Bäuerin erwiderte nichts, sah ihn nicht an, hantierte stumm und schmollte weiter. Da fing der Bauer zu suchen an. Er suchte etwas. Er sah unter den Tisch, er sah in den Schrank, er suchte am Herd, so daß die Bäuerin ausweichen mußte, er suchte an den Handtüchern, er suchte an der „Kleiderrehm" und stülpte um, was da hing und immer wieder suchte er in der Nähe der Bäuerin, so daß sie immer wieder ausweichen mußte, er suchte am Fensterbrett, er suchte am Herrgottswinkel und immer wieder suchte er um die Bäuerin herum, bis es dieser etwas jäh entfuhr: „Zum Dunnaweda, wos souchsd denn eigentli?" „Öitz howi's gfuna!" sagte er ganz ruhig und sah sie an. „Dei Ma(u)l howi gsoucht!" „So!" ertönte es von ihrer Seite kurz und kleinlaut und über ihr Gesicht zog ein verhaltenes Schmunzeln. Als der Hansenbauer das merkte, lachte er, als wenn er beim Schafkopf einen Solo-Du gewonnen hätte und sie schaute ihn als Sieger an und konnte befreiend mitlachen.

Und so hatte der heilige Blasi doch geholfen; denn die Bäuerin überlegte und fand, daß ihre Litzen denn doch keinen Sinn hatte und war von der Stunde an keine „beleidigte Leberwurst" mehr und ließ das Schmollen sein. Nun hatte der Hansenbauer „de allabest Bäuere vo da Welt".

Der „Ischowahraa!"

War da einmal ein ganz Schlauer, der bestellte, wenn er in einem Wirtshaus aß und trank, nie alles auf einmal.

Immer fiel ihm dazwischen noch etwas ein, Zigaretten, Stumpen oder Brezen oder was es sonst war. Ging's aber an's Zahlen, lauerte er, wie ein Lux, ob beim Zusammenzählen nichts davon vergessen würde.

Geschah's aber wieder einmal, daß die Bedienung dabei die zwischendurch bestellten Brote oder Zigarren zu berechnen vergaß, freute sich unser Schlauer, wie ein Dieb und rieb sich die Hände. Natürlich nur innerlich. Denn äußerlich ließ er sich nicht das Geringste anmerken, damit es dem „Ober" nicht etwa gar noch einfiele! Dann verließ er die Gaststätte schnell, so unauffällig, wie möglich.

Fiel es aber dem Ober hinterher doch noch ein und mahnte er den Gast, als hätte der unabsichtlich vergessen: „Die Zigaretten, mein Herr, wenn ich bitten darf", da pflegte unser Pfiffikus unschuldig, wie ein neugeborenes Kind, ein überraschtes: „I's scho wahr a!" auszustoßen und die paar lumpigen Groschen großmütig auf den Tisch des Hauses zu legen.

Das trieb er mit Schläue landauf, landab und hatte sich dadurch zwar nicht schon ein Vermögen „erspart", aber doch immerhin meist eine halbe Bier mehr leisten können, als er zahlen wollte.

Wohlweislich vermied er nämlich dabei jede Wirtschaft, wo ihm der Streich gelungen war, gerade so lange, bis wieder genügend Bier durch den Zapfen geronnen sein mochte und das „Versehen" auch im Gedächtnis des Oberkellners hinabgeschwemmt war.

Bis er einmal doch an den Richtigen geriet und die Güte des Gedächtnisses unterschätzt hatte. Kaum hatte er das Lokal betreten, lauerte diesmal der „Ober" wie ein Lux, ob ihm der schlaue Fuchs nicht diesmal in die Falle ginge. Der hielt ahnungslos Zeit genug für darüber hingeflossen und bestellte arglos zwischendurch seine Schachtel Zigaretten, Semmeln usw. Als es aber diesmal ans Zahlen ging, vergaß der Ober erst absichtlich alles Nachbestellte, um ihn dann hinterher - nicht ohne einige Stammgäste durch Augenblinzeln zu verständigen -

so freundlich wie möglich darauf aufmerksam zu machen.

Ehe aber der Ertappte diesmal auch nur den Mund aufmachen konnte, rief ihm der Ober schon ein so lautes „Ischowahra!" entgegen, daß die ganze Wirtsstube mit einem Schlag in ein schallendes Gelächter ausbrach.

Da verließ unser ganz Schlauer das Lokal aber noch schneller als sonst und doch nicht früh genug, um nicht noch ein höhnisches „Ja, ja, der Ober sticht den Unter!" in seine eigenen Ohren hineinhören zu müssen.

Weil sich aber inzwischen sein Spitzname „Ischowahra!" wie ein Lauffeuer durch die ganze Gegend verbreitet hatte, war ihm sein unsauberes Handwerk damit ein für allemal gelegt und wurde unser Held am Schluß zwangsweise auch noch ehrlich.

Der Schafhammel Hansl und der „Hammelreiter"

Gegen Ende des 19. Jahrhunderts lebte bei Weiden der Metzgermeister und Tafernwirt zum „Goldenen Roß" Martin Mühlhofer, er war erst seit kurzem Witwer.

Die Feldarbeit, die Schenkwirtschaft und nicht zuletzt die zwei kleinen Buben, die weinend an der Bahre standen, verlangten eine Frau und Mutter.

Martin sah sich daher um und führte nach einem Trauerjahr auch die ehrenwerte Creszenzia Schaller zum Traualtar.

Creszenzia Schaller wurde eine tüchtige Frau und Wirtin, eine liebe Gattin und ein Jahr später, eine treusorgende Mutter.

Den Segen hieß man Peperl. Er war ein schönes Kind und wuchs zur Freude aller rasch heran. Er war des Vaters Liebling und hatte dessen Liebe zu den Tieren voll und ganz geerbt.

War es da ein Wunder, wenn der kleine Peperl, den Schnuller noch im Mund, sich schon in den Schweinestall begab und sich dort auch recht behaglich fühlte, die blitzeblanken Ferkelchen umhalste! Ganz und gar nicht.

Und mit dem Stolz eines Vaters betrachtete Martin Mühlhofer oft das Spiel des Kleinen mit dem Viehzeug, und versprach der Mutter, dem lieben Kind ein „Schäfchen" zu besorgen, ein „Bätzerl", wie es hierzulande heißt.

Und weiß und zart lief bald darauf ein kleines Lämmchen Peperl nach. Er und das Lämmchen waren eins. Wo Peperl war, da war das Bätzerl, und wo Peperl schlief, da ruhte auch das Tierlein aus.

Doch eines Tages, da machte Creszenzia die Bemerkung, daß Peperls Bätzerl männlichen Geschlechtes sei, und war damit gar nicht recht einverstanden und protestierte bei dem Vater. Sie wußte aus Erfahrung, daß aus dem bravsten Lämmlein einst ein Hammel wird.

Jedoch Peperl und das Bätzerl wuchsen unzertrennlich weiter. Mit Jugendlust und viel Frohsinn durch tausend tolle Scherze vertrieben beide sich die Zeit und wuchsen.

Aus dem Bätzerl wurde dann das Böckchen.

Der Peperl veränderte sich nicht, aber das Tierlein lag nicht mehr gern da zu seinen Füßen. Es ging eigene Wege trotz Peperls Schmollens, Scheltens und aller Schmeichelworte.

Eines Tages kam der Hansl, wie das Schaf von Peperl genannt wurde, von einem Ausflug heim, wie er diese in die nahen Ställe, Scheunen und Gärten machte. Er war durch irgend etwas böse, gereizt und machte stiere Augen.Ein jeder Kenner hätte das bemerkt, nur der ahnungslose Peperl erkannte diese Tücke nicht. Wie immer faßte er zutraulich seine Hörnchen, die schon zwei Finger breit den Kopf von Hansl krönten.

Plumps hatte er einen Schubser vor dem Bauch und ausgestreckt lag der kleine Peperl mitten auf dem Hof.

Gravitätisch schritt der Hansl dem nahen Stall zu und blökte lustig in die Luft. Sein Zorn, so schnell er erregt, war auch schnell verraucht. Der Stoß gegen Peperls Bauch war nur eitel Spiel und Scherz gewesen.

Voll Angst und Schrecken schrie der Peperl laut und klagte heftig bei seiner Mutter über Schmerzen im Bauch, Rücken und Kopf. Creszenzia streichelte ihr Kind und tröstete es, so gut sie konnte. Zum Glück war dem Kind weiter nichts passiert, es kam glimpflich mit dem Schrecken davon.

Das war des Böckchens erster Streich.

Aus dem Böckchen wurde ein Bock, mit üblen Launen und mit Hörnern. Ein Rassehammel in seiner Art. Er wurde zum Schrecken des eigenen Hauses und der ganzen Nachbarschaft. Er beherrschte Haus und Hof, den Stall und alle Scheunen, teils im Scherz und Frohsinn, teils im bitteren Ernst.

Er konnte ausgelassen lustig sein, blökend stundenlang mit Peperl spielen, bis auf einmal seine Lust zum Kampf erwachte. Dann ging er auf den nächstbesten, der des Weges kam, voll Zorn zum Angriff über.

Der Vater fluchte, Peperl weinte, Creszenzia rang die Hände. Die Nachbarschaft schimpfte laut, da niemand mehr vor dem Hammel sicher war.

Die Gespräche über dieses Tier füllte in den Wirtsstuben oft den ganzen Abend aus, denn es lieferte in jeder Woche neuen Stoff zum Ärger und Spott. Fast immer hatte aber der Hammel die Lacher auf seiner Seite.

Die zweite „Heldentat" verübte der Hammel an Creszenzias Schwester Christine. Die ahnungslose junge Frau gab gerade den Schweinen Futter. Hansl kannte sie und hatte ihr bis zu dieser Stunde nie ein Leid zugefügt. Darum fand Christine auch nichts dabei, als sie ihn blökend näherkommen sah. An jenem Tag trug sie einen knalligroten Spencer, den sie von der Mutter selig geerbt hatte. War es diese knalligrote Farbe, oder wer weiß, was sich in Hansls Gemüt plötzlich für ein Groll eingeschlichen hatte - mit einemmal stand er auf den Hinterbeinen, und man hörte mörderische Schreie. Die starke Christine glaubte ihr letztes Stündlein sei gekommen, so wurde sie von dem Ungeheuer angefallen.

„On' Saustoll hot a mi scho a so hiedruckt, dea Fräckl dea, und gschtauouß'n hot a mi a so, daß's ma d' Leba bis zon Hols affitrieb'n hot. Am Mog'n und an Bauch hot a mi a scho a so a, zwanzigmal higschtauouß'n und o d' Schtolltür hiedruckt, daß i gmount ho, i mou mein Geist afgeb'n. Zwöi Stund lang ho i an bittan Gschmoch im Mal drin ghat. Des Vöich des misti."

Mit Schwefelholzgift wollte sie ihn umbringen, das war ihre ernste Absicht.

Einem Handelsjuden galt sein dritter Angriff, dem ehrenwerten Moises Veilchenstock.

Dieser war ein Schnorrer (Händler). Aus Galizien stammend, trug er noch „schaine" Locken, Backenbart und Kaftan. Er handelte mit allem, was er in seiner Karre unterbrachte. Veilchenstock bot die neuen Gummischnuller feil und rosarotes Heftpflaster, Schweizerpillen, Fingerhüte, Nähnadeln und Tabaksdosen, Hosenträger, Mäusegift, Hemdenknöpfe, Rosenkränze, Mundharmonikas und Amulette und noch tausend andere schöne und nützliche Dinge. Er war ein kleines Warenhaus auf zwei Beinen. In seiner blumenreichen, orientalischen Ausdrucksweise bot er stundenlang und immer höflich seine Ware an. Immer lächelnd, immer freundlich, klang seine weiche, müde Stimme: „Kaufa sa ma denn gor nix ob, schaine junge Frau. A Außenwahl ist bei mich do, ä gfällige, als wie beim Mannenmacher im Reichen Jork. Und billich, billich is die Wor, sie is halb g'schenkt."
Er war auch mit dem kleinsten Verkauf zufrieden. Dieser Moises Veilchenstock, den alle Kinder kannten und mit Hallo begrüßten, wußte überall Bescheid und kannte jedes Haus. Im Gasthaus „Goldenes Roß" war er daheim, sozusagen. Er war ein sparsamer Mann und liebte kurze Wege.
So kam er, wie schon öfters, auch eines Tages vom Hof her in das besagte Gasthaus. Er glaubte sich allein und stand längere Zeit sinnend vor dem Haufen Mist. Weiß Gott, an was der Moises dachte. Plumps, erhielt der sonst so stille Mann von hinten einen Stoß und flog in hohem Bogen bäuchlings in den Mist.
Ein zweiter Sprung des Bockes und schon stand dieser direkt über Moises Veilchenstock. Dieser sah sein Ende nahen und erblickte schon seine Väter bei Jehova im siebten Himmel, schrie wie am Spieß. Bei jedem Schrei gab ihm der Bock, wohlgezielt und kräftig, einen neuen Stoß. Ein Glück für Moises, er lag im weichen Mist und nicht auf dem harten Pflaster. War der Mist auch schmutzig, so war er doch auch weich. Endlich wurde durch die Hilfe des Roßwirtes der Bock verscheucht.
Moises kroch aus seinem Pfühl und schimpfte, was das Zeug hielt, als er wieder festen Boden unter seinen Füßen hatte. So sprang und tanzte er in der Runde. Er hielt sich seine Magengegend und schrie aus Leibeskräften: „Wäi, wäi, das Bocksvieh hat mai Inkraisch zu lauter Brai gemocht. Mai Bauchwand is kapores, mai Leber is kaput. Mai schener naicher Anzug, der is pleite. Ich werd's verklochen vors hohe Amtsgericht. Ich werde verlangen Schmerzensgeld und Ersatz vor maine naichen Kleider. Ich wers klochen vors hohe Schwurgericht und wer verlangen 250 March und 62 Pfennig."
Der Roßwirt konnte sich nicht helfen, er mußte lachen, laut heraus lachen, so übel mitgenommen der Jude auch aussah. Der Odel troff nur so von ihm, der Kaftan hatte einen Riß, der „schaine Boart des Moises" war mit Kuhdung grün durchsetzt.
Creszenz wusch den Anzug und den Moises Veilchenstock und nähte das Loch im Kaftan zu. Durch gütiges Verhandeln des Roßwirtes mit dem Juden und unter vielem Auch und Mai sah endlich Moises von der Klage ab und war mit 6 Mark und 50 Pfennig (das war damals noch viel Geld, eine Maß Bier kostete noch 11 Pfennig) Schadensersatz und Schmerzensgeld zufrieden.
Nach zwei Tagen, bei gutem Essen und Freibier, zog der Jude brummend und mit blauen Flecken weiter. Moises Veilchenstock war von nun an einer jener, der Peperls Liebling Hansl auf das Tiefste haßten.

In den Wirtshäusern lachte man sich schief über Moises und den Bock. Und Moises Veilchenstock sorgte für Hansls Popularität in den angrenzenden drei Bezirksämtern.

So verging die Zeit. Und auf diese Weise und unter vielen anderen Scherzen verlebte der Hansl seine sog. „Jugendzeit". Von nun aber verging kein Tag mehr ohne Klagen. Jeder neue Tag brachte irgend eine Beschwerde. Sie liefen bei dem Roßwirt sowohl als auch beim Bürgermeister ein. Man bezeichnete den Bock als öffentlichen Störenfried und Ruhestörer, vor dem kein Mensch mehr sicher sei.

Der Bürgermeister schritt auch tatsächlich von Amtes wegen ein und verfügte, daß der „Sündenbock", wie er sich ausdrückte, in einen festen Stall gehöre.

Die Wirtin Creszenz sperrte den Hansl in einen festen Saustall ein, den sonst ein Mutterschwein bewohnte.

Der Hansl fand dieses Tun zwar nicht verletzend für die Ehre. Er kämpfte für die Freiheit und protestierte heftig. Er bummste mit dem dicken, harten Schädel Tag und Nacht an die Wände seines Stalles, die aber kräftig widerstanden. In dieser stillen Klause verbrachte der Hansl wohl gut ein halbes Jahr, und eines Sonntags abends stand er in Lebensgröße mitten in der Gastwirtsstube, die voller Gäste war. Alles floh auf Tische und Bänke, Gläser brachen, Stühle fielen um, das Hirschgeweih wurde von der Wand gestoßen. Der Hansl mit unschuldsvollen „Kinderaugen" machte „Bäh" und fraß von einem Teller Käse und leckte Salz, bis ihn sein Herr, der gerade unten im Keller war, wiederum unter heftigstem Widerstreben, in den arg beschädigten Stall zurückbeförderte.

Ein anderes Mal, um 10 Uhr vormittags, stand er vor der Tür seines Herrn, drehte seinen Kopf nach rechts und links und besah sich still den Marktplatz draußen. Alles war auf den Feldern. Nur die Wirtin Creszenz und der Peperl waren in der Küche tätig.

Des Forstmeisters Haushälterin Katharina wollte eben bei dem Metzgermeister Martin Mühldorfer Fleisch einkaufen. Als sie näher kam, erhob der Bock stolz und kühn seinen behörnten Kopf. Die Kathl floh und schrie aus Leibeskräften, und rannte, rannte blindlings fort. Der Hans folgte hoheitsvoll und langsam, bis zum Toreingang des Forsthauses, dort blieb er ruhig stehen. Frl. Kathl sah sich schon im Geist gespießt, gepfählt, wie die Christine an die Wand gequetscht und rannte, in ihrer Todesangst die Türe zu des Hauses Eingang übersehend. Und da ihr im Hof kein anderer Rettungsort verblieb, floh sie dem Ort der Ruhe zu, der neben Mist und Jauchengrube seinen Ankerplatz erhalten hatte. Sie verriegelte ihn sicher und verhielt sich mäuschenstill im dunkeln Inneren dieses Häuschens.

Als Kathl Hansls Blick entschwunden war, ging dieser langsam, ernst und feierlich der Heimat zu und schüttelte des öfteren Kopf und Ohren.

Erst um die Mittagszeit wurde die brave Kathi aus ihrer Haft befreit. Zitternd, ganz verstört und die Augen naß, trat sie wiederum ans Tageslicht. Ihr Dienstherr, den der Hunger aus der Kanzlei ins Eßzimmer getrieben, fand dort keinerlei zum Essen vorbereitet. Er suchte sogleich die „Kathinka", wie er sie hieß und fand sie auf seinen Ruf hin im „stinkischen Kabinett", wie er das Häuschen nannte, und fluchte, wie ein Jäger eben fluchen kann.

Kathi erzählte von der Verfolgung durch den Bock. Von ihrer Angst und von dem gefundenen letzten Zufluchtsort. Der Forstmeister Banzer wurde nur noch wilder und sein Zorn kannte keine Grenzen mehr, als er sich endlich doch entschließen mußte, für heute auswärts zu speisen; denn die Kathl hatte nichts gekocht.

Erst nach erfolgter Mahlzeit fand der Forstmeister sein Gleichgewicht allmählich und betrachtete die Sache von der lustigen Seite. Und sie machte ihm jetzt viel Spaß und er erzählte die Geschichte. Der Hammel war der Held. Kathl war das Schaf und mit Wonne malte er die Leidensstunden aus, die die brave Kathl im Innern des Kabinetts verbracht und in welchem Zustand er das gute Mädel aufgefunden hatte. Er sorgte gründlich dafür, daß die gute Kathl auf Wochen und auf Monate die Zielscheibe allen Spottes wurde.

Daß aber er selber ebenfalls vor dem Hansl reißaus genommen hatte und über einen Gartenzaun geflüchtet war, das verschwieg er.

„Ja, da Schoufhamml von Roßwirt!" das war das stete Thema, der ausnahmslose Gesprächsstoff, wo man hinkam (Fernsehen gab es damals noch nicht). Nicht nur an allen Biertischen, sondern auch vom Kirchweg heim, in allen Huzastuben, kurz überall im Ort und in der Umgebung. Die Wogen der Erregung gingen hoch. Zorn und Bitterkeit auf der einen Seite, Spottlust, Lachen, Schadenfreude für die Mißhandelten auf der anderen Seite. Es bildeten sich regelrecht Parteien für und gegen den Schafhammel Hansl. Die eine Seite forderte den unbedingten Tod desselben, die andere wünschte ihm ein langes Leben, damit die „Hetze" nicht ausgehe. Der Hammel selber lebte sorglos dahin und hatte sich mittlerweile zu einem wahren Prachttier entwickelt, der seinesgleichen weit und breit nicht fand. Er wäre sicher hochbetagt gestorben - denn sein Herr träumte vom großen Preis beim nächsten Oktoberfest in München und sonstigen landwirtschaftlichen Ausstellungen. Als echter Landwirt war er stolz auf dieses Tier, wenn es ihm auch vielen Ärger und Verdruß verursachte. Der Hammel wog schon mit dem doppelt gewundenen wunderschönen Gehörne etwa zwei Zentner und trotz des ansehnlichen Gewichtes war ihm keine Wand zu hoch, er setzte darüber weg, und auch kein Stall war ihm mehr fest genug.

Und so kam es, wie es kommen mußte. Eines Sonntags nachmittags machte er sich wiederum aus seinem festen Pferche frei. Es war ein äußerst schwüler Tag. Die ganze Ortschaft war im Nachmittagsgottesdienst versammelt. Das Ehepaar Mühlholzer und das Peperl waren bei den Betern in der Kirche.

Ihr von alters her angestammter Betstuhl war der Türe gegenüber. Der großen Hitze halber stand die Kirchentüre offen. Plötzlich fiel ein Schatten auf das Gebetbuch, in dem der Roßwirt las. Er sah auf und sah zu seinem Schrecken den Hammel in der offenen Tür stehen. Im hellen Rahmen der Kirchentüre sah sich der Hansl mit dem riesigen Gehörn als wie ein Ungeheuer an.

Creszenz sah nun ebenfalls den Hammel und stieß einen lauten Schrei aus.

Der Roßwirt erhob den Arm, um das Biest womöglich zu verscheuchen. Doch mißverstand der Hammel diese Geste und ging laut blökend auf die Betbank seiner Angehörigen zu.

Alles schrie um Hilfe. Die ängstlichen unter den Frauen stiegen auf die Kirchenstühle und schrien, daß es die Orgel übertönte.

Von der Empore her vernahm man lautes Lachen, der Pfarrer am Betstuhl vor dem Altar drehte sich um und winkte mit der Hand.

Es war ein Durcheinander an diesem Nachmittag im Gottesdienst, wie die alte ehrwürdige Kirche noch nie gesehen hatte.

Endlich kam der Roßwirt durch den Knäuel Frauen und nahm gelassen den Hammel bei dem rechten Horn. Er schmeichelte dem Übeltäter und wollte ihn zur Kirchentür hinausbefördern. Doch der wurde auf einmal störrisch, von dem ungewohnten Tumult scheu, stieg auf den Hinterbeinen kerzengerade in die Höhe und riß den starken Mann, der ihn nicht loslassen wollte, mit hoch. Im Niedergehen konnte ihm dann doch der Roßwirt noch einen Dreh versetzen und im laufenden Galopp ging es der Türe zu, holterdiepolter hinab die Stufen. Unten angekommen, wälzten sich der Hammel und der Roßwirt am Boden und wirbelten eine Wolke Staub auf.

Der Wirt ließ nicht von seinem Opfer und hielt sich in der Wolle fest. Im Nu war die Kirche leer und in gebührender Entfernung sah das Volk dem Kampf zu und schrie und gröhlte.

Doch wie es eigentlich geschah und wie es dazu kam, wußte später niemand mehr so recht zu schildern. Mit einemmal waren Bock und Roßwirt auf den Beinen und letzterer saß auf des starken Hammels Rücken und krallte sich an dessen Hals fest. Und wie der Teufel lief der Hammel mit seinem ungewohnten Reiter über Stock und Stein dem heimatlichen Stall zu. Hinter beiden war die reinste Hölle los. Alles lachte, gröhlte, schrie, als wie besessen. So etwas hatte man noch nie gesehen. An der niederen Stalltür streifte der Unglückshammel seinen Herrn ohne weiteres ab und der sank halbtot in eine Pfütze Odel.

„Oh wähiala," seufzete der so arg mitgenommene Roßwirt. „Oh wähiala, Du Sauhamml, Du mistiga, wea häit denn sowos denkt." Er raffte sich empor und hinkte seufzend seiner Stube zu und setzte sich auf einen Stuhl.

Durch das Fenster sah er, wie die Kirchengänger noch in Gruppen standen, lachten und erzählten. Er seufzte tief und ließ den Kopf hängen. Langsam kam die Menge angezogen und blieb vor seinem Haus stehen.

Da, mit einemmale gellte eine Stimme aus dem Haufen: „Hammelreiter" und ein paar dutzend Kehlen wiederholten dieses Wort, teils lachend, lächelnd oder mit hämischem, schadenfrohem Grinsen.

Martin Mühlhofer, der sonst so angesehene Wirt „Zum Goldenen Roß" verfärbte sich. Er sank in sich zusammen; er wußte aus Erfahrung, daß von dieser Stunde an sein Spitzname geboren war und er kannte die furchtbare Bedeutung zu genau.

Tags darauf hatte der Roßwirt und Metzgermeister Mühlhofer mit Hilfe eines Nachbarn in aller Frühe den Hammel geschlachtet. Das war das bittere Ende von Peperls Hansl, der seiner Umwelt soviel Stoff zum Lachen und zu Ärgernis gegeben hatte. Bald war von ihm, außer seinen Knochen, der Haut, dem prächtigen Gehörne auch nichts mehr übrig. Nur der Spitzname, der blieb dem Roßwirt - bis zu seinem Tod.

Wie vorauszusehen und wie er es selber gar nicht anders dachte, so blieb der Spottname „der Hammelreiter" an dem Roßwirt hängen. Nicht direkt und offen „namelte" man ihn und schrie ihm den ärgerlichen Namen in das Gesicht - o nein! Schön von hinten herum hörte er sich so beschimpft. Seinen Kindern schrie man „Hammelreiter" nach. Ihm, dem ehrenwerten Bürger und großen Steuerzahler, der im Gemeinderat saß, getraute man sich dieses nicht so offen. Nur im Scherz, wenn seine Freunde und Altersgenossen in seiner Wirtschaft bei einer Maß Bier saßen, wurde dieser Sache mit dem Hammel in witziger Form gedacht. Und Martin lachte mit, trotzdem saß ihm der Stachel tief im Innern - und bohrte.

Doch eines Tages, es war an einem Viehmarkttag in Pfreimd. Der Handel war dort flott gegangen. Viele Judenhändler waren da. Der Preis war gut - fast das ganze aufgetriebene Vieh hatte seinen neuen Herrn gefunden.

Wie immer ging es nach dem Markt in den Wirtshäusern hoch her und so mancher wankte des Abends seinem Haus und Hof zu. Auch einige Männer aus dem Dorf waren ziemlich angetrunken. Und an keinem Wirtshaus an dem Weg ging man vorüber. „Öitzala grod nu a Maouß zon orundn" brüllte der alte Schmuser „da Schouftalenz," ein widerlicher Typ, der kaum mehr gerade stehen konnte. Der Roßwirt winkte ab. Es sei genug, meinte er. Allzuviel sei ungesund. Daheim warte Weib und Kind usw. „Konst a hoimgeih, alter Hammelreiter" schrie der Lenz und schielte ihn feindselig an. Mühldorfer wurde still. Er blieb bei den Genossen, um nicht als Spielverderber zu erscheinen, trank jedoch selber keinen Tropfen mehr.

Endlich brach man mit Geschrei und Johlen auf. Es wurde gesungen, gescherzt, gespottet. Der Lenz kannte keine Schranken mehr. Und wie es Besoffene meistens tun - er ließ und ließ dem Metzgermeister keine Ruhe und stichelte fortwährend wegen jenem Ritt auf dem Hammel. Seine Freunde winkten ab und versuchten, ihn von diesem heiklen Thema abzubringen. Vergebens!

Auch der Roßwirt warnte ihn ein paarmal ruhig, bis seine Geduld ihn mit einemmal doch verließ und er ihm ein paar „Ordentliche" anbot, wenn er sein loses Maul nicht halte. Der Lenz fuhr auf - und tat wie rasend. Er schrie, daß es im Tal widerhallte. „Ob er sich denn, er, der sich sein Brot ehrlich genug verdiente, „dieses" bieten lassen brauchte. Fotzen, das gibt es nicht. Am allerwenigsten von so einem, man wisse es ja." „Aber natürlich, auf einem Hammel können ja nur gewisse reiten" - weiter kam er nicht, denn der Roßwirt sprang ihm an die Gurgel. Der Sprung brachte Lenz, der an sich nicht fest auf seinen Beinen stand, zu Fall, riß den Roßwirt mit, der, nun auf ihm liegend, seiner Wut die Zügel schleifen ließ und seinen Gegner jämmerlich verhaute.

Die anderen standen um die beiden - lachten. Man gönnte dem alten Trunkenbold und Hetzer diese Prügel.

Da quoll mit einemmal langsam, langsam ein Blutbächlein unter dem Kopf des Geprügelten hervor. Verblüfft bemerkte dieses der Roßwirt und ließ augenblicklich los. Lenz blieb mit geschlossenen Augen liegen. Der Lärm, das Lachen der anderen war vorbei. Betretenes Schweigen herrschte und das Blutstränchen bildete eine kleine Lache.

„Moatin, wos host öitza dou?" frug der Müller von der Hachlmühle und bückte sich zu Lenz. Und schüttelte ihn! Der tat keinen Schnaufer mehr - er war tot.

Der Roßwirt war vom Tatort aus spurlos verschwunden. Doch nach 14 Tagen wurde er von den Gendarmen, auf seinem eigenen Heuboden versteckt, aufgefunden und ins Untersuchungsgefängnis Weiden gebracht. Der Roßwirt war noch nie vorbestraft. Zeitlebens hatte er eine eigene und ganz sonderbare Angst und Furcht vor Gericht und Richter.

Während der Untersuchung war er wie gebrochen, trotzdem er wußte und sein Anwalt sagte ihm, daß es ihm bestimmt den Kopf nicht kosten werde. Die gerichtliche ärztliche

Untersuchung hatte einwandfrei ergeben, daß der Schädel des Schusters Lenz ein Novum sei. Die linke Hälfte seiner Schädeldecke erreichte kaum die Stärke eines Kartenblattes und war beim Fall auf der Straße von einem Stein eingeschlagen worden.

Martin Mühlhofer fand darin nur einen schwachen Trost. Er hatte ein Menschenleben auf dem Gewissen und das drückte ihn zu Boden.

Am Tag vor der Verhandlung fand man den kräftigen Mann, den braven Ehemann und Vater, erhängt in seiner Zelle auf. „Wiederum die Folgen des Hammels" stand als Überschrift am nächsten Tag in den Pamsendorfer „Neuesten Nachrichten."

Ein lustiges Feuerwehrfest um 1900

Schon seit 6 Uhr morgens krachten oben am Kirchenberg die Böller. Der „Schmaderer Michl" vom Gemeindehaus ließ sie los, tat in jede Ladung noch extra eine halbe Handvoll mehr Schwarzpulver hinein, so daß es herunten im Dorf beim Meier Sepp gleich drei Fensterscheiben mitsamt dem modernen Fensterstock einriß und beim „Durrl" seinem Hausdach flogen die halben Ziegeltaschen in den Hof, mitten unter das gesamte Hühnervolk, das die „Durrlin" g'rad vor der Gred fütterte. Nebenan sprangen die Saustalltürl'n aus ihren Angeln und das gesamte Borstenvieh rannte quietschend hinunter in den Wurzgarten, warf dabei einige Milchkübeln um, die scheppernd einige an der Mauer angelehnte Mistgabeln umschmissen und dabei einige Blumenstöcke von den Fenstergesimsen stießen. Ein Scherben flog dem Hofhund „Zamperl" auf die Nase, so daß er heulend den Schwanz einzog und in seine Hütte kroch. Für eine Serie seiner Böllerbatterie bekam der Michl nämlich immer eine Maß Bier, so daß er allmählich einen ganz zünftigen „Schwips" zusammenbrachte und er dann bei der Feldmesse während der hl. Wandlung statt der drei mit knapper Not bloß einen Böllerschuß herausbrachte. Hernach legte er sich mit seinem kohlenrußschwarzen Gesicht, wie der „Leibhaftige", neben seiner Batterie hin auf seine „Schwarte" und ließ sich die heiße Augustsonne auf seinen Balg scheinen. So schlief er bis zum Festzug seinen „Affen" aus.

Alles Folgende, das schon mehrere Wochen vorbereitet wurde, lief dann programmäßig ab: Der schneidige Kommandant, der Schneidermeister aus der Ortschaft, hielt seine Rede, die ihm der Herr Lehrer aufgeschrieben hatte, wirklich ausgezeichnet, besonders die im Konzept mit Rotstift unterstrichenen Wörter betonte er mit besonderem Pathos. Er hatte die Ansprache gut einstudiert, so daß er des Nachts öfters im Bett sich aufrichtete und deklamierte, besonders einen Satz, in welchem von den lieblichen Festjungfrauen die Rede war. Seine Ehefrau, die neben ihm lag, schrie ihm zu: „Spinnst jetzt ganz? Hat Dich der Lehrer ganz damisch g'macht? Was gehen Dich die Jungfrauen an? Auf hörst mit Deinem narrischen Zeug, mei Ruah will i'!"

Aber es ging tadellos und der wackere Schneider kam kaum ins Stocken, dafür half ihm auch der Lehrer, welcher ihm stets hinter einem Fichtenbaum am Podium souflierte. Bei der betreffenden Stelle von den Jungfrauen traf ihn allerdings ein durchbohrender Blick der Schneidermeisterin, ein Blick, wie eine alte Katze, die auf einen Kanarienvogel lauert! Aber als sie ihren schneidigen Redner hörte, der sich nicht aus der Ruhe bringen ließ, atmete sie auf mit einem frohen Gesicht; denn endlich kam der erlösende Schluß mit einem dreifachen „Hoch" und der bayerischen Nationalhymne: „Gott mit Dir, Du Land der Bayern!"

Anschließend gruppierten sich die einzelnen Vereine, nachdem sie ihre Fahnenbänder von der Fahnenmutter und den weißgekleideten Mädchen an die Fahnen gebunden bekommen hatten und unter den Klängen des bayerischen Defiliermarsches ging es den beiden Wirtshäusern zu. In diesen herrschte bald Hochbetrieb. Es wurde überall viel und fett gegessen und getrunken. Bis spät in die Nacht hinein dauerte in den überfüllten Wirtsstuben und oben auf den niederen Tanzböden, die auch zum Sitzen gedeckt waren und auf denen es ungewöhnlich warm und dumpf war, dieser sehr laute Festbetrieb.

Im unteren Wirtshaus, beim „Hofmann" saß die Vorstandschaft, unter ihnen auch der Lehrer. Letzterem und besonders dem Kommandanten für seine wackere Ansprache wurde von allen Seiten her höchste Anerkennung gezollt; denn das 50jährige Jubiläum nahm einen wirklich schönen und gelungenen Verlauf.

Die Musik spielte lustig darauf los, einen schneidigen Marsch, dann einen Landler, dazwischen einige Schnaderhüpferln und wiederum Märsche.

Draußen war eine sternenklare, schwüle Sommernacht.

Plötzlich färbte sich am westlichen Himmel eine Stelle ganz auffallend graubraun, das in feuriges Rot überging. Da muß doch da drüben ein Feuer, ein Brand ausgebrochen sein? Und schon riefen einige, die eben aus dem Wirtshaus kamen: „Da schauts 'nüber! Da drüben brennt's doch!" Einige andere taumelten zu den anderen und schauten und schauten, sie waren ja schon übervoll. Da schrie einer: „Jessas! Is' scho' wahr! Da brennts" Feuer! Feuer!" Und schon war ein anderer in der gegenüberliegenden Kirche und läutete die Feuerglocke. Der Hornist wollte auf seinem Signalhorn den Feuerruf blasen, aber er brachte nur einen „Kickser" heraus. Der Hofmannwirt schrie: „Fuiro! Fuiro! wer hat denn Spritzendienst? Du? Durrl?" Aber der hatte das Gesicht so voller Rausch, daß er sich, in der Hand den Feuerwehrhelm, an den Haustürpfosten lehnen mußte.

Als er zum Firmament schauen wollte, haute es ihn der Länge nach hin, mitten in die „Wasserlache", die vor dem Wirtshaus sich im Laufe des Abends dort angesammelt hatte. Da blieb er liegen, bis ihn seine Frau mit Hilfe des Wirts nach Hause zog.

Endlich kamen drei Feuerwehrleute, die noch einigermaßen mobil waren, mit der alten Handfeuerspritze, voraus ein einziges Roß angespannt. Zwei saßen auf, der andere schob an und „Wieah!" gings dem oberen Ortsausgang zu, der Brandstelle entgegen. Andere Männer rannten einen kürzeren Weg. Aber es dauerte kaum eine Viertelstunde, so kamen die Meisten wieder zurück und mit ihnen die Spritze. Sie erzählten, daß man ihnen schon auf halbem Wege entgegengelaufen sei mit der Nachricht: „Gehts wieder hoam, die brauchen enk' nimmer, - es is' alles 'zammbrunna! - es gibt auch koa Wasser, weil die Hitz' den Weiher aus'drickert hat, kehrt's um!"

Das ließen sich die schneidigen Festteilnehmer nicht zweimal schaffen, da sie doch durch den jähen Feueralarm aus ihrem 50jährigen Jubiläum gerissen wurden. Sie kehrten um, begannen dann zuhause, ihren plötzlichen Schrecken und den dadurch entwickelten Durst auf's neue zu „löschen", bis in den anbrechenden Morgen hinein. Am Himmel sah man im Westen nur noch eine kleine Rauchsäule, die von einem abgebrannten Stadel herstammte. Die vor dem Wirtshaus abgestellte Feuerspritze mit dem einzigen vorgespannten Gaul zogen sie dann dahin, wo beides hingehörte. Dabei sahen sie, daß sie das für die Spritze notwendige Mundstück auf dem Fensterbrett des Feuerwehrhauses liegen gelassen hatten!

So nahm das Feuerwehrjubiläum eigentlich doch noch einen wirklich zweckentsprechenden Abschluß, getreu des Wahlspruches: „Dem Feuer zur Wehr, dem Nächsten zur Ehr'!"

Der kluge Narr

Solange der Flickschuster Wilhelm Andernach nur weiße Mäuse sah, schüttelten die Leute zwar den Kopf über ihn und ließen ihn ungeschoren. Man billigte ihm die Rolle eines Sonderlings zu und nach ihm, als Original der Gemeinde, dem auf dem Dreibein hinter der Schusterkugel die Gedanken eben etwas durcheinander geraten waren. Aber als er dann anfing, laut lärmend durch die Straßen zu ziehen und die friedfertigen Menschen zu belästigen, da machte man sich doch Gedanken, ob es ratsam sei, ihn zu seinem und der Allgemeinheit Schutz weiterhin in Freiheit zu lassen. Schließlich wurde auch von Amts wegen ein Verfahren gegen ihn eingeleitet, das damit endete, ihn zunächst einmal einige Zeit in eine Heil- und Pflegeanstalt einweisen zu lassen.

Nun war man allerdings der Meinung, daß man Wilhelm Andernach nicht wie einen gemeinen Verbrecher durch eine Polizeieskorte in die Anstalt bringen sollte, denn schließlich hatte er niemand ein Leid zugefügt. So sollte ihm der Bürgermeister selber das ehrende Geleit geben, wozu sich dieser auch bereit erklärte.

Eines schönen Tages bestiegen also die beiden die Eisenbahn, die sie in die nahe Kreisstadt bringen sollte. Kurz bevor sie das Ziel erreichten, drängte Wilhelm Andernach den Bürgermeister, ihm das Schreiben der Behörde zu zeigen, denn er wollte doch allzu gerne wissen, warum und wieso er in ein Sanatorium kommen sollte. Der Bürgermeister, der ein gutmütiger Mann war, hatte keine Bedenken, seinem Schützling das Schriftstück zur Einsicht zu überlassen. Aber als er es kurz vor der letzten Station wieder zurückverlangte, da lächelte ihn Wilhelm Andernach nur etwas unbeholfen an und meinte: „Brauchst Dich nicht abtun damit, Bürgermeister, ich geb es schon selber ab". Auch damit war der Bürgermeister, der, wie gesagt, ein gutmüter Mann und wackerer Bürgermeister war, zufrieden.

In Wut geriet er, als er mit seinem Schützling an die Bahnsperre kam, wo schon zwei handfeste Wärter, die von der Ankunft verständigt waren, auf sie warteten. Wilhelm Andernach ließ dem Bürgermeister den Vortritt, überreichte mit tiefgründigem Lächeln das Schriftstück und deutete mit dem Daumen auf den Bürgermeister. Die beiden stämmigen Wärter nickten vielsagend mit dem Kopf und nahmen sich gleich des vermeintlichen „Irren" an. Der Bürgermeister, der nun wußte, was hier gespielt wurde, wollte energisch protestieren.

„Was fällt Ihnen denn ein", herrschte er die beiden an, „ich bin der Bürgermeister, lassen Sie mich gefälligst in Ruhe..." Die beiden Wärter aber, die im Umgang mit derartigen Leuten ihre Erfahrung hatten, ließen sich aber nicht beirren und nahmen den Bürgermeister in ihre Mitte.

„Nur keine Angst", trösteten sie ihn. „Sie sind bei uns richtig. Sie bekommen gute Gesellschaft, es ist ein Kaiser von China bei uns, ein Napoleon und ein Julius Cäsar. Da werden Sie sich wohl fühlen..."

Und während Wilhelm Andernach flugs im Gewühl der Menschen verschwand, ließ sich der Bürgermeister, ergeben in sein Schicksal, abführen, um nicht unnötiges Aufsehen zu erregen. Erst im Sanatorium selbst klärte sich der Irrtum auf und während der Sanatoriumsleiter unter vielem Entschuldigen dem Bürgermeister wieder seine Freiheit schenkte, begann man gleich mit der Fahndung nach Wilhelm Andernach, den man schließlich am Abend in einer Wirtschaft entdeckte, wo er eben zur Gaudi der Gäste den baldigen Untergang der Welt prophezeite.

Faschingsgaudi in Marktbibach

In der Rockastube hatte der Girglbauernseff einmal erzählt, wie der Schneider von Marktbibach im Fasching aufgezogen wurde.

Der Schneider von Marktbibach war selber ein recht lustiger Typ, der auch einen Spaß verstand und den man nicht so leicht ärgern konnte. Er war kein Trinker und auch kein Spieler. Aber wenn einmal eine richtig zünftige Gesellschaft beieinander war, ist er oft sitzen geblieben und da war es dann gerade, wie wenn er Schusterpech an der Hose gehabt hätte. Da hat er dann natürlich eine Halbe mehr getrunken und vertragen hat er nicht viel. So hat er dann schnell einen Rausch gehabt.

Da waren sie nun wieder einmal, es war so Mitte Januar, beim Scharrerwirt an einem Samstag abends gehockt, eine richte Cliq'n und haben gezecht und gezecht bis fast in den Sonntagmorgen hinein.

Und daheim hat ihm seine Frau schon aufgelauert. Zunächst hat sie ihn in der Kälte draußen stehen gelassen, hat ihn schreien lassen. Aber wie der Schneider immer lauter wurde, da hat sie sich wahrscheinlich vor den Nachbarn geniert und ihn doch hineingelassen.

Im Hausgang hat sie ihm nichts getan, aber halt droben im Schlafzimmer. Da muß sie ihn mit der Schneiderelle tüchtig verdroschen haben, daß es nur so gebatscht hat. Die anderen haben natürlich vor dem Haus gehorcht, dem Schneider sein Elend mit angehört und sich den Buckel vollgelacht.

Sie haben vor allem gelacht, weil der Schneider im Wirtshaus immer große Sprüche gemacht hat, daß er der Herr im Hause sei und daß er sich von seiner Frau durchaus nichts gefallen ließe. In Wirklichkeit aber hat sie die Hosen angehabt.

Von dem Schneider seinen nächtlichen Prügeln hat natürlich bald der ganze Markt geredet. Und die Burschen haben gesagt: So, prima, jetzt haben wir gleich ein Faschingsstückl.

Die Burschen hatten alles still und heimlich vorbereitet und immer recht wichtig und geheimnisvoll getan, wie wenn es um weiß Gott was ginge. Am Faschingsdienstag nun ging die Gaudi los, gleich nach der Nachmittagskirche. Zuerst hatte der Fleck, der Faschingshanswurst, die Straße frei gefegt von den Kindern. Die mußten ja doch ihre Nase vorne dran haben. Mit seiner Peitsche war er ihnen schon beigekommen. Leicht war es nicht. Dann hat er vor sich eine leere Gasse gehabt, dann schrie es schon wieder hinter ihm: „Fleck, Fleck papierner! Traust da nimma vüra!"

Aber, wenn schon die Alten aus dem Häusl sind, was will man dann von den Kindern verlangen! Und dann kam doch endlich der Faschingszug. Voraus ungefähr ein halbes Dutzend ganz scheußliche Weibermasken. Wie alte Hexen haben sie ausgeschaut.

Nasen so lang und dick wie gleich ein halber Mannsarm; Zähne so lang wie die von einem Heurechen und schon so buckelig, daß man gemeint hat, sie müßten abbrechen. Aber dann kam gleich die Hauptattraktion. Auf einem Bruckwagen, den zwei Brauereipferde zogen, hatten sie dem Schneider seine Schlafkammer provisorisch aufgebaut; aus vier Pflöcken mit einer Plane darüber. Im Bett lag die Schneiderin. Natürlich gespielt durch einen Burschen, nicht viel schöner wie die Weiber, die voraus gingen. Die Schneiderin hatte eine große, weiße Nachthaube auf und schnarchte wie ein Roß. Auf einmal hielt mitten auf dem Marktplatz der Wagen, den ganzen Platz hin hörte man das Schnarchen von dem Schneider seiner Alten.

Natürlich hat alles gelacht und gelärmt. Aber desto lauter schnarchte die Alte. Und nun ging es los. Aus dem Zug heraus ging der Schneider - natürlich wieder von einem argen Spaßvogel markiert - auf die Schlafkammer zu, klopfte an einem Pfosten wie an eine Tür und rief: „Geh, schau, daßt aufmachst"! - Antwort: noch stärkeres Rasseln der Schneiderin. „He, alte Bisgurgn, zamgraschte, mach' af, sunst drucki Tür eini!" tat der Schneider ganz martialisch.

Aber die Schneiderin nun nichts wie raus aus dem Bett, griff unter das Bett, zog die Schneiderelle hervor und lief an die Tür. „Göi ner grod eina, Du bsuffms Hauskreiz Du. Die ganze Nacht wart i scho af di!" schrie sie. Und schon hatte sie ihn am Krawattl und drosch ihn, daß er nur so herumkroch am Boden.

Schließlich blieb der Schneider am Boden liegen, wie eine „gfreckte Katz". Der ganze Markt hollerte nur so vor Lachen, Schreien und Bravorufen.

Dann zerrte die Schneiderin ihren Alten ins Bett und schrie: „Öiz woißt, wer d' Husn anhout!"

Und wieder lachte und schrie alles Beifall, wie wenn das schönste Theaterstück aufgeführt worden wäre.

Ja, so sind's, die Leut: wenn es über einen anderen hergeht, da bringen sie das Maul nicht mehr zu vor lauter Kichern und Lachen.

Aber der Schneider hat sich deswegen, weil sie ihn ausgespielt haben, auch keine grauen Haare wachsen lassen.

222

Die schlagfertige Wirtin

In einem Dorf in der nordwestlichen Oberpfalz lebte um 1900 eine Wirtin, die wegen ihres Witzes und der Schlagfertigkeit ihrer Rede in der ganzen Umgebung bekannt war. Gerne wurde sie von Freunden eines guten Humors in ihrem Schloßwirtshaus besucht. Eines Tages kamen wieder drei Männer aus einer benachbarten Ortschaft, um bei ihr einige gemütliche Stunden zu verleben. Als die drei die Wirtsstube betraten, blickte die Wirtin, die auf der Ofenbank saß, von ihrem Strickzeug auf und begrüßte die Ankommenden mit folgenden Worten: „Dao kummt a schöine Stub'n voll Teufel!"
Die drei Männer hießen nämlich Schön, Stubenvoll und Teufel.

Einen Leberkäs um 1 Million Mark

Der Hanspeternmirtl Toni war ein grober und derber „Prachtkerl", aber recht ehrlich durch alle Knochen. Und er hatte keinen Respekt vor Menschen, wenn er glaubte, er sei im Recht. „Der solle kommen, wenn er mich stören wolle!" So war seine Redensart. Er war so ein ähnlicher Typ wie der legendäre Räuberhauptmann Michael Kohlhaas.
Einmal saß der Toni in der ausgehenden Inflationszeit (Herbst 1923) an einem Biertisch hinter seinem Seidel und bestellte sich um eine halbe Million Mark einen Leberkäs. Da sprach der Wirt: „Mei Liawa, 's Viertel kost't a Million, um a halwe kann i Dir koan gem, dös siegst do selwa, daß dös net geht." Darauf sagte der Toni ruhig (nur die Schurrbartspitzen zitterten leise). „Braachst net woana deswegn, na bringst halt oan um a Million!"
Der Wirt lief und stellte die gewünschte Portion vor den Toni auf den Tisch. Der nahm das Messer und schnitt den Leberkäs genau in zwei gleiche Teile, nahm sich die eine Hälfte heraus auf ein Blatt Papier, schob die andere mitsamt dem Teller dem Wirt hin und sagte: „So, i hätt jetzt an mein um a halbe Million, das ander kannst wieda wegtragn. Siegst es do, daß geht, net wahr?" Und der verdutzte Wirt, der seinen Pappenheimer kannte, mußte gute Miene zum bösen Spiel machen.

Lustige Stückln vom Starkbauernhans

An der böhmischen Grenze stand einst ein kleines Waldhüttel. Früher hausten drinnen rechte Holzhackerleut mit ihrem Buben, dem Hansl. Der wuchs wie Gras und schoß empor wie eine Tanne im Forst, größer und höher und breiter und stärker, weil ihm seine Mutter neun Jahre lang die Brust gab.
Mit 20 Jahren war der Hans schon so riesig, daß die Nachbarn staunten über den Riesen, der ihnen über die Schulter wuchs und ihre Köpfe von oben sah. Seine Arme hatten die

Stärke einer Jahrfichte, Kraft besaß der Hans wie sechs Rösser. Allerhand hat er angestiftet, daß die Leut den Kopf schüttelten und sich wunderten über die Bärenkraft des Starkbauernhans.

Beim Greßlwolf, dem neidischen Waldbauern, war der Hans im Dienst und arbeitete für 10. Einmal schickte ihn der Greßlwolf ins Hochgebirge um Geißelstecken zu holen. Ohne Murren und Schimpfen stapfte der Hans feldüber, waldein und bergauf. Ohne viel Wählen und Überlegen riß er ein paar Birken mit den Wurzeln aus und schleppte sie heimwärts. Als Wegstock hob er einen Tännling aus. Dann polterte er durch das Dorf.

„Hie - rrr - batsch!" Da klirrten Fensterscheiben, die die gereiften Reiser streiften; da und dort fielen Gartenzäune vorüber oder straßeneinwärts. Doch der Hans zog seine Bäume weiter. Wer sollte ihm etwas tun? „Hätt mich der Bauer nicht um Geißelstecken geschickt." Der Bauer lachte schelmisch, kniff die Augen und sprach:" O Du dummer Hans! Wirf ab! So groß hab ichs nicht gemeint. Geh jetzt zum Essen."

Die große Stube wärmte und in dieser saßen sechs um den Ahorntisch. Der Hans saß gleich auf zwei Plätzen im Herrgottseck. Die Suppe dampfte. Während die Knechte, Mägde und Buben mit Löffeln schlürften, trank der Hans schnaufend Teller um Teller, bis der Schüsselgrund blank wie die Decke lag. Der Waldhöfer ruckte auf seinem Platz hin und wieder - der neidige Ärger nahm ihm die Stimme. Sagt man ein unrechtes Wort, so wäre es um die Arbeit geschehen, laß ihn essen und schau nicht hin; er bringt zehnfach ein, dachte sich der Greßlwolf und legte den Löffel rücklings nieder. Bis die Knödel fertig waren, fütterten die Mägde das Vieh. Nun saß der Hans allein da. Er lurte schon auf die Knödel, seine Leibspeise. Und jetzt saß er schon vor einer Schüssel voll. Eine Lust war es, dem Hans anzusehen, wie er einen um den anderen in die Brühe steckte und hinunterwürgte. Und eh sich die Knechte und Mägde niedersetzten, war nur noch einer für jeden da. Der Starkbauernhans hat richtig aufgeräumt. So geschah es, daß der Greßlwolf dem Hans kündigte: „Pack Dein Graffl und geh wieder heim, wir könnten Dich brauchen, aber Du frißt uns arm."

Der Hans machte ein dummes Gesicht, er sagte gar nichts und wollte es nicht glauben. Der Bauer drängte noch einmal. Nun knüpfte Hans seine sieben Sachen ins Bettuch und murrte etwas wie: „Net amal 's Essn vergunnens ein'm - und pfüad God Waldhöfer" und trollte dann dem Wald zu. Kein Flucher und Verwünscher enthalle seinem weitgezogenen Mund, er simpelt langsam durch den Hochwald.

„Hoam geh i ned, dahoam hamands er recht nix zum Knausn und Beißn und Werkln - i werd scho amol an Unterschlupf fina" (finden). Auf der Berghöhe machte er halt und setzte sich nieder. Und wie er nun das weite Land und keinen Menschen sah, so mutterseelenallein auf dem Steintrumm, da packte ihn doch die Wut, daß er dem Steinblock, auf dem er saß, einen starken Schubser gab. Der torkelte und polterte und plumpste ins Gehölz und blieb liegen. Jetzt lachte der starke Hans doch: „A Kraft hama holt dennast (doch). Solls oaner mit mir probiern, i wirf'n a über neun Berg!"

Wie er so mit sich sprach, antwortete ihm von unten ein vielfluchiges Geschrei: „Wer is denn der Groblümmel, der hundshäutige, der die Stein laufend macht?" Hans stutzte eine Weile. Wer war es in dieser Wildnis und rannte darauf zu:

Bärtige Gesichter, rauhe Hände mit zerschlissenen Klamotten. „Des is a Räuberbande"
dachte sich der Starkbauernhans und stellte sich vor sie hin. „Mein lieber Kerl, Dich kön-
nen wir brauchen! Willst nit mit uns gehn? Alles Gute kriegst."
Und der Hans war damit überredet, mitzumachen.
Den Greßlwolf, dem Hans seinen letzten Arbeitgeber, wollten sie ausrauben. Hans machte
den Anführer.
Ein milder Spätherbsttag sank in eine dämmernde Nacht. Auf den Kartoffelfeldern schwelte da und dort noch mildes Feuer. Durch den Steinbrünnlwald schlichen behutsam vier
Gestalten. Der Hans war an seiner Größe zu erkennen. Alles schlief, mit einem vorsichtigen
Griff öffnete einer das Fenster. Hans staunte, wie schnell das ging. Drei waren schon mit ei-
nem Sprung in der Kammer, wo die Vorräte lagen. Der Hans kroch auch noch nach.
Schmalztöpfe und Eier hatten die anderen Spießgesellen schon in Säcken verschwinder las-
sen. Jetzt ging es an die Leinstücke in der Truhe! Aber die knarrte und quietschte, bis sie of-
fen war. Das hörte der Bauer und rief seiner Frau, die jammerte und schrie nach den
Knechten. Währenddessen schlüpften die vollbepackten Gesellen durch das Fenster mit
Mühe. Und der Hans stotterte:
„Was soll denn ich mitnehmen? Ich
seh ja nichts mehr!" „Nimm, was
Du kriegst."
Hans schaute einfältig und verdutzt
und suchte nach etwas Schwerem.
Plötzlich sah er die Kellertür, im Nu
riß er sie aus den Angeln und stieß
sie krachend durch ein Fenster, das
Fensterkreuz brach in Stücke, Bauer
und Bäuerin kamen mit Lichtern -
und der Hans sauste mit der Kellertür auf der Schulter dem Wald zu!
Als sich Lichtmeß wieder mal jähr-
te, diente der Starkbauernhans am
Annerlhof. Er wurde als Baum-
fahrer eingesetzt. Hans und des
Bauern Peter werkten an einem
Wintertag in den frühen Morgenstunden mit Rössern im Wald. Im
steinigen Judenschlag querten sich
die dicken, langen Stämme der
Fichten, die dem reichen Annerl mit
den zwinkernden Luchsaugen gehörten.
Beide zerlegten den Baumwagen,
rissen Stämme und Blöckhölzer her-

*Der Starkbauernhans fand nichts mehr beim
Stehlen, deshalb nahm er gleich die Kellertüre mit!*

zu und legten auf. Peter schwitzte mit der Winde und drehte und zerrte. Hans bückte sich mit einem groben Schnaufer, packte eine Fichte und hob sie auf den Baumsattel. Leicht war mit ihm zu arbeiten, weil er alles selber machen wollte. Bald stand die Fuhre fertig. Der Weg lag leicht und rutschig; die Räder versanken oft bis über die Achsen und wühlten Gänge. Blieb der Fuhrmann zeitweise stecken, dann schob Hans grinsend am Hinterwagen und brachte das Gefährt wieder ins Rollen und Poltern. „Bin ja stärker als drei Roß" raunelte er dann mit sich selber.

Waldaus brach eine schlechte Stelle in den Weg. Regengüsse und Schneewasser spülten tiefe Löcher und weite Höhlungen in die Geleise. Bald steckten Roß und Baum im Morast, und alle „Wüa! Wüa Fuchs!" und auch Peters Birkenpeitsche halfen keinen Schritt weiter. Hans schaute eine Weile beklommen und rückte sein buntscheckiges Käppel. Dann warf er es weg, schürzte seinen „Fetzn" (Schurz) hoch und befahl, die Pferde auszuspannen und auf die Seite zu stellen. Hans spuckte in die wulstigen Hände, straffte sich nochmal, schlüpfte unter die Stämme zwischen Vorder- und Hinterwagen, legte die Hände auf die Knie, preßte den breiten Buckel an die Bäume, hob das ganze Gespiel und trug es eine gute Strecke abwärts. Auf dem festen Schotterweg stellte er seine Last, die nur ein Muskelspiel für ihn war, auf die Räder.

Peter fiel vom Staunen ins Wundern, verlor am selbigen Tag seine Sprache und nach einiger Zeit kam er doch, mit den tapferen Rößlein seinen Hof zu fuhrwerken. Doch der Hans sprach wieder mit sich selber: „Bin ja stärker als drei Roß!"

Als der Sommersegen im Stadel war, wurde der Starkbauernhans wieder fortgeschickt.

Wie undankbar d'Leut sind, dachte sich Hans und meinte: „Net amal 's Essen vergunn's eim."

Danach zog es ihn wieder heim zu seinem moosverwachsenen Vaterhäusl. „Was tust denn bei uns?" greinte die Mutter, „wir hab'n ja selber nix zu kiefern; magst denn keinen Knecht mehr machen?" Daß es ihm nicht mehr unter den Bauern gefiel, die seine Kraft ausnützten und mit dem Essen knauserten, meinte der Hans dazu.

Am nächsten Morgen stand die Mutter mit einer großen, weitgeschwungenen Buckelkirm vor ihrem Sohn. „Schau, Dir macht Gehen und Schwertragen nicht viel, Du kaufst jetzt bei den Leuten die Eier zusammen und tragst sie in d' Stadt." Dem Hans war alles recht. Er wanderte alle Tag in die Einschichten und kaufte so lange, bis die Kirm einen Schober zeigte. Abends trottete er dann barfuß in die ziemlich entfernte Stadt.

Der Rainhofer war ein altes Schlitzohr. Er und der Starkbauernhans gingen in die Stadt. Der Hans lief schon seit dem ersten Hahnenschrei und beklagte sich stets über seinen knurrenden Magen. Der Rainhofer lächelte sehr listig und versprach, ihm in der Stadt etliche Semmeln zu kaufen. Das hat den Hans wieder fröhlich gemacht und sichtlich malte er sich schon den Genuß der köstlichsten Leckerbissen für sich aus.

Der Rainhofer erstand beim Mühlbäck einen Arm voll neugebackene Semmeln. Für sich selber kaufte er Weckeln, kleine geflochtene, mit Salz bestreute Bäckereien. Hans aß mit Wohlbehagen, der Bauer lächelte und sah zu, wie der Heißhungrige die Semmel eindrückte und ganz in den Mund schob. „Hans, dö Weckln wärn halt viel besser wia die oag'schmackig'n Semmeln, wennst da oans vom Bod'n aufhebst, kreagst a Por."

Der Rainhofer legte ein Salzweckl auf die Straßenmitte und schaute erzschelmisch. Und der gute Einfaltshannes, mit Eiern vollbeladen, bückte sich und - - pitsch - patsch - fielen und kugelten die Eier kopfüber auf die Straße. Hans ließ die Eier Eier sein, nahm das Weckel und aß es gemütlich. Dann stellte er die Buckelkirm auf die Straße, faßte alles wieder ein, Schalen, Dotter und Eier und ging sinnend und langsam stadteinwärts. O Du armer, hungriger, guter Starkbauernhannes!

Der Starkbauernhans bückte sich nach einer Semmel, dabei purzelten ihm fast alle Eier aus dem Korb.

Heimtückische Zigarren

Es lebte einmal ein Notar in Berching bei Neumarkt. Er war ein guter Mann, zwar ein wenig eigensinnig, wortkarg und einsilbig, liebte er doch kleine, boshafte Neckereien. Bei Wahnschaffe in Nürnberg galt er als ein oft und gern gesehener Gast. Denn wenn er von da nach Hause kam, war er jedesmal mit einer Menge aller möglichen Attrappen und Scherzartikel beladen. Alsdann mußten die Kinder aus der Nachbarschaft zum Spielen geladen werden und es war eine Freude, den alten Herrn mitten darunter und bis zu Tränen lachen zu sehen, wenn die kleinen Knirpse über eine lange Schlange oder über ein greuliches Teufelchen erschraken, das aus dem Kästchen sprang oder über einen Wasserstrahl, der aus einem kleinen Messingring ihnen unerwartet ins Gesicht spritzte. Besonders beliebt dabei waren die Vorstellungen mit der Zauberlaterne und ihren Chromatropen, die sich unter die Zuschauer hineinzubohren schienen.
Freilich wollte die Geschichte ab und zu nicht gleich so ganz gelingen. Dann wußte seine Frau mit einem Körbchen voll rotbackiger Äpfel, süßer Birnen und Zwetschen oder Hutzeln einzuspringen. Die Gäste gaben sich dann auch zufrieden. Zu den amtlichen Requisiten im Notariat zählte eine Kiste mit Zigarren. Sie stand in einer Fensternische neben dem Schreibtisch, etwas verdeckt zwar, aber von da aus leicht zu erreichen.
Seinem Schwiegersohn hatte er nie eine Zigarre angeboten; sein Buchhalter Funkenstein hat sich nach dem Dienstantritt das Rauchen gleich ganz abgewöhnt. In dem Kistchen lagen,

kunterbunt durcheinander, dicke und dünne, lange und kurze, dunkle und helle; schwarze aber und österreichische Virginier waren nicht dabei.

Die liebte er nicht, weil sie seinem Grundsatz nicht entsprachen, immer das Billigste zu kaufen; denn „dabei könne man am wenigsten übervorteilt werden."

Hatten ihn die Leute nun manchmal mit ihrem bekannten bäuerlichen Starrsinn in Zorn und aus dem Häuschen gebracht und dann endlich doch auf seine und des Herrn Buchhalters Zureden die mühsam gefertigten und zierlich geschriebenen Urkunden unterzeichnet, so wurden ihnen, nicht ohne einen vorherigen vorsichtigen Seitenblick, der ihrer Gesundheit und Tragfähigkeit galt, das Zigarrenkistchen unter verbindlichem Lächeln mit der Aufforderung, sich zu bedienen, dargeboten. Ein leises Kichern der beiden Herren, das sich zu hellem Lachen steigern konnte, folgte dem Abzug.

Nach dem Tod des Notars bemühte sich keiner der männlichen Verwandten um das erwähnte Kistchen.

Dafür ergriff die Schwiegertochter, die Frau eines Oberamtsrichters in Hilpoltstein in Mittelfranken die Gelegenheit, sich desselben zu bemächtigen. Von dem Gefühl werktätiger Nächstenliebe durchdrungen und vom Eifer zu caritativer Betätigung erfüllt, war sie zur Vorsteherin des Ortsvereins vom „Roten Kreuz und des Vereins, zur Obsorge für entlassene Sträflinge", gewählt. Sie sah sich nun in die glückliche Lage versetzt, von ihren Schützlingen den Dank für den vielbegehrten Genuß einer Zigarre in Empfang nehmen zu können.

Kurze Zeit nach dem Besitzübergang fand sich ein junger, netter Mann eines Abends bei der Frau Vorsteherin ein. Er war am Morgen dieses Tages von der Ortspolizei überprüft worden, weil er sich nicht ausweisen konnte. Er war dem Oberamtsrichter vorgeführt worden, dieser hatte ihn sofort wieder freigelassen, weil Legitimationslosigkeit nicht strafbar und dem Mann sonst nichts nachzuweisen war. Dieser erhielt dann vom „Roten Kreuz" das ortsübliche Geschenk und anbetrachts der besonderen Verhältnisse und da eben gerade Sonntag war, die schönste und dickste der notarischen Zigarren.

Also mit einigem Bargeld und mit Ermahnungen reichlich versehen und im Besitz einer Zigarre verließ er die Stadt.

Langsam auf der Straße gehend, sah er ein tannengeschmücktes Gasthaus. Er trat ein. Es wurde das Stiftungsfest der „Sängerrunde Concordia" gefeiert. Eben frug der erste Bassist, wem er „wohl das dritte Glas" bringen dürfe. Da sagten es ihm die anderen. Lautes Händeklatschen erhob sich deswegen. Der Fremde tat auch mit. Der Vorstand sah dieses und ließ ihn einladen, Platz zu nehmen.

Das tat er. Da alles rauchte, zündete auch er seine Zigarre an und blies gewandt prächtige Rauchringeln in die Luft. Zwei Drechslerbuben neben ihm sahen ihm länger zu. Sie versuchten, es ihm nachzumachen, kamen aber über heftiges Husten, Übelkeit und tränende Augen nicht hinaus.

Da! Ein Klingelzeichen! Der Vorstand erhob sich und sprach: „Liebe Sangesbrüder! Freunde und Freundinnen unserer Concordia! Wir feiern heute ein Fest, ein großes Fest, denn es ist unser Stiftungsfest, indem wir heute seit 25 Jahren, einem Rosenstraße gleich, unzählige Lieder aus unseren Kehlen duftend gegen den Himmel senden. Ja! seit 25 Jah..."

Ein fürchterlicher Knall. Man unterbrach die Rede, sprang von Sitzen auf und blickte nach der Richtung, von woher der Schuß kam und wo der Fremde saß. Der war kreidebleich. Vor Schreck gelähmt, keines Lautes fähig, hielt er in seiner linken krampfhaft die Zigarre, aus welcher sich unaufhörlich ein sprühender Feuerregen, zischend und brodelnd auf die nächste Umgebung ergoß und im ganzen Lokal Pulverdampf und Rauch und atembenehmende üble Gase verbreiteten.

Ein allgemeiner Schreck entstand, der sich geradezu zum Entsetzen unter den in unmittelbarer Nähe befindlichen, leicht und duftig gekleideten Frauen und Mädchen steigerte. Wer konnte, drängte in fürchterlicher Enge dem Ausgang zu. Da ließ sich der gellende Schrei einer Frau: „Jessas, Jessas, ich brenn," vernehmen. Es war die allgemein beliebte Fleischermeistersfrau Anna Maria Beinhackl. Dem Ruf folgte ein zweiter Knall und damit hatte das Feuerwerk sein Ende erreicht. Man öffnete Türen und Fenster zum Abzug des Rauches und Dampfes.

Danach trat Ruhe ein. Langsam und gemessen schritt der Bürgermeister vor. „Seine Schuld sei es nicht, daß der fremde Gast hier weile. Er habe es ja heute morgen schon gesagt, daß man es mit einem ganz gefährlichen Individuum zu tun habe. Er verhafte hiermit denselben im Namen des Gesetzes und beauftrage den Wachtmeister Handfest mit dem Vollzuge." Doch der Wachtmeister Handfest war aber nirgends zu finden.

Da schritt der Bürgermeister auf den Fremden zu. Auch der war inzwischen verschwunden. Die Drechslerbuben hatten ihn zum Wirtshaus hinausgeschmissen.

Man begutachtete nun den Schaden, den der Zwischenfall angerichtet hatte. Da saß die Frau Beinhackl in einem Lehnstuhl, bleich, bemitleidenswert, von außen und innen naß wie ein begossener Pudel, daneben der Kaminkehrermeister und Feuerwehrhauptmann Hupfauf. Dankbare Blicke und Worte sagten ihm, wie sehr sie sich ihm zeitlebens verpflichtet fühle. Eine glühende Feuerkugel hatte nämlich gerade auf dem wohlgerundeten Busen der Frau Beinhackl Platz genommen. Herr Hupfauf, die Gefahr erkennend, ein rascher Griff, ein Vollguß aus dem eben gefüllten Maßkrug und Frau Beinhackl war gerettet. Und damit auch der lange Streit der Familien Beinhackl und Hupfauf beendet, welchen die Hupfauf'schen Abkömmlinge durch ihre Kletterübungen am Zaun des Beinhackl'schen Obstgartens eingeleitet hatten.

Fräulein Mizzi Lercherl, das zarte Töchterlein des Betriebsleiters mit ihrem reizenden Bubiköpfchen war gleich in Ohnmacht gefallen. Glücklicherweise war der junge Arzt da und konnte gleich helfend eingreifen. Seine Bemühungen hatten offensichtlich einen günstigen Erfolg.

Dem Oberlehrer Stäbele war der Bart seiner rechten Gesichtshälfte etwas angesengt; dem Schneidermeister Pimperl ein Loch in das Hosenbein gebrannt; das weiße Tuch aber, das den Unglückstisch geziert hatte, war durch die herabregnenden Feuerwerkskörper völlig durchlöchert.

Der Dirigent ließ zur Fortsetzung des Festes das Mozart'sche Bundeslied, auch einige andere Spezialitäten der Sängerrunde singen. Es wollte aber gleichwohl keine rechte Stimmung mehr aufkommen. Zumal auch Fräulein „Mizzerl" ihr Lieblingslied: O sanktisima, o pissima, das sie die Klosterfrauen im Institut in Pielenhofen so schön zu singen gelehrt hatten, unmöglich vortragen konnte. Leider hatte der unbeabsichtigte Streich auch den zweiten Solobaß, Rigistrator Pumerer die Stimme verschlagen. Einiges Präambulieren in einem Nebenraum hatte ihn überzeugt, daß er heute das Es der großen Oktave nicht herausbringen konnte, ohne welches sich nun einmal die Zuhörer unmöglich einen richtigen Begriff von der Tiefe des Kellers machen könnten, in welchem der Sänger während des Liedes sitzen mußte.

Der deprimierte Vorstand nahm von der Fortsetzung seiner Rede Abstand. Man erinnerte an das in den 1880er Jahren im Künstlerhaus in München vorgekommene, schauderhafte Unglück, wo fünf junge Künstler bei lebendigem Leib elendiglich verbrannten. Was wäre geschehen, wenn das Gasthaus Feuer gefangen hätte?! Die ganze Stadt hätte dann ein Raub der Flammen werden können. An allem sei der Fremde schuld. Unter allen Umständen müsse der „verurteilt werden".

Mit dem schönen und von der Sängerschar mit Begeisterung gesungenen Lied: „Das ist der Tag des Herrn" schloß dieser für die Sängerrunde Concordia denkwürdige Tag.

Am frühen Morgen des folgenden Tages fand sich der Bürgermeister bei der Frau Oberamtsrichter ein. Sein Erscheinen zu so ungewohnter Stunde mit seiner Amtspflicht und mit der in ihrer Sicherheit bedrohten Stadt entschuldigend, legte er ihr die Frage nach Name und Art des Mannes vor, der gestern bei ihr als Vorstandin des „Roten Kreuzes" vorgesprochen habe und was sie sonst von ihm wisse. Sie wußte gar nichts und konnte lediglich die Quittung vorzeigen, die der Fremde unterschrieben hatte: Leo Fürchterlich.

Indessen war unvermittelt der Wachtmeister eingetreten. Er meldete pflichtbewußt, daß er den Fremden persönlich vernommen habe. Dieser hieße angeblich Leo Fürchterlich, stamme aus Wernigerode, sei sich keiner Schuld bewußt. Bei dem gestrigen Hinauswurf sei er verprügelt worden. Daß eine Zigarre sich in einen Speiteufel verwandeln könne, habe er nicht gewußt. Die Zigarre von gestern habe ihm die Frau Oberamtsrichter gegeben (was aber er - Wachtmeister - als eine offenbare, dreiste Lüge bezeichnen müsse). Der Rapport schoß mit dem Hinweis auf die draußen vor dem Amtsgebäude angesammelten Leute, welche anscheinend hinein wollten. Durch das Fenster sah man auf der Straße: den Oberlehrer, den Schneidermeister Pimperl, den Gastwirt Wamperl, die Kellnerin Cenzi Morgentau, die Frau Verwalter Büchslein, die am Tag zuvor in ihrer Verwirrung das Abendessen des Schulgehilfen - ein paar Leber- und Blutwürste, welche die Kellnerin hatte zu Boden fallen lassen - mit ihren neuen Stiefeln zertreten hatte.

Noch einige andere waren draußen. Am Ende kam auch Leo Fürchterlich daher. Bestürzung erfaßte die Ortsobrigkeit und Schrecken die Frau Oberamtsrichter. Einen Augenblick starrten sie sich wortlos an, dann griff der Bürgermeister schnell nach seinem Hut und Stock und eilte mit mächtigen Schritten; den Wachtmeister nahm er mit. Die Frau Oberamtsrichter schloß flink die Türe des Hauses, dann flüchtete sie in die hintersten Gemächer der geräumigen Wohnung. Was sie wohl mit dem Rest der notarischen Zigarren gemacht hat?

Noch einige andere waren draußen. Am Ende kam auch Leo Fürchterlich daher. Bestürzung erfaßte die Ortsobrigkeit und Schrecken die Frau Oberamtsrichter. Einen Augenblick starrten sie sich wortlos an, dann griff der Bürgermeister schnell nach seinem

Hut und Stock und eilte mit mächtigen Schritten; den Wachtmeister nahm er mit. Die Frau Oberamtsrichter schloß flink die Türe des Hauses, dann flüchtete sie in die hintersten Gemächer der geräumigen Wohnung. Was sie wohl mit dem Rest der notarischen Zigarren gemacht hat?

Zwei Stiefel, vier Herzen

Der alte Schmiedmathes war so ein Typ, daß er auch die unbedeutendsten Dinge, wenn sie nicht mehr gebraucht wurden, für eine spätere Verwendung aufhob.
Einmal suchte sein Enkel Oswald ein Stück altes Leder für seine Holzschuhe: „Komm," sagte sein Großvater, „ich will nachsehen, ob etwas Passendes da ist."
Sie stiegen auf den Dachboden, auf dem es aussah, wie in einem Trödlerladen. Oswalds Blick fiel auf ein paar Stiefel. Er griff danach. „Halt," sagte sein Großvater bedächtig, die zerschneiden wir nicht. Sie haben eine Geschichte, und wenn Du mir zulusen willst, so will ich sie Dir erzählen." Er setzte sich auf eine Kiste und begann:
„Wie Du wissen wirst, ist mein Vater zuerst im Klammloch oben in Stornhöll gewesen. Das Dorf ist so arm gewesen, daß es sogar die Spatzen gemieden haben. Die Stornhöllner haben sich rechtschaffen geplagt, aber gebracht haben sie es zu nichts. In Luxgeschrey, eine Meile landeinwärts, wo der Wald aufhört, war es besser. Dem Vater ist es dazumal nicht gut gegangen. Wie wir, die älteren zwei Buben, in die Jahre kommen, wo man ans Heiraten denkt, ist eine Notzeit angerückt wie noch nie. Im ersten Jahr, im Juni, haute der Hagel alles zusammen, was auf den Feldern stand, im zweiten kam ein Sommer, wie ich noch keinen erlebt hatte. Kein Tropfen Regen ist in der Zeit gefallen, die Felder und Wiesen waren ausgedörrt, das Futter ist rar gewesen und das Vieh haben die Bauern um ein Spottgeld hergegeben.
Der Vater hat schier keine Arbeit mehr gehabt und die Leute haben nicht einmal die Grundsteuern zahlen können. Erdäpfel waren ein Leckerbissen und Brot eine Kostbarkeit. Wie es da bei uns zugegangen ist, kannst Dir denken. Acht Kinder und die Not dazu! Der Sepp und ich, wir haben schon ausgelernt gehabt, aber wo soll ein Platz für drei sein, wo einer keine Arbeit hat! Es ist die Zeit kommen, wo ich die Schmiede übernehmen sollte, und der Sepp mußte schauen, daß er wo einheiraten konnte. Der Vater hat uns keinen Kreuzer Lohn zahlen können. Die Not wurde immer größer, es fehlte am Gewand und an allem, zuguterletzt haben wir zwei, der Sepp und ich, nur ein Paar Stiefel miteinander gehabt. Schau sie an, Bub, das sind sie. Wie es mit dem Fortgehen gewesen ist, kannst Dir denken! Also zum Beispiel am Pfingstsonntag geht der Sepp in die Kirche und ich muß daheimbleiben, am Pfingstmontag ist es umgekehrt, und so haben wir gewechselt, bis in den Herbst hinein. Es ist nun einmal so, daß die jungen Leute auch in der Notzeit einmal tanzen wollen, vielleicht deswegen, daß sie das Elend eher vergessen. Einmal nur, auf Kirchweih, ist Tanz gewesen, drüben in Luxgeschrey, zwei gute Stunden weg. Einen jeden von uns hat das Fortkommen gedruckt, nicht so wegen dem Tanz, als wie wegen unseren Dirndln. Die

Siebenhandresl von Luxgeschrey hat mir schon lang zu verstehen gegeben, daß sie lieber einen armen Schmied nimmt, den sie gern hat, als wie einen Bauern, den sie nicht mag. Und der Sepp ist dazumal mit der Bärnhäuserklara im Reinen gewesen, daß er auf den Hof einheiratet, und ihre Leute haben auch nichts dagegen gehabt. So sind wir uns einig geworden, ich und der Sepp, daß ich diesmal zum Tanz geh und das nächste Mal er.

Damit die Leute genug kriegen, haben die Musikanten schon um die Mittagszeit angefangen und die Burschen und Dirnen sind von weit und breit gekommen, über die Wälder, über die Berge, stundenweit. Und die Schmiedstiefel sind halt auch auf dem Weg gewesen.

Wo ist der Sepp? fragt mich die Bärnhäuserklara mißtrauisch, wie ich ankomm. Daheim, sag ich, ein wenig verlegen. Ich kann ihr doch das mit den Stiefeln nicht erzählen, denk ich. Die Klara muß sich etwas anderes gedacht haben, auf einmal ist sie wie ausgewechselt. Vielleicht hat sie gemeint, der Sepp geht wo anders hin, kurz, sie zeigte eine ganz andere Art. Der Zäumer Girgl vom Fallbaum hat schon immer ein Aug auf die Klara gehabt. Nie hat sie was wissen wollen von ihm, aber an dem Tag zeigt sie ihm ein schönes Gesicht, und er tanzt mit ihr ein Stückl ums andere. Derweil tanz ich mit meiner Resl und wir sind froh, daß wir beieinander sind. Freilich, ich hab mir so meine Gedanken gemacht um den Sepp. Was wird der sagen, wenn ihm der Zäumer Girgl die Klarl ausspannt? Wer kennt sich ganz aus in den Weiberleuten? Wie es der Zäumer allzu arg treibt, da druck ich wegen dem Heimgehen herum und auf einmal kommt eine Notlüge heraus. Resl, sag ich zu der meinen, mir ist nicht recht gut, ich muß heimwärts. Und Du gehst auch heim, tu mir den Gefallen! Die Resl ist verständig, ich geh noch ein Stückl mit ihr, und wie ich ihr nachher aus den Augen bin, renn ich wie ein Schneider heimzu. Wie ich daheim ankomm, setz ich mich nieder, reiß die Stiefel von den Füßen und sag: Sepp, wenn Du Deine Klara gern hast, dann renn, was Du kannst! Der Zäumer Girgl vom Fallbaum will Dir das Dirndl ausspannen! und so geht es eben, wie es kommen muß. Der Sepp zieht sich standepede an und fährt in die Stiefel, die noch warm sind.

Die Sonne ist schon im Untergehen, wie der Sepp in Luxgeschrey ankommt. Und jetzt geschieht das, was so oft vorkommt: Der Zäumer Girgl will seinen Platz bei der Bärnhäuserklarl nicht mehr hergeben, wenn die ihm auch zu verstehen gibt, daß jetzt der Richtige da ist. Es kommt zu einem kleinen Handel, bei dem der Girgl den Kürzeren zieht und das Feld räumt. Jetzt tanzt der Sepp mit seiner Klara und sie sind alle zwei zufrieden. Auf einmal aber sieht der Sepp unter den Tanzleuten wieder die meine, die Siebenhandresl. Bub, die ist mißtrauisch gewesen und hat gemeint, ich hab sie heimgeschickt, weil ich eine andere im Kopf hab. Und so ist sie nachschaun gekommen. Eine Dirn wie die Resl bleibt freilich nicht lang an der Wand stehen, und darum ist sie gleich unter den Tanzenden und kein anderer wie der reiche Kollersepp von Luxgeschrey läßt sie nimmer aus den Armen. „Wo ist der Mathes?", fragt die Resl den Sepp beim Vorbeitanzen. „Daheim," sagt er, aber die Resl lacht ungläubig und tanzt mit dem Kollersepp weiter. Da wird unser Sepp anwillig und weil er ein böses Wetter kommen sieht, will er ausweichen und heimgehen, aber dazu kommt es gar nicht.

Der Zäumer Girgl vom Fallbaum hat sich inzwischen einen Mordsrausch angetrunken und Helfer gefunden, denen er fleißig zahlt. Sie fangen zu sticheln an, wie der Sepp gehen will. Eine Weile hört er sich das an, aber wie er dann hören muß: Hungerleider und Elendschmied, da ist es aus mit ihm. Gefürchtet hat sich der Sepp niemals, ein Kerl wie ein Ries und stark wie ein Bär!

Wie sie ihn dann angehen, teilt er mit seinen Schmiedpranken solche Hiebe aus, daß sie alle auf und davon müssen. Die Dirnen sind längst davon, wie die Rauferei angegangen ist. Der Sepp nimmt einen Trumm Prügel in die Hand und geht heim. Und keiner hat sich getraut, ihn anzugreifen.

Im selben Jahr noch haben wir Hochzeit gehabt, die Siebenhandresl, Deine selige Großmutter, und ich. Im Auswärts folgenden Jahres hat auch der Sepp geheiratet, und keine andere wie die Klara. Bub, die Weiber haben geschaut, wie sie das mit den Stiefeln erfahren haben. Und daß die Eifersucht grundlos gewesen ist, haben sie auch eingesehen.

Ich hab dann die Stornhöllschmiede übernommen, die Zeiten sind schlimm gewesen, aber es ist auch wieder aufwärts gegangen. Wir haben es mit unsren Frauen erraten, keine besseren hat es weit und breit nicht gegeben. Schau Dir jetzt die Stiefel an, Bub! Und jetzt weißt, warum ich die nicht zerschneiden laß'!"

Als die Glocken klangen... für eine glückliche Familie

Es war an einem Heiligen Abend! Die Ortschaft lag erstarrt in Eis und Schnee, aber es ging ein geheimnisvolles Raunen durch das winterstille Land.

Während in der Stadt viele es sehr eilig hatten, mit ihren Paketen nach Hause zu kommen, hatte der Förster Gottfried Ullrich diese Eile nicht. Auf ihn wartete niemand, den er hätte überraschen können und auch er selber wartete auf keine Überraschung. Er blies den blauen Rauch aus seiner kurzen Stummelpfeife in den kalten Wind und hielt in diesem Schweigen, das ihn umgab, Zwiesprache mit sich selbst. Er schimpfte, wenn er eine frische Spur im Schnee sah. „Da hatten sicherlich wieder so gefühlsduselige Menschen ihm die schönsten Tannenbäumchen aus dem Dickicht gestohlen! Der Kuckuck sollte alle diese Toren holen!"

Der Förster Ullrich klopfte die Stiefel ab vor seinem einsamen Försterhaus. Er war ein harter, ungeselliger Junggeselle, und wollte nichts mehr wissen von der Welt, seit ihn vor Jahren einmal Johanna verlassen hatte, bevor er sie als seine Frau in das Försterhaus nehmen wollte. Er machte Feuer im alten Ofen an und entzündete das Licht. Allmählich strömte wohlige Wärme durch die Försterstube, in der nur die alte Uhr laut und vernehmlich tickte. Der Förster hatte sich an den Tisch gesetzt und sinnierte vor sich hin. An diesem Tag spürte er die Einsamkeit besonders.

Vom Tal herauf klangen voll und feierlich die Glocken. Sie drangen auch zu den Ohren Ullrichs und ließen ihm keine Ruhe. Immer lauter das Singen und Jubilieren da drunten. Die Weihnachtsglocken läuteten über Stadt und Land.

Der Förster Gottfried Ullrich schimpfte ärgerlich. Aber davon hörte das Glockenläuten nicht auf. Es wurde nur ungestümer und tönender. Der Mann fühlte seine Einsamkeit mit einemmal beängstigend. Er konnte nicht länger ruhig bleiben.

„Ich könnte eigentlich nochmal ins Städtchen. Müßt doch der Hierlinger Marie die Hemden bezahlen, die sie mir genäht hat...Wird das Geld auch notwendig brauchen können...“

So redete der Förster sich selber zu und erhob sich mit einem Ruck vom Stuhl. Er schlüpfte wieder in seine hohen Schaftstiefel, kroch in den dicken Pelzmantel und machte sich auf den Weg. Als er durch das alte Tor ins Städtchen einbog, schlug ihm aus den angeschlagenen Fenstern der warme Dunst des Lichtes entgegen. Schon drang vielstimmiger Kinderjubel durch die Scheiben. Der Förster drückte sich nahe an die Häuser und sah verstohlen in die Stuben, wo vielfach schon die Christbäume brannten.

Ein eigenartiges Gefühl der Verlassenheit beschlich ihn, als er so allein dahinschritt und sein Herz klopfte hörbar, als er die matterleuchtete Treppe emporstieg zu der Näherin.

Verschnaufend blieb er vor der Türe stehen, an der das kleine Messingschildchen war: Maria Hierlinger, Näherin.

Er hörte, wie drinnen in der Stube eine helle, jubelnde Bubenstimme sang:

„Alle Jahre wieder
Kommt das Christuskind
Auf die Erde nieder,
Wo wir Menschen sind...“

Er klopfte, aber niemand schien sein Klopfen zu hören. Ein wenig klinkte er die Tür auf und wagte doch nicht weiter vorzugehen. Unter einem Lichterbäumchen saß die Näherin und hatte ihren kleinen Buben auf dem Schoß.

„Bringt mir das Christkind dann einen Schimmel, Mutti“ fragte der Bub, als er sein Lied gesungen hatte. Maria Hierlinger strich mit ihren schmalen Händen, die dünn geworden waren, von der vielen Arbeit, über das blonde Bubenhaar. Ihre Augen hatten einen seltsamen, wehmütigen Glanz.

„Den bringt das Christkind nur anderen Buben, Karli ... Zu uns bringt es keinen Schimmel...“

In die Augen des Kleinen stieg ein verräterisches Weinen, der kleine Mund zuckte schmerzlich auf. Die Mutter barg den blonden Kopf an ihrer Brust. Das Kind sollte nicht die Tränen sehen, die in ihren Augen aufstiegen.

Der Förster hatte still beobachtet. Seltsam fühlte er sein Herz in der Brust. Er wußte nicht, wie es kam, daß er sich selbst mit seinen Fingern eine Träne aus dem Auge wischen mußte. Irgend etwas in ihm war plötzlich lebendig geworden. Ein Erinnern .. ein Verzagtsein.

Leise schloß er die Türe wieder zu und schlich die Treppe hinab. Es währte nicht allzulange, da polterte sein schwerer Schritt wieder die Treppe hinauf. Seine Arme schlossen sich um Pakete und um ein Schaukelpferd. Diesmal konnte sein Klopfen nicht überhört werden. Maria Hierlinger war überrascht, als sie den Förster sah ... „Herr Ullrich?“ fragte sie erstaunt.

Der Mann lächelte verlegen. Er legte die Pakete auf den Tisch und stellte dann das Pferd auf den Boden. Jauchzend sprang der kleine Karli darauf.

„Mutti, das Christkind hat doch einen Schimmel gebracht,“ jubelte er. Maria sah fragend zu dem Förster auf. Der drehte verlegen seine Mütze in den Händen. „Ich wollt nur mal meine Rechnung zahlen ... und da wollt ich mal ein bißchen Weihnachtsmann spielen, Fräulein..."

Der Förster nahm am Tisch Platz. Maria Hierlinger setzte sich ihm gegenüber. Der Förster sah in das leiddurchfurchte Gesicht der jungen Frau, die errötend die Augen senkte.

„Es ist nichts, wenn man so allein ist alleweil," sagte der Förster. „Manchmal packt es einen, was das alles denn für einen Sinn hat. Man weiß ja nicht, wozu man auf der Welt ist..."

Er hatte leise seinen Arm über den Tisch geschoben und umhüllte nun mit seiner kräftigen Hand die zarte Hand der Näherin, die hilflos wie ein erfrorenes Vöglein darinnen lag.

Maria Hierlinger fühlte, wie von ihrem Herzen langsam eine Starre abfiel, sie sah wie durch Schleier eine Fülle von Licht und Wärme. Jetzt hob sie die Augen und ein Glanz leuchtete in den verdunkelten Sternen auf. Sie hatte Ullrichs schüchterne und langsame Werbung gehört.

„Du bringst mir das schönste Christkind, Gottlieb," sagte sie mit einem warmen Klang in der Stimme.

Wieder klangen die Glocken und riefen zur Mitternachtsmette. Drinnen aber in der kleinen Stube der Näherin, da hielten sich zwei glückliche Menschen umschlungen, denen das Lied der Heiligen Nacht neu erklang.

Wie die Bewohner von Hütten den Herrgott vergessen haben

Alle Jahre gingen Einwohner aus Mantel am Himmelfahrtstag mit dem Kreuz nach Neunkirchen. Auch Bewohner aus Hütten waren anwesend, sie hatten eine Stunde weit zu laufen, sie schlossen sich dem Bittgang an. Die Hüttner waren schon von jeher als feste Mannesleute bekannt. Auf dem Heimweg gingen sie aber nicht mehr über Mantel, sondern über Rupprechtsreuth und von da auf Waldwegen: „daß sie eher heimkamen". Beim Bräuer in Rupprechtsreuth wurde eingekehrt und so tüchtig die Hüttner beim beten waren, genauso tapfer waren sie im Wirtshaus.

Einsam lehnte das Kreuz im Hausflur. Drinnen in der Gaststube sangen sie: „Schenkts a mal was bayrisch ei - -." Eingehaut wurde beim Schafkopfen, weil es dem alten Holederer Girgl einen Herzsolo abgespielt haben. Der Sechser und der Säupeter kannten dem Girgl seine schlechten Solo schon, vom Schmiedresl von Mantel her. Vor lauter Ärger hinkte der Girgl hinaus. Als er das Kreuz sah, sagte der Girgl zu einigen Buben: „Buam: jeden kauf i a Spitzl, wenns den Himmelvatern aufn Kastanenbaum aufehängts". Die Buben waren gleich dabei und im Nu war das Kreuz schön versteckt.

Spät am Nachmittag ging ein Trupp heimwärts. Weil der Kreuzträger gewann, ging er noch nicht mit. „Glei kuma noachö," schrien die Schafkopffreunde. Als sie sich aufmachten, und keinen Himmelvater mehr sahen, dachten sie: „Die ersten haben das Kreuz ja schon mitgenommen." Das Schafkopfen wurde nochmals aufgenommen, das Kreuz vergessen.

Am nächsten Tag kam die Schande auf und diesmal mußte der Kreuzträger Spitzeln kaufen, damit die Buben den Himmelvater vom Baum runterholten. Eingekehrt war er nicht mehr. Obwohl er heimwärts keinen Weg benützte, sondern mitten durch die Wälder schlich und die Rupprechtsreuther Schweigen gelobten, aufgekommen ist die Geschichte doch.

Eine lustige Kirchweihgeschichte aus Stulln

Kirchweih war und ist in der Oberpfalz ganz was besonderes. Früher drehte sich die Zeitrechnung vier Wochen vorher und vier Wochen nachher. Die Kirchweih war ein Lichtblick im grauen, arbeitsreichen Alltag. Daß Kirchweih gerade in der Oberpfalz höher gefeiert wird (oder wurde?) als anderswo, hängt wohl mit der einfacheren, anspruchsloseren Bevölkerung zusammen. Wenn dann ein Fest war, ob Kirchweih oder Hochzeit oder Schlachttag, gab es mehr Aufwand als in reicheren Gegenden.

Einer konnte sich an solchen Tagen nicht ganz der Freude und dem Genuß hingeben, die Pflicht rief ihn auch an diesen Tagen zu seiner Arbeit: es war der Dorfhirte. Um 1892 stand in Stulln bei Nabburg an Kirchweih, anfangs Juli, der Gänsehüter draußen in der Hitze auf der Gänstrad und waltete seines Amtes. Da kam der Bürgermeister auf dem Gang durch seine Felder zum Hirten. Das Dorfoberhaupt hatte auch ein Herz und dieses ganz auf dem rechten Fleck und sagte zum Hirten: „Gelt, Du hörst die Musik spielen und auf die Kirwamahlzeit vom Mittag hättest Du auch Durst. Ich gebe Dir 20 Pf., da gehst Du zum Wirt und trinkst eine Maß Bier und dann kommst Du wieder."

Voll Freude ging der Dorfhirte auf das Angebot ein und marschierte, „kirwamäßig" gestimmt, ins Wirtshaus. Es war zwischen 15.00 und 15.30 Uhr, der Bürgermeister waltete als stellvertretender Hirte seines neuen Amtes. Es wurde 17.00 Uhr, es wurde 17.30 Uhr - der Hirte kam nicht. 18.30 Uhr - kein Hirte zu sehen. 19.00 Uhr - pünktlich wie sonst der Hirte - trieb der Bürgermeister die 300 Gänse heim. Dorthin war schon die Kunde vom neuen Gänsehirten gedrungen und er wurde gebührend empfangen.

Am nächsten Morgen kam der Hirte weh- und demütig zum Bürgermeister, um sich zu entschuldigen. Wie es der Bürgermeister gedacht hatte, so war es auch: der Hirte hatte im Wirtshaus freudestrahlend erzählt von der Maß Bier, die er bekommen hatte und daß der Bürgermeister für eine Stunde die Gänse betreuen wolle. Als die Bürgermeistermaß auf die Neige ging, ließ der Nachbar eine Maß einschenken, ebenso noch ein paar andere, daß der Hirte ein ganz schönes Kirwaräuschl zusammenbrachte. Der Bürgermeister würdigte alle Umstände und erteilte ihm einen Freispruch auf den Freitrunk.

Ein Schüler im Bierfaß

Rektor Orterer, der spätere ungekrönte König von Bayern, wie man ihn nannte, war ein strenger, aber durchaus gerechter und wohlwollender Lehrer. Er besaß ein umfassendes

Wissen und wäre für jede Universität eine Zierde geworden, wenn der damals liberale Minister von Lutz ihn als Ultramontanen zugelassen hätte. Dazu verfügte er über eine außergewöhnliche Rednergabe.

Das Wohl seiner Schüler war ihm sehr wichtig. Er besuchte alle Mütter und ließ sich die Zimmer zeigen, in denen seine Schüler wohnten. Besonders scharf ging er gegen die wilden Kneipereien vor. Überall, wo Verdacht bestand, oder Anzeigen darauf aufmerksam machten, mußte der Pedell - ein ehemaliger Gendarm - nachsehen und Bericht erstatten. Aber die Schüler hatten so versteckte Winkel für ihre Treffen gefunden, daß der Pedell nie etwas von Bedeutung melden konnte. Deswegen sprach einmal der große Rektor das klassische Wort: „Da hätte ich auch Lump sein mögen, wo Sie Gendarm gewesen sind".

Selbstverständlich lasen die Schüler „Dr. Sigls Vaterland", in welchem alle Artikel, die von dem „dreikäsehohem Dr. Worterer" handelten, blau angestrichen waren. Da hieß es z. B. bei der Maibockprobe an der Spitze. „Die Maßkrüge schäumten und die Weißwürste rauchten in den Terrinen. Der große „Worterer" ließ sich den Frühschoppen köstlich munden. Kein Schwarzer ist eben so schwarz, daß er am Freitag keine Weißwurst äße".

An einem nebeligen Novemberabend glaubte der Pedell einen zu erwischen. Er sah den Schüler der Oberklasse Steininger durch das Tor zum Bummerlbräu hineinspazieren. Der Schüler war in die Falle gegangen. Der Pedell bezog vor dem Tor Posten und wartete, bis der Joseph wieder herauskam. Aber der weißbärtige alte Bummerlvater ging in die Gaststube und nahm den Bedrohten mit sich in die Küche hinaus, wo er den Abzug des Spions erwarten sollte. Doch der Pedell wich nicht mehr von seinem Platz. Darum kam der Bummerlvater nochmal zurück und sprach: „Herr Steininger, ich muß in meinen Keller ein mittelgroßes Faß hinausfahren. Sie setzen sich da hinein und kommen ungesehen nach Hause!" Auf diese Weise wurde dem Jäger das Wild an der Nase vorübergefahren, ohne daß er es merkte. Joseph entstieg an einer dunklen, passenden Stelle dem Faß und lief nach Hause. Nicht lange, dann läutete es und seine Mutter rief zum Fenster hinunter: „Was gibt es?" - „Ich muß nachsehen, ob der Joseph daheim ist" sprach der Pedell. „Freilich ist er zuhause, er sitzt in seinem Zimmer und lernt". „Er soll zum Fenster herunterschauen, daß ich ihn sehen kann": Joseph streckte seinen von Bier und Weisheit schweren Kopf zum Fenster hinaus und fragte: „Herr Pedell, was wünschen Sie denn?" „Der Herr Rektor will wissen, ob Sie um diese Zeit zuhause sind." „Ja freilich, wir haben eine Hausaufgabe und haben keine Zeit für andere Dinge." „Ist recht, ich werde es dem Herrn Rektor schon sagen." Der Pedell ging seines Weges und der Joseph nahm einige Minuten später Hut und Mantel und kehrte wieder zum Bummerl zurück. Joseph Steininger wurde ein gefragter Rechtsanwalt und starb mit 73 Jahren als Justizrat in Amberg.

Die Münchner gingen den Weidenern auf den Leim

Als die Zentralwerkstätte von München nach Weiden verlegt wurde, wurden verschiedene Arbeiter angewiesen, nach dorthin zu übersiedeln. Sie waren von dieser Anordnung wenig erfreut. Es erschien ihnen als ein schweres Opfer, in die Oberpfalz zu ziehen. Als dies in Weiden bekannt wurde, faßte man dort den Entschluß, die Münchner auf die Leimrute zu locken. Mit dem Inhaber der Markert-Wirtschaft beim Bahnhof wurde vereinbart, München nach Weiden einzuladen. Der Wirt sollte ihnen dann ein reiches Mahl vorsetzen, aber nur sehr geringe Preise berechnen. Ein Teil der Differenz sollte von den Weidnern getragen werden, einen Teil wollte der Wirt auf sich nehmen. Bald darauf traf eine Münchner Abordnung in Weiden ein, meistens Frauen. Damals zählte die Stadt kaum 5000 Einwohner. Die Sehenswürdigkeiten waren bald besichtigt. Dann gings zum Mittagessen. Die Gäste waren voll des Lobes über das, was ihnen geboten wurde. Als es dann an's Zahlen ging, wurden so niedrige Preise genannt, daß sie es gar nicht glauben konnten. Auch wurde vom Wirt ausdrücklich betont, daß es bei ihm nicht üblich sei, Trinkgelder zu geben. Hocherfreut kehrten die Gäste wieder heim. Die Bedenken gegen die Übersiedlung waren zertreut. Freilich, als die Münchner in Weiden eingetroffen waren, merkten sie bald, daß sie auf die Leimrute gelockt worden waren.

Der fromme Rekrut in Regensburg

Die Schreinerin vom Höhhof wollte eben die Wäsche vom Gartenzaun nehmen, da sah sie den Postboten den Hang heraufstapfen.

„Hast ebber Äbbs für uns?" - reckte sie den Hals und sah auf den Postboten hinab.

Dieser holte statt aller Antwort etwas Weißes aus seiner Schweinsledernen und schwang es hin und her. Da lief die Schreinerin wie ein Wiesel den Hohlweg hinunter, nahm, über das ganze Gesicht lachend, das Brieflein in Empfang und schnaufte den Ackerbuckel wieder empor. Drinnen in der Küche griff sie eine Haarnadel aus dem Schopf, schlitzte das Kuvert auf und begann das Schreiben mit aller Aufmerksamkeit abzubuchstabieren. Je mehr sie sich aber in die Nachricht ihres Michl vertiefte, desto kümmerlicher wurde ihr zumute und am Ende, als der Bauer durch die Türe trat, heulte sie gar wie ein Schloßhund in die Schürze hinein.

„Um Gottswilln" - entsetzte sich der Schreiner - „is do mi'n Michl nix passiert?"

„Im Spital liegt er!" greinte die Bäuerin und reichte ihm den Brief.

„Im Schpital sagst?" - verfärbte sich der Alte. Mit zitternden Fingern seine Brille aus der Schublade greifend, putzte er sie mit dem Schneuztüchl blank und fing zu lesen an. „Meine geliebdn Ähldern" - schrieb der Rekrut aus Regensburg - „da bin ich also schon wieder vier Wochn z' Rengschburg herin. Unser Baillon is am Hof unterbrachd, gleich rächts drenterhalb der Bruckn drübn. Weils jetz frei is, will ich einen schreiben, wie's mir gangen hat. Die Menaschi schmegd ser gut. I geh auch al Täg furt zum Stadtanschaun. Am Monda war ich in Sangd Mang. Am Irda hab ich min Schani eine Padrulljö zu die Augustiner gmacht und am Mikka (Mittwoch) war ich min Stierstorfer Schoß im Heiligkreuz. Pfingsta war ich min Zimmergreidn im Bischofshof, am Freida hab ich nach Obermünster gmüßt. Am Samsta is Sangdklare drankommen, abends bin ich bei die Kamiliter gwest. Am Sonnda bin ich dann

238

ins Schpital kommen. Wie's euch denkn kennds, geliebte Ähldern, is mei Gerschtl dabei zimlich zamschmolzn vielleichd schigts bal was. Eier geliebter Michl."

Der Schreiner legte nach dieser Lektüre das Schreiben auf den Tisch, schoß die Brille über das Hirn hinauf und trompetete in sein Schneuztüchl hinein.

„Na, wer hätt jetzt dös denkt!" jammerte das geknickte Mutterl und tupfte sich mit dem Schurzzipfel die Träne weg.

„So brav is er worn beim Militari. Und so fromm. Alle Täg inra andere Kirchn und trotzdem ins Schpital! Fahr nur glei morgn in d' Stadt nei, Vadda" - bestimmte sie. „Ich richt dann a Gselchts und etlinga Würscht her, daß er wieder z' Kräftn kummt, da Bua!"

Weil der Schreiner der gleichen Anschauung wie seine Bärbl war, holte er am Morgen darauf die zwei Fuchsen aus dem Stall, schirrte sie ins Gäuwagerl und holperte hügelauf, hügelab nach Regensburg hinein.

Beim Bergmüller stellte er ein, goß rasch ein Seidel Bier hinter die Binde und stapfte hierauf der Steinernen Brücke zu.

Er war aber noch nicht am Bazar angelangt, da spazierte ein blitzsauberer Soldat die Wassergasse herauf, pfiff ein Lied vor sich hin und fühlte sich pumperlwohl dabei.

Dem Schreiner trieb es die Augen heraus. „Jamei"- verwunderte er sich - „dös is do, dös is ja der Michl!" Mit dröhnendem Baß hatte er sein Erstaunen an das Ufer hinübergerufen.

Dem Soldaten gab es einen Riß. Dann, den Bauern erkennend, strebte er dem Brückenende zu und stand erfreut vor seinem Vater.

„Ja Michl" - schüttelte der Überraschte den Kopf - „bist denn nöt krank?" „I krank?" „No freili" - brummte der Bauer - „hast do selm gschribn, daß'd ins Schpital kemma bist!" Da grinste Michl verstehend auf. „Dös is a kloane Verwechslung, Vadda" - erklärte er etwas schuldbewußt. „Dös Schpital, wo ich war, dös is nämlich, aber" - unterbrach er sich - „ich hab Zeit. Suach ma's glei auf, na siegst es selber, was dös füra Kranknhaus is".

Es dauerte nicht lange, dann standen sie vor der Gastwirtschaft „Zum Spitalgarten", welche der Regensburger Altstadt gegenüber ihre gastlichen Torbogen rundet.

„A saubers Krankenhaus!" - nickte der Alte mit verhaltenem Schmunzeln - „gehn ma nei, damit I's innen gsehen hab."

Nach der vierten Halben äußerte der Bauer den Wunsch, nun auch die Kirchen kennenzulernen, von denen Michl in seinem Schreiben berichtet hatte.

„Ja woaßt, Vadda" - druckte der solchermaßen in die Enge Getriebene herum - „Kirchen san dös eigentlich net. Sie ham bloß die Namen davon." „Soso" - äffte der Schreiner nach - „bloß die Näma davon! Aber sehgn will i's doch" - stand er auf und schob den Sünder zur Türe hinaus.

Der Michl grinste eins und führte den Vater nun in all den ehemaligen Klosterschenken herum, von denen in seinem Brief die Rede war. „A so a Hallodri" - lachte der Alte, als sie sich im Bischofshof endlich „durchgebetet" hatten. „Da sorgt sich d'Muadda, Du hättst Di verkält und derweil hat der Bazi den braunen Weihbrunn inwendig eingnommen".

Sie lachten wie zwei Kirwaburschen und die Schreinerin, welche daheim vor Angst kaum schlafen konnte, hätte sie nicht sehen dürfen.

Es wurde endlich höchste Zeit zum Zapfenstreich. Der Michl nahm seinen Säbel in die Faust und indessen der Alte sein Stüberl beim Bergmüller aufsuchte, wischte der angehende Pionier gerade noch vor Torschluß am Wachposten vorbei.

Tags darauf stand er schon wieder frisch und fröhlich im Hof des Gasthauses und half dem Hausl die übermütigen Fuchsen einschirren. Dann kam auch der Schreiner auf etwas wackligen Beinen die Treppe herab.

„Ätz Pfüad Di, Du Schliffl" - verabschiedete er sich und drückte dem Jüngsten ein braunes Papierl in die Hand.

„Pfüad Di Vadda" - lachte Michl und ließ den Zwanzigmarkschein im Hosensack verschwinden. „Und wanns mal Zeit is" - feixte der Alte vom Bock herab - „dann schreibst halt wieder, daß'd ins Schpital kemma bist. Hast mi verstandn, Du Hallodri, Du?"

„I hab Di scho, Vadda" - kam die eifrige Versicherung zurück.

„Wanns aber da Muadda einfalln sollt, as nächste Mal selber reizfahrn, daß'd a dann fei in die richtigen Kirchen führt, verstanden!"

„Zu Befehl, Herr Vadda" - knallte Michl die Absätze zusammen und stach mit zwei Fingern zum Krätzchen hinauf.

Lachend sah er dem Gäuwagl nach, welches, von den hafergestochenen Fuchsen gezogen, wie aus der Pistole geschossen, stadtauswärts fuhr.

Eine erfüllte Bitte

Um 1910 starb der in Neuhaus bei Windisch-Eschenbach und Umgebung bekannte „Einsiedler". Einmal gab seine Ziege sehr wenig Milch, so daß sie kaum für einen Morgenkaffee reichte. In seiner Naivität betete er, während er Feuer machte und die Milch zusetzte, fortwährend: „Herr vermehre sie! Herr vermehre sie!"

Als die Milch den Siedepunkt erreichte, das benützte Geschirr immer mehr füllte und endlich über den Rand auf die heiße Ofenplatte zischend herabfloß, glaubte der Einsiedler, sein Gebet sei erhört. Bei dem Zischen und Dampfen bekam er aber Angst und während er dem Überlaufen des kostbaren Getränkes zu wehren suchte, betete er wieder: „Herr, ich bins nicht würdig! Herr ich bins nicht würdig!" Bis er das Geschirr vom Feuer wegbrachte, war der Inhalt auch fort.

Der schlaue Honigbirnendieb

Der Rauscherbauer schüttelte in seinem Garten den Henglbirnbaum (Honigbirnbaum), daß die kleinen und zum Teil schon teigigen Früchte nur so auf die Erde herniederprasselten. Einige Kinder klaubten die zuckersüßen Birnen in Körbe und brachten sie zum Backofen, aus dem eben frisches Brot duftete.

Am Zaun standen zwei Buben und sahen sehnsüchtig durch dessen Lücken. Aber der Bauer verstand ihre begehrlichen Blicke nicht oder er wollte sie nicht verstehen.

Im Weitergehen sagte der Sepp: „Du, Hias, dem neidigen Tropfen holen wir heute Nacht die Hutzeln aus dem Backofen."

„Ja, Sepp, das tun wir", erwiderte darauf der Hias.

Inzwischen war das Brot im Ofen gar und von der Magd herausgenommen worden. Die Bäuerin brachte nun eigenhändig die Birnen in den Ofen. Einen Backkorb voll um den anderen schleuderte sie mit großer Geschicklichkeit zum Backofenloch hinein und räumte die Früchte dann mit der Backkrücke eben, daß sie gleichmäßig auf die noch heiße Herdstatt zu liegen kamen. Dann schloß sie das Ofenloch und das Zugloch mit feuchten Strohbüscheln, damit die Hitze nicht so leicht entweichen konnte und überließ die Birnen der Trocknung.

Der Abend war angebrochen. Hias und Sepp schlichen um den Hof, um ihren Plan auszuführen. Sie brauchten keine Angst vor dem Hofhund zu haben, denn dieser war erst kürzlich eingegangen. Aber immerhin mußten die Burschen warten, bis das Licht ausgelöscht war und die Leute sich zur Ruhe begeben hatten. Es könnte ihnen leicht jemand in die Quere kommen? Endlich war alles ruhig auf dem Hof. Nun glaubten die Diebe, ihre Stunde wäre gekommen. Sie räumten die Strohwische von den Löchern des Backofens weg und warteten noch ein Weilchen, bis die Dämpfe aus dem Ofen entwichen waren.

Nun kroch zuerst der Hias in den Backofen. Es war noch ziemlich heiß darin, aber man konnte es einige Zeit darin aushalten. Hastig stopfte er von den lockeren, schon etwas getrockneten Birnen in einen mitgebrachten Sack. Der Sepp stand einstweilen auf der Lauer, um seinen Kumpel zu warnen, falls eine Gefahr nahen sollte.

Da tauchte plötzlich der Rauscherbauer beim Backofen auf. Er hatte noch einen Rundgang durch den Hof und Garten gemacht, um sich zu vergewissern, ob alles in Ordnung wäre. Dabei hatte er die beiden Gauner bemerkt und freute sich nun, sie erwischen zu können.

„Ihr Spitzbuben! was gehn euch meine Hutzeln an?" schrie er und griff schon nach dem Sepp. Doch der war schneller und mit ein paar Sprüngen war der Sepp im Finstern verschwunden. An eine Verfolgung konnte der Bauer nicht denken, wußte er doch den eigentlichen Dieb noch im Backofen. Er bückte sich hernieder zu der finsteren Öffnung und rief hinein: „Bürschlein, komm heraus, sonst mach ich's Türl zu und Du kannst dann die ganze Nacht drinnen bleiben und meinetwegen ersticken."

Der Hias aber zögerte mit dem Herauskommen, wußte er doch, daß eine Tracht Prügel sein Lohn wäre. Und dann, die Schande! die Schande!

Da kam ihm ein rettender Gedanke.

„Sepp, geh weg, laß mich hinten naus!" schrie er, so laut er konnte.

Durch diesen Ruf ließ sich wirklich der Bauer täuschen. Er eilte um den Backofen, als ob in dessen Rückseite auch eine Öffnung wäre, um hier den entweichenden Spitzbuben abzufangen. Aber vergeblich suchte er nach dem Loch. Da ging ihm ein Licht auf, so groß wie ein Scheunentor. Bis er aber nach vorne hinkam, war der Hias schon längst mit seiner Beute verschwunden. Ein schallendes Gelächter hörte er noch. Der Bauer wetterte noch eine Zeitlang nach der Richtung, woher dieses kam. Dann beruhigte er sich wieder.

Fröhlich die warmen, süßen Birnen schmausend zogen die Lausbuben ab. Ihre Beute war zwar nicht recht groß, aber sie waren zufrieden und dachten nicht daran, noch einmal zurückzukehren.

Die Geschichte sprach sich bald im Dorf herum und der Gefoppte wurde nicht wenig gehänselt wegen seines Backofens mit den zwei Öffnungen.

Der „Dümmste"

„Zu gering ist kein Ding, selbst kein Pfifferling!"

Diese Lebensweisheit brachte der Bachleitner Xaver beiläufig und ungewollt in Erfahrung, als er die letzte Klasse der Volksschule in Kraith besuchte. Er zählte zu jenen Schülern, denen bedauerlicherweise recht eindringlich angedeutet wurde, daß sie ein Pfifferling sind und somit irgendwo in der letzten Bank ein ungestörtes Dasein fristen dürfen.

Dem Xaver ging diese Tatsache nicht sehr zu Herzen, was für ihn wiederum ein Vorteil war, sonst wäre ihm die Einsicht von der Unzulänglichkeit und den Irrtümern des menschlichen Lebens für immer verwehrt geblieben.

Es kam jedoch so, daß er sie mühelos und ohne Mißbehagen gewinnen konnte. Diesen glücklichen Umstand verdankte er genau genommen seinem Lehrer, der auf Umwegen in Erfahrung bringen konnte, daß der Schulrat beabsichtigte, der Volksschule in Kraith einen Besuch abzustatten. So harmlos das Vorhaben auch sein mochte, es bewirkte aber, daß der Lehrer für diesen Tag gewisse Vorkehrungen traf, an dem der Schulrat kommen sollte. Xaver hatte sich wie üblich auf seinen Platz gesetzt und war bestrebt, seinen Mitschülern in keiner Weise nachzustehen. Darüber empfand er eine gewisse Freude und Selbstzufriedenheit, die aber jäh dahinschwanden, als ihm sein Lehrer zu verstehen gab, der Xaver könne heute ausnahmsweise einmal dem Unterricht fernbleiben und dem Vater bei der Arbeit helfen. Dieser unmißverständlichen Aufforderung nachkommend, packte er seine Schulsachen zusammen und verließ erstaunt das Klassenzimmer. Den Lehrer jedoch peinigten schwere Gewissensbisse, als sich hinter dem Xaver die Türe geschlossen hatte.

Unterdessen marschierte der Xaver unbeschwert heimwärts. Es lag ihm fern, tiefgründige Betrachtungen darüber anzustellen, warum er ausgerechnet heute vom Unterricht beurlaubt worden war. Vielleicht ... Er führte diesen Gedanken nicht zu Ende, denn seine Aufmerksamkeit galt nun einem PKW, der ihm auf dem holprigen Feldweg entgegenfuhr. Er trat auf den Fußsteig hinaus, um die schmale Fahrbahn nicht unnütz zu verengen. Gerade in diesem Augenblick begann das Vehikel zu bocken. Der Motor streikte und stotterte, die Auspuffgase knallten. Dann stand der Wagen still. Ein verdammt altes Baujahr! stellte der Xaver interessiert fest und hockte sich abwartend am Wegrand nieder. Im gleichen Augenblick entstieg dem Wagen ein älterer Herr. Er wischte sich den Schweiß von der Stirne, hob seufzend die Motorhaube hoch, schüttelte alsbald verärgert den Kopf und ging dann sichtlich ratlos einmal um den Wagen herum. Dann winkte er den Xaver zu sich her. „Du könntest mir einen Gefallen erweisen, Bub! Wie heißt Du denn überhaupt?"

Der Xaver war aufgestanden und nannte seinen Namen. „Lauf einmal rasch ins Schuldorf hinüber und bitte den Herrn Lehrer, daß er meinen Wagen mit einem Bulldog abschleppen läßt. Sagst, ich bin der... Kennst Du mich überhaupt?" Der Xaver schüttelte den Kopf.

„So!" sagte darauf der Herr und musterte kritisch die Schultasche, die recht verlassen am Rangen lag. Unter diesen Blicken wurde dem Xaver die Kehle trocken, denn ihm schien plötzlich klar zu werden, wer dieser Herr war und warum heute der Dümmste nicht in der Schule sein durfte.

So ein Pech! Von einer plötzlichen Eingebung übermannt, zog er seine Mütze und sagte Grüß Gott! Ihm war nicht wohl zumute. Er konnte nicht zu seinem Lehrer, der ihn für heute loshaben wollte, hingehen und sagen, der Herr Schulrat schicke ihn... Mein Gott, was sollte er bloß tun? In diesem Augenblick wurde ihm bewußt, daß er nicht der Dümmste war. So sagte er also treuherzig:

„Unser Nachbar ist Schlosser und ich habe schon oft zugeschaut, wie er Autos repariert. Ich hab schon viel von ihm gelernt und wenn es Ihnen recht ist, so schau ich einmal nach, was dem Wagen fehlt". Der Schulrat zog die Augenbrauen hoch und wunderte sich insgeheim über das Selbstvertrauen des Buben. Der Vorschlag des Xaver jedoch reizte ihn und er sagte ihm die Ausführung zu. „Zeig' halt, was Du kannst!" Wie strahlten die Augen des Schülers!

Das Werkzeug wurde ausgepackt und der Motor untersucht. „Der Vergaser ist verstopft", sagte der Xaver fachmännisch, zog aus seiner Joppe ein Roßhaar und säuberte die Düse. Der Schulrat stand dabei und räusperte sich des öfteren. Das tat er immer, wenn er eine neue Überzeugung sich zu eigen machte.

„So, - jetzt probieren Sie einmal!" Ein Druck auf den Startknopf! Der Motor heulte auf und lief dann ruhig weiter. Der Xaver strahlte. „Bravo!" sagte der Schulrat, nahm die Brille ab und polierte umständlich die Gläser. Dann beugte er sich leicht aus dem Wagenfenster und fragte leise:

„Warum bist Du denn heute nicht in die Schule gegangen, Xaver? Hast vielleicht... Bist gar ein Schwänzer?"

„Nein!" verteidigte sich der Xaver heftig. „Aber der Dümmste!"

Ein Daimler Benz, das Prunkstück der Amberger Feuerwehr

Ein Feuerwehrauto war einmal ein Prunkstück der Stadt Amberg, man erzählte sich, daß es von Daimler Benz Ende des Ersten Weltkrieges als Ausstellungsstück nach Konstantinopel (Istanbul) geschickt werden sollte, aber der rührige Feuerwehrkommandant, der Besitzer vom Café Central in der Georgenstraße, erwarb das gute Stück für die Stadt; es war ein Prunkstück aus schwarzem Lack, roten Rädern, blitzendem Messing mit großer, laut bimmelnder Glocke, besetzt mit einer Bürgerwehr mit beachtlichem Umfang der Taille.

Das war ein großer Aufzug bei der Ausfahrt, doch da war ein Haken: das gute Stück blieb meist schon nach wenigen Kilometern mit einem Defekt liegen. Es brannte ja nach dem Ersten Weltkrieg „gern" in Hirschau und Umgebung, da war dann in Neumühl (Stadt Amberg) meistens die Fahrt zu Ende. Und die zu Fuß heimkehrende Mannschaft brauchte keinen Kommentar zu liefern.

Aber die Amberger waren doch sehr stolz auf das gut aussehende Stück. Und der Neid der ländlichen Feuerwehren auf das Auto war zwar bedeutend, aber ihre pferdegezogenen Pumpen kamen wenigstens immer an den Brandort, was von den Ambergern nicht immer sicher zu sein schien.

Die letzte Beichte der Ehefrau

Winter! Verschneit waren Wald, Berg und Tal, verhangen der Himmel, darunter dehnte sich die weite, weiße Fläche, glanzlos und öd. Hoch am Berg lag einsam der Hof. Der Bauer stand unter der Tür und blickte gegen das Tal. Kein Weg war geräumt. Es wird Schnee geben, dachte er und ging mit schweren Schritten zum Schuppen. Drinnen in der Stube wimmerte seine Frau und lag im Sterben. Und nun wollte sie beichten, noch einmal. Eine schwere Sünde lag ihr auf der Seele all die Jahre und die müsse weg von ihr, eher könne sie nicht sterben, sagte sie.

Bis der Bauer den Pfarrer aus dem Tal holen konnte, vergingen Stunden und so lange dauerte es mit ihr nicht mehr. Drum zog er den schweren Holzschlitten aus dem Schuppen und schob ihn vor die Haustür. Dann packte er das Bett der Kranken darauf und trug seine Frau selbst heraus und bettete sie auf den Schlitten. Zwei-, dreimal schlang er das Seil um den Schlitten und zog den Knoten fest an, daß der Strick tief in die Kissen schnitt, damit das Bett mitsamt der Frau nicht abrutschen konnte.

Dann zog er seine Frau zu Tal, zur letzten Beichte.

Still war es, die Vögel hatten sich versteckt. Wege, Steine, Erdrinnen waren tief verschneit, als wollten sie nichts mehr sehen von dieser Welt. Nur die Spitzen des Jungholzes, durch das ihn sein Weg führte, hoben sich aus dem Schnee. Keines Menschen Tritt war vor ihm hier gestapft, wie unentweiht lag die weiße Schneedecke vor dem Mann. Knietief sank er bei jedem Schritt ein, schwer stemmte er sich nach rückwärts gegen den Schlitten. Nichts war zu hören, nur das gedämpfte Stapfen des Mannes und sein Keuchen, wo er so zog, und seine Frau stöhnte hin und wieder leise auf.

Als sie den halben Weg hinter sich hatten sagte die Frau schmerzhaft: „Bauer, ich komm nicht mehr bis zum geistlichen Herrn."

Der Mann hielt einen Augenblick an, wischte sich den Schweiß von der Stirn und wollte weiterziehen.

Doch sie sagte: „Ich komme nicht mehr hin, ich muß sterben," und wimmerte leise. „Beichten muß ich noch, oder es ist alles zu Ende!"

Da hielt er inne, setzte sich zu ihr auf den Schlitten und sagte: „So beicht' mir. Denk, ich bin der Herr Pfarrer. Unserm Herrgott wird es wohl recht sein, und ich kann ja nachträglich hinabgehen und kann dem Pfarrer alles ausrichten."

Sie wollte nicht. „Nein," sagte sie und zitterte, denn gerade das wollte sie nicht.

Dann aber, sie hatte nicht mehr viel Zeit, richtete sie sich mit Mühe in die Höhe, stützte sich auf die Ellbogen und beichtete. Trostlos war es still um die beiden, sie waren allein wie in einer Schneewüste und es schien, als wäre die ganze Welt ausgestorben, außer den beiden. Ein Pfahl, von dem die Wegtafel längst vermorscht zu Boden gefallen war, ragte neben dem Schlitten in die Höhe und auf ihn mußte der Bauer blicken. Er hatte die Pelzmütze abgenommen und preßte sie an die Brust. So saß er neben seiner Frau.

Und diese beichtete: „Ich armer, sündiger Mensch", sprach sie, wie in der Kirche und sagte: „Die Kathrin", setzte ab und begann von neuem, jedes Wort würgte und wollte nicht hinaus, doch hinter ihr stand der Tod und kannte kein Erbarmen, und sie fuhr weiter fort: „Die rote Kathrin hab' ich vom Hof gejagt, damals, als sie am andern Tag im Mühlbach lag. Mit dem Hund hab' ich sie gejagt."

„Weib!" wollte er schreien und sie schütteln. Er tat es nicht, er saß unbeweglich und preßte die Mütze zwischen den Fäusten. Er hatte nichts vergessen, trotz der vielen Jahre, die dazwischen lagen. Die Kathrin war Dirne bei ihnen, er war im Dorf gewesen und als er nach Hause kam - eine Sturmnacht war, daß der Wind sogar das Tosen des Wildbachs verschlang - war sie fort. Am anderen Tag zogen sie sie aus dem Bach. Er glaubte, seinetwegen wäre sie ins Wasser, denn sie trug ein Kind von ihm. Seine Frau brachte ihm keine Kinder. Schwer sank der Kopf des Mannes auf die Brust.

„Das Kind!" keuchte hinter ihm die Frau. Also wußte sie davon und er dachte, sie ahne es nicht. „Bauer," flüsterte die Frau, hatte die hageren Hände bittend erhoben und klagte weiter. Was sie im Leben verschwiegen hatte, preßte ihr der Tod aus.

„Sie wollte nicht gehen. Und der Hund faßte sie nicht an, obwohl ich ihn hetzte. Da schlug ich ihn, aber er packte sie doch nicht und verkroch sich. Da sagte ich, Du wolltest es so, da ging sie."

So also war das damals gewesen. Und er klagte sich darüber an, zwang es nieder und konnte doch nicht zur Ruhe kommen all die Jahre.

„Sie ging sehr langsam", sagte die Frau noch. Nun hatte sie mit dem Sprechen begonnen, nun wollte sie alles sagen. „Ich dachte schon, daß es ein Unglück geben würde. Aber ich hab' sie nicht zurückgerufen. Nein," sagte sie, „ich hab' sie nicht zurückgerufen," und die bittere Entschlossenheit von damals war jetzt noch in ihr.

„Bauer!" bettelte sie, sank zurück, murmelte das Reuegebet und verstummte.

Da wendete er sich zu ihr, strich ihr mit der zittrigen, abgearbeiteten Hand über das runzelige Gesicht, machte das Zeichen des Kreuzes über sie und sagte: „Ich sprech' Dich los, absolve te," wie er es vom Priester oft genug gehört, und sie lächelte schwach und starb.

Er saß auf dem Schlitten in der großen Einsamkeit des Winters neben der Toten, die ein

Leben lang geschwiegen, immer mit der Sünde auf der Brust. So waren sie nebeneinander hergegangen, hart, verschlossen, jedes für sich.

Endlich erhob er sich, klopfte von einem Weidenast den Schnee, schnitt ein Zweiglein ab und drückte es ihr zwischen die erstarrten Finger. Ein anderes legte er darüber zur Kreuzesform. Darauf wendete er den Schlitten und zog ihn langsam und müde den Berg hinauf, dem Hof zu. Dort bewahrte er sie auf, wie es sich gehörte und ging dann in's Tal, um den Pfarrer zu holen, den Gemeindeschreiber und die Verwandten zu benachrichtigen und drei Tage später brachten sie die Tote in's Tal, um sie zu beerdigen.

Inzwischen hatte es zu schneien begonnen, die Flocken sanken nieder und breiteten leise, leise auch über den Schlitten und die Frau auf ihm ihre weiche, weiße Decke wie über die Felder, über den Wald, den vereisten Bach und über die klaffenden Schollen.

Der Schwarzhörer

Der Girglbauer hatte sich während des 2. Weltkrieges ein Radio gekauft. Und als die Sondermeldungen von deutschen Siegen immer seltener wurden, hatte er einmal schwarzhören wollen, um etwas über die wirkliche Lage an der Front zu erfahren.

Aber das Schwarzhören war verboten und wurde streng bestraft. Erwischen durfte man sich dabei nicht lassen.

Der Girgl stellte am Abend, als er mit der Bäuerin allein in der Stube war, einen verbotenen Sender ein - nicht zu laut und nicht zu leise - und sagte zu seiner Frau:"Rosl, öitza geih i amal assi und hurch am Fensterloud'n, ob ma wos vasteäht." „Is scho recht", sagte die Rosl. Der Bauer ging hinaus; die Bäuerin hockte sich vor das Radio und lauschte. Als der Girgl eine Viertelstunde und länger nicht zurückkam, schaute die Rosl nach ihm um. Sie fand ihn vor dem Fenster der Länge nach auf dem Boden liegen wie tot. Erschrocken beugte sie sich zu ihm hinunter. Gott sei Dank, er schnaufte noch! Aber weg war er, ganz ohne Bewußtsein. Er gab keine Antwort auf Rosls angstvolle Anrufe.

Kurzentschlossen holte sie Wasser und goß es ihm über den Kopf. Das wirkte! Prustend und schimpfend rappelte sich der Bauer auf und wankte - unterstützt von seiner Frau - ins Haus. Aber wie sah der Girgl aus! Auf dem Scheitel hatte er ein Riesenhorn; die Kopfhaut war aufgeschnappt; zwischen den Haaren klebte geronnenes Blut.

„Ja, Girgl, wos houst denn g'macht?" fragte die Rosl.

„I woiß gour nix", beteuerte der Bauer, „wia - r - i so dasteih und hurch, kriag i af oimol an Schlag, daß i zammgrumpt bi - und weita woiß i nix".

„Na aber so wos!" jammerte die Bäuerin. „Dou mou i glei wos iberschlog'n".

Sie goß essigsaure Tonerde in eine Schüssel Wasser, tauchte einen Lappen ein und betupfte damit Girgls Schädel. Dann legte sie nasse Tücher auf und wechselte sie nach einiger Zeit.

Der Girgl ließ sich die Behandlung brummend gefallen, trank aber zwischendurch ein Stamperl Kartoffelschnaps und noch eines, weil ihm so schlecht war.

Am nächsten Morgen zeigte sich der Schaden ziemlich verheilt. Auf den Kopf durfte sich der Girgl aber nicht langen, da war alles noch ganz pelzig.

Nach dem Füttern ging der Girglbauer über den Hof. Da wurde er vom Nachbarn angesprochen, der mit den Armen breit auf dem Zaun lehnte: „Höih, Girgl", schrie er, „gestern Nacht hot öiner an Dein Fensterloud'n g'hurcht. Aber dem hob i Dir oine affizund'n, Freunderl!"

Wenn Blinde sehend werden

Ein alter Mann betrat unsicheren Schrittes das Geschäft des Optikers in der kleinen Landstadt: „A Augnbrilln brauchet i halt, es is vielleicht eine Hochfahrt von mir alten, abgelebten Bauernmenschen, kennts mi ja, i bin der Hansenlenzmirtl vo da Arzgruabn, bin guat glernt gween vo da Schul her, sechsmol habns mi zum Burgamoasta gwählt - jetzer kann i aba den allergröbern Druck nimmer lesen - und wenn i mi so eine Weil plag mit ein bißl Druckdn, kriag i Enk allmal so grausame Wehtagn in Schädl, ha', habts dann aa so starke Gläser für meine altn Augn?"Der Optiker - er war nebenbei auch noch Hutmacher und verkaufte so dazwischen auch warme Hausschuhe und „prima Schuhkrem", ließ den alten Mirtl Glas um Glas probieren und hielt ihm zu jedem Glas auch geduldig die Zeitung hin, - bis dieser endlich zufrieden war: „Hätt net glaubt, daß es in meinen alten Tagen noch a Hilf gabat für mein miserables G'schau! Und noch dazua wo wohlfeil, für a paar Markeln. Da geh i aber jetzt gleich und kauf mir a Zeitung! Da wird meine Alte froh sei, wenns heut auf'd Nacht hört, was's Neuchs gibt in der Welt!" Bei der Ladentür drehte sich der Mann um: „Da fallt ma grad eppes ei: Mei Alte daheim, die hat ja noch a viel schlechters G'schau als wia i! Und grad die brauchat a Hilf für ihre Augn! Die macht Enk beim Kochen einen Mißgriff nach'n anderen, - sie zuckert, wenns salzen sollt, die schütt'n Essig in die Lampen und's Petrol in Salat - und den waschts mer ja eh net sauber aus und laßt alle Würm und Schneckn drin - und amal hat's mer denn net'n Brisil ei'kocht anstatt'n Kaffee? Es is a helligs Kreuz mit ihr: Ja, die bring i moargn her. Die muaß aa a Brilln kriaan!"

Gleich am nächsten Tag waren die zwei alten Leute schon im Laden des Hutterers und Optikers. Die Ehefrau sah recht blind und blöd drein und war ganz unbeholfen über die drei Staffeln hinaufgestolpert. Als sie jedoch die richtige Brille auf der Nase sitzen hatte, da überzog ihr bisher mürrisches und ungläubiges Gesicht ein heller Schein, gerade, als ob das neugewonnene Licht aus ihrem Innern zurückstrahlte.

Dann aber sah sie sich im Laden nach allen Seiten um, als ob sie jemanden sucht: „Ja, sagst mer amal, wo is denn mei' Mann jetzer auf amal hing'ratn? Er is ja gar net zu sehn da?" Da meldet sich der Vermißte: „Aber, Kathel, i steh ja neben Dir! Kennst mi epper nimmer?"

„So, Du bist es, Du alter Krauterer? Du dreckete Schnupfnasen? Na, Dich han i mer viel schöner vorg'stellt! Das hab i jetzt vo derer teuern Brilln!"

Nicht verlegen

Ein ABC-Schüler führte sich in der Schule etwas geräuschvoll auf. Der Lehrer wies ihn entrüstet aus dem Klassenzimmer. Während der Bub nun draußen stand, kam zufällig der Schulrat in das Schulhaus. Er fragte sofort den kleinen Lausbub, warum er heraußen stehen müsse. Der schaute den Gestrengen ganz harmlos an und sagte: „Weil's drinnen stinkt!"

So ein Pech beim Schwammerlsuchen

Die Sommerferien waren angebrochen und der alte Wurzinger hatte noch weniger zu tun als Karl. So saßen die beiden eines Abends geruhsam auf dem wackligen Hausbankerl und schauten zum Wald hinüber.

„Man möcht's nicht glauben, was so ein Regen ausmacht", sagte der Wurzinger vor sich hin und wackelte mit dem Kopf. „Schau nur hin, Bua! Die Wälder dunsten wie ein abgerackerter Ackergaul. Und pfeilgrad in der Schwarzlach wurlts am meisten. Ich moan, ich moan...."

„Was meint Ihr, Vetter Lenz?" fragte Karl neugierig und rückte näher an ihn heran. „Der Mond wachst auch recht schön, die Mücken spielen und tanzen, ich moan, daß sie jetzt wachsen müssen, die Schwammerl..."

„Ich glaube, daß sie noch nicht wachsen, sonst hätte doch schon jemand..."

„Schmarrn da!" unterbrach er Karl. „Die wissen alle die richtigen Plätze nicht. Morgen gehen wir zwei miteinander in die Schwammerln, Bua!" So geschah es auch.

Als sie am Waldsaum angekommen waren, blieb der Wurzinger stehen, blinzelte einmal nach rechts, dann nach links und zerrte den Rucksack vom krummen Buckel.

„Setz Dich hin, Bua," sagte er halblaut und deutete mit der Schuhspitze auf einen Moosfleck. „Jetzt machen wir zuerst einmal Brotzeit, verstehst?" Er bandelte den Rucksack umständlich auf und langte Karl einen Ranken Rauchfleisch und ein Stück Brot herüber. „In Gottsnam, laß Dir's schmecken! Mit einem leeren Magen kann man eben keinen Schwammerling nicht finden. Und daß ich das auch noch sag: Steck das Schnappmesserl weg, wenn wir das Suchen anfangen und tu keinen Nieserer nicht, sonst verstecken sich die Pilzling und wir finden nicht einen einzigen...."

Die weisen Regeln hatten die beiden ernsthaft und sorgsam befolgt und fanden trotzdem keinen einzigen Schwammerling! Als sie mit den leeren Rucksäcken bereits wieder am Heimweg waren, blieb der Wurzinger am Waldsaum stehen und flüsterte erregt: „Da schau hin, Bua!" Während der Karl nun angestrengt auf den Waldboden hinstarrte und nichts als Heidekraut entdecken konnte, zog der Wurzinger seine Schnupfdose aus dem Hosensäckl hervor und tat einen kräftigen Schnupfer. Und einen Nieserer obendrein! „Siehst noch immer nichts?" fragte er noch überlegen und schob das Blattwerk einer jungen Buche zur Seite. „Ja, Herrschaftszeiten!" Stand dort ein herrlicher Steinpilz! Voll Freude bückte Karl sich nieder und strich dem Schwammerling liebevoll über den dunkelbraunen Hut. Karl hatte es wirklich gut mit ihm gemeint, er fiel jedoch vor Schwäche um.

„Vetter Lenz", stotterte Karl enttäuscht, „wurmstichig ist er vom Kopf bis zum Fuß!" Der Wurzinger tat einen unschönen Ausspruch und pfiff dazu leise durch die Zähne. „Macht nichts, Bua! Grad den brauchen wir", meinte er spitzbübisch und nahm den altersmorschen Pilzling vorsichtig und behutsam in die Hand. Dann gingen die Beiden schweigsam den Hang hinab und hockten sich am Wegrand nieder.

„Die schönste Freud is allweil noch die Schadenfreud, Bua", begann der Wurzinger seine Überlegungen. „Und dieselbe gönnen wir den anderen nicht, verstehst?" Karl verstand ihn nicht gleich. „Jetzt paß gut auf: Dort im Straßengraben liegen halbgrüne Äpfel. Die hat der Wind herabgerissen. Mögen tut sie doch keiner, weil sie Magendrücker sind. Die klaubst jetzt auf und machst den Rucksack damit voll. Ich hol derweil ein Schlangenkraut, das legen wir drüber. Hast mich?" Nun hatte Karl seinen Plan durchschaut und der Schalk saß ihm im Genick.

„Recht hart sinds und schwer sind sie auch, die Schwammerln", witzelte der Wurzinger, als er einen Haselstock durch die Rucksackträger steckte. „So, jetzt pack an. Ich vorne weg, du hatschst hintendrein. So a Pech, so ein gräusliches Pech", balferte er immer wieder und wischte sich den Schweiß von der Stirn.

Um die Mittagszeit kamen die Beiden daheim an. Der Wurzinger präsentierte den Wurmstichigen so auffällig in der Hand, daß jeder seine äußere Pracht sehen und bewundern konnte. Die Dorfbewohner blieben stehen und staunten über die vermeintliche Schwammerllast. „Ja, gibts denn des aa? So viele Pilzlinge! Ein ganzer Rucksack voll! Und wie schön der ist. Grad zum anbeißen! Na ja, die dümmsten Bauern..."

Der Wurzinger legte sich mächtig ins Zeug und gab jedem bereitwillig Auskunft über die unwahrscheinliche Wachstumsfülle der Pilze. Am Abend ging die Fragerei im „Ochsen" weiter. Sogar der Schafkopf wurde unterbrochen, nachdem der pensionierte Postsekretär einen narrensicheren Solo vor lauter Hinhören verspielt hatte. Die meisten Gäste brachen heute früher auf als sonst, denn jeder wollte am anderen Morgen frisch und munter sein, wenn er auf die Schwammersuche ging. Und so geschah es auch.

Der Wurzinger hockte schon in aller Herrgottsfrühe am Fenster, grinste hinterkünftig und sah zwischen den gesteckelten Vorhängen auf die Straße hinaus. Er wollte jeden sehen und er sah sie auch, die hineinzogen in die Schwarzlach, um den Schwammerlsegen zu genießen. Gegen Mittag kamen sie dann wieder zurück, beladen mit Rucksäcken und Taschen und jeder strahlte über das ganze Gesicht, denn in dieser Nacht waren sie wirklich gewachsen, die Schwammerln.

„So ein Pech, so ein gräusliches Pech", murmelte der Wurzinger immer wieder vor sich hin und nahm verdrießlich eine Prise Schnupftabak.

Ein Weidener Landgerichtspräsident als Elektriker

Der sog. „Waldsassener Kasten" in Weiden wurde von 1739 bis 1742 erbaut. 1857 übernahm ihn die Justizverwaltung. In diesem Jahr wurden die Bezirksgerichte eingeführt. Regensburg, Amberg, Neunburg vorm Wald und Weiden wurden Sitz eines Bezirksgerichts. Das Weidener Bezirksgericht wurde im „Waldsassener Kasten" untergebracht, der bisher vom Forstamt benützt und durch einen Anbau wesentlich vergrößert wurde.

Mit Petroleumlampen und dann mit Gas behalf man sich. Erst nach 1900 bekam man elektrisches Licht.

Jedenfalls waren die elektrischen Leitungen Ende der 1920er und 1930er Jahre, als Dr. Schneider in Weiden amtierte, restlos „mürb" und wahrscheinlich schwer überlastet. Alle Augenblicke war es im Amtsgebäude finster. Doch der Präsident, ein ausgesprochener Praktiker, fand schnell die Schadstelle und reparierte sie vorerst nur provisorisch, damit weitergearbeitet werden konnte.

Am nächsten Tag wurde dann die Leitung „fachmännisch" - durch den Präsidenten - wieder endgültig repariert.

Eines Tages stand unser Landgerichtspräsident draußen auf dem Gang im ersten Stock, wie schon so oft, im blauen Monteuranzug auf der Staffelei und beschäftigte sich mit den elektrischen Leitungen, die natürlich damals noch „Aufputz" verlegt waren.

Plötzlich wurde er in der Arbeit gestört. Ein Besucher des Gerichtsgebäudes fragte den „Elektriker:" „Du, wo geht'sn da zum Präsidenten?"

Der Elektriker-Präsident nahm das Du sofort an und wies den Frager an die Tür des Präsidialbüros, dann stieg er von der Staffelei herunter, ging in sein Vorzimmer und fragte den „Petenten": „Was willst'n vom Präsidenten?" Dieser gab zur Antwort: „Das gehört Dir einen Dreck an, dös sag i nur dem Präsidenten." Dr. Schneider: „Der Präsident, dös bin ich, wenn'st es net sagen willst, dann laßt es bleiben."

Der ratsuchende Bürger bekam seine Auskunft und schied zufrieden aus dem Amt, verwundert allerdings, was so ein Landgerichtspräsident alles können muß - nur damals!

So war er, der Philosoph, Landgerichtspräsident und Elektriker Dr. Schneider.

Man soll nichts verschreien!

Ein eigenartiger, verbürgter Fall aus der Zeit vom zweiten Weltkrieg. In einem oberpfälzer Dorf lebte um 1944 ein Mann, der ein verschworener Feind von allem Religiösen war und sich öfter, besonders in Bierlaune, äußerte: „Eher solln d' Hund' meine Boana im Dorf rumziahng, als daß mi no oans in der Kirch drin siecht!" Bei einem Bombenangriff wurde sein Haus von einer Sprengbombe getroffen und vollkommen zerstört. Er selbst wurde dabei so zerrissen, daß man buchstäblich am nächsten Tag die Stücke den Hunden abjagen mußte.

„Es war auch viel Heiteres dabei"
Erinnerungen eines Landarztes im Bayerischen Wald

Es trafen sich einmal zwei Jugendfreunde, einer davon war Arzt im Bayerischen Wald. Rückblickend meinte er, wie schwer es seinerzeit doch war. Allgemein-, Geburten- und chirurgische Hilfe mußten für einen Landarzt eine Selbstverständlichkeit sein.

Dazu kamen die Patientenbesuche, die Erschwernisse schlechter Straßen und Wege sowie die Unbilden der Witterung, wobei es vorkommen konnte, daß der Arzt, mit seiner Frau als Gehilfin, auf Skiern und in der Nacht beträchtliche Strecken zurücklegen mußte. „Aber", so meinte er schmunzelnd, „es war auch viel Heiteres dabei."

So erhielt er einmal einen Glückwunsch-Brief zum neuen Jahr, worin es in schlichter Einfalt hieß: „I opfer' Dir die heilige Kommunion auf und wünsch Dir über kurz oder lang die ewige Glückseligkeit."

Es gab manches Gerangel zwischen Arzt und Patient. So begann es einmal damit, daß einer nach dem Doktor rief, weil er einen tiefliegenden Abszeß am Hintern hatte.

Mit der Entscheidung des Arztes, vorerst noch eine Salbe aufzutragen, morgen würde er dann operativ vorgehen, war der Mann gar nicht einverstanden. „Etz glei muaß sei!" Wütend befahl er es. „Morgn brauchans erst gar nimmer kumma, wenns es etz net macha." Der Arzt ging, fand am nächsten Tag die Zimmertüre versperrt, klopfte einigemale energisch an, weil nur ein zorniges Murmeln zu hören war, und stieß die Verriegelung gewaltsam auf. Der Arzt erinnerte sich:

„Ich stand vor dem Bett, riß gewaltsam die Decke beiseite und schnitt mit dem Skalpell tief in den Abszeß, der nun auch reif war und bluteiterig ausfloß. Nach dem Verbinden gingen sie wortlos auseinander. Am zweiten Tag danach kam der Mann in die Sprechstunde, hatte einen Korb voll frischer Steinpilze mitgebracht und sagte: „Gell, Doktor, Du bist nimmer siere (böse), weil i so grob war."

Eine gutaussehende Frau saß einmal mit dickem Rock- und Strumpfzeug vor dem Arzt, der fragte, wo es denn fehle: „Doktor, i hab Frostbeiln." „Dann lassens einmal sehen!" Nach einer Weile: „Tuns den Strumpf runter!" „Na! - Na, des tua i net."

„Wenn ich Ihnen helfen soll, muß ich doch die Frostbeulen anschauen." Sie weigerte sich hartnäckig, den Strumpf auszuziehen und meinte schließlich verwundert: „Wieaso Dokter, hast denn Du noch koane Frostbeiln gsehng?"

Ein damals etwa 30jähriger Mann wollte zu einem Schwerbehinderten-Ausweis folgendermaßen kommen: Auf den verweigernden Bescheid des Arztes, da er doch jung und gesund sei, kam der Einwand: „Soll denn des net langa, daß i scho in der 5. Klasse aus der Schul kemma bin?"

In der Sprechstunde erzählte einmal die Lehrerin vom Buben des Brauereibesitzers, der eben erst eingeschult worden war. Am dritten Tag des Unterrichts stand er plötzlich auf, ging zur Türe, drehte sich herum und sagte: „So, etz geh i hoam, mit dirschts. 'S Bier vom Vater is besser, als des Wasser."

251

Daß die Achtung der Waldler mitunter mehr der Frau des Arztes, als ihm selbst galt, bewies ein Patient, der regelmäßig außerhalb der Sprechstunde kam, an der Zugglocke läutete und fragte: „Grüß Gott Frau Doktor, is der Müller da?"

Von den meistens verborgenen Leistungen einer richtigen Landarztfrau zeugt folgender Fall: Wegen einer Schulter-Luxation mußte dem Patienten die Narkose gemacht werden, wobei auftretende Töne von unten sich schnell als „Festes" und „Flüssiges" in der Hose entpuppten. Als der Mann wieder erwachte, gab er auch noch den Mageninhalt von sich, wobei der Frau des Arztes beileibe nicht alles in die Spuckschale prasselte. Die verschiedenen Gerüche schlugen sich selbst dem Arzt auf die Nerven, so daß, wie er berichtete, „ich schnell wegen Brechreiz hinaus mußte." Auch das herbeigerufene Hausmädchen konnte nur noch die Hand vor den Mund halten, sich umdrehen und zum Clo laufen. Ausgehalten hat es allein die Arztfrau. Sie geleitete den Patienten zuletzt noch hinaus zum Auto, wo die Angehörigen warteten. Dann holte sie Putzeimer und Lappen und machte alles sauber. Dabei war sie im siebenten Monat schwanger.

Während des Zweiten Weltkrieges erhielt der Arzt von Landwirten öfter Naturalien. Gerade, als er in einem Bauernhof Eier verpackte, sah er, daß draußen der Preiskommissar (Polizeibeamter) vorbeifuhr. Die Fahndung nach Hamsterern und Schwarzhändlern war streng. Besorgt wandte sich der Arzt an die Bäuerin. Die aber lachte nur und beruhigte ihn: „Wenn der fragn sollt, woher sie die Eier habn, sagns bloß, de hob i do her, wo Sie's aa holn."

Es war kurz nach dem Zweiten Weltkrieg, als der Arzt und die Hebamme eine lange Nacht in einem Bauernhaus bis 6 Uhr früh auf das Kind warteten.

Beim ersten Schrei des Neugeborenen kam die Mutter der Wöchnerin glückstrahlend mit einer Einladung zu einem Bohnenkaffee herbei. Beim verlockenden Duft nahm die Oma aus der Schlüsselrehm eine Tasse und aus ihr wieder ihr Gebiß -, goß das Wasser aus und den Kaffee hinein.

„Ich stärkte mich halt dann am Duft des Kaffees und gab den Inhalt der Mehrzwecktasse im geeigneten Augenblick an die Blumen am Fenster weiter," meinte schmunzelnd der Arzt.

„Bei einem Freund in der Nähe wurde man öfter zur Geselligkeit und einer Flasche Wein eingeladen," erinnerte sich der Arzt mit Vergnügen, und zwar wegen der im gastlichen Haus geführten Weinsorten „FU" und „FA", was auch gut sichtbar auf dem Etikett zu lesen war. Antwort auf die Frage: „Wißt Ihr, FU trinken wir mit unseren Freunden und Weinkennern. FA bekommen die Anderen."

In einem schneereichen Winter sprang dem Doktor in einer Hohlgasse plötzlich ein Bub vor das Auto. Es krachte, der Bub war verschwunden, war aber dann wieder schnell auf den Beinen. Der Arzt fragte ihn besorgt, ob ihm etwas fehle, er sagte: „Mir feiht nix, ober in'd Hosen hob i gmacht."

Eines Tages brachte ein Mann seine Frau, die starke Blutungen hatte. Diagnose: Abgang! Eine sofortige Ausschabung wurde fällig, bei der der Mann bleiben wollte.

Dagegen war nichts einzuwenden, zumal er im Krieg Sanitäter war. Die Frau zählte in der Narkose „22 - 25 - 20," dann wurde der Mann blaß, ging in die Knie, wurde vom Arzt gestützt und zur Seite gebettet und erwachte erst wieder, als es auch seine Frau tat.

Als einmal die Praxis geschlossen war, weil die Familie des Arztes in Urlaub ging, füllte sich nach der Rückkehr am ersten Tag das Sprechzimmer zum Bersten. Wie anstrengend dieser Tag war, meinte der Arzt, vergißt man. Aber eines war geblieben: die Erinnerung an eine Patientin, die vertraulich und anerkennend sagte: „Doktor, guat schaugst aus! Hast direkt a Muschei-Gsicht (Mondschein-Gesicht)."

Späte Ehrentänze

Es lebte einmal ein Ehepaar im unteren Vilstal, das schon 40 Jahre verheiratet war und dem es sehr schlecht ging. Der Mann hieß Girgl und seine Frau Nandl. Sie mußten täglich hart arbeiten, um überhaupt überleben zu können. Oft hatten sie nicht einmal genug Brot zu essen. Fleisch gab es bei ihnen nur, wenn ihnen gute Menschen solches schenkten, was nur zu Ostern und an der Kirchweih der Fall war. Als Wohnung diente ihnen eine Kammer, die in eine Felsenhöhle eingebaut war und hoch oben über den Häusern des Dorfes in einem Berg sich befand.

An einem schönen Herbsttag gingen sie miteinander in den Wald, um Dürrholz für den Winter zu suchen. Girgl schob mit beiden Händen einen alten, wackeligen Schubkarren, der unaufhörlich knarrte, weil er schon lange nicht mehr geschmiert worden war. Ein kleines Beil war daraufgebunden. Nandl trug auf dem Rücken eine Kirm und zog mit der Hand den Astreißer nach.

Als sie so dahingingen und von der bevorstehenden harten Winterszeit und von all der Not redeten, die sie seit ihrer Verheiratung zu ertragen hatten, sagte auf einmal seine Frau mit weinender Stimme: „Ich weiß jetzt schon, warum wir soviel Elend erdulden müssen. Wir haben, als wir vor 40 Jahren Hochzeit hielten, unterlassen, unsere Ehrentänze zu machen; darum haben wir auch gar kein Glück. Mein Basl, die Schinderin vom „Blauen Grund" hat's mir neulich selbst gesagt und die versteht's."

Unterdessen waren sie zu einer kleinen Waldwiese gelangt, die von gelbbelaubten Espen und Birken umgeben war, von denen ständig Blätter herniederfielen und sich wie Goldstücke auf die grüne Wiese legten.

Da meinte auf einmal der Girgl: „Wie wär's denn, Nandl, wenn wir da unsere Ehrentänz nachholen? Vielleicht wird's dann doch noch besser für uns."

„Ja", sagte die Nandl, „tun wir's; es könnt' ja leicht helfen und uns in unseren alten Tagen endlich einmal das Glück bringen, das uns alleweil abgeht und das wir so notwendig brauchen könnten."

Und Girgl stellte seinen Schubkarren seitwärts und Nandl legte daneben ihre Kirm und den Astreißer; dann entledigten sie sich ihrer schweren Holzschuhe, da in ihnen das Tanzen nicht gegangen wäre und die Frau steckte gar noch den Rock etwas hinauf, daß sie nicht darauf trat. Hierauf umfaßten sie sich, wie es ordentliche Brautleute machen und Girgl fing an zu pfeifen, wie er es als Junger gelernt und geübt hatte und dahin ging es auf der schönen einsamen Waldwiese.

Girgl, von neuer Hoffnung beseelt, pfiff und tanzte ganz ungestüm drauf los, daß seiner Nandl, da sie das Tanzen nicht mehr gewöhnt war, bald ganz zweierlei wurde und schließlich, während des dritten Walzers, ganz erschöpft bei einer Staude zu Boden sank.

Da sie unter ihrem Rücken etwas Hartes fühlte, sah sie eilig nach und erstaunte nicht wenig, als sie bemerkte, daß sie auf eine wohlgespickte Geldkatze gefallen war, die auf der Wiese lag. Die zwei alten Leute waren vor Freude ganz außer sich. Sie meinten nun in ihrer Naivität, der Himmel habe so ihren Wunsch erfüllt und prüften gleich den Inhalt der schweren Tasche und siehe, es waren Hunderte von harten Talern gangbarer Münze darin und in einem besonderen Täschchen noch eine Handvoll Goldstücke, wie sie solche noch nie besessen hatten. Die flimmerten noch schöner als das gelbe Laub auf der Waldwiese.

Als sie beide den Reichtum eine Zeitlang bewundert und sich daran erfreut hatten, packten sie den Schatz wieder in die Tasche und Girgl legte sie der Nandl in die Kirm. Freudig und dankbar gingen die beiden alten Leute weiter.

Bald darauf begegnete ihnen ein Metzger, der fragte sie gleich, ob sie einen Geldgurt gefunden hätten. „Ja", sagten ganz erschrocken die Zwei, „als wir unsere Ehrentänze machten, haben wir eine solche gefunden." „O, ihr alten Narren!" sprach nichtsahnend der Metzger weiter, „wenn ihr eine solche bei euren Ehrentänzen gefunden habt, so dürft ihr sie behalten. Um die wird sich niemand mehr rühren."

Darüber waren Girgl und Nandl sehr froh. Sie eilten glücklich nach Hause und legten dann den gefundenen und nun geschenkt bekommenen Schatz in ihre alte Truhe. Und weil sie auch weiterhin sehr fleißig arbeiteten, was in ihren Kräften stand und auch sparsam mit dem Geld umgingen, hatten sie davon zu leben bis an ihr seliges Ende.

Der Schlaumeier

Der Botengirgl stand bei allen Bäuerinnen und Müllersfrauen seiner Umgebung in großer Gunst. Brachte er ihnen doch nicht nur die zum Backen der Nudeln notwendige Hefe, sondern erledigte auch für sie allerlei kleine Aufträge in der gewissenhaftesten Weise. Zudem wußte er immer Neuigkeiten, immer auch etwas Lustiges und wenn er manchmal etwas dick auftrug oder einen kleinen Streich verübte, so nahm ihm das niemand krumm.

So einen kleinen Streich wollen wir kurz erzählen.

Die Müllerin zu Tr... hatte eben mit dem Girgl ihr Geschäft abgeschlossen; nun nötigte sie ihn, in der Hoffnung, etwas Neues von ihm zu erfahren, noch etwas dazubleiben.

Gern, sagte ihr der Bote, und setzte sich an den Tisch. Sie zog aus diesem die Schublade heraus, entnahm ihr den großen Laib Brot, legte ihn auf den Tisch, legte das große Brotmesser auf den Laib und rückte das Salzbüchslein daneben.

„Girgl, schneid Dir ein Brot runter!"

„Wo soll ich mir's herunterschneiden," fragte der schelmisch.

„Heut redst aber spassig, Girgl; schneid Dir's nur runter, wo Du magst."

„Du bist halt eine gute Seel', Müllerin," erwiderte Girgl, erhob sich rasch von der Bank, steckte den Laib Brot in die Kirm. „Schau, wenn's Dir gleich ist, wo ich mir das Brot runterschneid, so schneid ich mir's halt daheim runter. Gelt's Gott."
Draußen war er.
Verblüfft schaute anfänglich die Müllerin hinterher; als sie aber den Spaß merkte, lachte sie, daß ihr's Wasser in die Augen trat.

Die Berchinger und der Hecht

Die Berchinger fingen einmal in ihrem Stadtgraben einen großen Hecht. Als sie ihn mit vieler Anstrengung an Land gebracht hatten, schnappte er, wie es auch heutzutage noch die kleinen und großen Fische machen, ängstlich nach Wasser. Da meinten die herumstehenden Bürger, der Hecht wolle singen. Sie holten darum eiligst einen großen Vogelkäfig und brachten darin den vermeintlichen Musikanten unter. Im Saal des Rathauses hingen sie ihn auf.
Lange standen die Schlauen da und warteten auf den Klang des Fisches.
Erst als ihre Hoffnung sich nicht erfüllte, gingen sie kopfschüttelnd wieder von dannen. Deshalb wurden die Berchinger vor Zeiten viel gehänselt und heute noch steht des Hechtes Name in dem schönen Städtlein in so üblem Ruf, daß es nicht geraten sein soll, sich dort nach dem stummen Sänger zu erkundigen. Eine ähnliche Version wird auch den Bruckern nachgerühmt; es wurde aber kein Hecht sondern ein Karpfen für einen Sänger gehalten. Dieser war wahrscheinlich aus dem großen Bodenwöhrer Weiher fortgeführt worden und in Sulzbach bei Bruck auf eine Sandbank getragen, von der er nicht mehr flott wurde, bis ihn ein Bürger erspähte und ihn in seiner Unkenntnis statt in den Kochtopf in ein Vogelhäuschen steckte. Darum müssen die Brucker häufig hören, daß sie den Karpfen im Käfig haben.

Der faule Knecht Lippl

Der Knecht Lippl war kein großer Freund der Arbeit, wohl aber des Schlafes. Alltäglich mußte ihn sein Dienstherr wecken, daß er sich an seine Arbeit machen sollte. Einmal hatte der Eselbauer schon zweimal geschrien: „Lippl, steh auf!" Doch sein Weckruf war unbeachtet verhallt. Lippl gab nicht das geringste Lebenszeichen.
Da stieg der Bauer auf den Boden, beugte sich über den schlafenden Lippl und fragte besorgt: „Lippl! fehlt Dir was, kannst ebba niat aufsteh'n?" „I woaß's niat, i hob's no niat probiert," gab der endlich zurück, drehte sich auf die andere Seite und schnarchte wieder weiter.

Quellenverzeichnis:

Administrativakten, fasc. 389, Nr. 9681, Staatsarchiv Amberg
Amberger Zeitung 1949-1994
Bavaria, Bd. II.
Creta, E. J.: Selbstbiographie, (1715-1730)
Die Oberpfalz, 1907-1994
Francisei's Erasmus, „Höllischer Proteus", Staatsbibliothek München
Großes Saalbuch, Floß (1667)
Helml, Stefan: Amberger Geschichten, 1984
ders.: 1000 Jahre Ammerthal - Geschichte und Geschichten, 1986
ders.: Geschichtliche Schmankerln aus dem Landkreis Amberg-Sulzbach, 1987
ders.: 850 Jahre Karmensölden-Schäflohe, 1988 Jahre Karmensölden-Schäflohe, 1988
ders.: Die Maxhütte - Bergbau in Sulzbach-Rosenberg und Auerbach, 1989
ders.: Die Oberpfalz im 30jährigen Krieg - der Deutschland und Europa
in seinen Bann zog
ders.: Burgen und Schlösser im Kreis Amberg-Sulzbach, 1991
Huber, Martin: Handschrift 1767, Seite 163-167, Staatsbibliothek München
Metz, Fritz: Sulzbacher Sagenbüchlein, 1965
Motyka, Gustl: Burg und Schloß Wolfsegg, 1978
Oberalteicher Klosterchronik (Chonicon Monasterii Oberaltacensis),
Handschriftenabteilung, Staatsbibliothek München
Oberpfälzer Jura, Heimatbeilage der Mittelbayerischen Zeitung, 1950-1963
Pfistermeister, Ursula: Burgen und Schlösser der Oberpfalz, 1988
Regensburger Wochenblatt, 1966
Roth, J. F.: Geschichte des Nürnberger Handels, im 36. Jahresbericht
des Historischen Vereins für Mittelfranken
Schönwert, Sagen der Oberpfalz
Sittler, Sagen und Legenden aus der Oberpfalz
Stern, Zeitschrift, Ausgabe vom 29.10.1980
Urkundensammlung des Stadtarchivs Sulzbach-Rosenberg